国家重点档案专项资金资助项目

抗日战争档案汇编

大田县档案馆藏抗战档案选编

1

大田县档案馆 编

中華書局

图书在版编目（CIP）数据

大田县档案馆藏抗战档案选编 / 大田县档案馆编.
—北京：中华书局，2023.3
（抗日战争档案汇编）
ISBN 978-7-101-15170-1

Ⅰ. 大… Ⅱ. 大… Ⅲ. 抗日战争－历史档案－汇编－大田县 Ⅳ. K265.063

中国版本图书馆CIP数据核字(2021)第076755号

书　　名	大田县档案馆藏抗战档案选编（全二册）
丛 书 名	抗日战争档案汇编
编　　者	大田县档案馆
策划编辑	许旭虹
责任编辑	李晓燕
装帧设计	许丽娟
责任印制	管　斌
出版发行	中华书局 （北京市丰台区太平桥西里38号 100073） http://www.zhbc.com.cn E-mail:zhbc@zhbc.com.cn
图文制版	北京禾风雅艺文化发展有限公司
印　　刷	天津艺嘉印刷科技有限公司
版　　次	2023年3月第1版 2023年3月第1次印刷
规　　格	开本889×1194毫米　1/16 印张61
国际书号	ISBN 978-7-101-15170-1
定　　价	1000.00元

抗日战争档案汇编编委会

编纂出版工作领导小组

组　长　陆国强

副组长　王绍忠　付　华　魏洪涛　刘鲤生

编纂委员会

主　任　陆国强

副主任　王绍忠

顾　问　杨冬权　李明华

成　员（按姓氏笔画为序排列）

于学蕴　于晓南　于晶霞　马忠魁　马俊凡　马振犊

王　放　王文铸　王建军　卢琼华　田洪文　田富祥

史晨鸣　代年云　白明标　白晓军　吉洪武　刘　钊

刘玉峰　刘灿河　刘忠平　刘新华　汤俊峰　孙　敏

苏东亮　杜　梅　李宁波　李宗春　吴卫东　何素君

张　军　张明决　陈念芜　陈艳霞　卓兆水　岳文莉

郑惠姿　赵有宁　查全洁　施亚雄　祝　云　徐春阳

郭树峰　唐仁勇　唐润明　黄凤平　黄远良　黄菊艳

梅　佳　龚建海　常建宏　韩　林　程潜龙　焦东华

童　鹿　蔡纪万　谭荣鹏　黎富文

编纂出版工作领导小组办公室

主　任　常建宏

副主任　孙秋浦　石　勇

成　员（按姓氏笔画为序排列）

李　宁　沈　岚　贾　坤

福建省抗日战争档案汇编编委会

编纂工作领导小组

组　长　卓兆水

副组长　黄建峰　马俊凡　游富明　雷乃明

顾　问　丁志隆

成　员　谢　滨　纪　峰　林香平　柯献星　肖招鸿　夏丽清
陈念禧　李永松　陈良发　吴寿勤　郑　伟

编纂专家组

组　长　马俊凡

副组长　雷乃明

成　员（按姓氏笔画为序排列）
邓达宏　陈　风　陈若波　陈惠芳　连　念　吴仰荣
钟健英　曹敏华　黄项飞　谢　滨

大田县档案馆藏抗战档案选编工作领导小组

组　　长　徐锦平

副 组 长　丁梅芳

主　　编　李建忠

执行主编　邱　敏

成　　员（按姓氏笔画为序排列）

肖雪华　邱　敏　范立洋　周艳丽　涂欣竹

总序

为深入贯彻落实习近平总书记「让历史说话，用史实发言，深入开展中国人民抗日战争研究」的重要指示精神，国家档案局根据《全国档案事业发展「十三五」规划纲要》和《「十三五」时期国家重点档案保护与开发工作总体规划》的有关安排，决定全面系统地整理全国各级综合档案馆馆藏抗战档案，编纂出版《抗日战争档案汇编》（以下简称《汇编》）。

中国人民抗日战争是近代以来中国反抗外敌入侵第一次取得完全胜利的民族解放战争，开辟了中华民族伟大复兴的光明前景。这一伟大胜利，也是中国人民为世界反法西斯战争胜利、维护世界和平作出的重大贡献。加强中国人民抗日战争研究，具有重要的历史意义和现实意义。

全国各级档案馆保存的抗战档案，数量众多，内容丰富，全面记录了中国人民抗日战争的艰辛历程，是研究抗战历史的珍贵史料。一直以来，全国各级档案馆十分重视抗战档案的开发利用，陆续出版公布了一大批抗战档案，对揭露日本帝国主义侵华罪行，讴歌中华儿女勠力同心、不屈不挠抗击侵略的伟大壮举，弘扬伟大的抗战精神，引导正确的历史认知，发挥了积极作用。特别是国家档案局组织有关方面共同努力和积极推动，「南京大屠杀档案」被联合国教科文组织评选为「世界记忆遗产」，列入《世界记忆名录》，捍卫了历史真相，在国际上产生了广泛而深远的影响。

全国各级档案馆馆藏抗战档案开发利用工作虽然取得了一定的成果，但是，在档案信息资源开发的系统性和深入性方面仍显不足。正如习近平总书记所指出的：「同中国人民抗日战争的历史地位和历史意义相比，同这场战争对中华民族和世界的影响相比，我们的抗战研究还远远不够，要继续进行深入系统的研究。」「抗战研究要深入，就要更多通过档案、资料、事实、当事人证词等各种人证、物证来说话。要加强资料收集和整理这一基础性工作，全面整理我国各地抗战档案、照片、资料、实物等……」

国家档案局组织编纂《汇编》，对全国各级档案馆馆藏抗战档案进行深入系统地开发，是档案部门贯彻落实习近平总书记重要指示精神，推动深入开展中国人民抗日战争研究的一项重要举措。本书的编纂力图准确把握中国人民抗日战争的历史进程、主流和本质，用详实的档案全面反映一九三一年九一八事变后十四年抗战的全过程，反映中国共产党在抗日战争中的中流砥柱作用以及中国人民抗日战争在世界反法西斯战争中的重要地位，反映国共两党「兄弟阋于墙，外御其侮」进行合作抗战、共同捍卫民族尊严的历史，反映各民族、各阶层及海外华侨共同参与抗战的壮举，展现中国人民抗日战争的伟大意义，以历史档案揭露日本侵华暴行，揭示日本军国主义反人类、反和平的实质。

编纂《汇编》是一项浩繁而艰巨的系统工程。为保证这项工作的有序推进，国家档案局制订了总体规划和详细的实施方案，明确了指导思想、工作步骤和编纂要求。为保证编纂成果的科学性、准确性和严肃性，国家档案局组织专家对选题进行全面论证，对编纂成果进行严格审核。

各级档案馆高度重视并积极参与到《汇编》工作之中，通过全面清理馆藏抗战档案，将政治、军事、外交、经济、文化、宣传、教育等多个领域涉及抗战的内容列入选材范围。入选档案包括公文、电报、传单、文告、日记、照片、图表等多种类型。在编纂过程中，坚持实事求是的原则和科学严谨的态度，对所收录的每一件档案都仔细鉴定、甄别与考证，维护档案文献的真实性，彰显档案文献的权威性。同时，以《汇编》编纂工作为契机，以项目谋发展，用实干育人才，带动国家重点档案保护与开发，夯实档案馆基础业务，提高档案人员的业务水平，促进档案馆各项事业的发展。

守护历史，传承文明，是档案部门的重要责任。我们相信，编纂出版《汇编》，对于记录抗战历史，弘扬抗战精神，发挥档案留史存鉴、资政育人的作用，更好地服务于新时代中国特色社会主义文化建设，都具有极其重要的意义。

抗日战争档案汇编编纂委员会

编辑说明

大田县位于福建省中部的三明市境内。一九三五年五月日本帝国主义得寸进尺开始在华北制造事端，大田掀起轰轰烈烈的抗日救亡运动，以大田县初级中学为中心的各种抗日救亡宣传广泛开展，抗日文娱宣传、抗日义卖活动遍及大田城关和各地，成为闽西北抗日救亡的中心。

大田县档案馆梳理、甄选了馆藏的一九三五年至一九四五年间形成的有关抗战宣传和动员、战时情报和管制措施、战时征募援助、抗战文化活动、战时民生救济、优待抚恤、侵略罪行和受害损失等方面档案，选收了部分被列入《福建省珍贵档案名录》的「一九三九年福建省政府南洋侨胞慰问团照片集」和蔡继琨在福建战时省会永安创办「福建音乐专科学校」的照片，编纂出版了《大田县档案馆藏抗战档案选编》。全书共二册，共收录档案九百余页，照片六十余张，按照「主题—时间」体例编排，主题内分别按时间排序。

全书选用档案均据本馆馆藏原件全文影印，未做删节，如有缺页，为档案自身缺页。档案原标题完整或基本符合要求的使用原标题，有明显缺陷的进行了修改或重拟，无标题的加拟标题。标题中机构名称使用全称或规范简称，历史地名沿用当时名称。档案形成时间不完整或不准确的，作了补充或订正。档案形成时间只有年份、月份的排在该月末，只有年份排在该年末。反映同一主题的档案编排为文件组，按组内首件时间排序。本书使用规范的简化字，对标题中人名、历史地名、机构名称等出现的繁体字、错别字等，均做了修正。限于篇幅，本书不做注释。

由于编辑的水平有限，书中存在的不足之处，敬请读者指正。

编　者

二〇一九年十二月

目录

第一册

一、抗战宣传和动员

二、战时情报和管制措施

三、战时征募援助

第二册

四、抗战文化活动

五、战时民生救济

六、抗战优待和抚恤

七、日军侵略罪行和受害损失调查

八、抗战时期照片

一、抗战宣传和动员

国民党大田县党务指导员办事处关于举办暴日侵占东北四周年国耻纪念日活动致县立乡师的通告（一九三五年九月十六日）

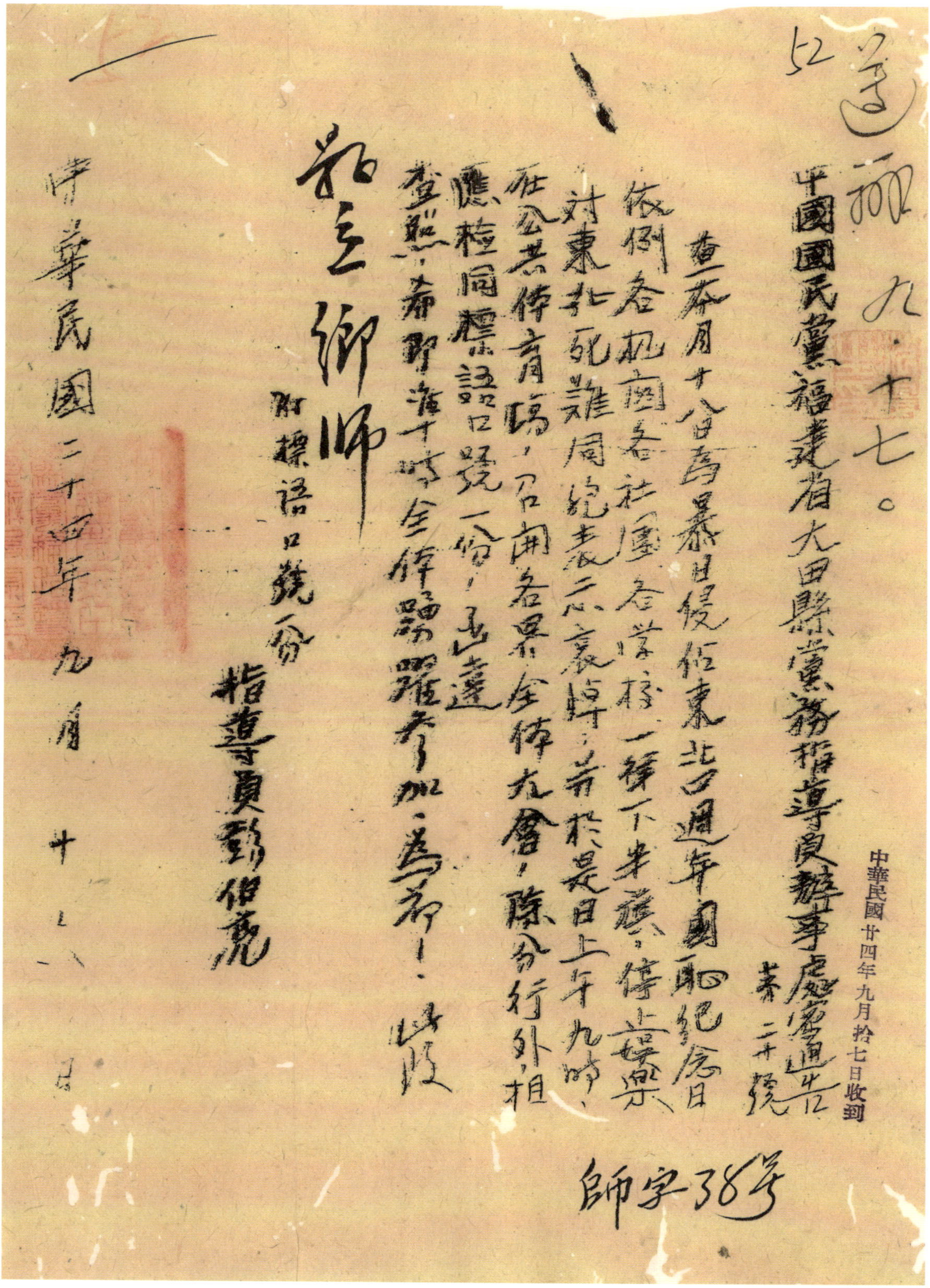
中國國民黨福建省大田縣黨務指導員辦事處通告 第二十號

查本月十八日為暴日侵佔東北四週年國恥紀念日，依例各机關、各社團、各學校一律下半旗，停止娛樂，對東北死難同胞表示哀悼；并於是日上午九時，在公共体育場，召開各界全体大會，除分行外，相應檢同標語口號一份，函達查照，希即準十時全体踊躍參加，為荷！此致

縣立鄉師

附標語口號一份

指導員 鄧伯虎

中華民國二十四年九月十六日

中華民國廿四年九月拾七日收到

師字38號

九．十七。

附：标语口号

標語口號：

1. 九一八是暴日佔領我東北的國恥日
2. 拯救敵人鐵蹄蹂躪下的東北同胞
3. 援助苦戰抗日的東北義軍
4. 充實國力鞏固國防
5. 擴大自衛運動
6. 厲行提倡國貨
7. 全國同胞一致团结起来抵禦暴敵
8. 收復東北失地
9. 誓雪國恥

国民党大田县党部关于举办国民革命军誓师纪念日活动致县立乡师的通告（一九三六年七月七日）

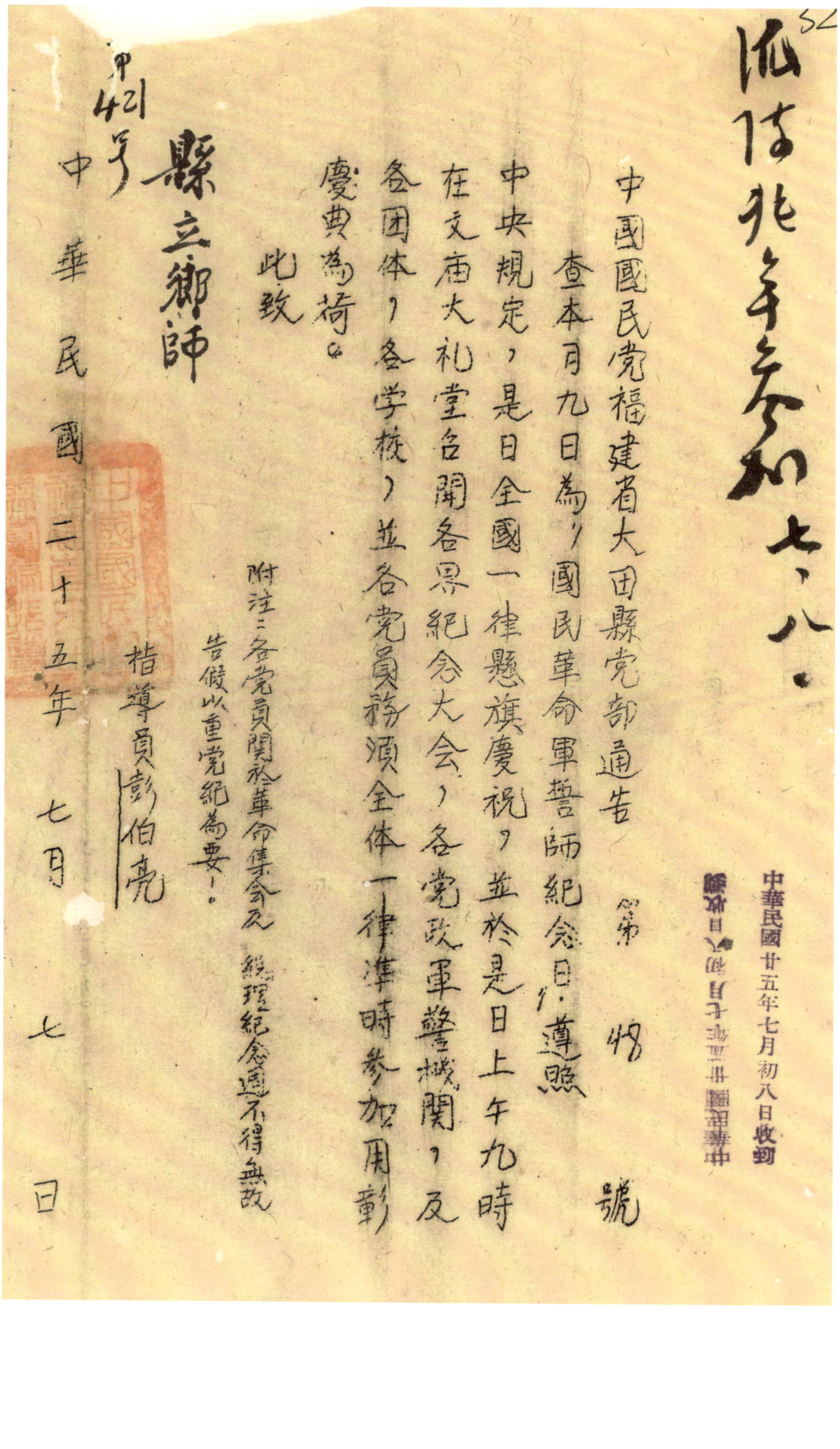
中國國民党福建省大田縣党部通告　第　[illegible]　號

查本月九日為國民革命軍誓師紀念日，遵照中央規定，是日全國一律懸旗慶祝，並於是日上午九時在文廟大礼堂召開各界紀念大会，各党政軍警機関，及各团体，各学校，並各党員務須全体一律準時参加，用彰慶典為荷。

此致

縣立鄉師

附注：各党員関於革命集会及紀念週不得無故告假，以重党紀為要！

指導員彭伯亮

中華民國二十五年七月七日

中華民國廿五年七月初八日收到

甲421号

附（一）标语口号

标語口號附后：

1、誓师北伐是遵行　總理的遺志

2、誓师北伐是國民革命的初步工作

3、北伐成功是三民主义实現的先声

4、紀念北伐要遵行　總理遺訓

5、紀念北伐要振起党的奮鬥精神

6、紀念北伐要努力生產建設

7、紀念北伐要精誠团結擁護中央

附（二）大田县党部为国民革命军誓师十周年纪念告同志同胞书

大田縣党部為國民革命軍誓師十週年紀念告同志同胞書

各位同志——同胞：

本党十三年之改組，為本党新生命之開始，亦即中國民族復興之轉機，在此期間，最值得吾人之注意者，厥為党的組織之嚴密与党的軍隊之創設，總理因鑒於中國民族待救之切与夫驕兵悍將之不足特，乃創設黃埔軍官学校，以訓練革命軍事之人才，冀以主義之薰陶，使蔚然成革命之基本武力，維時革命軍之正式成立者，計有七軍，各設党代表与政治部以指導監督之，十五年七月五日本党政府任命蔣中正同志為國民革命軍總司令，使統帥千指揮北伐，蔣總司令爰於七月九日在廣州東較場宣誓就職，由吳稚暉同志代表中央授旗致訓移師北伐，不三年而全國底定，此不特為革命史上最光榮之一頁，抑亦我民族復興重大之關鍵也。

本党以救民救國救世界為職志，故國民革命之進展過程，其第一步使命在打倒軍閥，及与軍閥所勾結之帝國主義，以完成中國之自由平等；第二步在实施訓政，努力生產建設，以鞏固國家之基礎，增高國家之地位；第三步在掃蕩一切帝國主義，拯救世界各弱小民族，此為國民革命之鵠的，亦即吾人當即努力以赴者，但瞻望前途，革命大業尚未完成，吾人今後之責任，益覺任重而道遠！我同志同胞應精神团結，上下一心以完成國民革命之使命。

北伐一役，武裝同志牺牲者数逾五萬，傷廢者数逾七萬，我將士之悲壯牺牲，其目的在求革命之成功，民族之解放，值茲國難方殷，外侮日急之际，吾儕急應矜式先烈牺牲精神，致力救亡禦侮工作，共謀國難之解除，力籌民族之復興，然後先烈之牺牲為不虛擲，而革命之成功乃有望焉。

國家連年以來，迭受内憂外患之挾攻，復遭世界經濟恐慌之激蕩，經濟机能脆弱已極，致民生凋敝，社会困竆，今後欲謀民族之復興，端賴國力之充實，故須力崇儉約以節其流，履行生産建設以闢其源，尤應凛然於國家民族之艱危，認識自身所負之責任，群策群力，恊助政府，発展國民經濟，則民族前途復興有望也。

方今強敵壓境，外患日深，欲期救亡图存，必須精神団結，擁護中央，始能集合全民族有效之力量，以維護國家之獨立，不意電訊傳来，西南二三軍人，竟於國難嚴重之今日，假抗日之名義，越疆出师，发動戦禍，不惜以垂危之國脉，為箕豆相煎之惨劇，喪心病狂，莫此為甚，凡我同志同胞，值此存亡絶續之际，自應明辦是非，審别順逆，齊集於中央領導之下，表現力量，遏止異動，以保統一之局，而竟安内之功，國家前途幾乎有多。

标語口號附后：　1、誓师北伐是遵行　總理的遺志　2、誓师北伐是國民革命的初步工作　3、北伐成功是三民主義实現的先声　4、紀念北伐要遵行　總理遺訓　5、紀念北伐要振起党的奮鬥精神　6、紀念北伐要努力生産建設　7、紀念北伐要精誠团結擁護中央

二五年七月七日印發

大田县党务指导处关于举办国民革命军誓师十一周年纪念活动致县立乡师的公函（一九三七年七月八日）

阅 七.九

31

查本月九日為國民革命軍誓師十一週年紀念遵照
中央規定是日各機關學校团體一律懸旗慶祝並由本處召集各
界代表開會紀念兹特定是日上午九時在本處大禮堂舉行各界代
表慶祝除分函外相應函請
查照屆時推派代表出席附去宣傳標語一份並希 廣為宣傳為荷

此致

縣立鄉师

大田縣黨務指導員邱刻銘

中華民國二十六年七月八日

附標語口號：

1、誓师北伐是遵行 總理的遺志！ 2、誓师北伐是解放中華民族实現三民主義！。 3、紀念北伐誓师要充实國力鞏固國防 4、紀念北伐誓师要團結禦侮！ 5、紀念北伐誓师要根絕赤禍！。 6、紀念北伐誓师要鞏固統一！ 7、紀念北伐誓师要擁護勞苦功高的領袖 8、三民主義萬歲！。 9、中國國民黨萬歲！ 0、中華民國萬歲！。

庇字第348号

26.7.8到

国民党大田县党部关于日军进攻卢沟桥民众应声援将士致县立乡师的函（一九三七年七月二十二日）

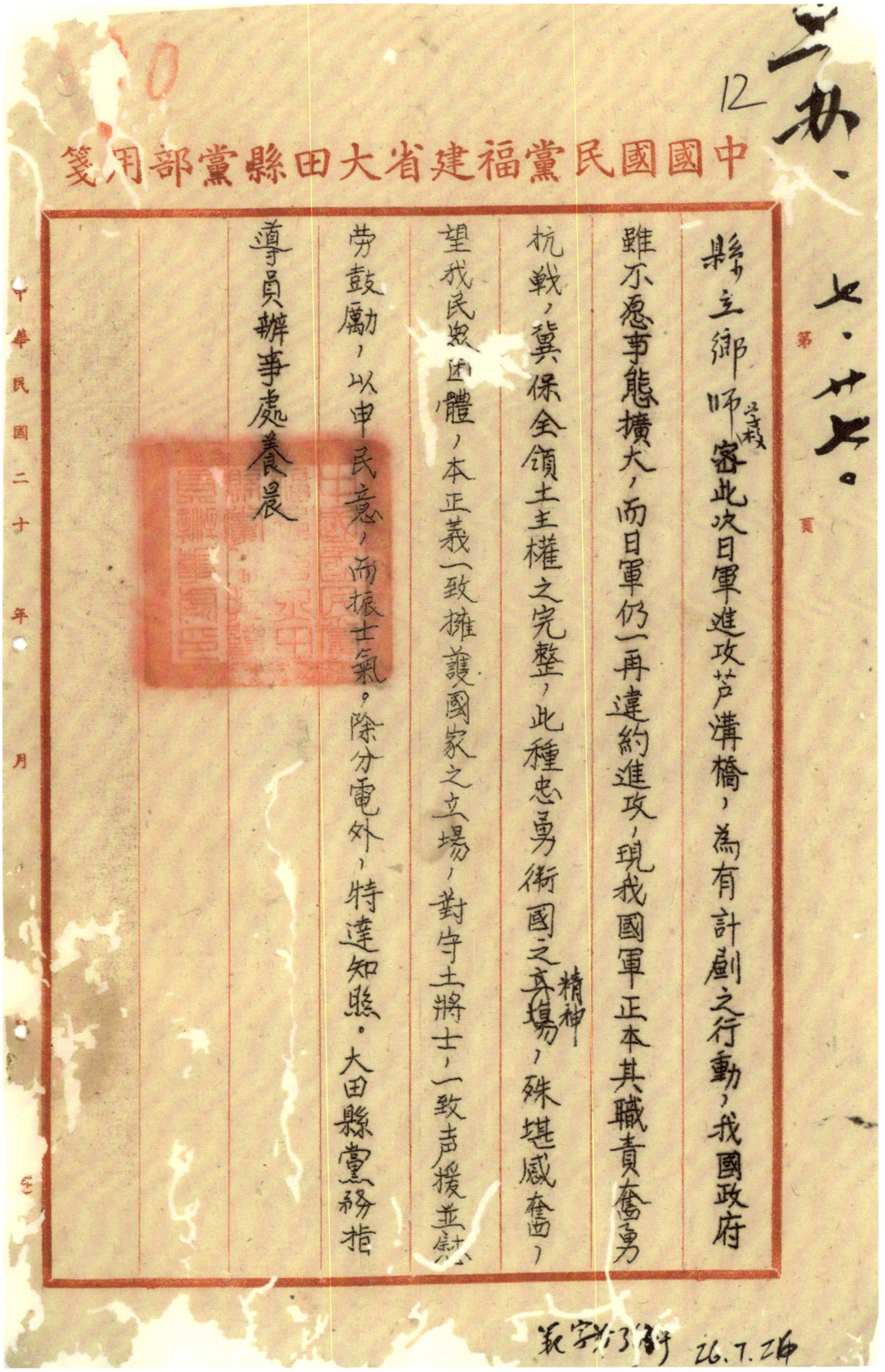

中國國民黨福建省大田縣黨部用箋

縣立鄉師學校鑒：此次日軍進攻芦溝橋，為有計劃之行動，我國政府雖不愿事態擴大，而日軍仍一再違約進攻，現我國軍正本其職責奮勇抗戰，冀保全領土主權之完整，此種忠勇衛國之精神，殊堪感奮，望我民衆團體，本正義一致擁護國家之立場，對守土將士，一致声援並慰勞鼓勵，以申民意，而振士氣。除分電外，特達知照。大田縣黨務指導員辦事處養晨

大田县抗敌后援分会关于执行省抗敌后援会宣传部统一宣传口号致县立中学的通告（一九三七年八月二十七日）

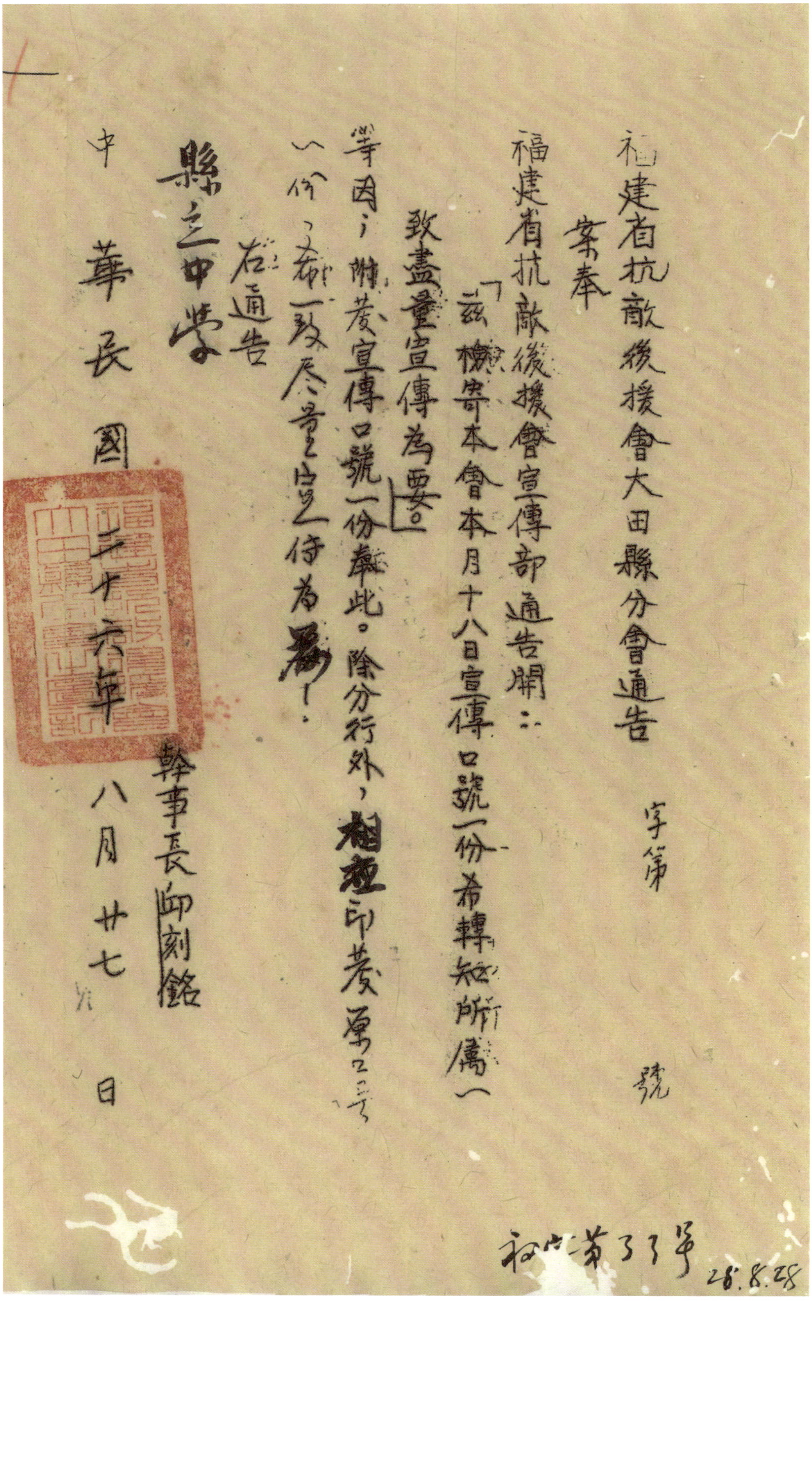

福建省抗敵後援會大田縣分會通告　字第　號

案奉

福建省抗敵後援會宣傳部通告開：「茲檢寄本會本月十八日宣傳口號一份，希轉知所屬一致盡量宣傳為要。」等因；附發宣傳口號一份。奉此。除分行外，相應印發原口號一份，希一致盡量宣傳為要！

右通告

縣立中學

幹事長　邱刻銘

中華民國二十六年八月廿七日

附：宣传口号

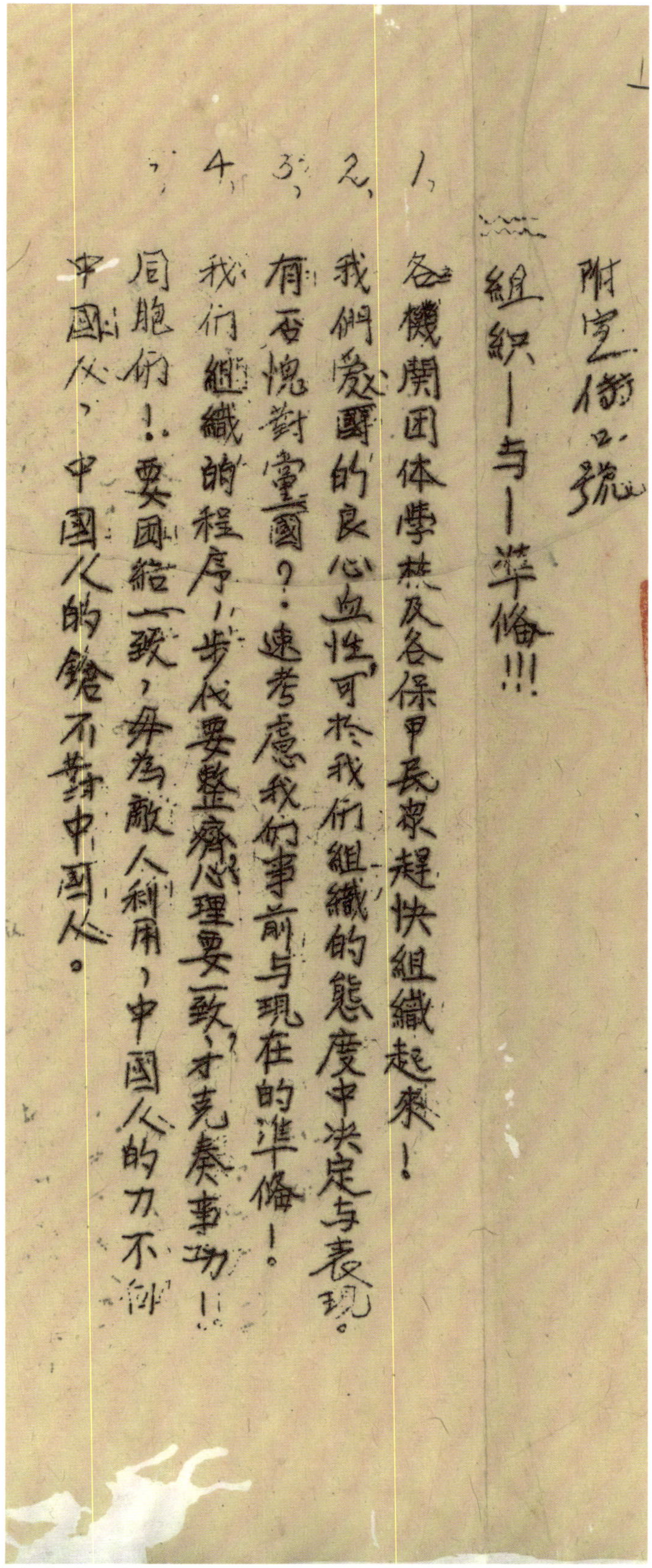

附宣傳口號

組織——与——準備!!!

1、各機關团体學校及各保甲長速趕快組織起來！

2、我們愛國的良心血性，可於我們組織的態度中决定与表現。

3、有否愧對黨國？速考慮我們事前与現在的準備！

4、我們組織的程序，步伐要整齊，心理要一致，才克奏事功!!!

5、同胞們!!要團結一致，毋為敵人利用，中國人的力不假中國人，中國人的鎗不打中國人。

大田县抗倭自卫战公共誓约（一九三七年十月四日）

抗倭自衛戰公共誓約

(一)我們誓以至誠，貢獻個人所有一切精神一切物質的力量於此次神聖抗倭戰爭，共同服從最高領袖的命令，敬謹受其統率，步伐整齊的前進，抗戰到底，如有違背此旨，甘受國家最嚴厲的處分。

(二)在抗倭期內，凡破壞整個民族抗倭統一戰綫者，我們即視彼為漢奸，誓不與之共存。

(三)在抗倭期內，有力而不出力，有錢而不出錢者，我們即不承認其為中華民國國民，誓與國人共棄之。

(四)在抗倭期內，凡中華民國之軍隊，不参加作戰與参加而不努力奮鬥者，我們即不承認其為中華民國之軍隊，誓與國人共棄之。

立誓人　　(簽名蓋章)

中華民國二十六年十月四日

大田县抗敌后援分会关于抄发执行福建省各级学校及社教机关抗敌宣传办法致各支会、宣传工作团及各中队的训令（一九三七年十二月四日）

福建省抗敵後援會大田分会訓令宣字第15號

令各支会、宣傳工作團及各中隊

福建省抗敵後援会訓令宣字第六號開：

案准福建省政府餘佼巧府教秘96805號公函略開：茲為强化民衆民族意識，激揚民衆抗敵情緒起見，擬令各學校教職員學生社教人員負責宣傳，已由教育廳與貴會宣傳科接洽商訂福建省各級學校及社教機關抗敵宣傳辦法第八條第一款，各縣市及特種區應由縣市政府、特種區署會同當地黨部及抗敵後援團体等組織各該縣市特區教育机関抗敵宣傳指導委員会，散布貴会轉飭各市特區抗敵後援團体查照等由，附送福建省各級學校及社教機関抗敵宣傳辦法一份，准此，除分行外

中華民國廿六年十二月拾七日收到

知字第264号

合行抄發原件令仰遵照辦理爲要此令

等因附發福建省各級學校及社教機關抗敵宣傳辦法一份

奉此除分令外合行印發原件令仰

遵照办理爲要

此令

附發福建省各級學校及社教机關抗敵宣傳辦法一份

中華民國二十六年十二月四日

主任委員鄭佐國

副主任委員邱剡銘

附：福建省各（级）学校及社教机关抗敌宣传办法

福建省各學校及社教機關抗敵宣傳辦法

一、目標

1、強民化眾民族意識

2、激揚民族抗敵情緒

3、增進民眾抗敵技能

4、鼓勵民眾努力抗敵工作

二、工作人員：

1、初中以上學校全縣員生

2、小學全縣教職員

3、社教机關全縣職員民校全縣教職員

三、組織

1、初中以上學校學生應按每級人數各級各分為若干隊每隊五人至九人（已參加省會抗敵宣傳工團者除外

2、初中以上學校教職員應充學生宣傳隊指導按全校宣傳隊數目平均分配担任指導之責任（已參加省會抗敵宣傳工作團者除外）

3、高初級小學教職員以三人至五人組成一隊

4、簡易小學短期小學及民衆學校教職員每校人數過少不能成隊時應聯合數校組織之

5、社教机関職員應按該機関人數組為若干隊每隊三人至五人

四、宣傳時間：

定為每星期日上午如遇赴往遠地宣傳有稍長時間之必要時得星期六上午（或下午）出發但所缺之學校課應由校設法補修或預先調動日期表提前处理

五、宣傳地點：

以普及鄉村為原則城區内之學校及社教机関應儘量到鄉間宣傳
各學校及社教机関所担任宣傳區域應由指導机関預為分配以免重複衝突

六宣傳辦法

1.方式

子講演

丑歌詠

寅戲劇

卯電影幻燈

辰播音

巳說书（评話彈詞等）

午化裝遊行

未標語壁報

申家庭訪問
酉傳單
戌画展
亥陳列
2、材料範圍：
甲宣傳工作綱要
乙宣傳標語
丙傳單
丁講演資料
戊劇本
己歌曲
庚説書彈詞
辛電影片幻燈片

壬、畫壁

癸、留聲機器

各宣傳隊宣傳工作應依照宣傳工作綱要切實施行

各宣傳隊之宣傳方式由各隊隨時計劃施行如某種方式有聯合數隊必要時得將各隊合併舉行之

七、工作分配

1、初中以上學校學生每校每星期出發隊數應有全縣宣傳隊總數四分之一每月由校將每星期應出發之隊名列表通知各隊輪流担任週而復始其未出發之隊在校練習預備

2、小學教職員及社教機関職員因隊數較少無法輪時應于兩星期出發一次

3、省会高中以上學生人數頗多已足担任宣傳工作
初中學生應設法募集工作及童子軍戰時服務
八、工作指導
1、各縣市及特種區應由縣市政府特種區署会同當
地党部及抗敵後援團体並省立學校主管人員組織
各該縣市特區教育机關抗敵宣傳指導委員会指導
推行之責
2、省会應由省政府教育廳会同省党部省抗敵後援
会省会教育局組織省会教育机關抗敵宣傳指導委
員会負指導推行之責

大田县抗敌后援分会关于案准县党部函告知全县各界应以东北同胞处境为鉴广为宣传以警民心而增敌忾致各区支会、宣传工作团及各中队的训令（一九三七年十二月十日）

福建省抗敌後援會大田縣分會訓令 宣字第 八 號

令各區支會
宣傳工作團及各中隊

案准

縣党部公函内開：

「案奉福建省党部宣字第二七號訓令開：案奉國民政府軍事委員會第六部義字第九六八號公函開：案准軍事委員會秘書廳移送張悲司令霰電呈稱：據報前在九江碼頭一帶作戰，當我部奮勇衝鋒與敵接近時，聽敵方說話，無有東北人口音，經問我們同為中國人，為何受敵驅使，自相殘殺，何不攜械來投。啊，該兵等當答曰：我們何嘗願意，無奈壓迫不能自由，不來當兵則殺全家，就是來當兵，如有背叛行為，亦殺全家等語。竊思倭寇肆虐，東北淪陷，我同胞日在敵鐵蹄蹂躪之下，動輒全家被殺，亡國之慘，實難言喻。敵人狼毒為心，故驅我東北青年將士

中華民國廿六年十二月拾壹日

稿字廿246号

用作矣燃進必死於陣前退則戮其家族其用心不俶盡東北青年
使全東北人民自覺不止擬請通令全國各界或東北同胞處境為
鑒當聞鷄起舞作歃血之奮鬥切勿觀望苟安致有後悔等情擬請
交主管機關廣為宣傳以警民心而增敵愾等由准此除分函外相應函
函請查照並希轉飭所屬抗敵後援會遵照辦理為荷等因奉此自應
遵辦除分行外合亟令仰該部迅飭所屬遵照辦理為要！此令」
並函復外除遵辦外相應函請
查照辦理為荷」
等由；准此，除分令外，合行令仰遵照，廣為宣傳，以警民心而增敵
愾為要！
此令

中華民國二十六年十二月十日

主任委員 鄭佐國

副主任委員 邱刻銘

大田县抗敌后援分会关于检发传单致县立初级中学宣传工作队的训令（一九三七年十二月二十七日）

福建省抗敵後援會大田縣分會訓令　宣字第16號

令初級中學宣傳工作隊

案奉

福建省抗敵後援会訓令宣字第九號開：

「本會為喚起全省民眾抗戰意志并切實表現於實際行為，形成强大之抗戰力量，以争取最後勝利起見，特編印『請大家在行為上發揮抗敵意志傳單一種，在省會方面由會函送省會警察局挨户分發，各縣市及特區方面由會函送省政府飭令各縣市及特種區署酌量翻印，挨户分發，并請責成區長、聯保主任、保甲長等召集各談民眾講解傳單内容，務使家喻户曉，至于各机關學校團

嗣後擬除在省會方面由本會直接分發，在各縣市及特
區方面由各分會分發再各縣市政府及特種區署與其
所屬區長、聯保主任、保甲長對於此舉是否切實辦理，應
仰飭近注意并督促為要。傳單三百分隨令頒發，仰即查
收轉發。如不敷分配，並仰酌量翻印。此令。
等因。計附發傳單三百份。奉此，除分令外，合行檢發該項傳單
七份，仰即查收轉發，并就近注意督促為要。
此令。

計附發傳單七份

中華民國二十六年拾弍月廿九日

主任委員 鄭佐國

副主任委員 邱刻銘

大田县政府关于要求各校暨社教机关张贴战事地图于被敌侵占区域应改用黑色小旗以为标识致各学校校长的训令（一九三七年十二月三十日）

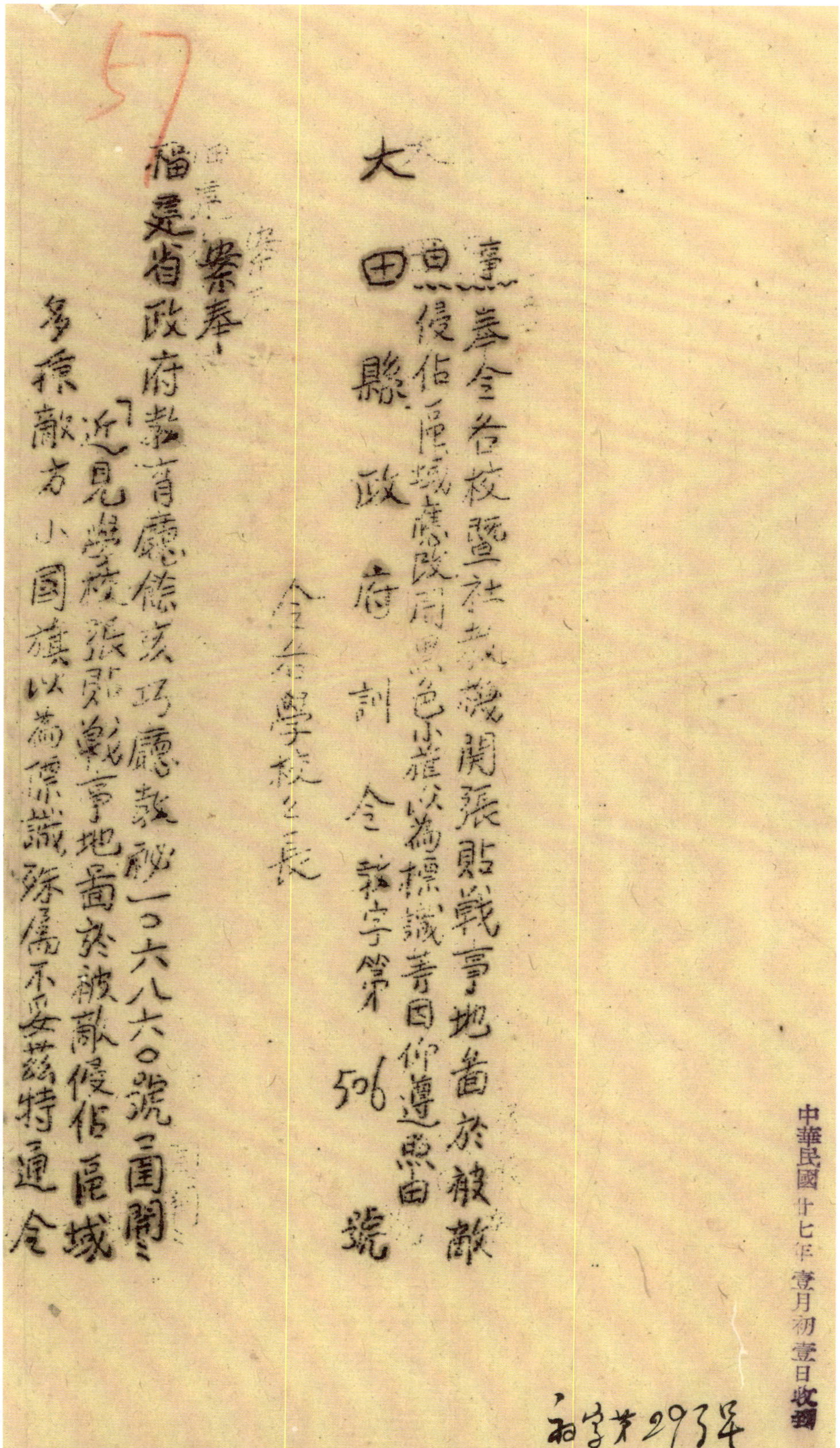
大田縣政府訓令 教字第506號
事由：令各校暨社教機關張貼戰事地圖於被敵侵佔區域應改用黑色小旗以為標識仰遵照由
令各學校校長
案奉
福建省政府教育廳德亥巧廳教秘一〇六八六〇號訓開：
「近見學校張貼戰事地圖於被敵侵佔區域多標敵方小國旗以為標識，殊屬不妥，茲特通令
中華民國廿七年壹月初壹日收到
教字第293號

各級學校及社教機關編纂對於此項地圖凡屬舊時被佔區域可以用黑色小旗以資觀感除分別函令外相應函請查照轉飭所屬學校暨社教機關遵照為荷等因奉此除分令外合行令仰該校長遵照此令

中華民國二十六年十二月 三十 日

縣長廖基

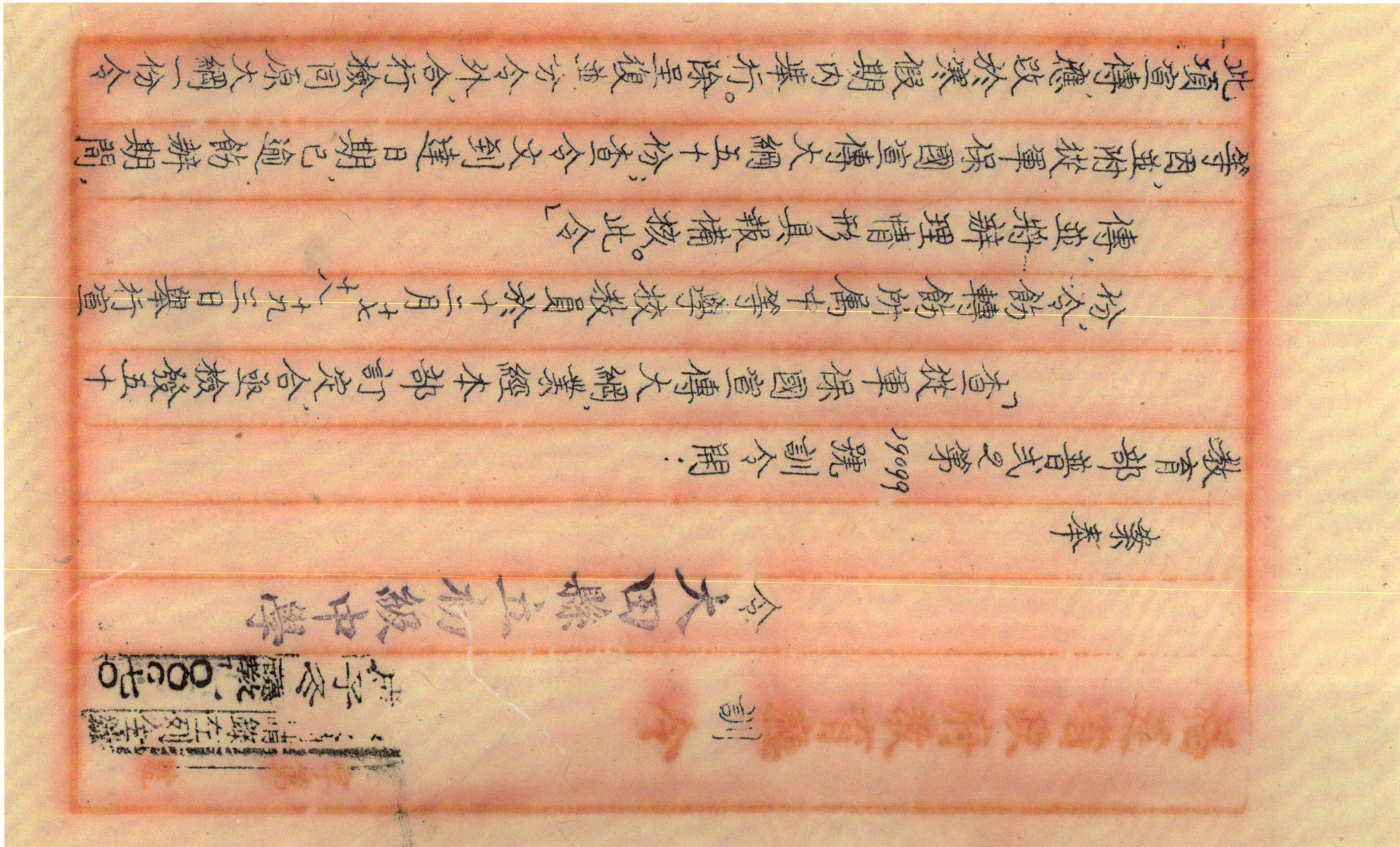

福建省教育厅关于转发从军保国宣传大纲致大田县立初级中学的训令（一九三八年一月二日）

福建省政府教育廳訓令

令大田縣立初級中學

案奉

教育部普式乙第19099號訓令開：

「查從軍保國宣傳大綱，業經本部訂定，合亟檢發五十份，令飭轉飭所屬中等學校教員於十二月十七、十八、十九三日舉行宣傳，並將辦理情形具報備核。此令」

等因，並附從軍保國宣傳大綱五十份；查令文到達日期已逾飭辦期間，此項宣傳，應改於寒假期內舉行。除呈復並分令外，合行檢同原大綱一份，令仰遵照辦理！此令。

附從軍保國宣傳大綱一份

附：从军保国宣传大纲

從軍保國宣傳大綱

（一）徵兵與募兵—國民當兵的義務

國家是國民集体，國民是國家的分子，所以國民對於國家應有當兵的義務。大家要共同出力，以保衛國家；大家要貢獻力量，以爭得國家的獨立和自由。我國古代本有徵兵制度，三代的時候，寓兵於農，有事為兵，無事為農，這就是人人皆兵人人保國的意義。自宋朝改行募兵制，只有志願効力疆場者加入行伍，於是國家的武力，就成衰弱之勢。到了現代，一國對外的戰爭，就是全民族的鬥爭，實在是關係一國的命運，所以各國實施徵兵制度，人人要服兵役，人人要盡力保護祖國。我國處在現今的世界，当然亦要效法古代寓兵於農和各國全民皆兵的辦法，趕快實施徵兵制度，以增强國家的力量，保障國家的領土。況且敵人的侵略，佔據了我們的國家廣大土地，屠殺了我們無數的

一頁

國民，我們為挽救目前危亡起見，一面要遵照政府頒行的兵役法，大家應徵兵役；一面在沒受徵到的人們，更要踴躍應募。加緊訓練起來，效命疆場，一致殺敵，以抵抗敵人的侵略。

（三）世界列強的兵制

世界列強的兵制情形：德國自一八三三年由普魯士王國採用徵兵制度，歐戰時，德國全國人口為六千萬，在前線作戰者達七百萬人。法國自一八七一年（普法戰爭）之後，實行國民兵役義務，歐戰時，全國人口為四千二百萬，在前線作戰者達四百萬人。意國自一八七六年開始施行國民兵役制度，墨索里尼執政後，更加普遍的實施，凡年達二十一歲至未滿五十五歲的均須服兵役。蘇俄自一八七四年實施兵役法，革命後，一九二三年更制定徵兵法，全國工場勞働者和耕作的農民，享有服兵役權利。英國在歐戰的時期，曾經施行徵兵制。日本自一八八〇年實行普遍義務兵役制，依照時可動員三百多萬人。此外各國類似兵役的各種軍事訓練，就是未成年的青年們和婦女們亦多已普遍實施了。

(三)我國現行兵役制度

我國民政府頒布的兵役法載明，凡中華民國男子，均有服兵役的義務。我國的兵役分為國民兵役及常備兵役兩種，國民兵役又分為初期、前期、中期、後期四段；常備兵役則分為現役、正役、續役、餘役四段。什麼叫做服國民兵役呢？就是年滿十八歲起至四十五歲止的中華民國男子，除了正在服常備兵役，或為免役、緩役、禁役、停役者以外，應服的一種兵役，就叫做國民兵役。服國民兵役的期間：初期二年(即十八歲起至滿二十歲止)每年須受一個月基本教育訓練；前期五年(二十歲起至二十五歲止)在第一第二兩年每年受一個月正規教育訓練；中期十五年(二十五歲起至四十歲止)在第一第二

二頁

兩年每年受一個月的複習教育訓練；後期五年（四十歲起至四十五歲止）他們的任務、平時要受規定的教育，如果地方上發生災變還要服警備的勤務。什麼叫服常備兵役呢？：常備兵役又分為兩種：就是平時徵集年滿二十歲至二十五歲之男子，經檢定合格抽籤抽到的，就入營服役，編成正式的軍隊，這就叫做常備兵役。服務的期間，現役是三年；但除上等兵及各種特種特業兵外，二年可以歸休；輕重運輸兵，半年可以歸休回鄉，回鄉後服正役六年。續役至滿四十歲為止。餘役五年。至四十五歲止，期滿除役。另一種叫做自願常備兵（即募兵），是在自治尚未完成區域實施的，而在目前的抗戰，為求充實國家武力，更是異常的急要。

（四）應徵和應募兵士的權利

政府對於應徵和應募的新兵們，極力予以優待，在多方面給他們種種權利。第一，對於他們原有的職業，加以保障。譬如新兵如係受僱人，在營期間與期滿後，僱用人不得解除他們的契約；退伍歸休時，給他的工作仍要和入營以前相同。第六，對於他們的家屬，予以優待與救濟；譬如免徵附加賦稅、免費就醫、子弟免費或減費入學，給與作戰陣亡或殘廢家屬應得的撫卹金，免除臨時勞役徵發，酌貸資金與農具，酌給生產金與埋葬金等。以上各種都是給新兵應得權利，有的已經政府訂定實行，有的政府正在詳細規定。可見應徵和應募為兵，政府是十分注意提高其權利，沒有家庭的顧慮，並且充分的享得社會和國家的尊重。

(五)民眾踴躍參加徵兵募兵，抗敵的最後勝利

現在全面抗戰，正在進行，我們都知道這一次戰爭是國家存亡所關，在此光榮的民族鬥爭時會，正要切實施行徵兵制，和並熱烈的應募當兵，以達到全國皆兵的境地，使國家的力量更加充實，神聖的抗戰更加英武，且最後勝利必定是我們的。各界的同胞們，我們要了解這種

三頁

重大的意義，父詔其子，兄詔其弟，大家立刻踴躍參加應徵應募，大家負起保衛國家的責任。

標語

一、服務兵役是國民應盡的義務
二、服務兵役是國民最光榮的事業
三、全体國民參加兵役就能抗戰到底
四、全体國民參加兵役就能獲得抗戰的最後勝利
五、要收復失地必須人人當兵
六、要報仇雪恥必須人人當兵
七、良民為良兵之基礎良兵為良民的模範
八、徵兵制是教養衛三者合一為復興民族的基礎
九、敵人已殺進國內我們要全体武裝起來一致殺敵
十、日本是殘殺我同胞的敵人我們要全國動員打倒日本帝國主義
十一、自己起来保衛祖國才是真正愛國者
十二、中華民國國民都應擁護國民政府兵役政策

大田县政府关于抄发各项革命纪念日暂行归并举行日期表等致县立初级中学的训令（一九三八年十一月十二日）

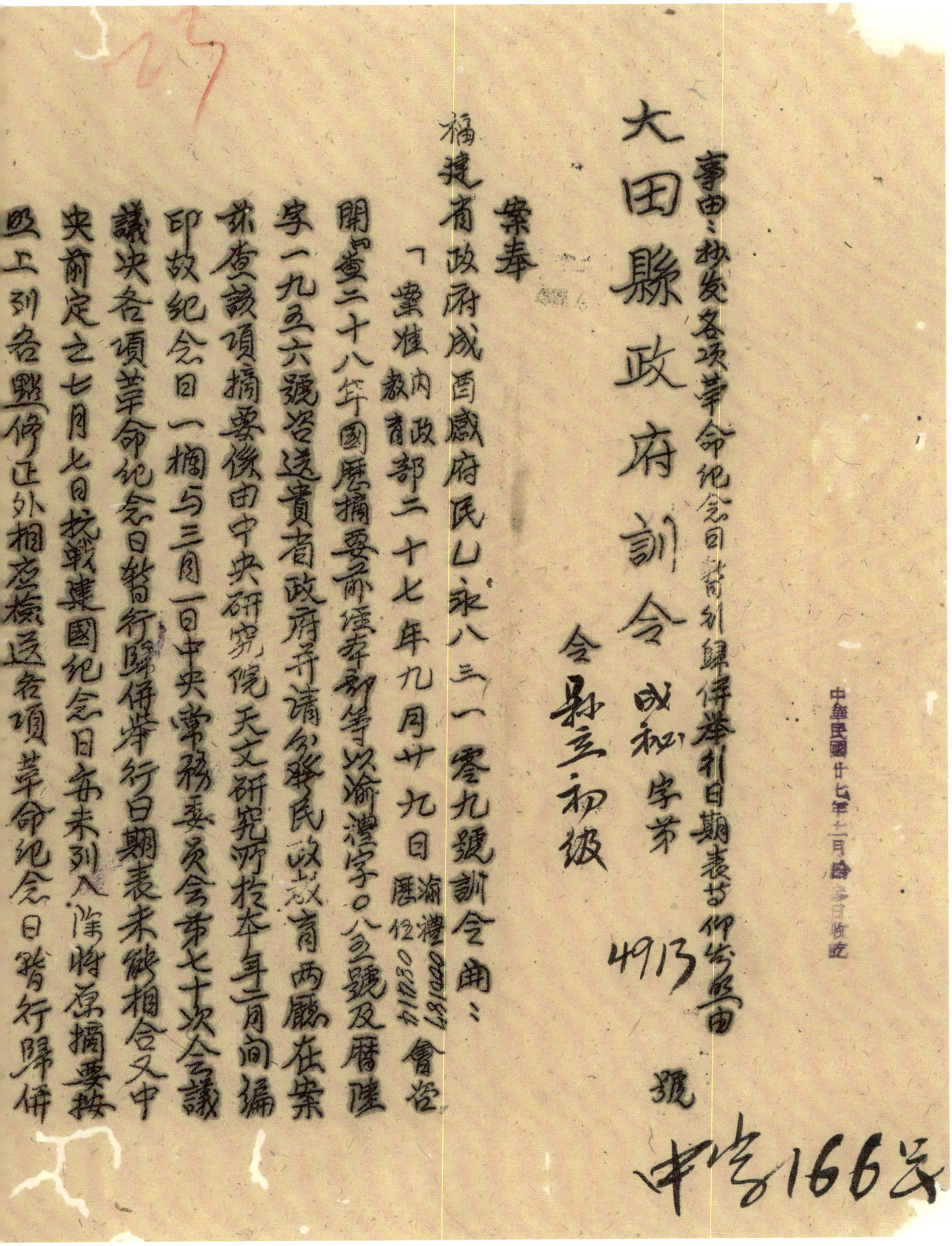
事由：抄發各項革命紀念日暫行歸併舉行日期表仰知照由

大田縣政府訓令 成私字第4913號

令縣立初級

中字166號

中華民國廿七年十二月[illegible]日收訖

案奉

福建省政府戌酉感府民乙永八三一零九號訓令開：

「案准內政、教育部二十七年九月廿九日渝禮08187、歷字08114會咨開：查二十八年國曆摘要前經本部等以渝禮字〇八五號及曆陸字一九五六號咨送貴省政府并請分發民政教育兩廳在案。茲查該項摘要係由中央研究院天文研究所於本年三月間編印，故紀念日一欄與三月一日中央常務委員會第七十次會議議決各項革命紀念日暫行歸併舉行日期表未能相合，又中央前定之七月七日抗戰建國紀念日亦未列入，除將原摘要按照上列各點修正外，相應檢送各項革命紀念日暫行歸併舉行日期表暨修正國曆摘要各一份，咨請將前送之摘要修正，并轉令民政教育兩廳分照辦等由，附抄發各項革命紀念日暫行歸併舉行日期表及二十八年國曆摘要各一份。准此。除分令民教兩廳暨各區行政督察專員公署、各縣市政府暨特種區署、福建省水警總隊、福州警察局外，合行抄發原件各一份，令仰該縣長轉飭所屬一體知照。此令。

等因。附發各項革命紀念日暫行歸併舉行日期表及二十八年國曆摘要各乙份。奉此。除分令外，合行抄發原件各乙份，令仰該校長遵照。此令。

此令。

附發各項革命紀念日暫行歸併舉行日期表及二十八年國曆摘要各乙份

中華民國二十七年十一月十二日

縣長 董載泰

附（二）一九三九年国历摘要

中華民二十八年國曆摘要　　國立中央研究院天文研究所製

月份	日數	星期日	節氣	月象	交食	節日	紀念日
一月	三十一日	一日 八日 十五日 廿二日 廿九日	六日 小寒 廿一日 大寒	六日 望　十二日 下弦 二十日 朔　廿八日 上弦		一日 元旦 十五日 上元	一日 中華民國成立紀念日(休假)
二月	二十八日	五日 十二日 十九日 廿六日	五日 立春 十九日 雨水	四日 望　十一日 下弦 十九日 朔　廿七日 上弦			
三月	三十一日	五日 十二日 十九日 廿六日	六日 驚蟄 廿一日 春分	六日 望　十三日 下弦 廿一日 朔　廿八日 上弦		三日 執辰	十二日 總理逝世紀念日(休假) 廿九日 革命先烈紀念日(休假)
四月	三十日	二日 九日 十六日 廿三日 三十日	六日 清明 廿一日 穀雨	四日 望　十二日 下弦 二十日 朔　廿七日 上弦	十九日 日環食(中國可見)		
五月	三十一日	七日 十四日 廿一日 廿八日	六日 立夏 廿二日 小滿	三日 望　十一日 下弦 十九日 朔　廿六日 上弦	三日至四日 月全食	五日 重五	五日 革命政府紀念日 九日 國恥紀念日
六月	三十日	四日 十一日 十八日 廿五日	六日 芒種 廿二日 夏至	二日 望　十日 下弦 十七日 朔　廿四日 上弦			
七月	三十一日	二日 九日 十六日 廿三日 三十日	八日 小暑 廿四日 大暑	二日 望　十日 下弦　十七日 朔 廿三日 上弦　卅一日 望		十五日 中元	七日 抗戰建國紀念日 九日 國民革命軍誓師紀念日
八月	三十一日	六日 十三日 二十日 廿七日	八日 立秋 廿四日 處暑	八日 下弦　十五日 朔 廿二日 上弦　三十日 望			廿七日 孔子誕辰紀念日(休假)
九月	三十日	三日 十日 十七日 廿四日	八日 白露 廿四日 秋分	七日 下弦　十三日 朔 廿日 上弦　廿八日 望		九日 重九 廿八日 中秋	九日 總理第一次起義紀念日
十月	三十一日	一日 八日 十五日 廿二日 廿九日	九日 寒露 廿四日 霜降	六日 下弦　十三日 朔 廿日 上弦　廿八日 望	十三日 日全食(中國不見) 廿八日 月偏食(中國不見)		十日 國慶紀念日
十一月	三十日	五日 十二日 十九日 廿六日	八日 立冬 廿三日 小雪	四日 下弦　十一日 朔 十九日 上弦　廿七日 望			十二日 總理誕辰紀念日(休假)
十二月	三十一日	三日 十日 十七日 廿四日 三十一日	八日 大雪 廿三日 冬至	四日 下弦　十一日 朔 十九日 上弦　廿六日 望		八日 臘八	廿五日 雲南起義紀念日

節　日：十九年內政教育兩部規定國民政府修改核准
紀念日：歷屆中央執行委員會常務會議通過

附（二） 各项革命纪念日暂行归并举行日期表

各項革命紀念日暫行歸併舉行日期表

二十七年三月一日第五屆中央常務委員會第七十次會議通過

一月一日　中華民國成立紀念日

三月十二日　總理逝世紀念日

三月廿九日　革命先烈紀念日

三月廿三日鄧仲元先生殉國紀念五月十二日胡展堂先生逝世紀念五月十八日陳英士先生殉國紀念八月二十日廖仲凱先生殉國紀念九月二十一日朱執信先生殉國紀念十月三十一日黃克強先生逝世紀念併於本日舉行

五月五日　革命政府紀念日

五月九日　國恥紀念日

七月九日　國民革命軍誓師紀念日

九月九日　總理第一次起義紀念日

十月十一日總理倫敦蒙難紀念六月十六日總理廣州蒙難紀念併於本日舉行

十月十日　國慶紀念日

十一月十二日　總理誕辰紀念日

十二月二十五日　雲南起義紀念日

十二月五日肇和兵艦舉義紀念併於本日舉行

附註：以上各地紀念日舉行辦法仍依革命紀念日簡明表之規定辦理

大田县政府关于沿途民众迎遇抗战军队应致敬礼致县立初级中学的训令（一九三九年一月二日收）

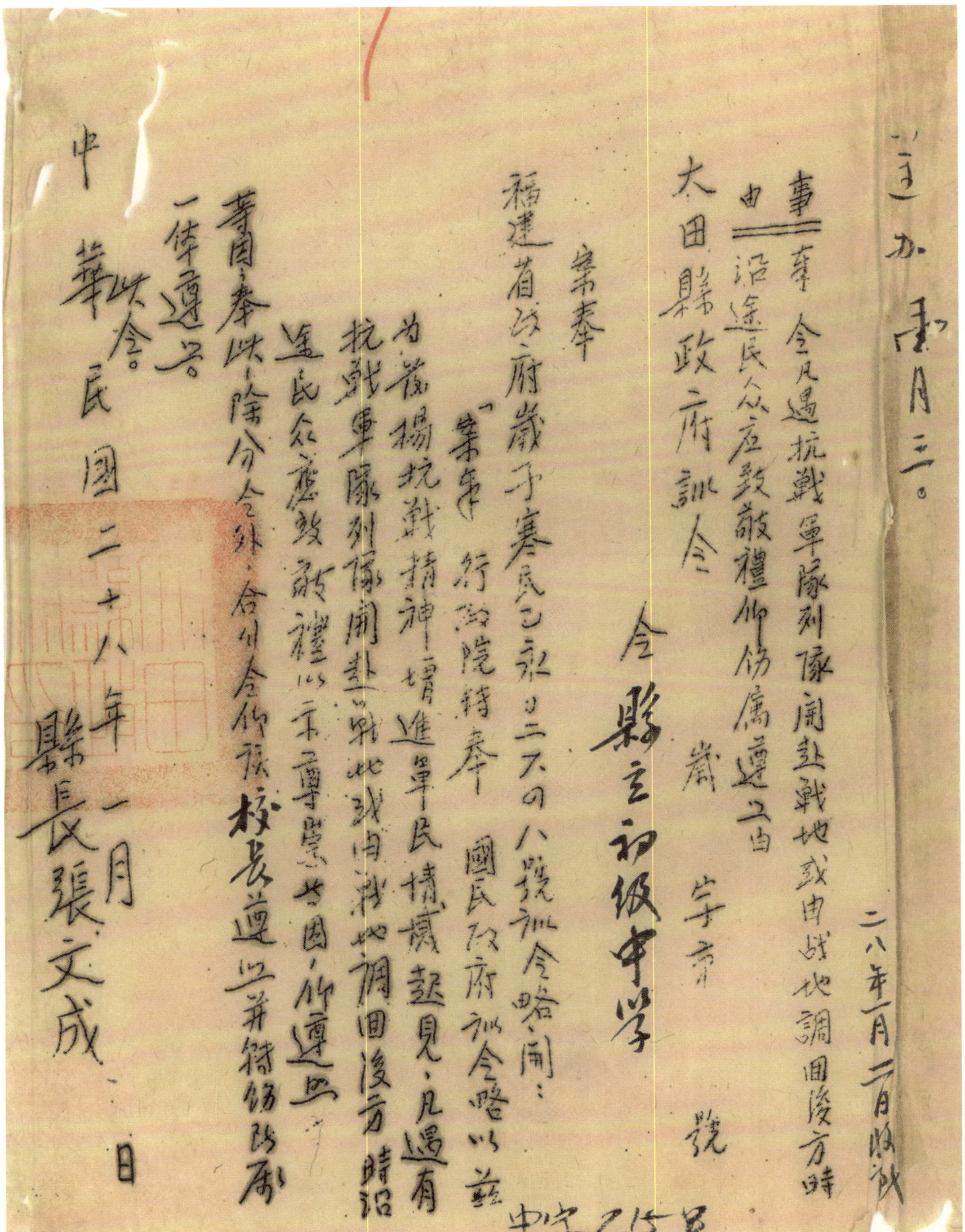
遵办。康 月三。

事由：奉令凡遇抗戰軍隊列隊開赴戰地或由战地调回後方時沿途民众应致敬禮仰仿属遵照由

大田縣政府訓令　崴字第　號

二八年一月二日收訖

令縣立初級中学

案奉

福建省政府崴子寒民已字第二六〇八號訓令略開：

"案奉行政院转奉國民政府训令略以：茲為發揚抗戰精神，增進軍民情感起見，凡遇有抗戰軍隊列隊開赴戰地或由战地調回後方時，沿途民众應致敬禮，以示尊崇等因，仰遵照"等因。奉此，除分令外，合行令仰該校長遵照，并轉飭所屬一体遵照。

此令。

中華民國二十八年一月　日

縣長張文成

中字215号

国民党大田县党部要求颁发抗战联语代替春联事致县各学校的公函（一九三九年一月十日）

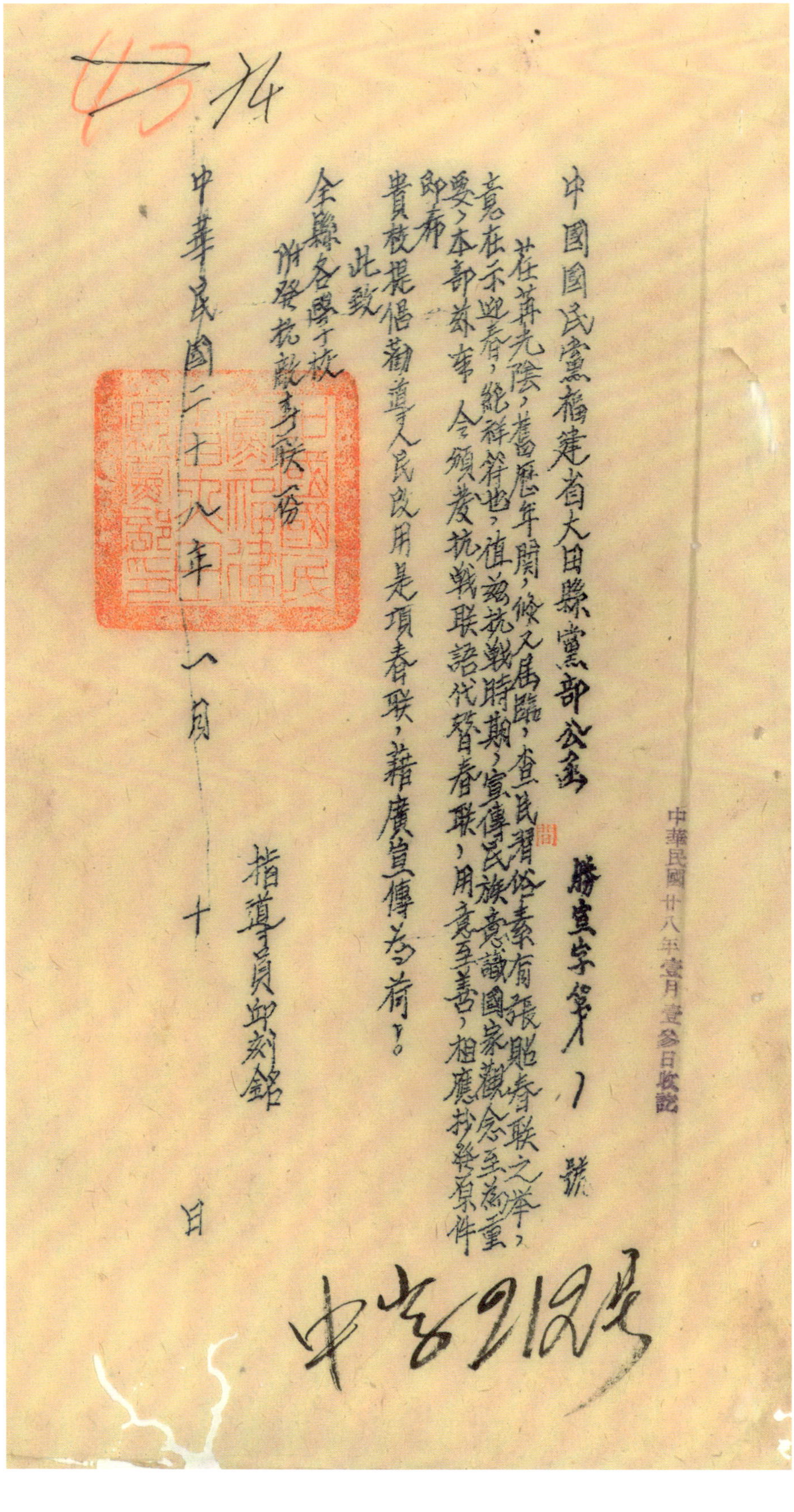

中國國民黨福建省大田縣黨部公函　勝宣字第一號

荏苒光陰，舊歷年関，倏又届臨，查民習俗素有張貼春联之举，意在示迎春，紀祥彩也，值茲抗戰時期，宣傳民族意識國家觀念至為重要，本部茲奉　令頒發抗戰联語代替春联，用意至善，相應抄發原件

即希

貴校提倡勸導人民改用是項春联，藉廣宣傳為荷！

此致

全縣各學校

附發抗戰春联一份

指導員　鄭炳銘

中華民國二十八年一月十日

中華民國廿八年壹月壹參日收訖

附：代替春联之抗战标语

代替春联之抗戰標語

一、驅逐倭寇，還我河山。二、擁護領袖，保衛國家。三、人人敢戰，步步設防。四、自強不息，多難興邦。五、實行新生活，還我舊山河。六、發揚民族精神，完成革命大業。七、集中抗戰力量，排除暴敵侵略。八、以實力貢獻國家，拿生命保障政府。九、建國大道三民五權，立身要訓四維八德。十、有錢出錢，有力出力，消[illegible]，[illegible]無餘。十一、齊心協力抗禦外侮，節衣縮食捍衛國家。十二、救國不分男女老少，守土莫論南北東西。十三、以弱禦強，在愈挫愈奮，轉敗為勝須再接再厲。十四、是黃帝子孫不做漢奸，保衛中華國土責在吾民。十五、萬衆一心保障國家獨立，百折不回爭取民族生存。十六、徹底認識抗戰到底之意義，堅決抱定最後勝利之信心。十七、當前抗戰武力有賴廣大群衆，最後決勝中心全在各地鄉村。十八、人不論男女老少共同供獻能力，地無分南北東西一致拼命抗戰。十九、大丈夫獻身衛國，好男兒壯志凌雲。二十、為整個民族求解放，從長期抗戰謀復興。廿一、革命完成國家獨立，抗戰到底民族復興。

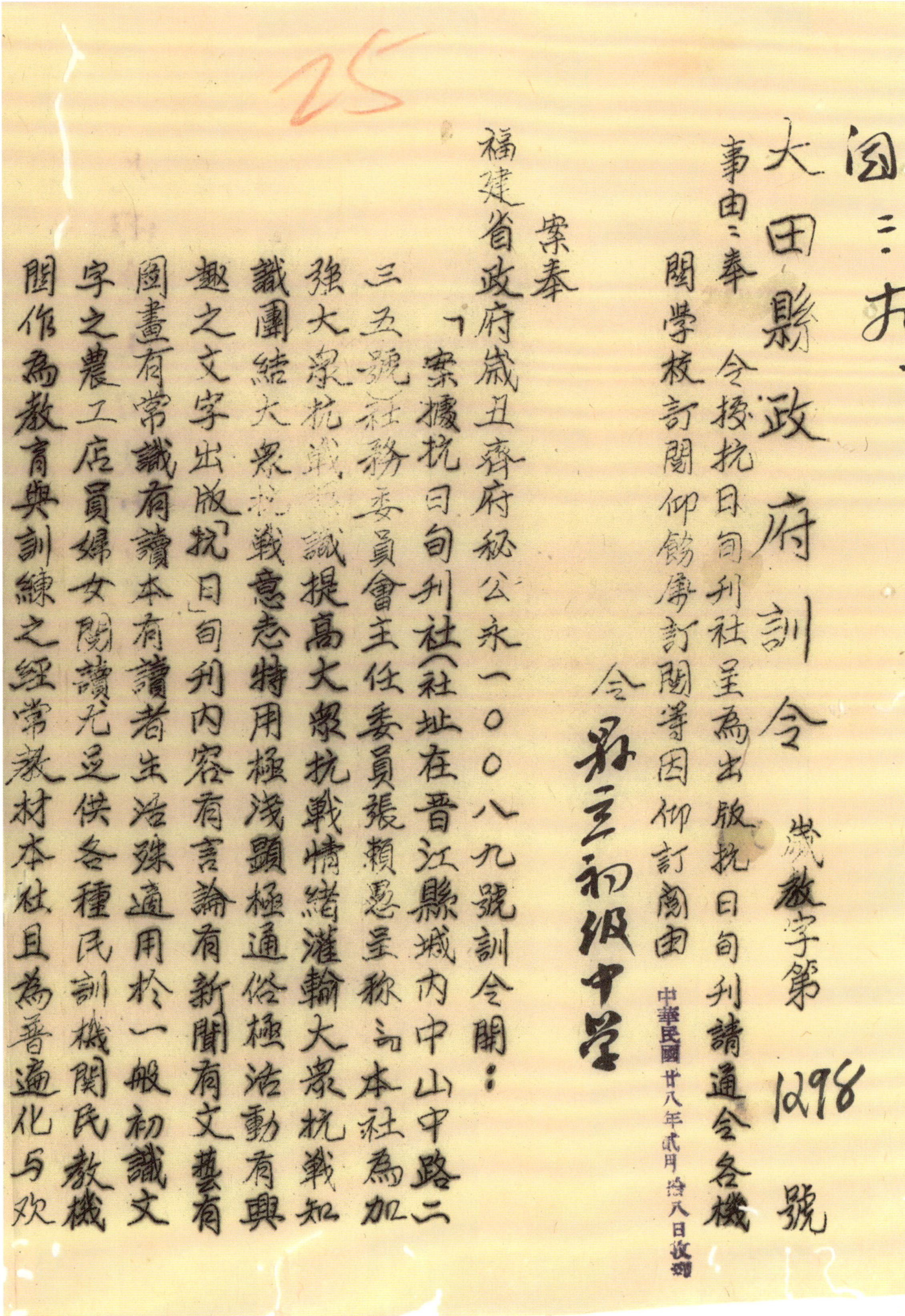
图二九、
大田縣政府訓令　發教字第1298號
令縣立初級中學
事由：奉令據抗日旬刊社呈為出版抗日旬刊請通令各機關學校訂閱仰飭屬訂閱等因仰訂閱由
中華民國廿八年貳月拾八日收到
案奉
福建省政府歲丑齊府秘公永一〇〇八九號訓令開：
「案據抗日旬刊社（社址在晉江縣城内中山中路二三五號）社務委員會主任委員張賴愚呈稱：竊本社為加強大衆抗戰知識，團結大衆抗戰意志，特用極淺顯極通俗極活動有興趣之文字出版「抗日」旬刊，内容有言論有新聞有文藝有圖畫有常識有讀本有讀者生活，殊適用於一般初識文字之農工店員婦女閱讀，尤足供各種民訓機關民教機關作為教育與訓練之經常教材。本社且為普遍化与欢

大田县政府关于订阅抗日旬刊致县立初级中学的训令（一九三九年二月十八日收）

迎热心民教団体機関學校大批印送，悉見特將購價定至最低額每份僅收回印刷费半分并規定凡印送二百份以上者可將印送者名称刊入報端之办法茲第一期業於元旦出版謹郵呈鈞府乞賜核閱并准予通令各縣縣政府轉飭所屬機関學校大量印送以利推行」等情附抗日旬刊二紙據此查該旬刊以通俗文字宣傳抗戰意旨殊足以堅定一般民衆对於抗戰之信念除指令并分令教育廳暨各縣政府各特種區署外合行令仰該縣長即便轉飭各戰時民學校暨所屬各機関學校訂閱此令」因，奉此，除分令外，合行令仰知照即便向該旬刊社訂閱為要，此令。

中華民國二十八年一月　日

縣長　張

中字26　5

大田县政府关于拟定抗战军队通过时沿途民众致敬办法致县立初级中学的训令（一九三九年三月十八日）

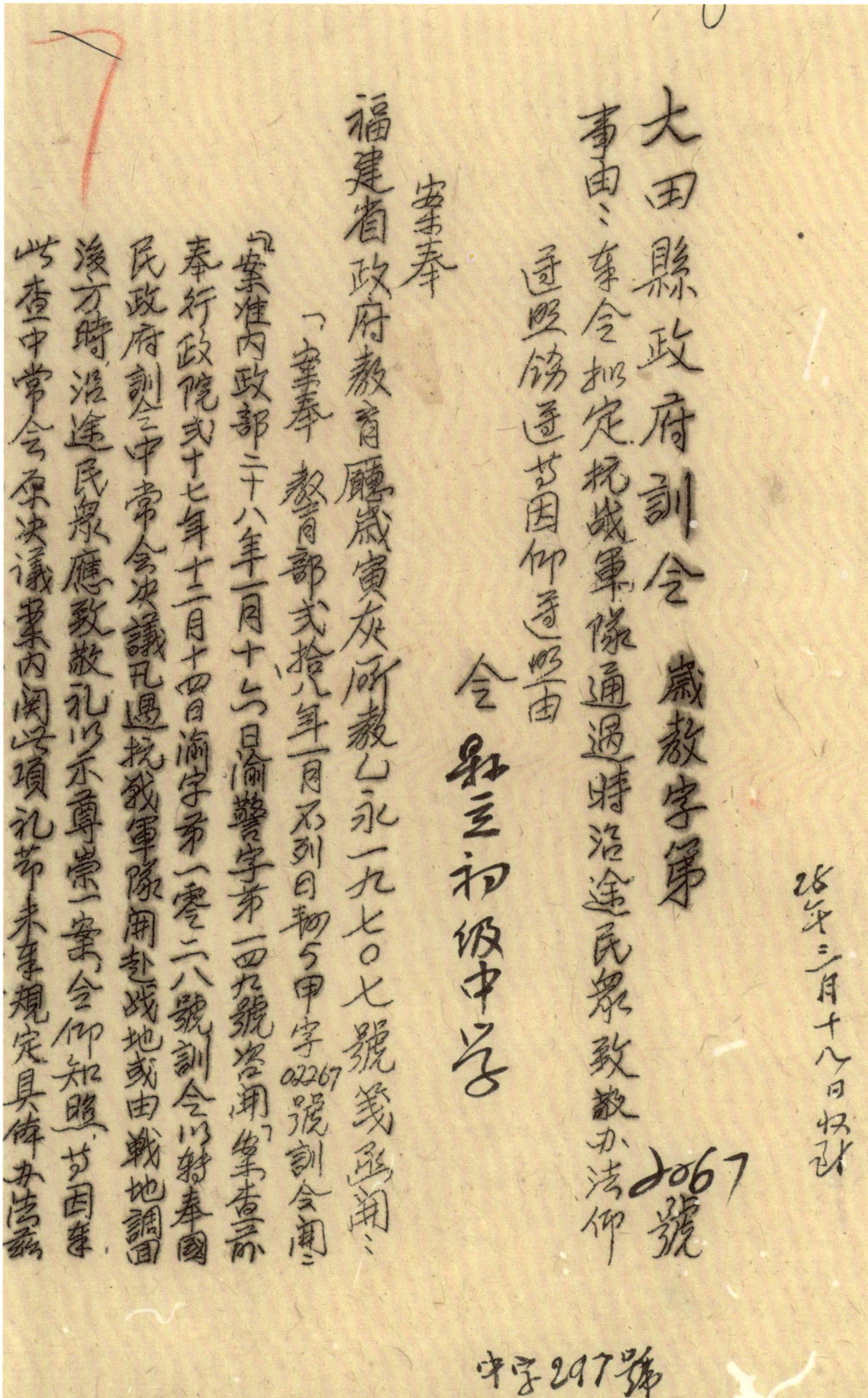

大田縣政府訓令 歲教字第2067號

事由：奉令擬定抗戰軍隊通過時沿途民衆致敬辦法仰遵照飭遵由

令 縣立初級中學

案奉

福建省政府教育廳歲寅灰府教乙永一九七〇七號箋函開：「案奉 教育部貳捨八年一月不列日物5中字02267號訓令開：『案准內政部二十八年一月十六日渝警字第一四九號咨開：「案查前奉行政院貳十七年十二月十四日渝字第一零二八號訓令，以轉奉國民政府訓令，中常会決議凡遇抗戰軍隊開赴戰地或由戰地調回後方時，沿途民衆應致敬礼，以示尊崇一案，令仰知照。等因奉此，查中常会原決議案內關於此項礼节未事規定具体办法，茲

28年三月十八日收到

中字297號

经本部拟定抗战军队通过时沿途民众致敬办法如左(一)車輛及行人(最高党政軍機関長官車輛除外)应即停止進行,(二)戴帽者应脱帽致敬,(三)未戴帽者应注目致敬。以上办法关係発揚抗戦精神,增進軍民情感,经呈奉 行政院二十八年一月九日吕字第二〇四號指令內開:"呈悉,准予照办,仰即通行遵照。此令。"等因,奉此,除分行并呈报外,相应咨请查照,转饬所属一体遵照為荷。"等由,准此,合行令仰遵照,并转饬所属遵照。此令。"等因,奉此,除分别函令外,相应函达查照,并希转饬所属遵照為荷。"等因,奉此,除通令并佈告外,合行令仰遵照,并转谕民众遵照。

此令。

中華民國二十八年三月 大 日

縣長張文成

秘密　第二期抗戰標語　（中央宣傳部編）

甲、關於一般的認識者（一——六）

1、第一期抗戰的成績，是使敵人愈戰愈弱，我們愈戰愈強。

2、第二期抗戰的任務，是發揮全國一切力量，爭取最後勝利。

3、敵相近衛的聲明，是整個亡我國家，滅我民族一切計劃內容的總暴露。

4、敵相近衛的聲明，是吞滅中國，獨霸東亞，進而征服世界一切陰謀的總自白。

5、我們抗戰的目的，在確立領土主權與行政的完整，實現平等自由的國家。

6、抗戰的意義，在為國家爭独立，為民族爭生存，為東亞謀永久的和平。

乙、關於一般的努力者（七——廿三）

7、力行自救救人的三民主義，打倒敵人害人自害的黷武主義。

82

8.提高民族精神，整飭革命紀律，实現革命救國的三民主義。

9.精神團結，信仰三民主義。

10.積極奮鬥，爭取國家生存。

11.加緊建設，充实抗戰实力。

12.建國之主力在於建軍。

13.心理建設，政治建設，經濟建設，為建軍之必要條件。

14.实行心理建設，要根據　總理知難行易學說，發揮　總理大無畏精神，实践智仁勇的美德。

15.实行政治建設，要嚴明賞罰，实事求是，集中力量，增進效率。

16.实行經濟建設，要統制經濟，鞏固金融，促進公私產業的發展。

85 84

17，普及國民軍訓，推廣戰時服務。

18，加強民衆組織，統一民衆行動。

19，解除人民痛苦，改善人民生活。

20，努力興辦抗戰必需的重工業與礦業。

21，努力促進日用必需品的輕工業和手工業。

22，努力發展鐵道航空及公路线，

23，全國党政工作要與軍事相切合。

丙，關於國民精神總動員及國民公約者（廿四——四十七）

24，第一期抗戰，是精神與物質並重；第二期抗戰，精神更重於物質。

25，实施國民精神總動員。

84

26. 民族至上，國家至上。

27. 軍事第一，勝利第一。

28. 意志集中，力量集中。

29. 实施精神總動員，要实踐救國的道德。

30. 实施精神總動員，要堅定建国的信仰。

31. 实施精神總動員，才能集中民力，充实抗戰的國力。

32. 实施精神總動員，才能克復艱難，完成抗戰的使命。

33. 醉生夢死的生活，必須改正。

34. 奮發蓬勃的朝氣，必須養成。

35. 自私自利的企圖，必須打破。

87

36. 苟且偷生的習性，必須革除。

37. 紛歧錯誤的思想，必須糾正。

38. 不做漢奸和敵人的順民。

39. 不參加漢奸組織。

40. 不做敵軍和漢奸的官兵

41. 不替敵人和漢奸帶路。

42. 不替敵機做轟炸標識。

43. 不替敵人和漢奸探聽消息。

44. 不替敵人和漢奸做工。

45. 不用敵人和漢奸銀行的鈔票。

86

46. 不買敵人的貨物。

47. 不賣粮食和一切物品給敵人和漢奸。

下其他（四十一——六十）此類係第一期抗戰已用之標語今後仍繼續適用者）

48. 擁護領袖，鞏固統一。

49. 踴躍服兵役，努力殺敵人。

50. 實行節約運動，戒絕奢侈生活。

51. 肅清漢奸，鞏固後方秩序。

52. 肅清貪污，整飭建國紀律。

53. 服用國貨，減少現金流出。

54. 救護傷兵，鼓勵抗戰熱情。

55. 救济難民，增加建國实力。

56. 努力捐輸，充实抗戰財力。

57. 有錢出錢，有力出力。

58. 抗戰必勝，建國必成。

59. 三民主義萬歲！！

60. 中華民國萬歲！！

福建省教育厅关于遵照战时宣传纲要汇编从事宣传致大田县立初级中学的训令（一九三九年五月十七日）

福建省政府教育廳訓令

事由：令仰遵照戰時宣傳綱要彙編從事宣傳由

令大田縣立初級中學

中華民國廿八年五月廿日 發

39450

案奉

教育部二十七年十二月八日拾10字第一四一六九號訓令開：

「自抗戰發生，暴日挾其堅利之武器，驅其凶悍之士卒，以侵我土地，虐劉我人民，毀滅我生產建設，十七閱月，我沿海及江河流域名城大邑，迭遭破壞，我文化經濟事業機關，橫被蹂躪，我人民生命財產之損失，更不可以數字計，神州血腥，四海瘡痍，此誠有史以來我中華民族未有之浩劫也。幸賴我最高領袖偉謨宏猷，統率海內健兒，浴血疆場，以我將士血肉之軀，忠勇之氣，與敵作持久戰爭，而消耗其實力，故雖廣州淪陷，武漢撤退，仍能力持不屈，圖謀規復，更能開發西南，建設後方，抗戰之必勝，建國之必成，民族之復興，胥已露其朕兆。惟現代戰爭之決勝，不僅賴於前方將士攻守之得宜，尤賴於後方民力全部之發動。方今抗戰階段已達緊要關頭，非以舉國之力，不

中402

能驅除倭寇，我國地廣民眾，值此民族興亡所關之神聖戰爭，誠能萬眾一心，各盡天職，各竭其知，以與暴敵相周旋，則三島倭寇何足為患。顧我教育設施，尚未普及，民眾知識仍甚淺陋，對於抗戰意識，迄未深入民心，同仇敵愾猶有待於激發。矧以國家興亡，匹夫有責之義，我青年學生，皆係國家優秀份子，負建國之重任，應如奮起精神，喚醒民眾，激發民氣，俾集全國之人力物力，繼續抗戰，以打破暴敵亡我國家之迷夢，而達最後勝利之目的。本部長前於告全國學生書中，對於抗日宣傳工作，曾剴切言之。茲特印發戰時宣傳綱要彙編　冊，以為各校師生利用紀念日及休假日前往附近農村宣傳之準則。除分令外，合行令仰知照，並轉飭所屬一體遵照辦理。此令。」

等因，附發戰時宣傳綱要彙編到廳。除將原附件在本廳出版之福建教育通訊節錄刊載，並分別函令外，合行令仰遵照辦理。

此令。

中華民國二十九年三月十七日

廳長　鄭貞文

大田县抗敌后援分会关于「七七」抗战建国二周年纪念大会致县立初级中学的公函（一九三九年六月二十七日）

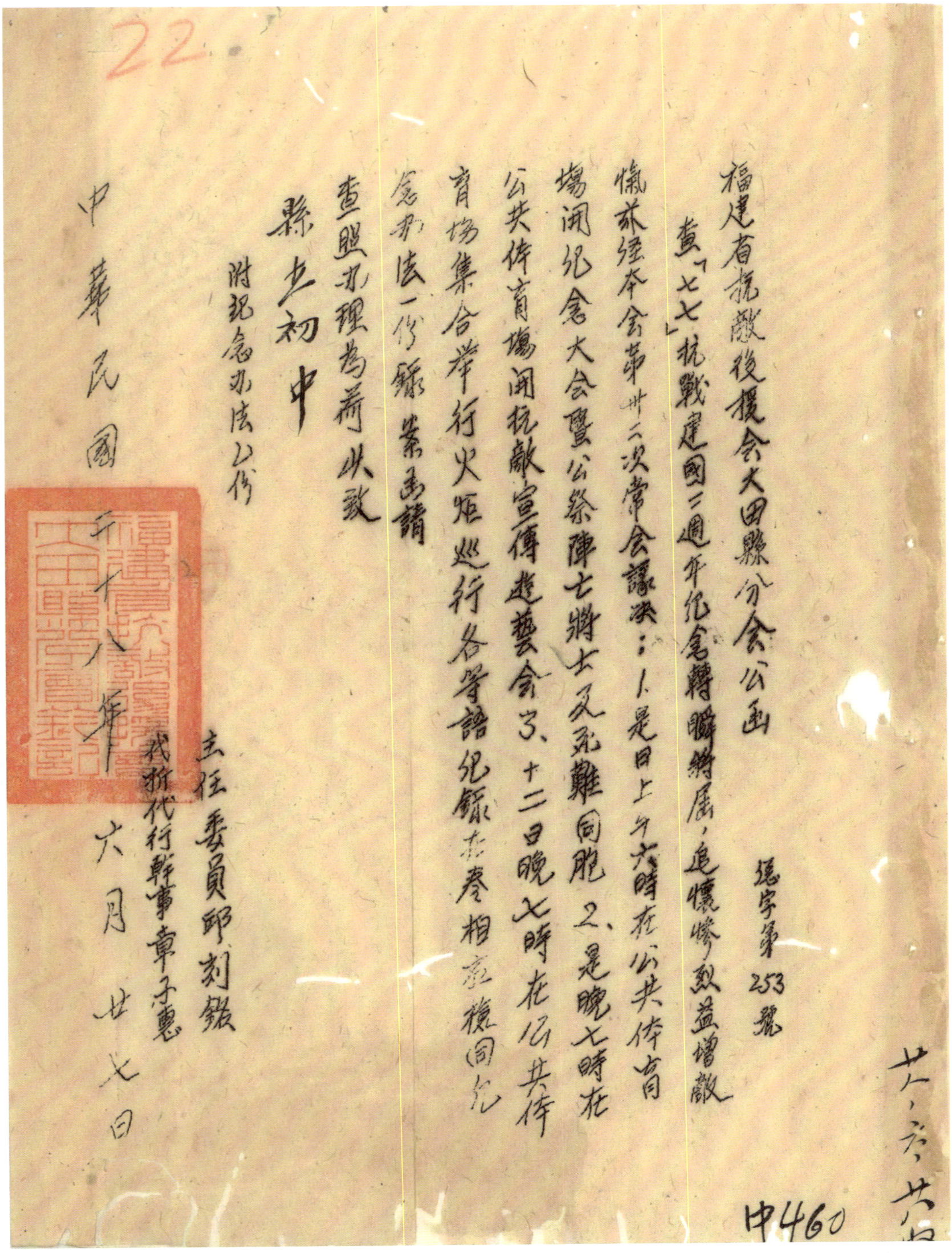

福建省抗敵後援會大田縣分會公函　總字第253號

查「七七」抗戰建國二週年紀念轉瞬將屆，追懷慘烈，益增敵愾。茲經本會第卅二次常會議決：1.是日上午六時在公共體育場開紀念大會暨公祭陣亡將士及死難同胞。2.是晚七時在公共體育場開抗敵宣傳遊藝會。3.十二日晚七時在公共體育場集合舉行火炬巡行，各等語紀錄在卷，相應檢同紀念辦法一份，錄案函請

查照辦理為荷。此致

縣立初中

附紀念辦法一份

主任委員邱刻銘

代行幹事章子惠

中華民國二十八年六月廿七日

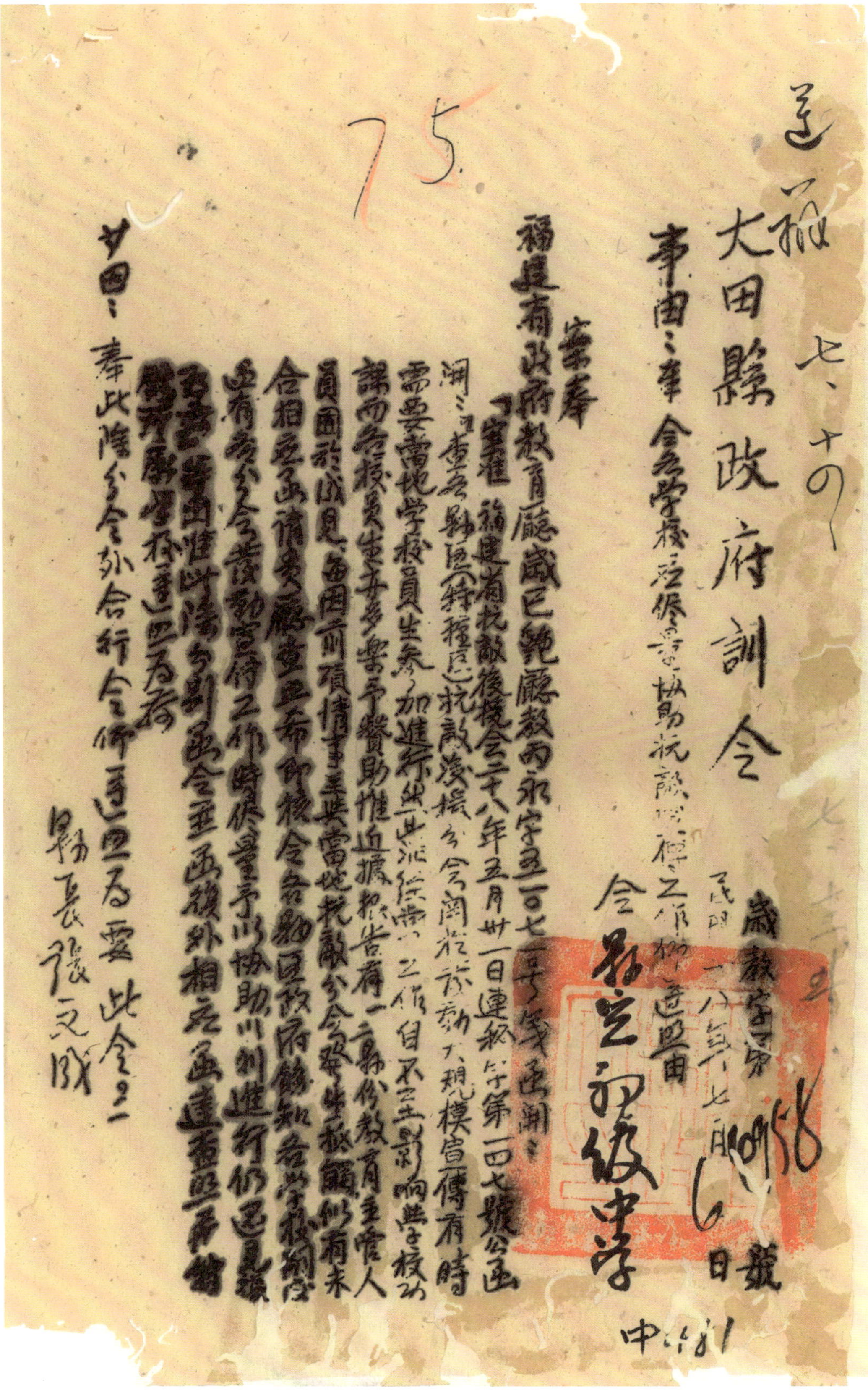

大田縣政府訓令

教字第 號

民國二八年七月 日

事由：令各學校應儘量協助抗敵宣傳工作仰遵照由

令 縣立初級中學

案奉

福建省政府教育廳歲巳艷廳教丙永字五一〇七號代電開：

「案准 福建省抗敵後援會二十八年五月廿一日連秘字第一四七號公函淵：查各縣區（特種區）抗敵後援分會開始發動大規模宣傳，有時需要當地學校員生參加進行此宣傳工作，自不無影響於學校功課，而各校員生亦多樂予贊助，惟近據報告，有一二縣份教育主管人員因誤成見，每因前項情事，與當地抗敵分會發生抵觸，似有未合，相應函請貴廳查照，希即轉令各縣區政府飭知各中小學校，對於所有各分會發動宣傳工作，時應盡量予以協助，以利進行，仍祈見復為荷」等由，准此，除分別函令並函復外，相應函達，希查照并飭屬學校遵照為荷。

等因，奉此，除分令外，合行令仰遵照為要。此令。

縣長 張文成

大田县政府关于各学校应尽量协助抗敌宣传工作致县立初级中学的训令（一九三九年七月六日）

福建省教育厅关于实施抗战宣传工作致大田县立初级中学的训令（一九三九年八月九日）

建办八、十三

福建省政府教育廳訓令

事由：令仰設法利用新劇舊演及新詞舊調之方式實施抗戰宣傳并將是項材料送廳彙編由

令大田縣立初級中學

案奉

教育部二十八年六月樂伍叄字第一四八六二號訓令開：

「查各地近以宣傳抗戰，多利用新劇舊演及新詞舊調之方式，藉便觀感，民眾成效頗著。如民間盛行之皮黃、漢調、秦腔、崑曲以及川、粵、滇、桂各地方戲劇，并民歌、山曲，均能配以抗戰新材料演出，并鼓勵各新舊劇團及各抗戰宣傳隊注

復文時請錄左列全號

№63162

中華民國廿八年八月拾貳日收

21

意研究，多方創作，其宣傳效力，必較其他方式為易普遍。除本部已在陸續編印新詞舊調之民眾歌曲及徵選新歌劇，大量推廣，並分令各省市教育廳局飭屬辦理外，合行令仰該廳即便轉飭所屬各級社會教育機關及各新舊劇團注意研究創作，并隨時進行公演，以利抗戰宣傳是為至要。此令。

等因。除分別函令外，合行令仰積極設法進行！如有是項材料，并仰檢呈，以便核編刊發。此令。

中華民國二十八年八月　九　日

廳長　鄭貞文

大田县党部及大田县抗敌后援分会关于召开淞沪抗战二周年纪念大会致县立初级中学的公函（一九三九年八月十日）

附：「八一三」口号标语

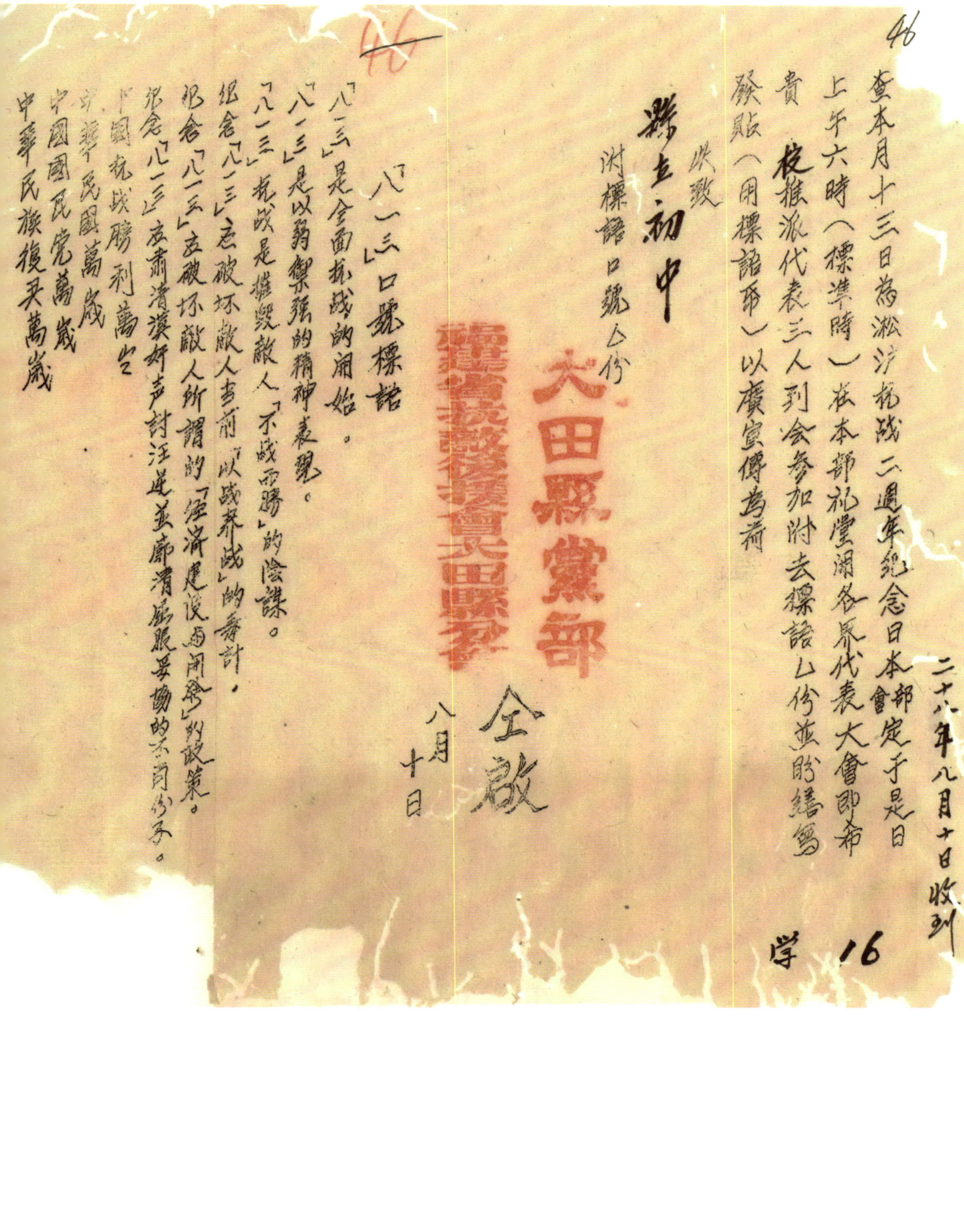

二十八年八月十日收到

查本月十三日為淞沪抗战二週年紀念日本部會定于是日上午六時（標準時）在本部禮堂開各界代表大會即希貴校推派代表三人到会参加附去標語口號乙份並盼繕寫發貼（用標語布）以廣宣傳為荷

此致

縣立初中

附標語口號乙份

大田縣黨部

福建省抗敵後援會大田縣分會

全啟

八月十日

学 16

「八一三」口號標語

「八一三」是全面抗战的開始。

「八一三」是以弱禦強的精神表現。

「八一三」抗战是摧毁敵人「不战而勝」的陰謀。

紀念「八一三」应破坏敵人当前「以战养战」的毒計。

紀念「八一三」应破坏敵人所謂的「经济建设開發」的政策。

紀念「八一三」应肅清漢奸声討汪逆並肅清悲觀妥協的不同份子。

中國抗战勝利萬岁

中華民國萬歲

中國國民党萬歲

中華民族復興萬歲

大田县抗敌后援分会关于为检发东北事变八周年举行集会纪念宣传要点致县立初级中学的公函

（一九三九年九月十二日）

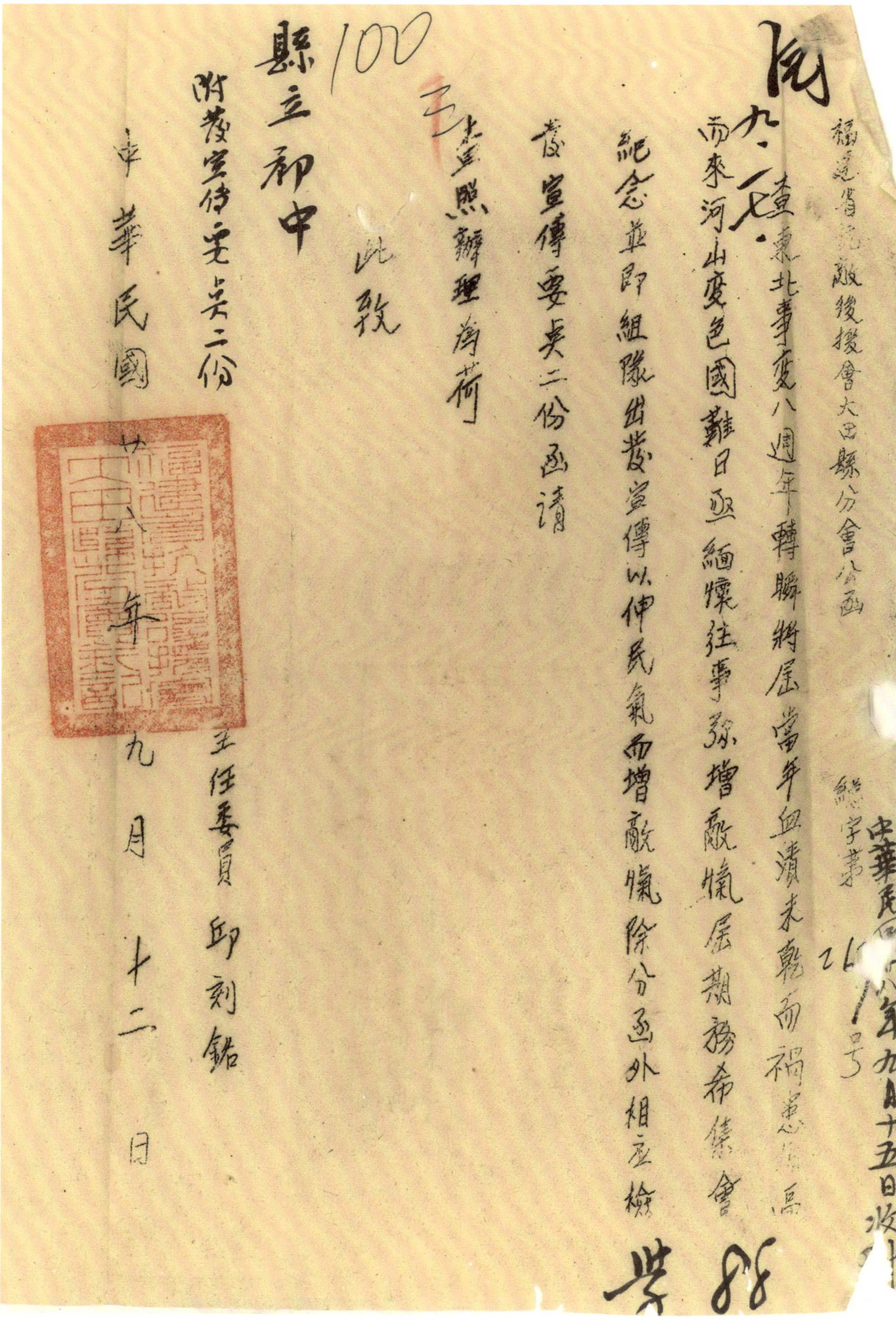

福建省抗敵後援會大田縣分會公函

總字第 26 号

查東北事變八週年轉瞬將屆，當年血漬未乾，而禍患猶甚，而來河山變色，國難日亟，緬懷往事，彌增敵愾，屆期務希集會紀念，並即組隊出發宣傳，以伸民氣而增敵愾，除分函外，相應檢發宣傳要点二份，函請

查照辦理為荷。

此致

縣立初中

附發宣傳要点二份

主任委員 邱刻銘

中華民國廿八年九月十二日

中華民國廿八年九月十五日收

附：东北事变八周年纪念宣传要点

東北事變八週年紀念宣傳要點

1. 「九一八」事變為敵人大陸政策之預定計劃初步表現，其目的非第欲佔我東北數省，實欲亡我整個國家，進而滅我民族。自全面抗戰之後，不僅打破敵人此種陰謀，並且消耗其大量軍力與物力，增強全國必勝之信念與收回失地之決心，且提高我國在國際上之地位與信譽。

2. 今年「九一八」紀念宣傳應以加強敵後工作為中心，而以破壞敵人當前「以戰養戰」之毒計為主要任務。

3. 自歐州大戰爆發，國際形勢陣線分明，侵略者必自趨於滅亡之一途。吾人於此當益堅自信，秉一定不變之方針，應付瞬息萬變之時局，不必過存倚賴之心與利用國際形勢之念，則最後勝利定屬於我。

4. 敵閥部內因陣容紛亂，意見不齊，「平沼」之辭職，即足表示敵輿論界之抨擊，且阿部為宇垣系，未必能得少壯派之擁護，而陸相畑俊六原非關東軍系之人物，對敵駐外軍人更難統制，其國內政情將較平沼內閣時更為混亂。

5. 蘇德締約，敵已完全陷於孤立，虽使訂明「接覺狀態」之独特外交，實則渴欲求得與国，但蘇日既無法接近，欲走英美路線，則英国態度嚴正，美則因最近受其南進政策之威脅與遠東利益之被剝奪，若非健忘，恐亦不容易妥協，敵非至屈服不易成功，故其外交形勢之惡劣，實為從來所未有。我應乘其国内多難、外交失敗、人心動搖之際，加緊抗

戕促其崩潰

6. 國防最高委員会八日頒布「國金融办法綱要」及「戰時健全中央金融機構办法綱要」並尽量開发俾使民众徹底瞭悟

7. 晋東南連日大舉殲敵，广州東西北三江各線我軍亦在積極策劃反攻，粉碎汪逆陰謀，而当地苏軍向敵軍衝突較前益見激烈，今後戰局將必日見開展

8. 汪逆上月廿八日在滬佝偽代表大会僭竊本党名义收買漢奸叛徒，近在廣州復積極籌組偽府，進行賣国勾当，並企圖籠絡僑胞，吾人亟揭破其歷來叛党賣國之醜史及媚敵投降之無恥行徑，以免諸惑人心

福建省各界抗敵後援會大田縣分會

大田縣

制發　二八、九、十三

福建省政府、大田县政府等关于执行中央宣传部函发抗战时期宣传名词正误表的训令

福建省政府致各区专员公署、各县市政府等的训令（一九三九年十月二日收）

福建省政府训令

事由：准省党部函以奉中央宣传部函发抗战时期宣传名词正误表饬遵照一案请查照饬遵等由抄发原附件仰遵照并转饬遵照由

廿八、十、二收件

令

案准中国国民党福建省执行委员会函以：奉中央宣传部函发抗战时期宣传名词正误表一份，饬即遵照，等因；奉此，除分别函令外，相应检同翻印正误表一份，送请查照转饬遵照，等由；附抗战时期宣传名词正误表一份。准此，除分令各区专员公署、各县市政府、福州警察局、各特种区署外，合行抄发原附件，令仰该长遵照，并转饬所属一体遵照。

此令。

附抗战时期宣传名词正误表一份

主席 陈仪

48

抗戰時期宣傳名詞正誤表

(一) 敵人分化侮辱我國之名詞及對敵使用應注意之名詞

(1) 謬誤名詞應改正者

謬誤名詞	正確名詞
支那	中華民國或中國
華北(南、中、西)	我國北方各省 南方各省 中部各省 西部各省
滿洲	東四省
滿洲國	偽滿
北京	北平
新京	長春
京奉路	北寧路
聖戰(敵對我)	侵略戰
佔領(敵对我)	侵佔

原用語	改用語
討伐（敵對我）	進犯
掃蕩肅清（敵對我）	進犯（或冠以「所謂」兩字）
皇軍	敵軍或寇軍
南京政府 重慶政府	國民政府
皇協軍	僞軍
蔣政權	國民政府
中央軍、南京軍 党軍、八路軍 晉綏軍	我軍或國軍
中國「新政權」	傀儡組織或僞政府
資源開發 經濟開發（敵對我）	資源搾取 經濟搾取
開發華北	搾取北方各省資源
出山登台（指傀儡而言）	附逆

(2) 謬誤名詞應加「所謂」或「僞」及「」號字者

謬誤名詞	
「東亞協同体」 「東亞新秩序」 「建設新東亞」 「興亞院」	如必須用時應加「所謂」二字於上並加「」號
「聯合準備銀行」 「華興銀行」	應冠以「僞」字並加「」號
「維新政府」 「北京臨時政府」 「大道市政府」及其他僞組織	應一律冠以「僞」字並加「」號
「華北開發會社」 「華中振興会社」以及其他敵人組織之公司組織	應一律加「所謂」二字於上並加「」號

關東軍

（二）共產党及人民陣線習用之名詞

（1）謬誤名詞不用者

製造摩擦　邊區政府　抗日政權　組織國防政府　爭取民主「托派漢奸匪徒」　兩面派　親日派　紅軍　抗日的八路軍　抗日聯軍　抗日救國十大綱領　三大政策　爭取抗戰自由　抗日有罪　壓制救亡運動害怕民衆起来　民族失敗主義　漢字拉丁化或「新文字」　二萬五千里長征　長征時代　擁護祖國　蘇联　俄派革命

必須用時應加「」號

（2）謬誤名詞應改正者

謬誤名詞	正確名詞
一九二五—二七年大革命	民國十五年北伐
土地革命	土地改革

大革命失敗	清黨
十年的內戰	十年的肅清內亂
內戰時期	安內時期
各階層的人民	全國各界
工人階級	全國工人
武裝工農	
群眾自動武裝	組織民眾訓練民眾
爭取民眾武裝自由	
開放民眾運動	領導民眾運動
救亡運動	抗戰工作
獨立自由幸福的三民主義	
革命的三民主義	三民主義
真正的三民主義	

三

上	下
擁護革命的領袖	擁護　領袖
擁護抗日的領袖	擁護抗戰國策
擁護抗戰到底	
擁護抗日的政府	擁護　國民政府
三民主義在現階段是適用的	三民主義為抗戰建國最高準繩
三民主義為中國今日所必需	
和平陣綫	和平國家或和平集團
侵略陣綫	侵略國家或侵略集團
共同領導	服從最高　領袖之領導
國共合作	
聯合各党派	全國精神團結
各党各派大同盟	

原用語	代替用語
抗日民族統一戰線 民族統一戰綫 抗日統一战线 聯合战线	集中抗戰力量
中央政權	中央政府
地方政權	地方政府
××邊區 ××特區 ××抗日策源地 ××抗日根據地 陝北聖地	一律以省名或地名代替
實現徹底的民主政治高度的民主政治	發揮民主政治精神
工農兵學商	農工商學兵

（四）

劳動大衆 工農劳苦大衆	農工生產份子
聯合各國劳動群衆 聯合各國被壓迫的無產階級	聯合世界上以平等待我之民族
抗战高於一切，一切服從抗日	軍事第一 勝利第一
國内少數民族	内地苗民或内地×民
國民黨專政	國民党党治
一切為着抗日民族統一戰線（經過、服從）	一切為了民族利益

（3）謬誤名詞在某種運用上為謬誤須審慎辨別者

資產階級革命 淪陷區域 國内少數民族 機会主義 尾巴主義 盲動主義 關门主義 包辦主義

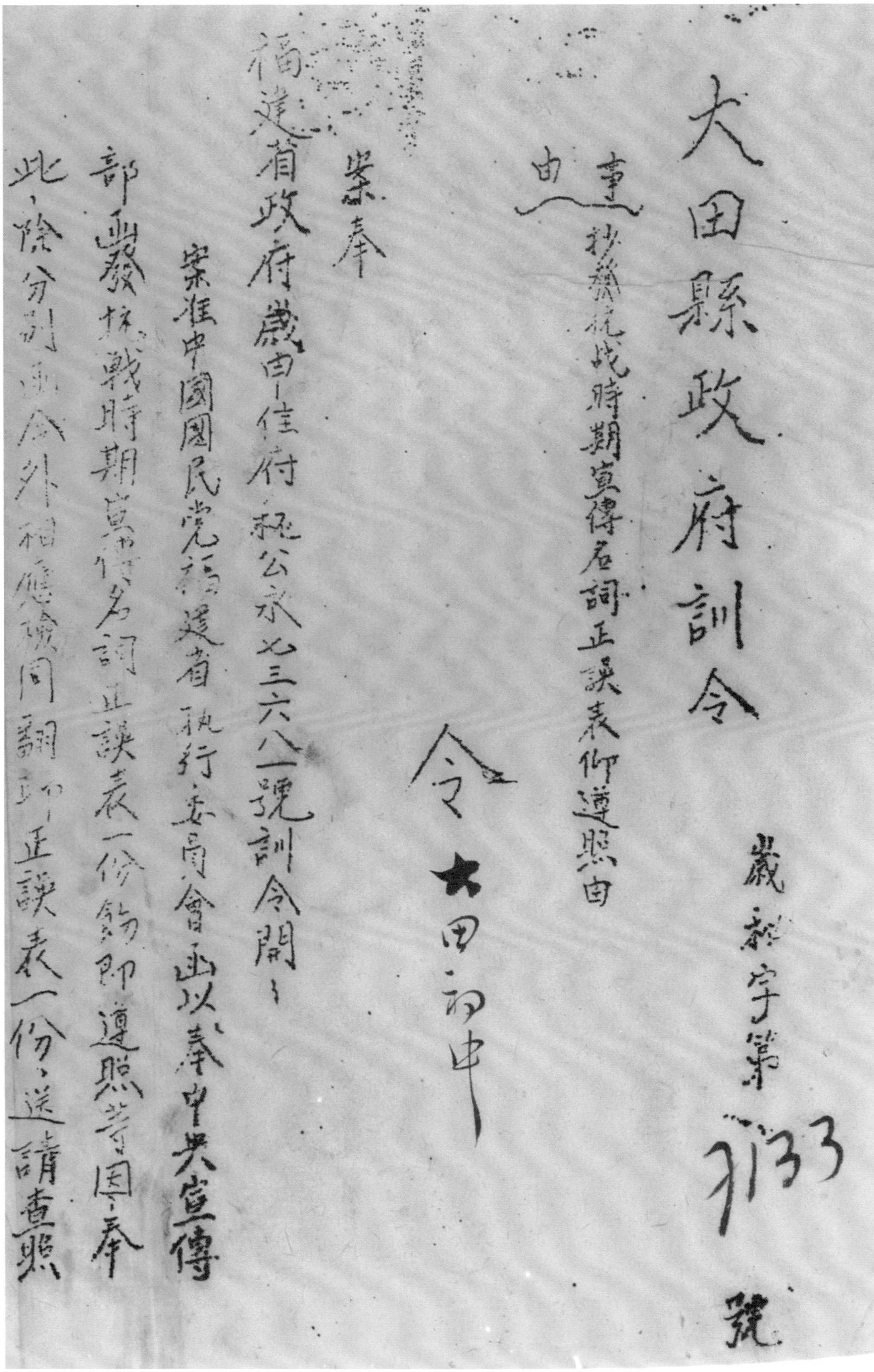
大田縣政府訓令　歲秘字第3133號

事由：抄發抗戰時期宣傳名詞正誤表仰遵照由

令大田初中

案奉

福建省政府歲申佳府秘公永七三六八一號訓令開：

案准中國國民黨福建省執行委員會函以奉中央宣傳部函發抗戰時期宣傳名詞正誤表一份，飭即遵照等因，奉此，除分别函令外，相應檢同翻印正誤表一份，送請查照轉飭遵照等因，附抗戰時期宣傳名詞正誤表一份，准此，除分令各區專員公署、各縣市政府、福州警察局、各特種區署外，合行令發原件，令仰該縣長遵照，並轉飭所屬一体遵照。

等因，附發抗戰時期宣傳名詞表一份。奉此，除令外，合行抄發原表一份，令仰遵照。

此令。

附抗戰時期宣傳名詞正誤表一份

中華民國二十八年九月十八日發

縣長 張文成

福建省教育厅关于奉省府定「八一四」为中国空军日致大田县立初级中学的训令（一九三九年十二月十四日）

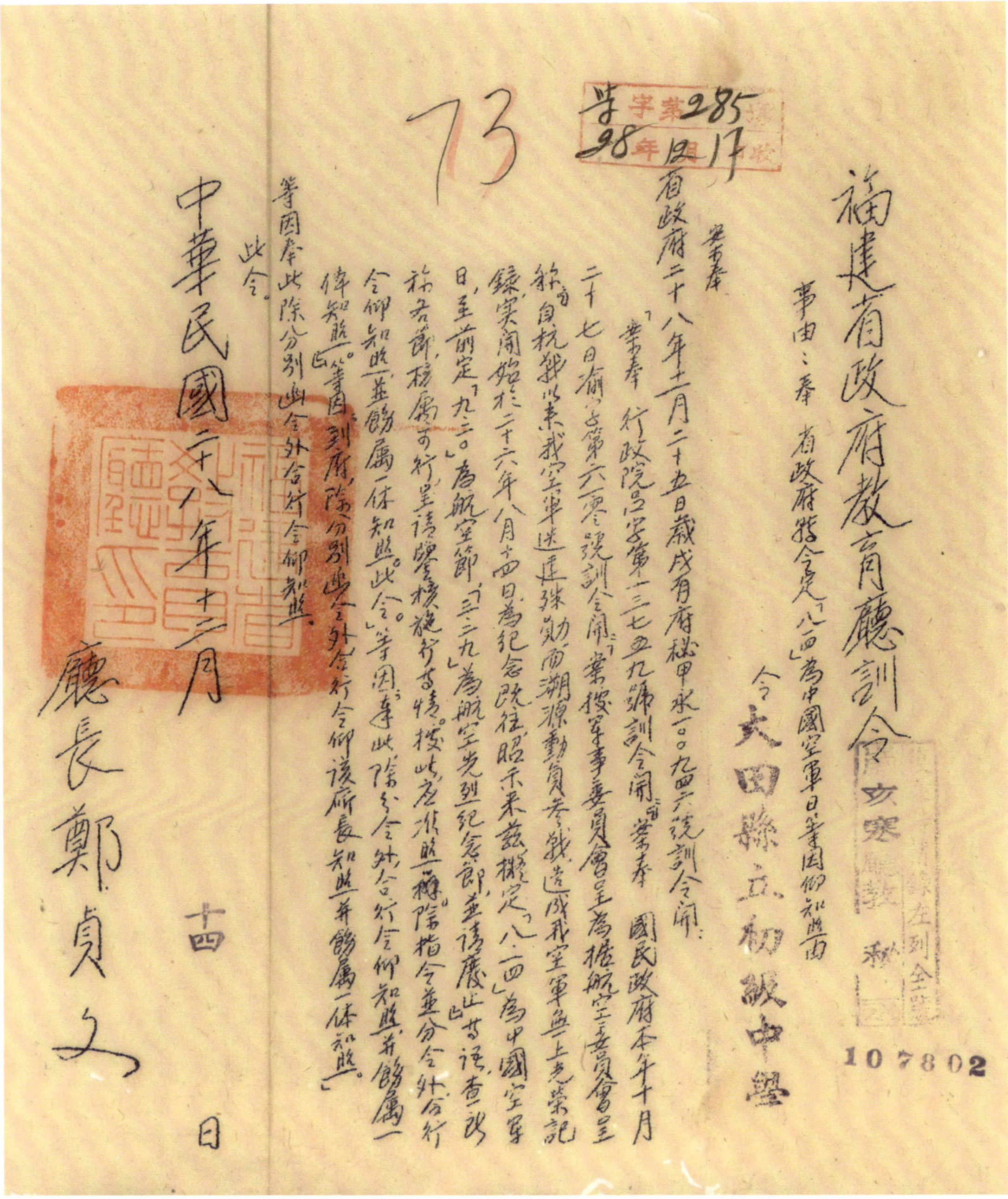

福建省政府教育厅训令

事由：奉 省政府转令定「八一四」为中国空军日等因仰知照由

令大田县立初级中学

案奉

省政府二十八年十二月二十五日戌府秘甲永一〇〇九四六号训令开：「案奉 行政院吕字第一三七五九号训令开：『案奉 国民政府本年十月二十七日渝文字第六〇〇号训令开：「案据军事委员会呈为据航空委员会呈称：自抗战以来，我空军迭建殊勋，而溯源动员参战，造成我空军无上光荣记录，实开始于二十六年八月十四日，为纪念既往，昭示来兹，拟定『八一四』为中国空军日，至前定『九二』为航空节，『三二九』为航空先烈纪念节，并请废止等语，查此节核属可行，呈请鉴核施行等情。据此，应准照办。除指令并分令外，合行令仰知照，并饬属一体知照。此令。」等因，奉此，除分令外，合行令仰该府知照并饬属一体知照。』等因，奉此，除分别函令外，合行令仰该厅长知照并饬属一体知照。」

等因，奉此，除分别函令外，合行令仰知照。

此令。

中华民国二十八年十二月十四日

厅长 郑贞文

福建省政府关于兵役宣传及监督实施方案宣传实施致大田县立初级中学的训令（一九四〇年一月十一日）

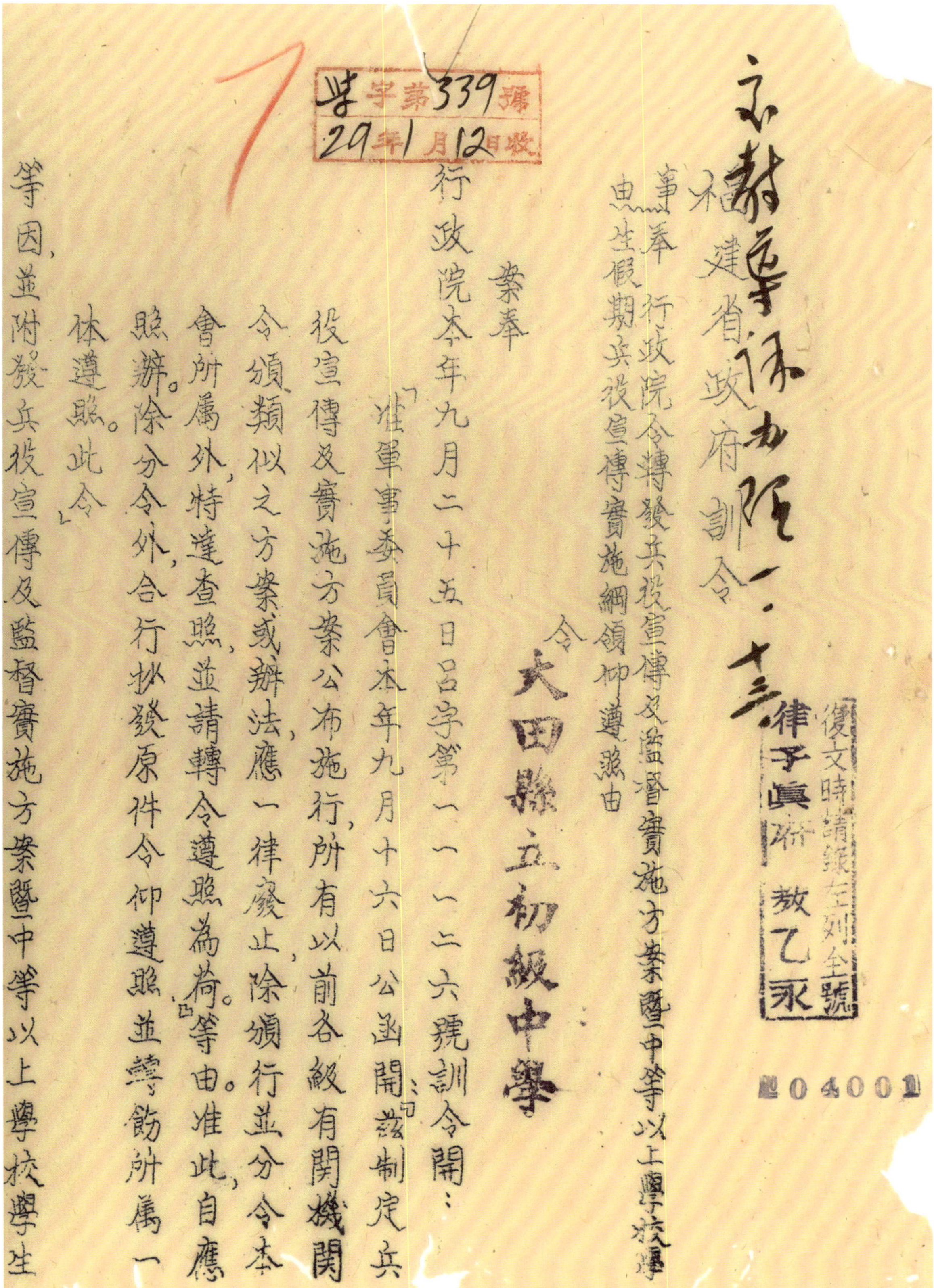

收 字第339號 29年1月12日收

福建省政府訓令

事奉 行政院令轉發兵役宣傳及監督實施方案暨中等以上學校學生假期兵役宣傳實施綱領仰遵照由

復文時請録左列全號 律字真府 教乙永

令 大田縣立初級中學

案奉

行政院本年九月二十五日呂字第一一一二六號訓令開：

「准軍事委員會本年九月十六日公函開：『茲制定兵役宣傳及實施方案公布施行，所有以前各級有關機關令頒類似之方案或辦法，應一律廢止，除頒行並分令本會所屬外，特達查照，並請轉令遵照為荷。』等由，准此，自應照辦。除分令外，合行抄發原件，令仰遵照，並轉飭所屬一體遵照。此令」

等因，並附發兵役宣傳及監督實施方案暨中等以上學校學生

004001

假期兵役宣傳實施綱領各一份，奉此，自應遵辦。除分令各區行政督察專員、各縣政府、特種區署、公私立中等以上學校、省轄各小學及社教機關並函各有關係機關外，合行印發原件，令仰遵照。此令。

附發兵役宣傳及監督實施方案暨中等以上學校學生假期兵役宣傳實施綱領各一份

中華民國二十九年二月十一日

主席陳儀

附（一）兵役宣传及监督实施方案

兵役宣傳及監督實施方案

甲、兵役宣傳機構組織大綱

二期抗戰兵員補充，甚為重要。本於政治重於軍事，後方重於前方，宣傳重於作戰之原則，應在設有兵役管區各省，擴大兵役宣傳。

兵役宣傳，在時間上應長期實施，在地域上應深入鄉村，全國各宣傳機構，應將兵役宣傳作為中心工作之一，並應由各有關機關團体組織兵役宣傳之常設機構，並發動中等以上學校在校學生，臨時下鄉宣傳，相輔而行，以收實效。

各級兵役機構組織辦法如左：

一、常設兵役宣傳機構

常設兵役宣傳機構，分設中央省市縣及鄉鎮(區)各級兵役宣傳委員會

1、中央兵役宣傳委員會

中央兵役宣傳委員會，設於國府所在地，由中宣部，軍委會政治部，軍

一 兵

政部軍訓部內政部、教育部、中央通訊社、及其他有全國性質之文化團體民衆團體派員組織之，由軍委會政治部召集。其任務在(一)指導監督下級兵役宣傳機關(二)派員赴各地巡迴視導並宣傳(三)編印各種宣傳品或審定圖案稿本等(四)直接担任所在地之兵役宣傳(五)發動党政人員及各界知識份子下鄉宣傳。

2、省兵役宣傳委員會

省兵役宣傳委員會，設於省府所在地，由省党部、軍管區國民軍訓處、當地高級政治部、教育廳、省動員委員會、省抗敵後援會、省市中等以上學校、省社教機關及有全省性質之文化團体民衆團体派員組織之，由軍管區國民軍訓處(政治部)召集。其任務在(一)承中央兵役宣傳委員會之命指導監督下級兵役宣傳機關(二)派員赴各地巡迴視導並宣傳(三)編印或翻印各種宣傳品(四)直接担任所在城市之宣傳(五)發動省城党政人員及各界知識份子下鄉宣傳。

3、縣市兵役宣傳委員會

縣市兵役宣傳委員會，設於縣市政府所在地，由縣市党部、縣市政府、師（團）管區司令部、行政專員公署（非駐在地之縣市可免）、縣市國民自衛總隊、當地駐軍政治部、縣市國民兵團政治指導員辦公室、縣市動員委員會、縣市抗敵後援會、出征軍人家屬優待委員會、慰問出征軍人家屬委員會及當地中等以上學校、各文化團体與各民众團体派員組織之，並以政治部所派各縣市政治工作隊為經常兵役宣傳基本組織，由縣市政府召集。其任務在（一）承中央及省兵役宣傳委員會之命，指導監督下級宣傳機関或團体（二）派員赴各鄉鎮（區）指導宣傳（三）製發各種宣傳品（四）組織各種宣傳隊下鄉巡迴宣傳（五）發動縣城市區知識份子下鄉宣傳

4、鄉鎮（區）兵役宣傳委員會

鄉鎮（區）兵役宣傳委員會，設於鄉鎮（區）所在地，由區分部、鄉鎮（區）

二、兵

自衛隊，區公所或區署，區社教機關，各高小以上學校，區內民眾團体所派人員與公正士紳組織之，由鄉鎮(區)公所召集。並以政治部所派下鄉政治工作隊及各鄉鎮保之國民自衛(分)隊為兵役宣傳之基本組織。其任務在(一)承上級宣傳委員會之命，或自定計劃，實施兵役宣傳(二)發動居民為出征軍人家屬服務(三)在戰區或接近戰區為傷病兵服務(四)幫助社訓(五)幫助役政施行。

二、學生臨時下鄉宣傳

1.利用各省市中等以上在學學生於寒假春假暑假等休假期間，臨時下鄉至各地作兵役宣傳。

2.學生下鄉宣傳，各該校教職員須參加指導，並預為組織，其下鄉日期，行程區域均須預為規定，惟須受當地兵役宣傳委員會之指揮。

3.學生下鄉宣傳時，其服裝言語態度舉動，均須特別注意，務宜避免受人指摘，或惹人反感。

4、学生下乡宣传之成绩，各校应评定分数列入总考成内，以资激励。

5、学生假期兵役宣传实施纲领另定之。（附）

三、各级兵役宣传委员会，得设秘书干事、事务员、书记、司书等必要之人员，编制表另定之。

四、各级兵役宣传委员会所需经费，其经常费由各该参加机关团体按其出资能力共同负担，事业费另行统筹。

五、各级兵役宣传委员会服务人员之考成办法另定之。

六、各级兵役宣传委员会之办事细则自行订定，但下级兵役宣传机关，应呈请上级核准。

乙、兵役宣传实施办法

一、宣传须与实际相符合：

兵役宣传须与实际相符，始能收效，可区分如左：

1、伤病兵待遇须改善，伤病兵皆由前线归来，为数甚多，散布各地日众：

三、兵

民衆接觸，如傷病兵待遇不善，民衆目睹傷病兵之慘狀，自然心怵目驚，形成兵役的反宣傳，增加逃避兵役的數字，主管機關務亟謀改善之道。

2.新兵待遇須改善，新兵皆来自田間，突過軍隊生活，自然感覺不慣，如再待遇不善，將視軍營如牢獄，刺激既来者以逃亡之念，未来者生畏之心，影响役政莫此為甚，故無論徵募或訓練機關，一經與壯丁接觸，即須設法安慰安為誘導，引起其樂於從軍之觀感。

3.出征軍人家屬優待須澈底，優待出征軍人家屬，政府本定有詳盡之辦法，出征抗戰軍人家屬，如得不到優待，在其本身不能專心致志殺敵，在其家屬與親朋等事實上往往作兵役的反宣傳，故各級政府應督飭所屬，確實遵照法令規定，對出征抗戰軍人之家屬，予以優待。

4.兵役行政須改善：兵役宣傳人員，只能作兵役的正面宣傳，如言征兵如何平允，如何平均，如何平等，辦理兵役，如與事實不符，甚或與三平原則相反，則宣傳甚難收效，故各級兵役行政人員須督飭所屬，切實遵照兵役法令而實行。

二、一般宣傳：

一般宣傳，應限定時間，發動各級兵役宣傳機構，並其他有關機關團体作擴大宣傳運動，尤須運用文字圖畫、戲劇、歌咏、電影等各種宣傳方式，俾得深入而普遍。宣傳對象，除一般民衆及應服兵役者外，對于辦理兵役人員及各地士紳，亦須特別注意。其各項宣傳辦法如左：

1、定期舉行兵役宣傳週

2、用極通俗文字編撰「兵役實施辦法及兵役法令淺釋」，優待抗戰軍人家屬故事，民衆踴躍從軍之英雄故事等文字，最好均在千字以内，分發民衆讀閱，並由宣傳人員隨加講解。

3、宣傳敵寇暴行，以激發國民之敵愾心

4、於重要地點製作從軍人壁畫及製印連環圖畫，分發各地宣傳人員，亦應隨加講解。

四、兵

5、創作投軍殺敵等類劇本並改編一切舊劇、雜劇等劇本，分發排演。

6、攝製從軍樂及优待抗戰軍人家屬等類劇情之影片，普遍放映於各農村中。

7、編製兵役法令淺歌及踴躍從軍等歌曲，並改編民間舊有歌曲，最好多改編民歌山歌，印成分發。

8、切實運用訪問、講演、廣播等類口頭宣傳。

9、派遣青年及抗戰歸來之榮譽將士下鄉宣傳。

10、發起寫信運動，由一般知識份子寄信親友，說明抗戰之有望及服兵役之重要。

三、關於兵役制度之宣傳

在我國現時法制之下有民兵、征兵、募兵及志願義勇軍等。

1、我國自三代至唐為止，一向採用民兵制，平時為民，戰時為兵，民兵不分，最近廣西之民團、各省之義勇壯丁常備隊或國民自衛常備隊及國民兵團等均係民兵制度，此應特別加以宣傳，俾便征調。

2，征兵在狹義上原為常備兵之征集入營，常備兵或在鄉兵不足時，則應召集國民兵參戰，此時亦用抽籤入營辦法，但此係召集國民兵之性質，有時應加說明。

3，依兵役法第四條規定，在地方自治未完成地區可用募兵，在戰地或敵後地區則以募兵為主，故志願投軍亦應宣傳。

4，無固定職業之壯丁羣等亦為兵役之一，為增加志願兵與義勇軍計，亦可加以宣傳。

5，但為通俗及簡單明瞭起見，對一般人民及壯丁，應着重說明為保衛鄉土，救護同胞，好男兒上前綫當兵之必要，亦不必詳分兵役制度。

四，關於辦理兵役人員及國民兵之宣傳

編印左列各種讀物及訓練用書，分發與辦理兵役人員及國民兵。

1，兵役法規詳解。

五 兵

2、辦理兵役人員須知。

3、保甲長辦理兵役須知。

4、兵役述要。

5、新入伍士兵讀物及訓練教材。

6、國民兵讀物及訓練教材。(應將科目或教材中加入兵役宣傳內容)

7、用問答式文字在新聞雜誌上解釋兵役法令、优待出征軍人家屬條例，及辦理兵役上應防止之各種弊端等。

五、關於應征募入伍士兵及其家屬之宣傳：

1、對於入伍士兵及其家屬，全保、鄉人應特加尊敬，並擬定辦法由全鄉保障其家庭生活之安全，於實施前加以宣傳。

2、提撥公產(如祠產、廟產等)以其收益或償額作為救濟費用，其辦法另定之。

3、倡導兵役獻金，救濟出征軍人自身及其家屬，並以之作撫卹，其保管與分發辦法另定之，但以由本縣市特設機關保管為原則。

4、由各鄉士紳組織醵金會，以其收入作爲出征優待救濟撫卹等費用。

5、發動地方官公吏及多數孚望士紳，參加優待及慰問出征軍人家屬工作。

6、發動青年或當地熱心份子，爲出征軍人家屬服務。

7、歡送出征軍人，送牌匾或紀念徽章給其家屬。

8、在鄉鎮建立烈士祠，或在各宗祠内設立烈士牌位。

六、關於前方士兵及傷病兵之宣傳

1、發動中央地方党政人員及知識份子，分赴前方慰勞官兵。

2、發動青年或當地熱心份子，爲傷病兵服務。

3、供給官兵精神食粮。

4、歡迎傷病兵歸里療養。

七、關於以上各項宣傳，除各級兵役宣傳組織負責進行外，各縣社訓機關更應依此宣傳實施辦法，訂爲國民訓練之課程，列入國民

六兵

軍訓之經常訓練中，以資深入和普及。

丙，兵役監督實施辦法

我國自二十二年二月頒佈兵役法，二十五年八月施行征兵以來，各項有關兵役法令，續見公佈，同時于中央與地方分設兵役機關，並派各級兵役人員主辦其事，惟自實施以來，成效未著，流弊乃滋多，兵員補充，社會秩序，俱受影響，推原其故，非法制本身之不嚴密，乃辦理之未盡善，如保甲之不健全，戶口調查之不確實，强迫攤派，監督不周，貪賍敲索，以及頂替雇代，規避等事，時有發生，因之役齡男子，梃而走險，為匪者有之，毀壞身体者有之，逃亡四方者有之，聚衆暴動者有之，一方面人民流離失所，無法安心，一方面所征募之壯丁，率多体力不健，質素不良之份子，事實俱在，無可諱言，為謀補救之計，尤宜組織各級兵役監督委員會，從嚴監督，使與兵役宣傳相輔為用。

兵役監督機構之組織如左：

一，常設兵役監督機構

1、中央兵役监督委员会

中央兵役監督委員會設於國府所在地，由中央監察委員會、國民參政會、監察院、最高法院、軍政部、内政部、軍事委員會政治部、軍法執行總監部各派重要人員為委員組織之，由監察院召集。其任務在（一）計劃兵役監督實施事宜（二）監督下級監督機關對於職務之執行（三）調查各省役政之施行（四）其他兵役監督事宜

2、省兵役監督委員會

省兵役監督委員會設於省府所在地，由省黨部、監察委員會、省臨時參議會、當地高級政治部、區監察使公署、高等法院各派重要人員為委員組織之，由省臨時參議會召集，其任務在（一）於不與中央規定抵觸之範圍内，計劃省區兵役監督實施事宜（二）監督下級兵役監督機構關於職務之執行（三）糾舉違法失職之役政人員（四）常川派員至各縣市巡迴查察（五）調查報告各縣市役政之施行狀況及臨時發生之事件

七六

3.縣市兵役監督委員會

縣市兵役監督委員會設於縣府所在地，由縣市党部監察委員、縣市參議會、當地駐軍政治部、地方法院各派重要人員為委員組織之，由縣市党部監察委員召集，其任務在(一)監督下級兵役監督機構關於職務之執行(二)糾舉縣市內違法失職之役政人員(三)常川派員至各鄉鎮區巡迴查察(四)調查報告全縣市內役政之施行狀況及臨時發生之事件。

4.鄉鎮(區)兵役監督委員會

鄉鎮(區)兵役監督委員會由區分部監察委員與正直士紳等為委員組織之，其召集人由縣市兵役監督委員會指定，其任務在(一)糾舉違法失職之下級辦理兵役人員如鄉鎮保甲長聯保主任等(二)分組赴各鄉鎮巡迴查察(三)調查報告各鄉鎮(區)內役政之施行。

二、巡迴兵役監督機構

1.巡迴兵役監督機構 由國民參政會、監察院、及軍委會政治部軍政部內政部指派之人員組成若干監察团劃定地區行程，分赴各地實行監督。

乙、各巡迴兵役監察團對于違反兵役法事件得向該管執法機関就地檢舉。

三、各級兵役監督委員會得設秘書、幹事、事務員、書記、司書等必要之人員，編制表另定之，

四、各級兵役監督委員會之辦事細則自行訂定，但下級兵役監督機関應呈請上級核准。

五、各級兵役監督委員會所需之經費，由各該參加機関团体依其出資能力攤派負担，不足時另行籌補。

六、各級兵役監督委員會服務人員之考成辦法另定之。

丁、兵役監督人員行使職權辦法

一、兵役監督委員除黨部監察委員、監察院各區監察使、法院檢察官，各依法行使其職權外，依本辦法之規定行使之。

二、省兵役監督委員對於役政人員違法失職之行為，認為應處分時，得以書面

八 兵

糾舉，呈經省兵役監督委員會審核後，送交該管長官儘速處理，其涉及刑事者交由該管執法機關審理之。

該管長官接受前項糾舉書後，應即決定必要之處分，如認其為不應處分者，應聲復不應處分之理由。

三、省以下兵役監督委員及巡迴兵役監督委員，對於各級役政人員違法失職之行為認為應受處分時，得以書面或口頭糾舉，呈經該管兵役監督委員會審核後送交該管長官儘速處理，其涉及刑事者，交由該管執法機關審理之。

前條第二項之規定，於前項役政人員之提交懲罰適用之。

四、該管長官，不依前二條第二項之規定為懲罰處分又不聲復，或雖聲復而無理由時，應即將該糾舉案件移交該管兵役監督委員會送交該管長官之上級機關處理之。

五、各兵役監督委員會，對於有關役政事件，或對於有關役政人員，亦得加以監察。

六、各兵役監督委員會或兵役監督委員實施查察，應以公開與秘密兩種方式行之。

七、各兵役監督委員會為實施查察，得發特別查察証，交給兵役監督委員或特派調查員。

帶有特別查察証之兵役監督委員或特派調查員，得視察各級機關或团体，辦事處所，並調查檔案冊籍及其他文件，各級機關或团体不得拒絕。

八、各級兵役監督人員，如因挾嫌或受賄賂糾舉失實者，須承應得之罪。

九、各級兵役監督人員實施查察時，不得接受任何招待，否則應受懲罰處分。

十、本辦法由軍事委員會核准施行，並呈請

國民政府備案。

中等以上學校學生假期兵役宣傳實施綱領

一、根據兵役宣傳及監督實施方案(甲)項(六)「利用中等以上學校在校學生(以下簡稱學生)於寒假暑假春假等休假期間臨時下鄉宣傳兵役」之規定，特訂本綱領。

二、學生假期兵役宣傳，教職員應一律參加指導，學校軍事教官及助教並爲之編造學生名冊，其下鄉日期、行程、區域均應預爲準備，惟須受兵役宣傳委員會之指揮。

三、學生假期兵役宣傳，由政府轉令各省市有關機關行之。

四、學生假期兵役宣傳之組織，無論已受軍訓與尚未受軍訓之學生，概準軍隊之編制，以學校爲單位，已受軍訓之學生就原有軍訓团(隊)組織之。未受軍訓之學生臨時編組之，均由省主席兼軍管區司令督飭省教育廳兵役處國民軍訓處實施之。

五、各校學生假期兵役宣傳隊，應冠以各該校之校名，稱爲某某學校學生

△假兵役宣傳第△某大隊△中隊△區隊△分隊。

六、各校學生假期兵役宣傳隊以分隊為單位，以大隊為最高單位，每十五人編為一分隊，三分隊為一區隊，三區隊為一中隊，三中隊為一大隊。人數不足三中隊在二中隊以上者亦得成立一大隊，大隊以上為總隊，總隊部由省市兵役宣傳委員會，教育廳、軍管區兵役處軍管區兵役處軍訓處高級長官會同組織之。不足一大隊之學校得成立直屬中隊部。

總隊部以省市兵役宣傳委員會之主任委員（未成立者以省主席兼軍管區司令）為總隊長（或主席兼司令指定參謀長代理）教育廳、兵役處、軍訓處高級長官為副總隊長。大隊長以各校校長担任為原則，在二大隊以上者，以各該校之高級教職員任大隊附，中隊長以學校教職員担任為原則，區隊長分隊長以學生担任為原則，直屬中隊部，以各該校之校長任之。

七、學生假期兵役宣傳隊應按宣傳之性質及學生之志趣分別編組話劇、演講、化裝演講、歌詠等類分隊，分別編配於各中隊或區隊中，不必另立名目。

八、學生假期兵役宣傳隊，在未出發前，應由各校軍事教官、當地兵役宣傳機關於課外時間施以三日至五日之業務講習，其辦法由省市兵役宣傳委員會（未成立前由當地最高行政機關）訂定。

學生兵役宣傳業務講習實施辦法，交各校所在地之兵役宣傳委員會或當地最高行政機關轉令各校在校實施。

九、學生假期兵役宣傳隊業務講習之課目如左：

1、兵役法暫行條例摘要；

2、國民服兵役施行規則草案摘要；

3、陸軍徵募事務暫行規則摘要；

4、陸軍兵役懲罰條例摘要；

5、違反兵役法治罪條例摘要；

6、優待出征抗敵軍人家屬辦法；

7、慰問出征軍人家屬辦法；

2

8、修正保甲條例摘要；

9、兵役宣傳大綱；

10、宣傳方法技術及服務注意事項。

十、學生兵役宣傳隊地區之劃分，以普及村鎮為原則，由當地最高行政機關規定之。

十一、學生假期宣傳隊宣傳方式分為左列各種：

1、文字宣傳——如傳單、標語、口號等

2、口頭宣傳——如講演、訪問、廣播歌詠等；

3、藝術宣傳——如戲劇、圖畫等。

十二、學生兵役假期宣傳，應刻苦耐勞，以身示範，尤須注意服裝、言語、態度、舉動各項，服裝宜樸素整潔，言語宜普通清晰，態度宜端莊誠懇，舉動宜規矩大方。

十三、學生兵役宣傳隊應以合於宣傳對象之程度，並以深入鄉村家喻戶曉為原則，對象除士農工商各界外，對於兵役人員應徵入伍士兵及傷病兵及其家屬與老少年婦孺等均應對之廣為宣傳。

十四、學生假期兵役宣傳，應簡明扼要，淺近通俗，使民衆切實了解，俾收實效。

十五、學生假期兵役宣傳，無論到何地區，不得接受民間之供給。

十六、學生假期兵役宣傳，應附帶做兵役調查工作，調查表由政治部訂定格式，轉令填報，調查表格式另定之。

十七、學生假期兵役宣傳個人服務之成績，各校應評定優劣，並予以奬懲。

十八、學生假期兵役宣傳，各地兵役宣傳委員會或當地最高行政機關派員考查，並負責評定各校之成績，遞呈中央以憑奬懲，規則另定之。

十九、各地假期兵役宣傳所需材料、交通、飲食等項必要之經費，由所在地之省（市）政府統籌核發，得作正式報銷。

二十、學生假期兵役宣傳大綱由政治部頒發。

二一、本辦法自公布之日施行。

国民党大田县执行委员会关于年关推广抗战联语致县立初级中学的通告（一九四〇年一月十七日）

閱 一·廿三·

中國國民黨福建省大田縣執行委員會通告　書宣字第28号

查舊曆年關俟届，民間習俗，素有張貼春聯之舉，意在迎春納祥。惟值茲抗战時期，宣傳工作，尤殊關切要。人民福利，無過於擊退(?)暴敵，爭取國家独立，自应利用機会，廣事宣傳，藉以灌(?)輸愛國观念，增強民族意識，兹特檢附抗战联語乙份，即希代替春聯之用，亦即乘机倡導張貼，藉廣宣傳。

此致

縣立初級中学

附抗战联語乙份

書記長彭秉康

中華民國二十九年一月十七日

代替春聯之抗戰標語

（一）驅逐倭寇，還我河山。（二）擁護領袖，保衛國家。（三）人人敵愾，步步設防。（四）自強不息，多難興邦。（五）實行新生活，還我舊山河。（六）發揚民族精神，完成革命天職。（七）集中抗戰力量，排除暴敵侵略。（八）以實力貢獻國家，拿生命保障政府。（九）建國大道三民五權，立身要訓四維八德。（十）有錢出錢有力出力，聞勝無驕聞敗無餒。（十一）齊心協力抗禦外侮，節衣縮食捍衛國家。（十二）救國不分男女老少，守土莫論南北東西。（十三）以弱禦強在愈挫愈奮，轉敗為勝須再接再厲。（十四）是黃帝子孫不做漢奸，保中華國土責在吾民。（十五）萬衆一心保障國家獨立，百折不回爭取民族生存。（十六）澈底認識抗戰到底之意義，堅決抱定最後勝利之信心。（十七）當前抗戰武力有賴廣大群衆，最後決勝中心全在各地鄉村。（十八）人不論男女老少共同供獻餘力，地無分南北東西一致拚命抗戰。（十九）大丈夫獻身衛國，好男兒壯志凌雲。（二十）為整個民族求解放，從長期抗戰謀復興。（廿一）革命完成國家獨立，抗戰到底民族復興。

大田县政府关于转发加紧战区乡村文化宣传办法致县立初级中学的训令（一九四〇年四月十一日）

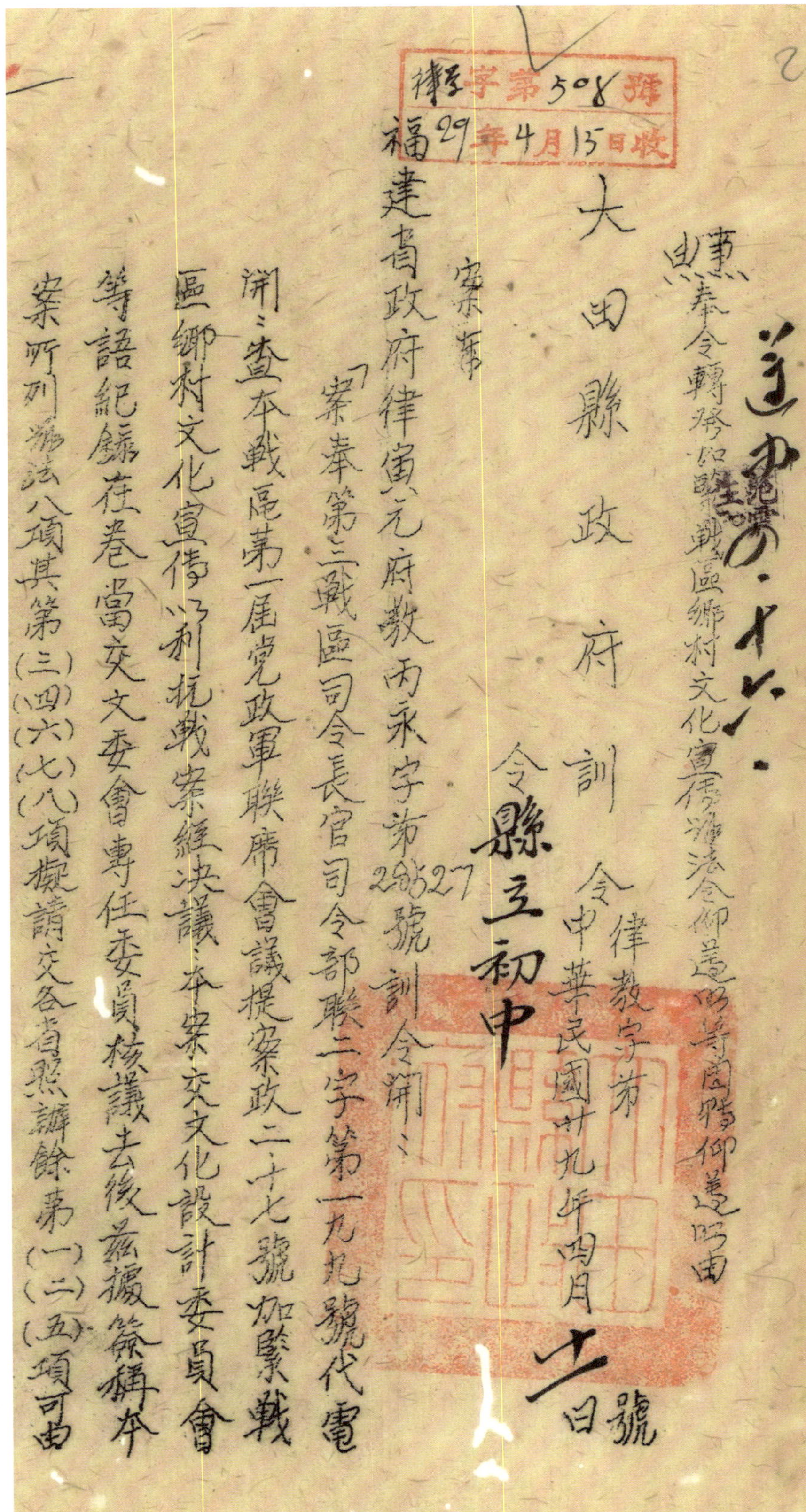

律字第508號
29年4月15日收

惠
奉令轉發加緊戰區鄉村文化宣傳辦法令仰遵照由

大田縣政府訓令　律教字第　號

令縣立初中

中華民國廿九年四月十一日

案奉

福建省政府律寅元府教丙永字第28527號訓令開：「案奉第三戰區司令長官司令部聯二字第一九九號代電開：查本戰區第一屆黨政軍聯席會議提案政二十七號加緊戰區鄉村文化宣傳以利抗戰案經決議本案交文化設計委員會等語紀錄在卷當交文委會專任委員核議去後茲據簽稱本案所列辦法八項其第（三）（四）（六）（七）（八）項擬請交各省照辦餘第（一）（二）（五）項可由

各省縣彙辦理等語前來除分電外特附同提案政二十七號電請查照
辦理見復等並附政二十七號提案一件自應遵辦除分令各區行政督察
專員各縣政府各特種區署各教育機關並通知報社外合行仰發原
附件令仰遵照並飭屬一体遵照此令
等因附原提案乙件奉此自應遵辦除縣立中各區署各鄉鎮公所各中心
學校國民學校各書報社外合行抄發原提案乙份令仰遵照為要

此令

附抄發原提案政二十七號一件

縣長

48

附：原提案政二十七号

類別	政二十七號	第九十四號
提案人	安徽省黨部書記長卓衡之	
案由	加緊戰區鄉村文化宣傳以利抗戰案	

理由

我國文化宣傳每多偏重城市忽略鄉村，抗戰以後各種報紙及出版刊物隨軍事之轉移大半遷至後方，以至戰區鄉村更感精神糧食之缺乏，亟應設法補救，以資提高民族意識而利抗戰

辦法

（一）規定戰區每縣應出版報紙一種，無論大型小型鉛印石印油印均可，其已有者進而充實之，未有者應由各縣黨政及動員機關設法合創之

（二）獎勵各地私人出版報紙及各種刊物，其優良者由政府補助之

（三）各種報紙刊物以採用白話体材為原則，俾能適合農民需要

（四）各省黨政及動員機關應多編印各種抗戰白話小冊子，廣為發行，其內容應以農民為對象

（五）規定各地書店應就抗戰區各縣廣設分店或代售處推銷有関

法	抗戰之各種刊物 (六)規定戰區各縣每保應訂定報紙一種張貼公閱統由各縣政府按照保數直接向報館購訂所需報費就保甲經費項下按保扣還 (七)無論公私報館對於保訂報紙應特別優待共公立報館尤應財力所及設法免費贈閱 (八)利用每保人力財力訂期編製通俗壁報廣爲張貼。
決議	本案交文化設計委員會。

大田县党部关于抄送抗建三周年筹备会各股联席会议记录致县立初级中学的公函（一九四〇年七月三日）

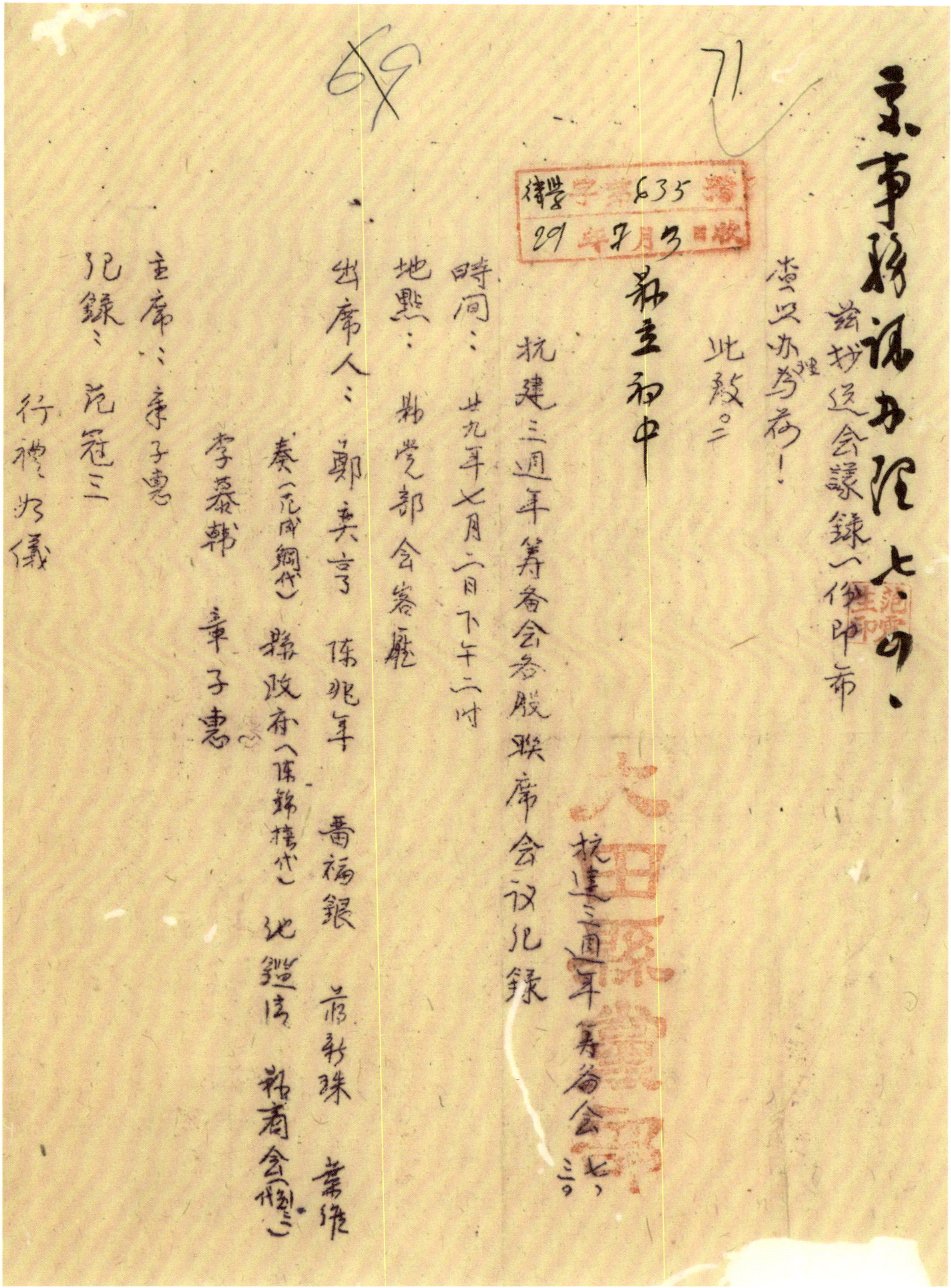
東事務指導員七、四、
茲抄送會議錄一份，即希
查照辦理為荷！
此致
縣立初中
抗建三週年籌備會 七、三

偉字第635號
29年7月3日收

抗建三週年籌備會各股聯席會議記錄
時間：廿九年七月二日下午二時
地點：縣黨部會客廳
出席人：鄭奕亨 陳兆年 番福銀 蔣新珠 葉緒
秦（范成鋼代） 縣政府（陳錦標代） 池鑑清 縣商會（[illegible]）
李蔡韓 章子惠
主席：章子惠
記錄：范冠三
行禮如儀

甲、報告事項（略）

乙、討論事項

一、關於慰問征人家屬應如何進行案

議決：1、由各鄉先行調查征人姓名　2、城區慰勞事宜由各宣傳隊負責慰勞股並組織一隊同時出發，統以一節

二、關于提燈會應如何籌備進行案

議決：因時間短促，改於是晚七時舉行火炬化裝夜遊行，除學生外，各機關公務員應一律參加，附城民眾每戶最少參加一人，由中山鎮公所、警察局、國民兵團負責召集之

三、推定負責主持獻金人員案

議決：推范森生、潘世祥

四、推定負責草擬電稿致敬元首蔣總裁案

議決：推縣黨部

五、各宣傳隊下鄉宣傳應否津貼茶水費案

議決：由遊藝會獻金開支，每隊津貼三元

閉會　四時

大田县党部、大田县政府关于抗建三周年纪念等的通告（一九四〇年七月三日）

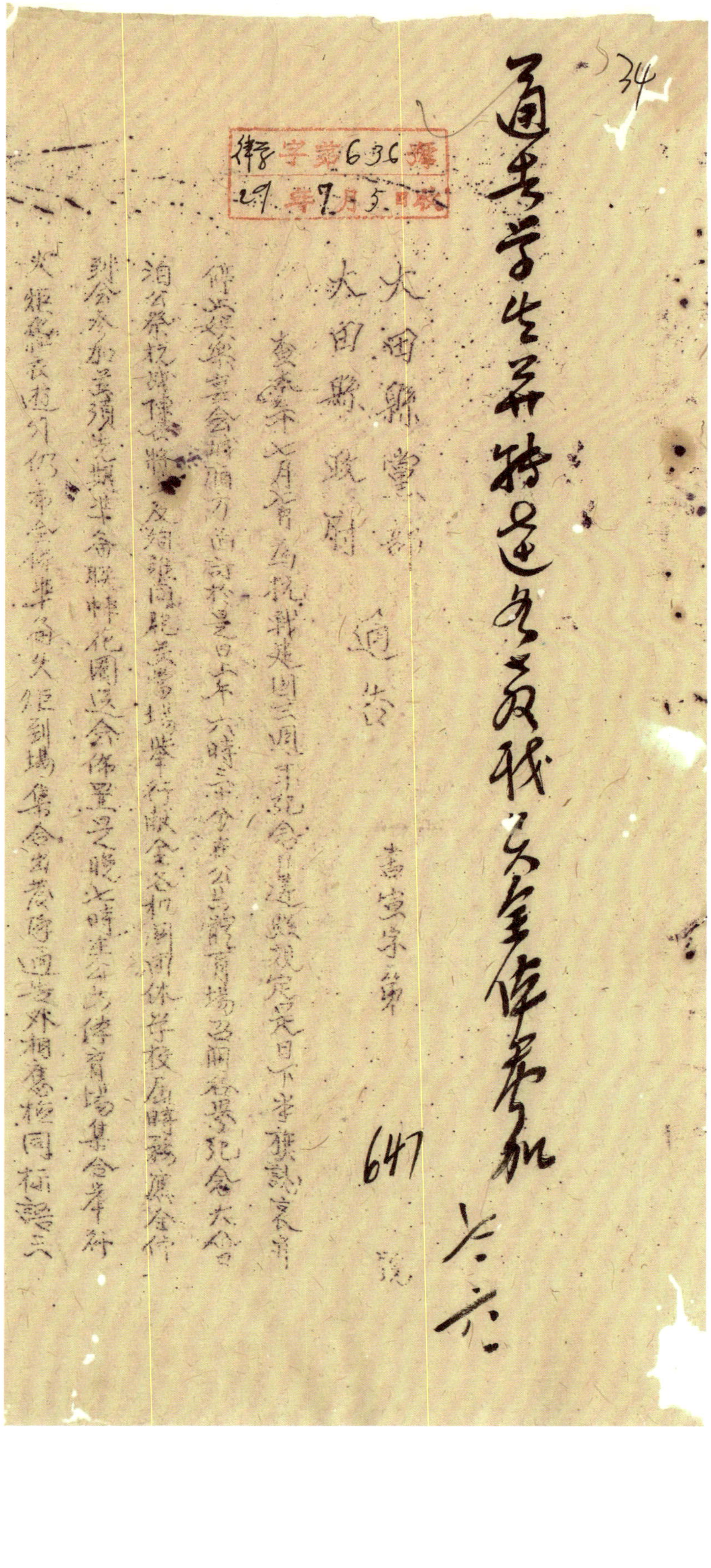

仰遵照

希即辦理並將標語大量張貼，以利宣傳為要！

右通告

縣立初級中學

附標語三份

書記長彭秉彝

縣長鄒德明

中華民國[illegible]九年七月三[illegible]日

附（一）抗建三周年纪念标语

抗建三週年紀念標語

1、「七七」紀念日是中華民族雪恥復仇的發軔！

2、「七七」紀念日是日本軍閥走向沒落的開端！

3、紀念抗戰建國要擴大建軍運動以裕兵源！

4、紀念抗戰建國要檢舉漢奸敗類摧毀汪逆偽組织！

5、紀念抗戰建國要加強民衆組訓工作完成地方自治！

6、紀念抗戰建國要堅定三民主義的信仰完成新國家的建設！

7、紀念抗戰建國要動員全國國民精神以制勝克敵完成革命大業！

8、擁護雪恥圖強的國民政府！

9、擁護領導全國軍民從事抗建的 蔣總裁！

10、中國抗戰必勝！

11、中國建國必成！

12、中國國恥必雪！

13、中華民國萬歲！

14、中國國民黨萬歲！

36

粮食普查標語

1、粮食普查可以調劑本省粮食！、

2、粮食普查可以鞏固戰時後方民食！

3、政府為國計民生而實行粮食普查！！

4、粮食普查乃調節抗戰力量之資源！、

5、粮食普查乃調節全省粮食之唯一方針！、

6、粮食普查可以明瞭全省粮食作物產量！、

7、各保甲長替農民盡全力協助普查人員工作！、

8、違抗粮食普查者以軍法從事！、

9、粮食普查清楚政府才有把握調劑全省粮食！、

10、粮食普查政府不是想統制粮食！、

附（三）扩大农业生产运动标语

37

擴大農業生產運動標語

1、擴大農業生產可以發展國民經濟！

2、擴大農業生產可以增加戰时粮食！

3、粮食生產和木材生產是鞏固戰时經濟的兩個柱石！

4、精耕是單位面積生產量的增加，冬耕是耕地生產次数的增加！

5、造林是利用荒廢山地，護林是保育優良木材。

6、粗心與懶惰，是擴大農業生產的大敵！

7、放火与濫伐是招致林業没落的原因！

8、努力擴大農業生產，堅定抗戰必勝的信念！

9. 努力擴大農業生產，樹立建國必成的基礎！

10. 要達到最後勝利，必須努力擴大農業生產運動！

11. 要抗戰建國成功，必須實行精耕冬耕造林護林各項運動！

12. 大家動員起來，努力擴大農業生產運動！

13. 擁護 領袖抗戰到底！

14. 打倒日本帝國主義！

15. 粉碎一切偽組織！

16. 中國國民黨萬歲！

17. 中華民國萬歲！

国民党大田县执行委员会关于印发、教唱「国土歌」致县立初级中学的公函（一九四〇年九月十一日）

中國國民黨福建省大田縣執行委員會公函　書產字第七八四號

案奉

福建省執行委員會建律社字第七六三號訓令開：「案奉中央社會部利運字第五六六六號公函開：『案查河南省執行委員會前送本黨同志楊儀山所擬國土歌詞，請修正作譜頒發各省歌唱等由到部。經核內容通俗，頗合戰時推行民眾歌詠之用，特請作曲家劉雪庵氏製譜，並隨函檢送國土歌四十份，即希查照，盡量翻印轉發所屬，指導民眾歌唱為荷。』等因附國土歌四十份，奉此。除分令外，合行檢發國土歌一份，令仰遵照，盡量翻印，指導民眾歌唱為要」等因附國土歌一份，奉此。除分函外，相應印發原歌曲一份，函請查照採作音樂教材，並普遍指導當地民眾歌唱為荷。

此致

縣立初級中學

附國土歌一份

書記長彭秉廉

中華民國二十九年九月十一日

福建省教育厅关于严禁邪教以免动摇抗战心理致大田县立初级中学的训令（一九四〇年九月十四日）

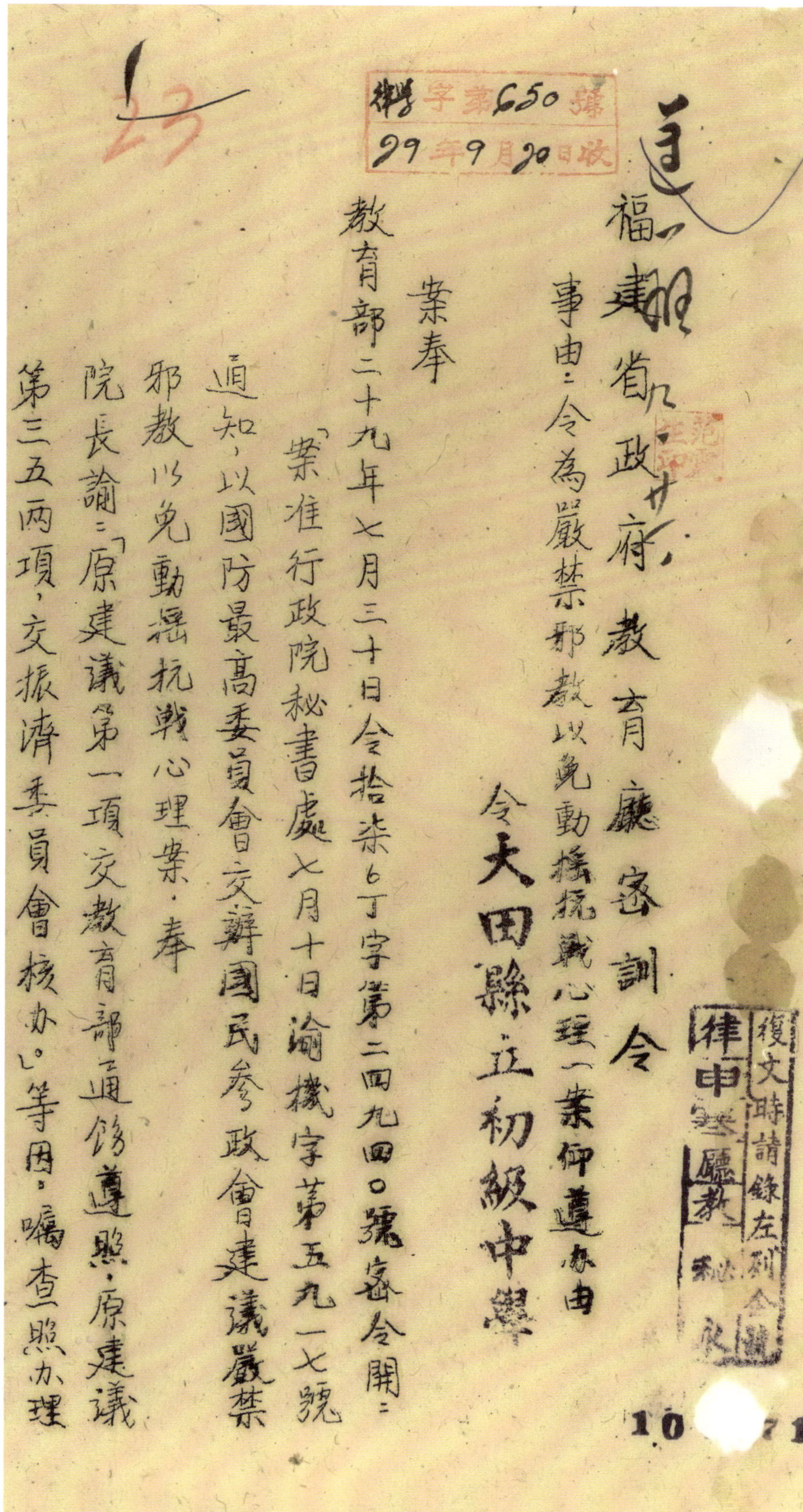

等由，自應照辦，除分令外，合行抄發原建議案，令仰遵照，并轉飭各级学校及社教机關加緊作破除迷信之宣傳爲要」。

等因，計抄發原建議案一件，奉此，除分别函令外，合行抄發原件，令仰遵照。

此令。

計抄發原建議案一件

中華民國二十九年九月 日

廳長鄭貞文

請嚴禁邪教以免摇動抗戰心理案 提案第五十八號

謹案：中國歷代之大乱，每起於邪教，而邪教之深入官吏階級，尤易引起内部之崩乱，在此抗戰期中，必堅定「抗戰必勝建國必成」之心理，然後可以歷艰难而不動摇。

蔣委員長有鑒於此，以「精神動員」昭示國人，誠当前之急務，正本之良图。乃有愚陋官民，罔知此義，求仙问卜，於今為盛。前本会在漢口時，即見有無数邪教傳單，妄測戰争之局面，教人「避災」之符咒，公然懸之黄鶴樓上，本会錢参政員公来等，亦曾揭發之矣。今在行都，此風尤熾，零星之迷信固多，而有組織之邪教，日道院，飾名曰紅卍字会者，流行尤甚，竟有若干大吏不信「抗战必勝建國必成」，而向其奉崇之「老祖」询问避災求免之道，此其摇動抗戰意志者大矣。

查民國初年，以袁世凱在北廷登庸腐敗分子之故，若干邪教，或近於邪教，如同善社、悟善社、道德学社、救世新教、盛德壇、靈学

28

会等，曾风行一时，皆多少含有帝制复辟思想，此后各组织渐趋没落，而源自山东之道院，乃统一切邪教而为之长。北伐既定，国民政府以其行为反动，并为残馀军阀及官僚托庇之所，曾将此道院下令禁止，并封闭其济南总所，此辈人乃以红卍字会为名，延长其道院之生命，十年之间，势力更盛。查此红卍字会固曾作不少之慈善事业，如施粮、掩埋等消极工作，然其背后之道院，则荒谬绝伦之至，与民国思想大相背谬。近日在行都所行者，即其一贯之办法，以老祖为祖师，日日向之叩头，请训、扶乩，训示多与抗战思想有碍，如曰「灾难将了，世界大同」，如曰「修道可邀老祖保佑，飞机不炸」，如曰「兵不临身」等等，就其积极影响言之，直是破坏抗战心理，就其消极影响言之，至少亦使人懈怠，不尽其职责。每日聚官僚商人拜于其坛，并各自拜于其家，而此老祖能诗能画，能写外国字毋（皆据所亲见）。近日更有某署长顾某，现在重庆之某外国大使来看，乱中送彼一畫，騰為此间外交團之大笑柄，然此猶其表面形跡而已。

其实此道院之組織根深蒂固，在淪陷区域大有渊源，北平偽組織自王克敏以下，南京偽組織自梁鸿志以下，多其贊助人，而王逆尤為道院之主要信徒，十五年前杭州道院即以王逆為其「名誉持院」，若齊燮元、馬良等皈依尤深，彼一組合，自谓在日本朝鮮有信徒二十萬，若在東北及平津，則其勢力之雄厚，尤為社会熟知之事，实此一組合行踪难悉，而自稱為世界的，其大可慮者在此。

論其組織大可疑慮，論其行跡與「精神動員」背道而馳，摇動「抗戰必勝建國必成」之心理。

為此擬請政府採用下列各辦法：

一、通令各級学校及办理社会民衆教育之人廣作破除迷信，摧毁邪教之宣傳。

二

二、此項邪説文件，嚴予查禁。

三、紅卍字会之工作，如與道院脱離，可在党部指導監督之下，施行慈善工作。

四、道院本身立即查封，并嚴禁以後之復活。

五、嚴查道院與紅卍字会與各漢奸之関係。

六、嚴禁公務人員参加邪教，如道院等，并將其提倡者加以嚴重之懲罰。

29

七、厲行精神動員，使其不為目下之具文。

福建省教育厅关于检获敌伪宣传品应立即呈缴销毁并绝对禁止在书信内夹寄致大田县立初级中学的训令
（一九四〇年九月二十二日）

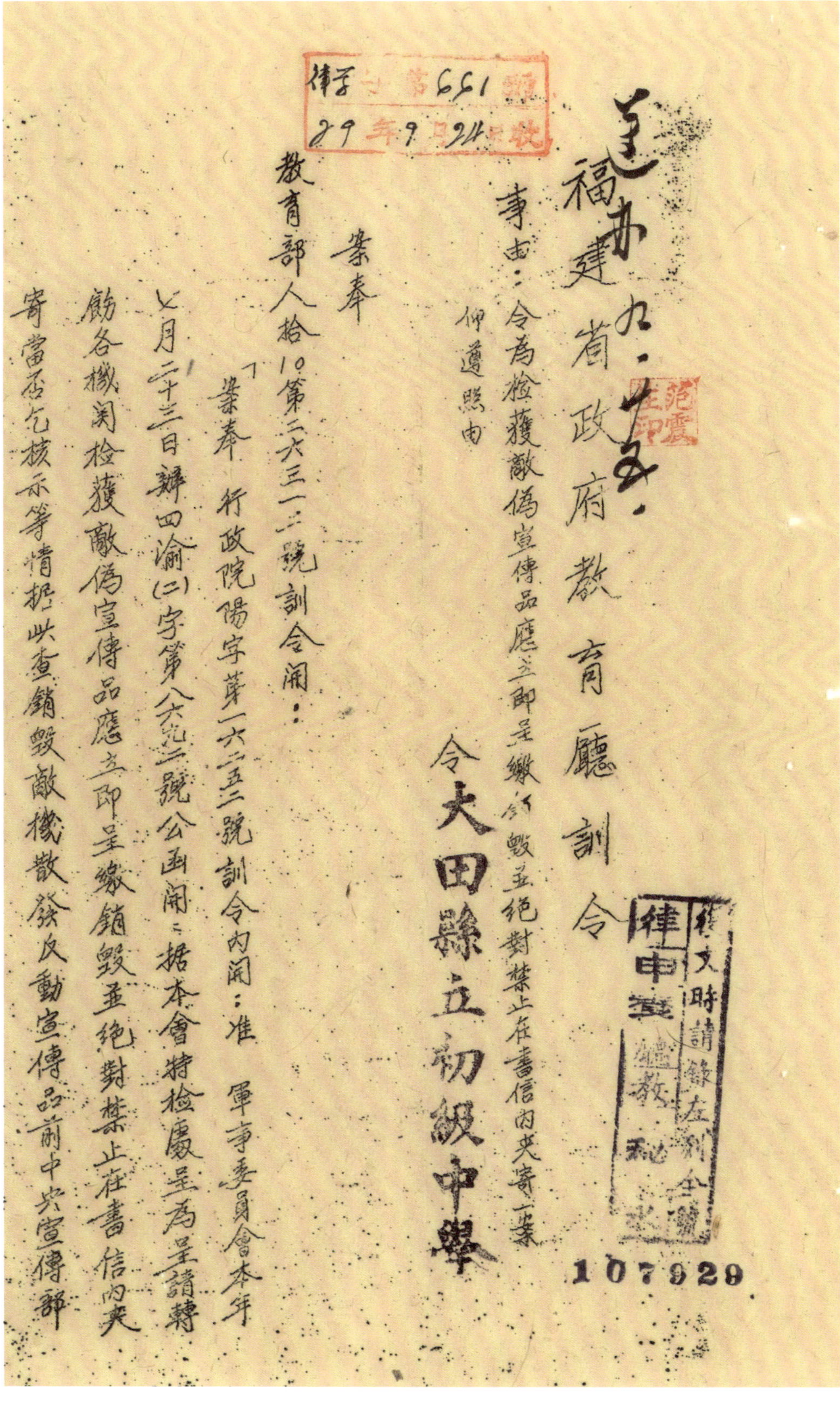

福建省政府教育廳訓令

令大田縣立初級中學

事由：令為檢獲敵偽宣傳品應立即呈繳銷毀並絕對禁止在書信內夾寄一案仰遵照由

教育部人拾10第二六三一二號訓令開：

「案奉

行政院陽字第一六二五二號訓令內開：准

軍事委員會本年七月二十三日辦四渝(二)字第八六九二號公函開：據本會特檢處呈為呈請轉飭各機關檢獲敵偽宣傳品應立即呈繳銷毀並絕對禁止在書信內夾寄當否乞核示等情。據此，查銷毀敵機散發及動宣傳品，前中央宣傳部

107929

齋代電到會業經轉令本會各機關遵照在案茲該處復以民衆在信內夾寄是敵僞宣傳品其流弊自所難免亟應銷毀以杜流弊除再令本會各機關遵照外相應抄同原函請查照飭遵等由准此自應照辦除分令外合亟抄發原件令仰遵照並轉飭所屬一体遵照等因奉此除分令外合行令仰知照並轉飭所屬一體遵照。等因。除分別函令外，合行令仰遵照！

此令。

中華民國二十九年九月　日

廳長鄭貞文

大田县国民兵团政治指导员室关于抄发十方善男信女声讨日寇恶魔文致第二区队的训令（一九四一年二月十一日）

大田縣國民兵團政治指導員室訓令　國字第29號

令第二區隊

案奉

福建省軍管區政治部訓治(二)字第三〇九號訓令開：

「案奉　軍委會政治部知一字第一零二二號訓令略開：據報敵偽在淪陷區內利用民眾迷信心理以黃色緞印書寫佛語廣事散布，妄冀煽惑，使我減低抗戰情緒，影响非小，擬如法炮製，擬具對策以爭取民心等情，查以毒攻毒計，宣傳品應以民眾[illegible]為主要對象，除由本部發十方善男信女聲討惡魔文外，各級應隨時編製各種不同形式之標語傳單，仿同黃色緞布書寫，密佈民間，惟內容不得陷入落後民眾迷信心理，須從事教育，選擇有「抵抗」「侵略」「反侵略」(等)以及足激發民眾抗戰意識與行動者加以引[illegible]

附發十方善男信女聲討日寇惡魔文一份，奉此，除分令各指導員、各縣國民兵團政指[illegible]外，合行檢同原件，轉令遵照，油印分發宣傳。此令。」

等因；附發十方善男信女聲討日寇惡魔文乙份，奉此，除分令外，合行檢同原件，轉令遵照

為要！

此令。

附抄發十方善男信女聲討日寇惡魔文一份

中華民國三十年二月十一日

兼指導員彭[illegible]

附：十方善男信女声讨日寇恶魔文

[十]方善男信女聲討日寇惡魔文

[佛]之教義大無邊，流傳衆土兩千年，中國本是安樂國，善男信女萬萬千，自從日寇動炮火，錦繡河山盡焚燬，無數同胞被屠殺，妻兒離散家不全，日寇生長爲魔鬼，爲何佛性化入魔，枉借佛教來戒貪殺，自殺殺人如麻，犯佛戒犯邪淫，日寇[illegible]人良自誇，如此[illegible]鬼不知恥，假慈偽像拜菩薩，十方諸佛看分明，六道輪迴[illegible]，日寇自入地獄中，千擊求佛也不聽，奉勸善男信女們，要把惡魔一掃平，[illegible]奮起降魔杵，[illegible]從軍，佛教精神大無畏，除一惡魔功百倍，十方諸佛笑眼開，看我兄弟諸姊妹，同胞[illegible]同心，不怕惡魔不粉碎，佛光一到惡魔死，惡魔屍骨埋荊棘，佛光一到惡魔降，要[illegible]抛[illegible]回故鄉，惡魔[illegible]蕩[illegible]法輪轉，佛光無量樂無疆。

中華民國佛教信徒聯合大會公佈

福建省教育厅关于转知订购抗战军人杂志社出版书物致大田县立初级中学的代电（一九四一年六月一日）

暉字第384號
三十年6月9日收

示事務處存 六.九.

福建省政府教育廳代電

事由：轉知訂購抗戰軍人什誌社出版書物電仰遵照由

大田縣立初級中學：案准教育部社會教育司四月十八日第一五二一七號函開：「據抗戰軍人雜誌社本年四月二日呈本部文一件內稱本誌旨趣在期國防知識之普及科學兵器之介紹敵我情勢之檢討戰術戰畧之闡明激發主觀上加倍之努力配合客觀條件促進最後勝利完成建國大業編輯分類為戰時經濟革命哲學軍事知識抗戰文藝採綜合之方針包羅抗战有關之文字發刊迄今已逾三載战時宣傳信有貢献為期

發行之普及旨趣之貫徹懇請鈞座賜令全國國立各大學中學及圖書館等所屬各机関每一單位訂購本刊全年三份至十份附上一期分寄上述各處如蒙訂閱并拟以八折之優待區區之意伏乞察核等情奉諭由司函介各省教育廳各國立中等以上學校及社教机関酌為訂購相應函達查照該社地址在重慶重慶村十三號併以附聞」等由到廳除分電外合行電仰知照省政府教育廳

中華民國三十年五月　　日

国民党大田县执委会及大田县政府关于召开抗战建国四周年纪念大会致大田县立初级中学的通告（一九四一年七月五日）

事由：為召開抗建四週年紀念大會并附標語一份
請查照辦理由

中國國民黨福建省大田縣執行委員會
大田縣政府　通告　呂書字195號

查七月七日為抗戰建國四週年紀念日，遵照
規定是日素食一日，並分別召集各界紀念大會，暨舉行公祭，茲
因自應遵辦，茲訂是日上午六時卅分在公共體育場召開各界
紀念大會，並公祭抗戰陣亡將士及死難同胞，同時舉行七月
份擴大總理紀念週暨國民月會，會後當場獻金慰勞前
方將士，除通告外，相應檢同標語一份，通告
查照，屆期務希

公体准时到会参加并将标语分别缮贴以广宣传如有
遗漏联幛花圈还希先期送会布置为荷

右通告

县立初级中学

附标语一份

书记长 彭秉廉

县长 罗诚纯

中华民国三十年七月 五 日

福建省政府关于严禁破坏抗战建国纲领分裂团结力量之任何言论或行动致大田县立初级中学的训令

（一九四一年八月一日）

福建省政府密訓令

事由：對於有破壞抗戰建國綱領分裂團結力量之任何言論或行動均應嚴加禁止仰遵照由

令大田縣立初級中學

教育廳案呈奉

教育部三十年四月十五日秘字第一七〇號密訓令開：

「查現當舉國團結一致從事抗戰以爭取最後勝利之際對於有破壞抗戰建國綱領分裂團結力量之任何言論或行動均應嚴加禁止下列各點尤應特別注意（一）嚴密注意思想不正確之教員之教學及課外活動對於新聘教員必須查明其過去之經歷及性格其來源不明不計待遇者尤須負責考查（二）凡經查明教員或學生有確實屬於奸党者應以妥善周

125

密之方法予以辭退或退学不可造成学校之恐怖現象(三)對於学生或教員之函件及社交活動應會同党團及軍警機関隨時注意(四)查禁書刊一律不得購置学生教員有自行購置者查出後銷燬之(已函圖書雜誌審查委員會將查禁書目送寄)同時並充實本党之刊物(五)隨時檢閱学生之筆記除分行外合行密令轉行各校遵辦此令。

等因,呈轉到府,除分令所屬各学校各縣政府各特種區署及各區行政督察專員公署外,合行令仰遵照!

此令。

中華民國三十年八月　日

主席陳儀

爲對德意日宣戰蔣委員長告全國軍民書

全國軍民同胞公鑒：

日寇怙惡罔悛，多行不義，今竟以卑劣險詐之伎倆，策應歐洲軸心國家，實行其三國同盟聯合侵略之行動，且以「九一八」奇襲我瀋陽之故智，突擊我英美各友邦，掀起太平洋之戰禍，演成世界人類空前未有之浩刦。我國民政府，爲申張國際正義，保持人類文明，已對日本正式宣戰，並對德意兩國同時宣戰，宣告中外，諒已周知。溯自日寇侵略我東北以來，我全國同胞，十載奮鬥，百折不撓，抗戰四年，堅貞彌勵，原冀膺懲日寇之野心，復我禹甸之完整，促戎首之崩潰，以遏侵略之兇焰，今狂妄之日寇，不唯毫無悔禍之意，且更聯合軸心之德意，益肆其兇狡之毒謀，東西兩半球民主各國，今已共起響應，聲罪致討，自茲世界上反侵略國家與侵略暴力，已劃然分爲兩大鮮明之陣營。我國爲首受侵略戰禍之國家，尤應肩荷絕續存亡之重任，吾人深信人類不絕，公理永存，全世界十分之九以上之人類，皆爲保衛其民族自由與正義和平而努力，侵略者之終歸覆滅，固無待於蓍龜。惟今日以前，吾人之犧牲奮鬥，在於掃除侵入國境之敵寇，而今日以後，且將與英美蘇聯以及世界上愛好正義和平之各友邦，共同一致，並肩作戰，以澈底消滅人類之蟊賊，共奠世界永久之和平。我具有五千年歷史文化及秉承三民主義以自救救世之中華民族，自茲更須負起空前重大之使命，今後吾人誠能奮發努力，不唯我抗戰目的，克以完全達成，我國土主權，必得整個恢復，卽世界正義之勝利，亦得以提早實現；否則如精神稍有怠弛，使日寇及其侵略軸心，得以延長其作惡之時期，則不唯無以對抗戰以來英勇犧牲之軍民先烈，亦更無以對共同奮鬥並肩作戰之友邦。臨此存亡安危千鈞一髮之際，切望我全國軍民，以悲憤壯烈之精神，十倍奮發其過去四年來堅苦戰鬥之意志，再接再厲，以完成吾人神聖之使命；我海內外之軍民同胞，務必認識我先聖先烈所傳遺民族偉大之精神，務必認識我抗戰成敗對世界安危之關係，更須認識吾人今日之奮鬥，對於後代子孫幸福及人類整個文明，有決定之力量，吾人過去之堅苦奮鬥，已造成對倭抗戰勝利之基礎，而今日反侵略國家之利害成敗，尤爲呼吸一體，集中全世界百分之九十之人力物力，以與侵略者共同搏鬥，吾人之陣營固更見雄偉，吾人之前途，乃益見宏遠，而吾人之任務亦彌見艱鉅矣。吾全國同胞，自今伊始，更須緊張嚴肅，重視責任之所在，各竭其能，各盡其責，不辭一切艱苦，不惜任何犧牲，絕對掃除苟安自私之心理，共作最大最後之奮鬥；吾海外僑胞，同爲黃炎胄裔，應盡其赤誠，奮其偉力，各就所在地區，貢獻所有力量，協助友邦，消滅共同之公敵，造成祖國之榮譽；吾全國將士，更應切認今日爲吾軍人奮勉圖報唯一重要之時機，亦爲國家民族存亡榮辱之關頭，宜更沉着堅忍，英勇奮發，以收穫「九一八」以來血肉所造成之戰果，而勿貽九仞一簣之譏。舉國一致，同心協力，有進無退，有我無敵，以雪我國家十年之積恥，紓我被難同胞無限之奇辱，內以恢復領土主權，完成我抗戰最初之目的，外以昌明國際正義，求得我中華民族振古未有之光榮。作始也簡，將畢也鉅，樞機在握，千載一時，惟我全國軍民同胞，發奮蹈厲，矢忠矢勇以赴之。蔣中正　十二月十日

國民政府對日本宣戰佈告

日本軍閥夙以征服亞洲並獨霸太平洋爲其國策，數年以來，中國不顧一切犧牲，繼續抗戰，其目的不僅所以保衛中國之獨立生存，實欲打破日本之侵略野心，維護國際公法正義，及人類福利與世界和平，此中國政府屢經聲明者。中國爲酷愛和平之民族，過去四年餘之神聖抗戰，原期侵略者之日本於遭受實際上之懲創後，終能反省，在此時期，各友邦亦極端忍耐，冀其悔禍，俾全太平洋之和平得以維持，不料殘暴成性之日本，執迷不悟，且更悍然向我英美諸友邦開釁，擴大其戰爭侵略行動，甘爲破壞全人類和平正義之戎首，逞其侵略無厭之野心，舉凡尊重信義國家，咸屬忍無可忍，茲特正式對日宣戰，昭告中外，所有一切條約協定合同有涉及中日間之關係者，一律廢止，特此佈告。中華民國三十年十二月九日　主席林森

國民政府對德意志意大利宣戰佈告

自去年九月德意志意大利與日本訂立三國同盟以來，同惡共濟，已成一侵略集團，德意兩國始則承認僞滿，繼復承認南京僞組織，中國政府業經正式宣布與該兩國斷絕外交關係，最近德意與日本益擴大其侵略行動，破壞全太平洋之和平，此實爲國際正義之蟊賊，人類文明之公敵，中國政府及人民對此礙難再予容忍，茲正式宣布自中華民國三十年十二月九日午十二時起，中國對德意志意大利兩國立於戰爭地位，所有一切條約協定合同有涉及中德或中意間之關係者，一律廢止，特此布告。中華民國三十年十二月九日　主席林森

福建省教育厅关于未经特许不得接收敌方广播消息致大田县立初级中学的训令（一九四一年十二月十六日）

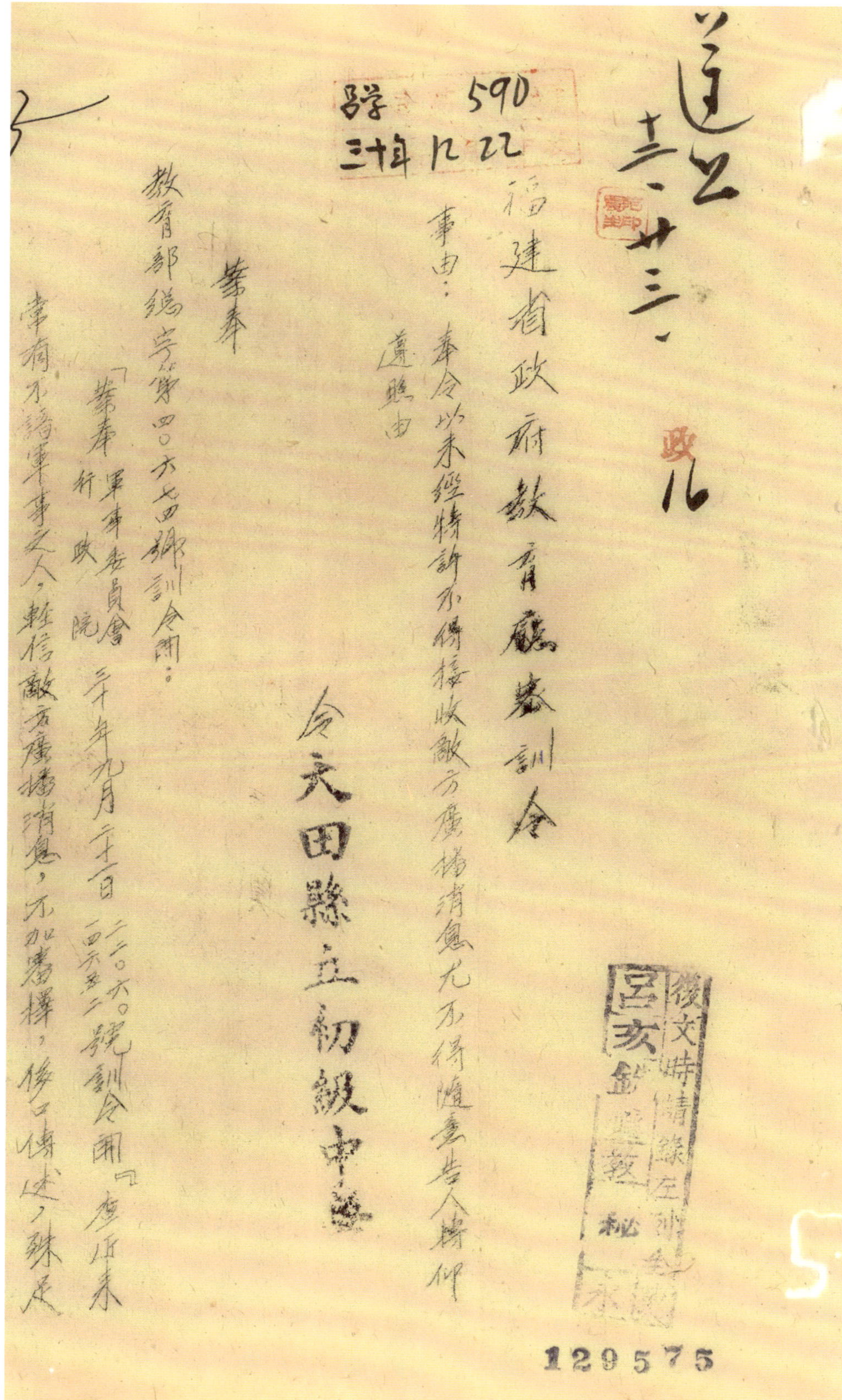

590
三十年12.22

福建省政府教育廳訓令

事由：奉令以未經特許不得接收敵方廣播消息尤不得隨意告人轉佈遵照由

令大田縣立初級中學

案奉

教育部總字第四〇六七四號訓令開：

「案奉 軍事委員會 行政院 三十年九月二十日 二〇六〇 一四六五二 號訓令開『查近來

常有不諳軍事之人，輕信敵方廣播消息，不加審擇，隨口傳述，殊足

129575

影響軍民心理，亟應從嚴取締，以免淆惑聽聞，以後凡未經特許者不得擅收敵方廣播消息，尤不得隨意告人，倘敢故違，即予按照軍律懲辦，不稍寬貸，除分令外，合亟令仰遵照，并轉飭所屬一體遵照，此令。等因；奉此，除分令外，合亟令仰遵照，并轉飭所屬一體遵照。

繕同。除分别此令外，合行令仰遵照！

此令。

中華民國三十年十二月　日

廳長　鄭貞文

大田县政府关于抄发兵役宣传推行要则致第二区署的训令（一九四二年二月二十二日收）

附：福建省各县（区）兵役宣传推行要则

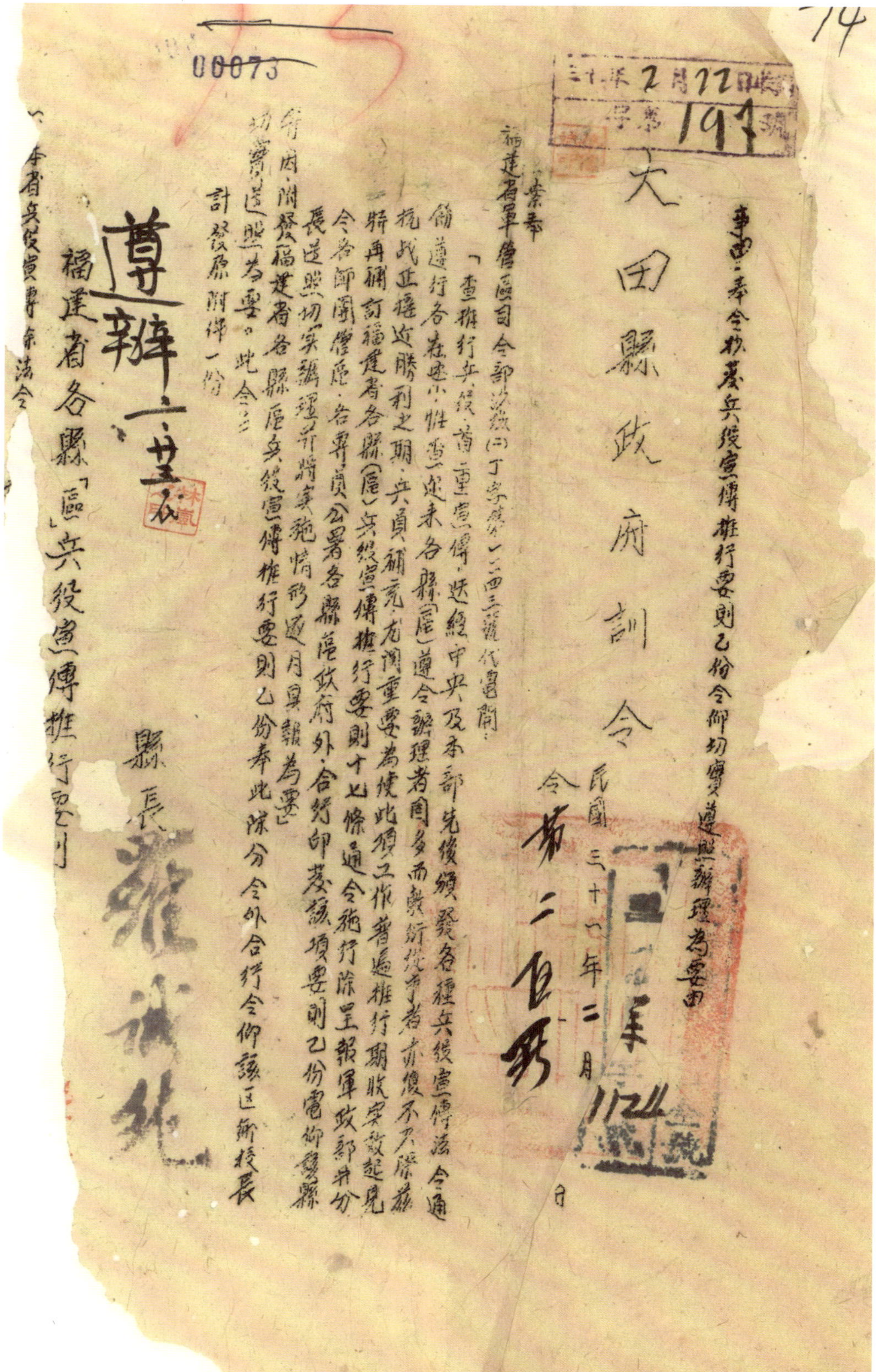
事由：奉令抄發兵役宣傳推行要則乙份令仰切實遵照辦理為要由

大田縣政府訓令

民國三十一年二月 日

令第二區署

案奉

福建省軍管區司令部卅一丁字第一二四三號代電開：

「查推行兵役，首重宣傳，迭經中央及本部先後頒發各種兵役宣傳法令通飭遵行各在案。惟查近來各縣（區）遵令辦理者固多，而敷衍從事者亦復不少。際茲抗戰正接近勝利之期，兵員補充尤關重要，為使此項工作普遍推行，期收實效起見，特再補訂福建省各縣（區）兵役宣傳推行要則十七條，通令施行，除呈報軍政部并分令各師團管區、各專員公署、各縣區政府外，合行印發該項要則乙份，電仰該縣長遵照切實辦理并將實施情形逐月具報為要」

等因，附發福建省各縣區兵役宣傳推行要則乙份。奉此，除分令外，合行令仰該區署長切實遵照為要。此令。

計發原附件一份

縣長 羅[illegible]

遵辦 二、廿三

福建省各縣「區」兵役宣傳推行要則

本省兵役宣傳法令

……全能擴……其意義……期收……

四、宣傳範圍除城市外尤須普及於各……村及交通要點。

五、宣傳人員由各縣區政府負責會同當地黨……政及各文化機關及民衆團體辦理之，以當地保甲長、地方有聲望之士紳為主幹，並盡量羅致……本地方言之人員擔任之。

六、宣傳時機除利用國民月會及各種紀念日、各公共娛樂場所或臨時集會等宣傳外，無論鄉村城市應不拘形式，隨時隨地並利用民間婚喪喜節宣傳之。

七、宣傳方式仍應以口頭、文字、藝術等分別實施。

1、口頭宣傳：利用通俗講演、評語談話、訪問等。

辦法：子、各縣城黨政機關、學校、社團等組織一經常宣傳隊，於每星期日出發，以評語談話、訪問等宣傳或舉辦兵役講座，召集保民作有關兵役之演講。各區鄉鎮長亦應召集區鄉鎮公所人員及學校員生，各組織一宣傳小隊，每星期日在所轄境內流動宣傳之，並舉行兵役座談會。

2、文字宣傳：利用各種刊物、壁報，散發標語傳單等。

辦法：子、各縣區鄉鎮利用電桿、路標等附貼簡單標語，並在通衢要道及明顯地方製貼牆頭標語及設置木質標語牌，尤應於公共場所，如茶樓、酒館、浴室等處加貼標語。

丑、各縣區鄉鎮發行各種刊物，應付列宣傳事項，其門只前編具兵役壁報，解釋兵役意義及宣揚服役光榮事蹟，必要時應分送所在地報社及其他刊物登載。

寅、各縣區鄉鎮除自印有關兵役各種刊物外，應……在地印刷商店承印各種刊物、廣告、日曆等，應於內容……由地方加印兵役標語。

3、藝術宣傳：利用化裝演講、戲劇、話劇、漫畫、歌曲等。

辦法：子、各縣區鄉應分別聯合當地青年……團員、學校學生等組織兵役宣傳戲劇隊或話劇隊……利舉行化裝演講（內容務須富有刺激性）。

……於……合有兵役意義之戲劇電影院電……

……印標語……征兵文字及畫片放映。

……縣區鄉鎮應……海報畫張貼通衢要道。

八、應積極發動士紳公務員子弟……征役以資倡導。

九、縣長應利用各鄉村集會集合民眾演講兵役意義並向出征人家屬作誠懇之慰問安慰藉以資鼓勵。

十、各縣「區」政府應根據當地實況妥擬有效辦法並訂定兵役宣傳實施細則實施之。

十一、各縣「區」應於每月終了之日將兵役宣傳實施情形表（表式附後）報由團管區隊呈本部以憑查核。

十二、各縣「區」對於兵役宣傳費用由各縣「區」編造預算呈核，以在兵役事業費項下開支之。

十三、各師團管區應經常派員督導各縣切實辦理兵役宣傳工作，同時調查民眾對於服役觀感以為推行鵠的。

十四、各師團管區應按轄內各縣區實際情形檢討已往宣傳工作實況切實督飭施行。

十五、各團管區對於各縣區兵役宣傳工作應於每月月終將各縣表報情形加具意見核轉呈本部（分類縣區一份）分別獎懲之。

十六、各縣區對於兵役宣傳工作辦理不力者各團管區司令應負連帶責任。

十七、本要則自公佈之日切實施行。

75

福建省教育厅关于订购抗战建国史料书籍致大田县立初级中学的训令（一九四二年四月二十四日）

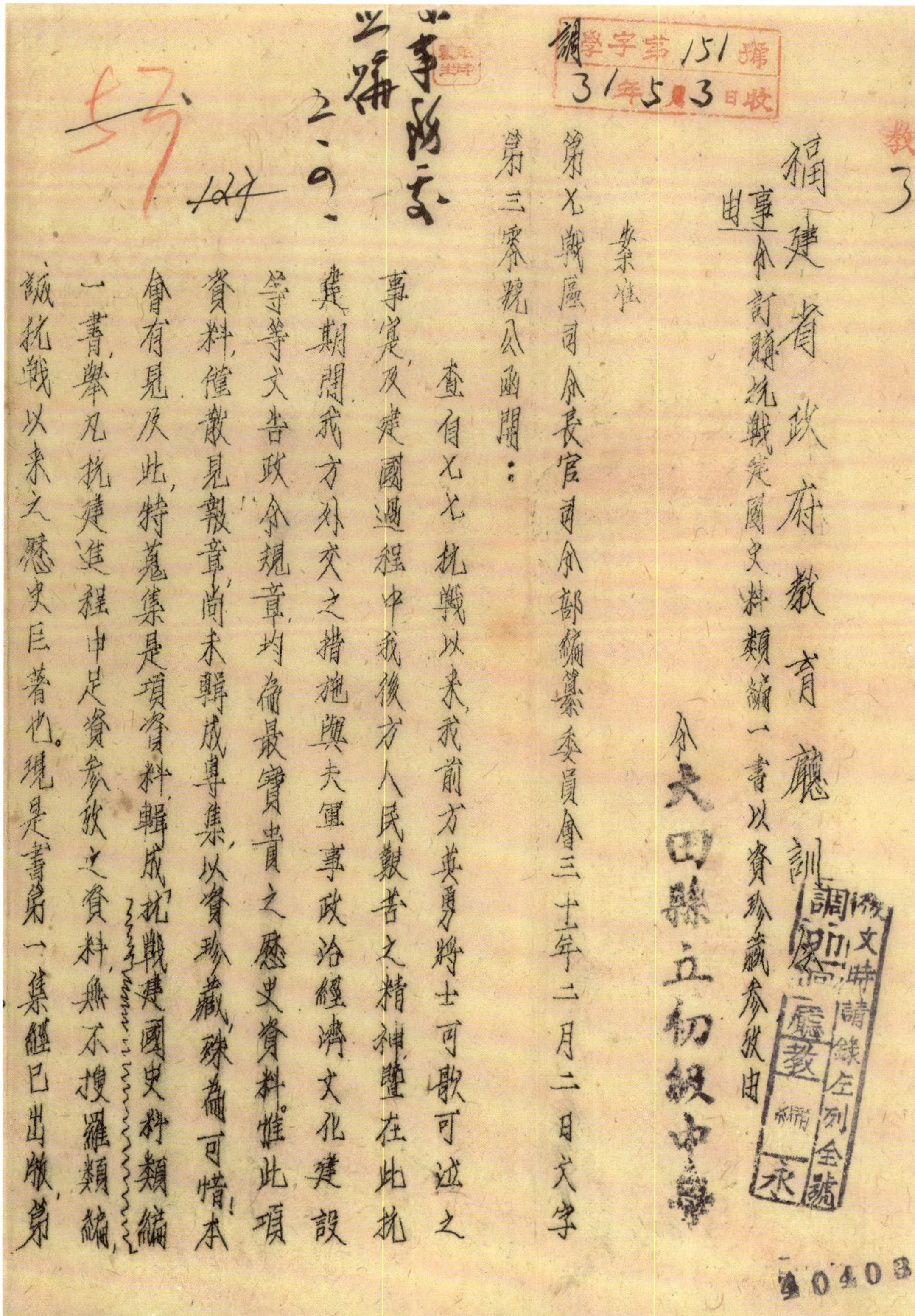

福建省政府教育廳訓令

令大田縣立初級中學

事由：令訂購抗戰建國史料類編一書以資珍藏參考由

學字第151號 31年5月3日收

案准

第七戰區司令長官司令部編纂委員會三十一年二月二日文字第三零號公函開：

查自七七抗戰以來，我前方英勇將士可歌可泣之事蹟，及建國過程中我後方人民艱苦之精神，暨在此抗建期間我方外交之措施與夫軍事政治經濟文化建設等等文告政令規章，均為最寶貴之歷史資料，惟此項資料僅散見報章，尚未輯成專集，以資珍藏，殊為可惜！本會有見及此，特蒐集是項資料，輯成抗戰建國史料類編一書，舉凡抗建進程中足資參考之資料，無不搜羅類編，誠抗戰以來之懸史巨著也。現是書第一集經已出版，第

151

二、集外交形勢上下篇二月初旬亦可面世。（第一集定價七元，第二集定價六元，文化機關團體備函訂購，特予七折優待，外埠郵費加一成計算）是書既為抗戰以來之歷史巨著，復為本黨領袖領導抗戰建國之重要歷史文獻，貴府所屬各公私立中上學校圖書館、民教館及其他文化機關團體，尤宜一律訂購，以資參攷。相應函達，請煩查照通飭所屬各文化機關團體一律向曲江風度南路一三九號新建設出版社優待訂購，以資珍藏參攷，至級公誼。」

等由，除函復並分令外，合行令仰知照，逕向曲江風度南路一二九號新建設出版社洽購。此令。

中華民國三十一年四月　　日

廳長鄭貞文

国民党大田县执委会及大田县政府关于召开抗战建国五周年纪念大会致县立初级中学的通告

（一九四二年七月一日）

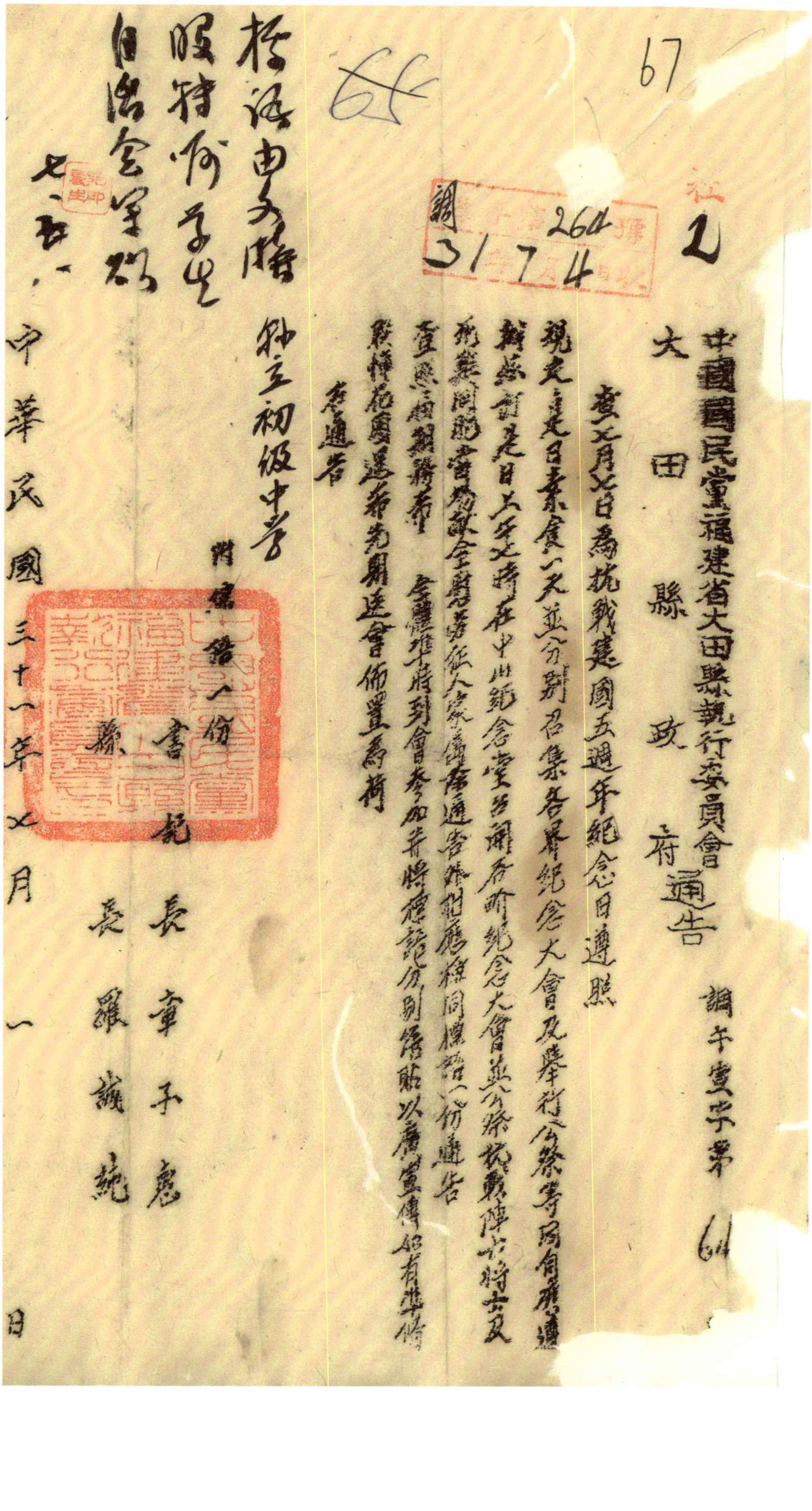

中國國民黨福建省大田縣執行委員會
大田縣政府 通告 調午寅字第64號

查七月七日為抗戰建國五週年紀念日，遵照規定是日素食一天，並分別召集各界紀念大會及舉行公祭等項，自應遵辦。茲訂是日上午七時在中山紀念堂召開各界紀念大會，並公祭抗戰陣亡將士及死難同胞，當場勸募獻金。除通告外，相應檢同標語一份，通告查照，希飭屬轉飭全體準時到會參加，並將標語分別張貼，以廣宣傳。如有準備獻旗花圈，還希先期送會佈置為荷。

此通告

縣立初級中學

附標語一份

書記長 章子虔
縣長 羅誠純

中華民國三十一年七月一日

普通生學
通知

標語

1. 中國是遠東反侵略的主力。4. 厲行國家總動員準備反攻。
2. 東亞民族聯合起來消滅日寇。5. 擁護糧食政策充裕軍糈民食。
3. 把戰爭移到日本本土去。6. 踴躍服兵役充實反攻力量。

社文

抄送會議紀錄一份即希
查照辦理為荷！！此致
縣立初中

大田縣各界紀念抗戰建國五週年籌備會 啟

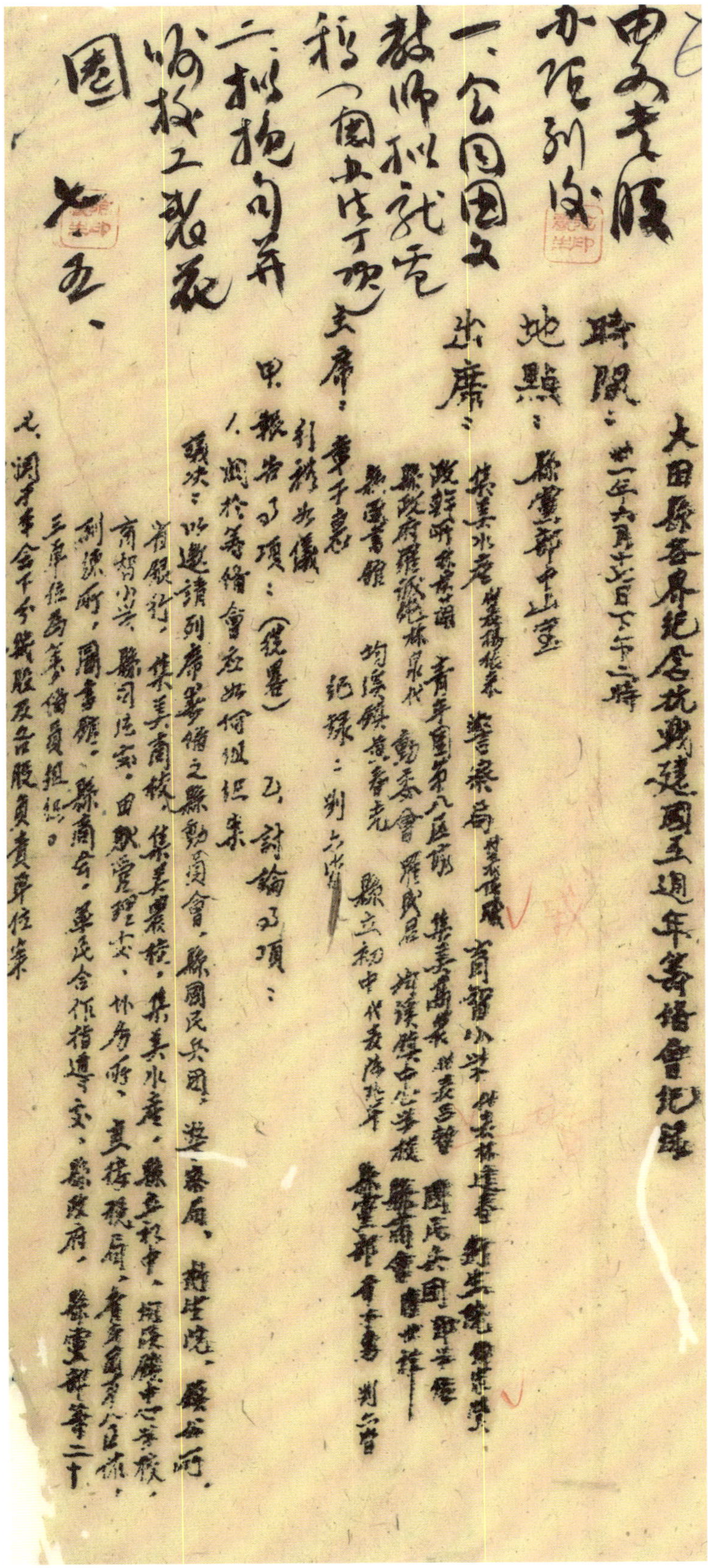

大田縣各界紀念抗戰建國五週年籌備會記錄

時間：卅一年六月廿七日下午二時

地點：縣黨部中山室

出席：集美水產（[illegible]）　警察局（[illegible]）　育智小學（代表林建春）　新生號（[illegible]）

政幹所（[illegible]）　青年團第八區隊　集美高農（代表[illegible]）　國民兵團（[illegible]）

縣政府（羅誠德、林泉代）　動委會（羅成[illegible]）　均溪鎮中心學校　縣商會（[illegible]）

縣圖書館　均溪鎮（黃春亮）　縣立初中（代表[illegible]）　縣黨部（[illegible]）

主席：章子惠　紀錄：[illegible]

行禮如儀

甲、報告事項：（從略）

乙、討論事項：

一、關於籌備會應如何組織案

議決：以邀請列席籌備之縣動員會、縣國民兵團、警察局、新生號、[illegible]、[illegible]、集美商校、集美農校、集美水產、縣立初中、均溪鎮中心學校、育智小學、縣司法處、田賦管理處、稅務所、直接稅局、青年團第八區隊、[illegible]所、圖書館、縣商會、華民合作指導室、縣政府、縣黨部等二十三單位為籌備員組織之。

二、關於籌備會下分幾股及各股負責單位案

附（一）大田县各界纪念抗战建国五周年筹备会记录

請娛股下午開會分配節目 六、廿五

議決：本會分設總務、宣傳、游藝、慰問四股，其負責單位如下：

總務股由縣黨部、縣商會負責，并以縣黨部負責召集。

宣傳股由集美商業、集美高農、集美水產、縣立初中、城鎮中心學校負責，并以縣立初中負責召集。

游藝股由警察局、縣立初中童子軍負責，并以警察局負責召集。

慰問股由縣政府、衛生院、基督教會負責，并以縣政府負責召集。

3. 推舉紀念大會主席團案：

議決：推選縣長戴純、章書記長子書、張書記長武君、林主任乃聲、范校長震生、潘主席世徐、鄭代副團長卓子縣、陳鎮長秀興、林組長員景蘭爲主席團，并以章書記長爲首席。

4. 主席提付大田縣各界紀念抗戰建國五週年籌辦法請討論通過案：

議決：修正通過

5. 推人起草大會通電文案：

議決：推由縣立初中范校長負責起草。

6. 慰問抗屬及大會經費應如何籌措案：

議決：預算共計伍佰元，其分配標準如左：

(一)慰問抗屬參佰元（由總務股彙繳慰問股辦理）

(二)大會經費貳佰元

其分攤標準如左：

(一)各機關貳佰元（由縣政府、縣黨部負責募繳）

(二)縣商會貳佰元

(三)附城各保民眾貳佰元（由鎮公所負責募繳）

四時十五分閉會

附（二）大田县各界纪念抗战建国五周年办法

大田縣各界紀念抗戰建國五週年辦法

甲、關於紀念及公祭：

1.集會：七月七日上午八時在中山紀念堂開各界紀念大會暨公祭陣亡將士及死難同胞，各機關團體學校應全體參加，並由鄉鎮公所召集城廂民衆每戶一人，由保甲長負責督率參加。

2.公祭：參加公祭各單位應推代表一人致祭，並先期準備花圈輓聯送會佈置，各機關團體應同時舉行祈禱禮以示哀悼。

乙、關於獻金：

1.集體獻金：各機關團體學校及各保甲均須集體競獻。

2.個人獻金：各機關團體學校員生及各保甲民衆除集體參加獻金外，如有特具輸財熱誠者得個別競獻。

丙、關於宣傳：

1.化裝宣傳：由各學校宣傳隊於是日同時出發作化裝宣傳。

2.文字宣傳：（一）翻印宣傳要點分發全縣各宣傳隊應用（二）擬定標語分發各機關團體學校大量繕貼（三）編行特刊分發全縣及省內外各處（四）繕貼壁報及漫畫於各通衢。

3.遊藝宣傳：晚七時在中山紀念堂舉行宣傳遊藝會，由城廂各中小學分别負責節目。

丁、其他：

1.慰問：各宣傳隊於是日附帶慰問出征軍人家屬，並調查其生活狀況，慰問禮品或代金城廂者由大會準備，各鄉由主持紀念機關準備。

2.通電：（一）電呈總裁及國府主席致敬（二）電前方將士慰勞（三）通電聲討汪逆及偽組織。

戊、附註：

1.遵令是日全縣民衆素食一天，並照常工作，不下半旗，不放假，不停止娛樂。

2.各鄉得斟酌當地情形參照本辦法由各鄉公所各區分部及各學校會同召集各界妥籌辦理。

茲抄送抗建五週年紀念籌備會宣傳股會議紀錄一份即希
查照辦理爲荷！此致
縣立初級中学
大田縣黨部（代）啓 六月廿三日

大田縣各界紀念抗戰建國五週年籌備會宣傳股會議紀錄

時間：卅一年六月廿日下午二時
地點：縣黨部中山室
出席：均溪中校 范炎生代　育智小學 林達睿代　縣立初中 陳兆年代　集美職校 林永長代
列席：縣黨部章于惠
主席：陳兆年　紀錄 范炎生
行禮如儀
報告事項：（略）　討論事項：
一、組織宣傳隊案，

議決：每校各組織一隊（每隊最少五人）

二、宣傳地點應如何分配案：

議決：集美商校負責玉田保　集美農校負責石牌保

集美水產負責福壙保　縣立初中負責坑口及魁城一帶

均溪中校負責周田保　育智小學負責綠巖及華安一帶

三、遊藝會節目時間應如何分配案

議決：集美商校担任四十分鐘　集美水產担任四十分鐘

育智小學担任三十分鐘　均溪中校担任四十分鐘

縣立中學担任四十分鐘

四、各校遊藝節目限期送会編排案：

議決：限七月三日送會

閉會

大田县政府关于召开落实省政府提高抗敌情绪促进军民合作征集慰劳品办法致县立初级中学的通报
（一九四二年十月二十三日收）

大田縣政府通報　調四退府字第8299號

案奉

福建省政府十月三日訓令開：

「查本省本年度奉令定期分區校閲團隊，為提高抗敵情緒，促進軍民合作起見，特發動各縣市（區）徵集慰勞品就地分發，業經訂定徵集慰勞品辦法通告知照。除分別函令外，合行檢發原辦法一份，令仰遵照，迅速辦理具報為要。」

等因，附辦法一份，奉此，自應遵辦，茲擬於本月廿四日上午八時在本府會議廳開會，對於輸務希准時出席，共策進行為禱！

此致

縣立初中

縣長羅誠純

中華民國三十一年十月　日

福建省教育厅关于转发革命纪念日、国定纪念日日期表及纪念办法致大田县立初级中学的训令
（一九四二年十二月十四日）

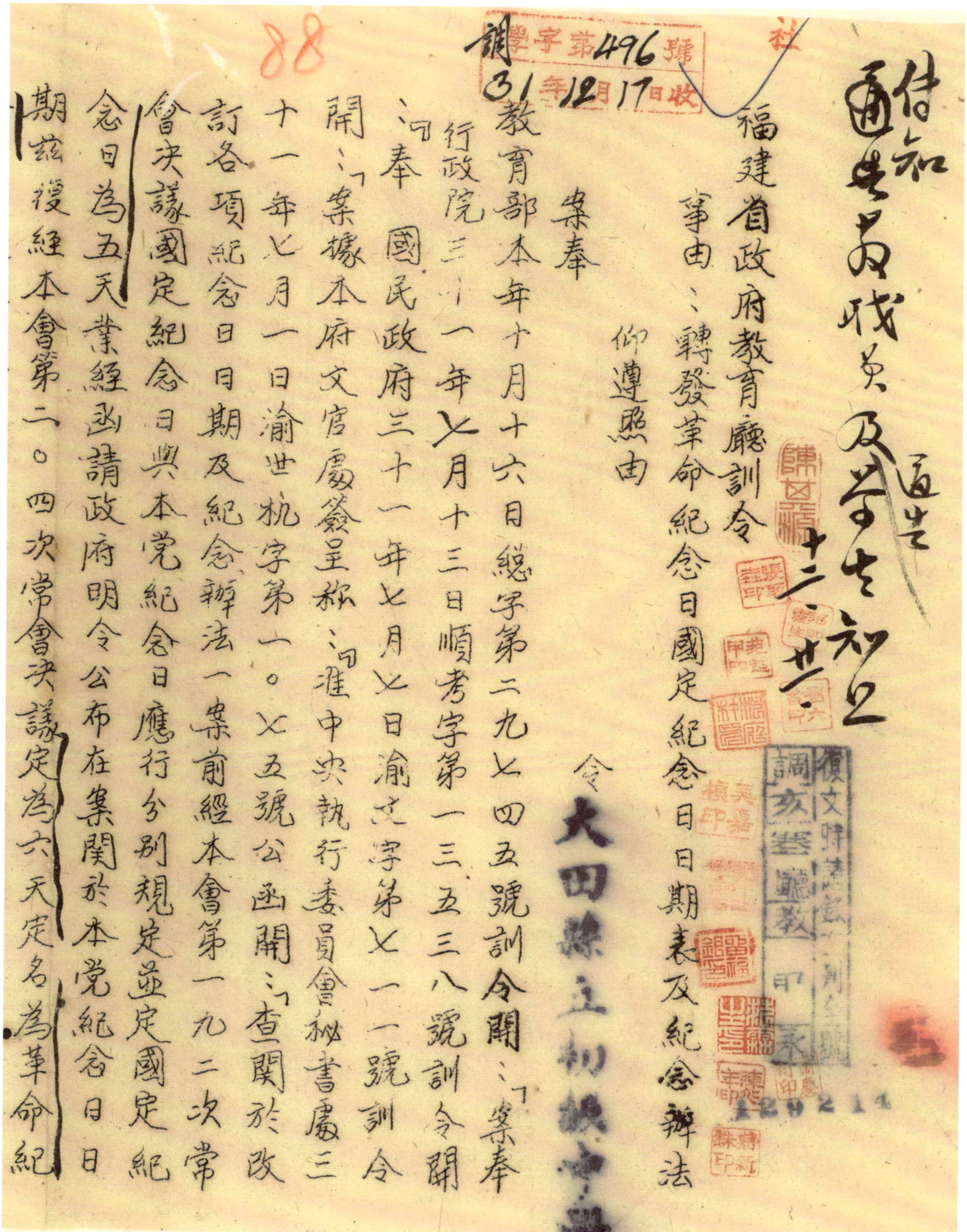
福建省政府教育廳訓令
事由：轉發革命紀念日國定紀念日日期表及紀念辦法
令大田縣立初級中學
仰遵照由
案奉
教育部本年十月十六日總字第二九七四五號訓令開：「案奉行政院三十一年七月十三日順考字第一三五三八號訓令開：「案奉國民政府三十一年七月七日渝文字第七一一號訓令開：「案據本府文官處簽呈稱：「准中央執行委員會秘書處三十一年七月一日渝世机字第一〇七五號公函開：「查關於改訂各項紀念日日期及紀念辦法一案，前經本會第一九二次常會決議國定紀念日與本党紀念日應行分別規定，並定國定紀念日為五天，業經函請政府明令公布在案。關於本党紀念日日期，茲複經本會第二〇四次常會決議，定為六天，定名為革命紀

念日並通過革命紀念日日期表（附紀念辦法）頒行各級党部遵照，除國定紀念日五天全國党政机関学校团体均應舉行紀念儀式外，関於新訂革命紀念日六天係由各級党部分別舉行紀念大會，全体党員均須出席，各机関学校团体可派代表参加，特録案並檢同革命紀念日日期表函達，印布查照，並轉陳並分行所屬知照」等由，理合簽呈鑒核」等情，據此，除飭復並分行外，合行抄發原附表，令仰知照，並轉飭所屬一体知照。此令」等因，奉此，除分令外，合行抄發原表（附紀念辦法），令仰知照，並轉飭所屬一体知照。此令」等因，奉此，除分令外，合行抄發原表（附紀念辦法），令仰知照，并轉飭所屬一体知照。此令」等因，附抄發革命紀念日日期表（附紀念辦法）一份，正遵辦間，又奉總字第三〇四五六號訓令開：「案奉行政院三十一年七月十一日順考字第一三四八六號訓令開：「奉國民政府三十一年七月七日渝文字第七一二號訓令開：「案奉中央執行委員會三十一年七月一日

渝世机字第一〇七五號公函開：「查國定紀念日日期表前經
本會第一九二次常會定爲五天函請明令公布在案關於各紀
念日舉行紀念辦法兹經分别訂定提出本會第二〇四次常會
通過並將前頒「革命紀念日簡明表」「革命紀念日史畧及宣傳要
点」「各項紀念日暫行歸併舉行日期表」予以廢止相應録案並檢
同國定紀念日日期表（附紀念辦法）函達即希查照並轉行所屬
遵照」等因奉此查國定紀念日日期表前經本府明令公布並於
本年三月五日渝文字第二九三號訓令通飭施行在案兹奉前
因除函復並分行外合行抄發國定紀念日日期表（附紀念辦法）
令仰遵照并轉飭所屬一体遵照此令」等因奉此除分令外合行

抄發原表（附紀念辦法），令仰遵照，並轉飭所屬一体遵照，此令」等因，奉此，除分令外，合行令仰遵照。此令」等因，附抄發國定紀念日日期表（附紀念辦法）一份。查革命紀念日日期簡表及宣傳要点等項，既經奉令廢止，另行規定公布，前本廳以調午馬廳教甲永字第七四三五六號令附發本省各級学校曆內關於革命紀念日及紀念辦法，自應依照部令予以修正，除分令外，合行印發原附件，令仰遵照辦理為要。此令。

附印發革命紀念日及國定紀念日日期表（附紀念辦法）各一份

中華民國三十一年十二月十四日

廳長 鄭貞文

秘書 鄭〇 代行

革命紀念日日期表（附紀念辦法）

三十二年六月二十二日中央常務委員會第二〇四次會議通過

九月九日　總理第一次起義紀念

十二月三日　肇和兵艦舉義紀念

四月十二日　清黨紀念

七月九日　國民革命軍誓師紀念

五月五日　革命政府紀念

六月十六日　總理廣州蒙難紀念

以上六項紀念日各級黨部分別召開紀念大會講述黨史，全體黨員一律均須出席，各機關、學校、團體可派代表參加，不放假，其講述史之段落如左：

（一）九月九日紀念：講中法役後總理立志革命至辛亥武昌起義之興中會同盟會革命史

(二)十二月五日 講民國四年肇和起義及雲南起義民國二年二次革命及中華革命党史 民國元年至二年十一月之國民党史附之

(三)四月十二日 講民國八年中華革命党改名為中國國民党共產党之產生十二年本党容共至十六年本党清党史

(四)七月九日 講十六年本党改組創辦黃埔至北伐完成之本党軍事党務史

(五)五月五日 講民元 總理辭臨時大總統至十年五月 總理就非常大總統之本党護法運動史

(六)六月十六日 講自十年五月五日 總理就非常大總統後陳炯明叛變至十四年廣東統一之本党平定反側史

國定紀念日日期表（附紀念辦法）

三十一年六月二十二日第五屆中央常務委員會第二〇二次會議通過

一月一日　中華民國開國紀念

十月十日　國慶日

以上兩紀念日各休假一天，全國一律懸旗結綵誌慶，各級機關、各學校、團体分別集會慶祝，並由各該地高級党部召開各界慶祝大會

十一月十二日　國父誕辰

是日休假一天，全國一律懸旗慶祝，各級机關、各學校、团体分別集會紀念，並由各該地高級党部召開各界紀念大會，在首都各机關長官及高級職員恭謁總理陵墓致敬

八月二十七日　孔子誕辰

是日休假一天全國一律懸旗慶祝中央派員赴曲阜孔廟致祭各學校師生分别集會紀念並由各該地高級党部召開各界紀念大會

三月二九日　革命先烈紀念

是日休假一天全國一律懸旗紀念各級机關各学校团体分别集會紀念並由各該地高級党部召開各界紀念大會並致祭革命先烈

国民党大田县执委会及大田县政府关于召开抗建六周年纪念大会致县立初级中学的通告
（一九四三年七月一日）

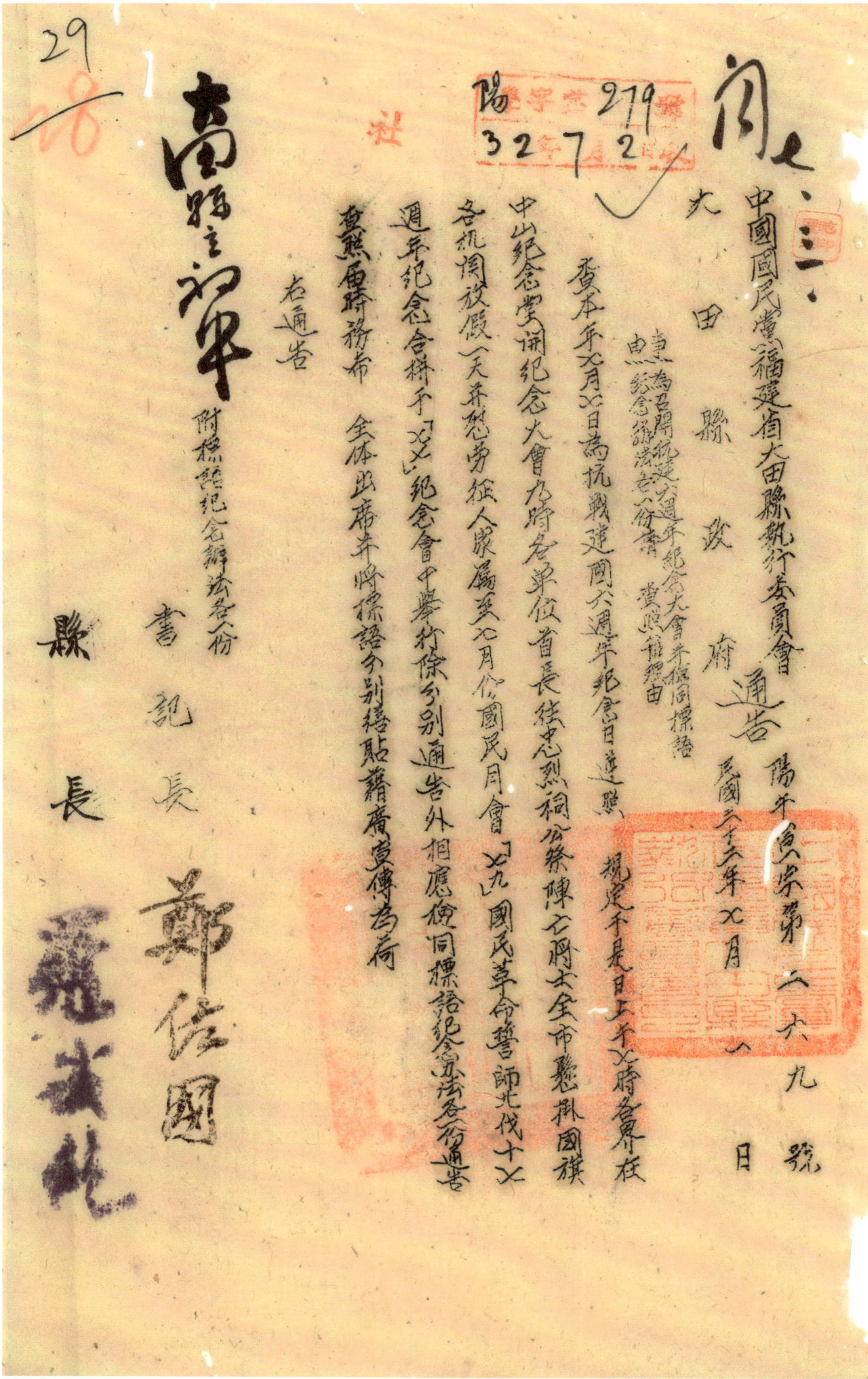
中國國民黨福建省大田縣執行委員會
大田縣政府 通告 陽字良案第二六九號
民國三十二年七月一日
事由：為召開抗建六週年紀念大會并檢同標語紀念辦法各一份請查照辦理由
查本年七月七日為抗戰建國六週年紀念日，遵照規定于是日上午七時各界在中山紀念堂開紀念大會，九時各單位首長往忠烈祠公祭陣亡將士，全市懸掛國旗，各機關放假一天并慰勞征人眷屬；至七月份國民月會「七九」國民革命誓師北伐十七週年紀念合併于「七七」紀念會中舉行，除分別通告外，相應檢同標語紀念辦法各一份，通告查照，屆時務希全體出席并將標語分別繕貼，藉廣宣傳為荷。
右通告
大田縣立初中
附標語紀念辦法各一份
書記長 鄭俊國
縣長

附：大田县各界纪念抗建六周年办法

大田縣各界紀念抗建六週年辦法

（甲）關于紀念及公祭：

1、首倡國民月會，以國民革命誓詞、抗戰建國六週年紀念日等儀式合併，以抗建六週年紀念會中舉行之。

2、是日上午七時各界在中山紀念堂開紀念大會，九時各單位首長往忠烈祠公祭陣亡將士。

3、是日全市懸掛國旗，各機關放假一天。

（乙）關於宣傳：

1、文字宣傳——（一）翻印傳單，分發全縣各宣傳機關應用。（二）撰定標語，分發各機關團體學校張貼。（三）大田半月刊編行紀念特刊。（四）繕貼壁報。

2、游藝宣傳——七日晚七時在中山紀念堂舉行宣傳游藝會，由抗建劇團負責。

3、化裝宣傳——由學生組宣傳隊，於是日下午一時出發城區附近鄉保作化裝宣傳。

（丙）關于慰問出征軍人家屬：

由慰問股（軍民合作站、縣政府）派員備辦禮物慰問等事宜。

標語

1、增強戰鬥精神，堅定勝利信念。

2、發揮同盟力量，同時毀滅敵人。

3、發揮獨立自主精神。

4、養成篤實、踐履風氣。

5、實行蔣委員長的一切主張。

6、自強自立，要先實行新生活。

7、厲行戰時嚴肅生活。

8、厲行國家總動員。

9、踴躍服役、納粮，爭取最後勝利。

大田县政府关于搜集敌伪散发之刊物文告宣传品致县立初级中学的代电（一九四四年二月二日）

郵電代

事由：電飭搜集敵偽散發之刊物文告宣傳品寄由

大田初中秦校長：建省政府陽亥卅府軍鋼永字第七五號代電開：“准軍政部電附辦處開：查敵偽年來在各地所製發之刊物文告以及各種宣傳用品，本部亟待搜集參考，請即轉飭寄送為荷等因。除分電外，仰即儘量搜集報送彙轉為要”等因。奉此，除分電外，希儘量搜集送府，以憑彙報為荷。羅誠純（）府軍係印

中華民國三十三年二月　日發

第　頁共　頁

大田县政府关于抄发鼓励学生志愿服役办法及宣传大纲致县立初级中学的代电（一九四四年二月十五日收）

事由：奉电抄发鼓励学生志愿服役办法及宣传大纲各一份请查照办理由

大田县政府代电　民国三十三年二月　日

县立初级中学校校长秦：福建省军管区司令部、福建省军队联合特别党部会衔寅字第二〇六二号代电开：“查全国各地大中学生纷纷自动申请服行兵役，蔚成风气，意义至为重大。福建青年献身报国，不后人，对于志愿从军运动我省大中学生更宜奋起响应，以发扬传统光荣。本部爰特发起鼓励学生志愿服役运动，兹订定福建省鼓励学生志愿服役暂行办法暨福建省鼓励学生志愿服役运动宣传纲各一种，随电各县政府（特区）、各中等以上学校积极宣传发动，务使风气所播，全国景从。除分电外，特检同前项办法暨宣传大纲各一份，电请查照办理，并希将办理情形见复为荷。福建省军管区司令部、福建省军队联合特别党部。寅〇〔…〕党宣附发福建鼓励学生志愿服役暂行办法暨福建省鼓励学生志愿服役运动宣传大纲各一份。”等因，附件奉此。除分电外，合行抄发原件各一份，电仰知照，积极宣传鼓励学生服役，仍希将办理情形报府为要。县长罗〔…〕。（丑）军征附福建省鼓励学生志愿服役暂行办法暨福建省鼓励学生志愿服役运动宣传大纲各一份

福建省鼓勵學生志願服役暫行辦法

一、為鼓勵學生志願服役特訂定本辦法

二、凡年滿十八足歲至屆滿二十五足歲之在校肄業學生志願服役者應填具志願服役聲請書（附式一）呈報軍訓教官轉呈校長

三、校長接得志願服役聲請書應即調查志願服役人之意志如認為確實經投區檢驗合格後准予登記（体檢標準為身長（155）公分体重（46）公斤各部發育健全無疾病）

四、每校有學生十名以上請合格登記時校長應即造具志願服役學生名冊（呈報於師管區司令部核辦

五、師管區司令部接得上項呈報後派遣軍醫複行檢查複查合格者定期召集

六、志願服役學生以撥配遠征軍為原則其軍成績優良者得選拔為預備軍官依軍訓成績不及格者不得參加服役

七、志願服役學生入營後仍保留其學籍退伍回校肄業時按其程度酌予升級

八、志願服役學生入營後由師管區司令部呈報軍管區轉請中央獎勵其家屬援照優待出征軍人家屬條例享受（一次）優待權利

九、志願服役學生入營時由學校會同當地各機關法團舉行盛大歡送會並致送紀念品或旗幟

十、每校志願服役學生在五名以上者校長由師管區報請福建省軍管區會同福建省政府予以嘉獎五十名以上者呈報中央從優核獎

十一、女生志願服任軍事輔助勤務者與上項手續聲請登記於軍事需要時召集之

十六、本办法未尽事宜得随时修正之。

十七、本办法自即日起施行并呈报军政部备案。

（附式一）

志愿服役声请书

姓名	
出生年月日	
肄业班系	
本籍详细住址	
家长姓名	
家庭状况	
学校检验结果	
军训见习成绩	

右呈

钧长

军训教官

校长

声请人

（签名盖章）

中华民国　年　月　日

（附式二）

学校志愿服役学生名册

校长

中华民国　年　月　日（盖章）

姓名	出生年月日	肄业班系	原籍详细住址	家长姓名	家庭状况	军训成绩	体格检验	备考

附（二）福建省鼓励学生志愿从军运动宣传大纲

福建省鼓勵學生志願從軍運動宣傳大綱

(甲) 宣傳要點

(一) 中國抗戰與世界反侵略反軸心戰爭已匯成一條，為適應反攻準備，正應加強國家總動員，而兵役動員即為總動員中最重要之一項工作。今後因戰場之擴大與戰鬥之劇烈，員額補充益見需要。

(二) 兵役動員不僅求量之增多，抑更需要質之精強，尤以遠征軍及機械化部隊必每一戰鬥員均有充實之學識、熟練之技術、健旺之體力與猛烈之意志，然後乃能奮其忠勇，及靈活運用最新式武器，以發揮高度戰鬥力，而收克敵致勝之效。

(三) 為提高戰鬥員素質，故必要求智識青年服行兵役，而中國今日之智識青年以大中學生最為多數，因此鼓勵學生從軍，必須造成一種運動，俾蔚為風氣，以資激勵。

(四) 學生之應服行兵役，除為提高國軍素質外，尚有三點理由：

1. 智識青年為國家之中堅、民族之基幹，革命建國之重擔皆落在青年之肩頭。今日革命救國之奮鬥，其唯一途徑即為服行兵役，故大中學生對於蔣主席訓示青年人最高志為軍人，必須作有效之發揚和實踐。

2. 中華民國訓政時期約法第二十六條規定「人民依法律有服兵役及工役之義務」，中華民國憲法草案第二十三條亦有様似規定，新兵役法第十五條亦規定男子年滿十八歲者為國民兵役及齡，年滿二十歲者為常備兵現役及齡，由此可知服行兵役乃為全國國民應盡之法定義務，智識青年自亦不能例外，並且［illegible］此次抗戰乃為全體抗戰，爭取國民均共負［illegible］國家民族同一命運，因此服行兵役參加作戰乃全體人民之事，決非由農工階層獨負其責，為求分擔平衡，則學生有應同樣從軍。

63

3、抗戰乃所以保衛國家民族生存而求其免為奴僕，人民共有權利，故從軍殺敵不僅純爲義務，抑係一種應有權利，此項權利男子應由各階層所應享，青年學生亦應共赴戰爭。

（五）各國智識份子每於國難當頭無不踴躍從軍，上次歐戰美國許多大學男生除外國籍者以及體格不合者外，皆參加從軍，其一要求援復更無人想及逃避，其他如英國牛津大學、劍橋大學、法國巴黎大學、德國柏林大學亦幾無人上課，此次時至蘇聯戰場東亞平寧半島、東西南太平洋又有無數之蘇聯、英、美智識階級青年正與德國及日本之智識青年作殊死之鬥爭，此乃由於歐美青年學生皆能深切認識自身國家從戎殺敵為至高無上之光榮，此種發揚踔厲之精神允值吾人效法。

（六）最近川中各大中學學生紛紛請纓，率先倡導，各地學生亦景從擁護，僅四川一省大中學生之自動報名從軍者已達二千餘人，贛省中正大學學生亦紛紛要求參加遠征軍，高中男生有全部報名參加，西南聯大學生申請服役者亦學業中輟，瀋陽各級學校學生亦紛紛報名投效，此足以說明我國青年學生實亦具有愛國熱忱與義務感，不負蔣主席告知識青年從軍之號召，此種風氣之形成，實為國家增光，為復興增輝，亦為盟國此前作戰增加無限之增長力量。

（七）本省地處海濱，得風氣之先，歷史上福建青年對於國家民族之貢獻曾有不可磨滅之功績，為此各地學生志願從軍運動風起雲湧之際，八閩青年學生實應發揚光榮傳統，效法先烈精神，投筆從戎，執戈衛國，蔚成此新時代之新青年運動，毋讓他省學生專美於前。

（八）中央對於學生志願從軍已經訂有優待辦法，軍政部兵役署且成立學生及公教人員志願服役登記處，教育部亦頒組織學生志願服役指導委員會，以主持其事。本省軍管區司令部為鼓勵學生志願服役亦訂定暫行辦法其中要点：

1.志愿服役学生以按照兵役法征集之军人为原则，其军训成绩优良者得选拔为预备军士或预备军官。

2.志愿服役学生入营后仍保留其学籍，退伍回校肄业时按其程度酌予升级。

3.志愿服役学生入营后由师管区司令部呈报军管区转请中央从优奖励，其家属按照优待出征抗战军人家属条例享受一切优待权利。

4.女生志愿服任军事辅助勤务者照上项手续声请登记，于军事需要时召集之。

（乙）

宣传方法

（一）各县政府召集请县党部、青年团、区军党部、各大中学校及有关机关负责人员举行座谈会，讨论鼓励学生志愿从军之实施方法。

（二）发动各报社杂志撰发论文，编印专刊，及继续不断刊载是项运动之新闻。

（三）发动各剧团、戏院排演有关学生从军之剧本。

（四）举行学生志愿从军演讲会，由当地党团政军负责人及社会名流担任讲演。

（五）各学校应利用纪念周及升旗时对学生作精神讲话，激励自动服役。

（六）志愿学生入营时各地应举行盛大欢送会并馈赠慰劳品。

（七）斟酌当地情形举行其他各项宣传。

福建省军管区司令部

福建省军队联合特别党部

三十三年九月

三民主义青年团福建支团大田县团务筹备员办事处关于举办纪念革命先烈暨第一届青年节召开筹备会致县立初级中学的通报（一九四四年三月十五日）

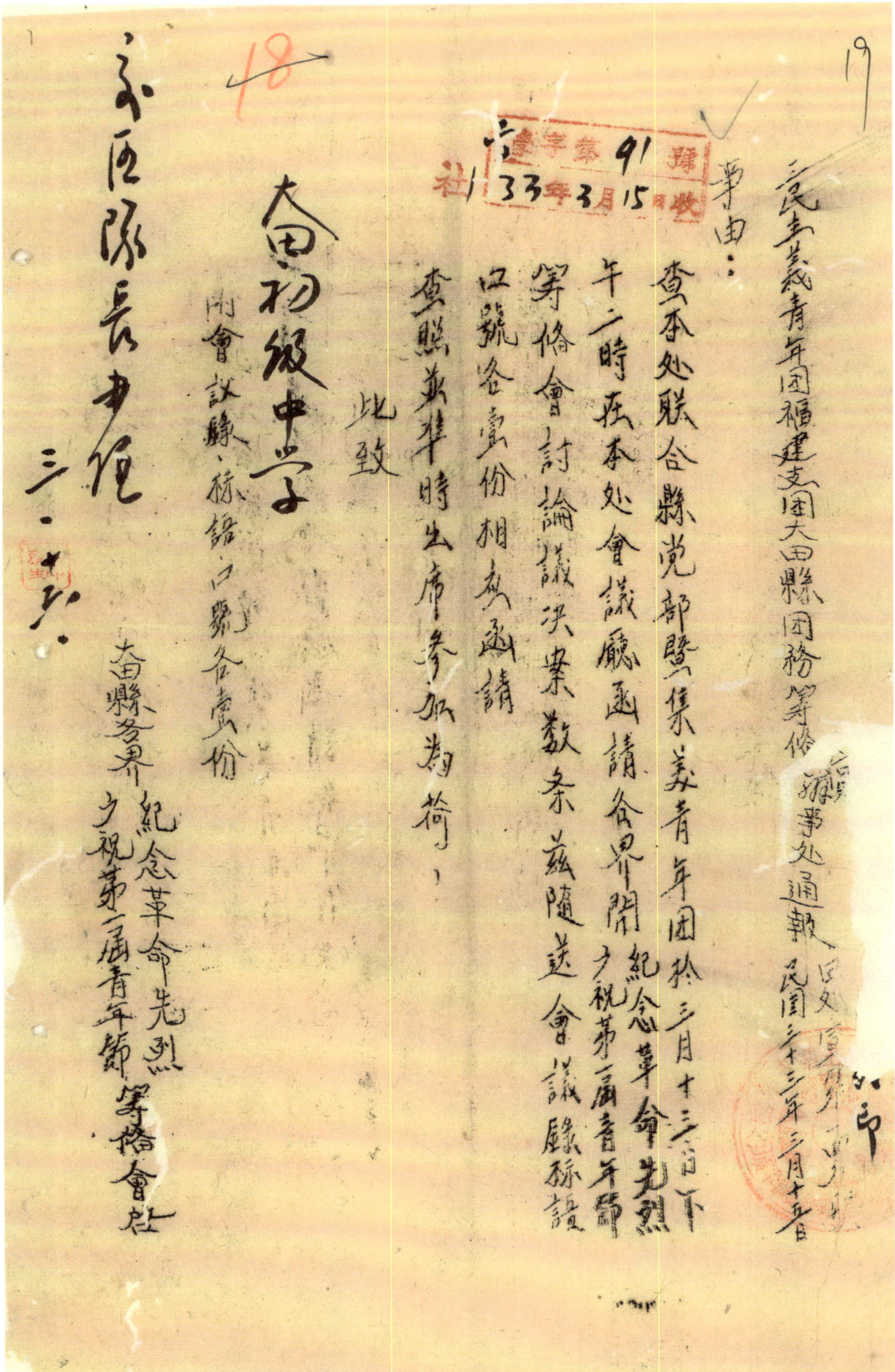

三民主義青年團福建支團大田縣團務籌備員辦事處通報 民國三十三年三月十五日

收 字第91號 33年3月15日

事由：

查本处联合縣党部暨集美青年团於三月十三日下午二時在本处會議廳函請各界開紀念革命先烈暨第一届青年節籌備會討論議决案數条，茲隨送會議錄、標語、口號各壹份，相應函請查照，並準時出席參加為荷。

此致

大田初級中學

附會議錄、標語、口號各壹份

大田縣各界紀念革命先烈暨第一届青年節籌備會啟

示區隊長尹煌 三·十六

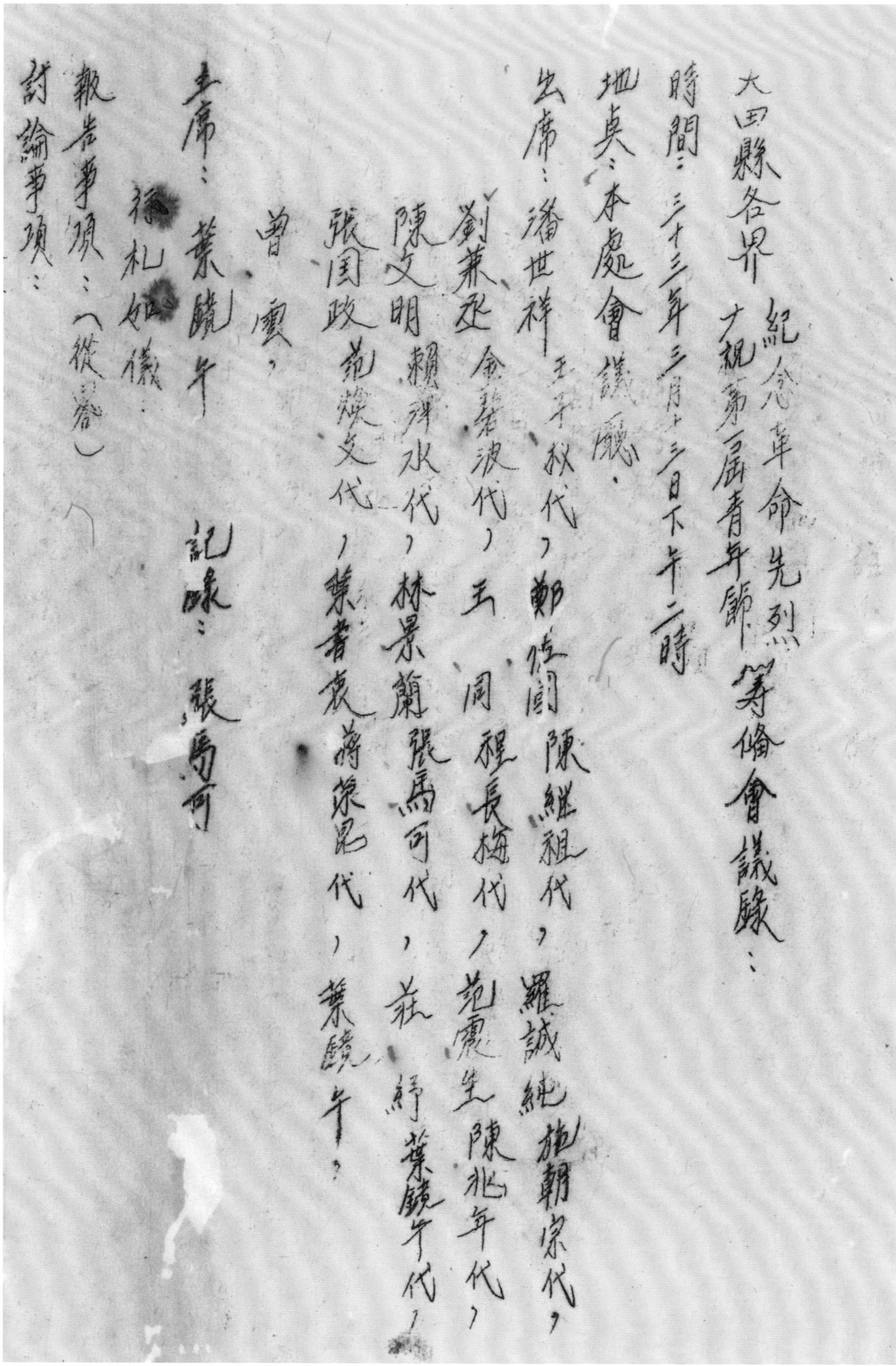

大田縣各界紀念革命先烈暨祝第一屆青年節籌備會議錄：

時間：三十三年三月十三日下午二時

地點：本處會議廳

出席：潘世祥王千秋代，鄭性聞陳繼祖代，羅誠純施朝宗代，劉兼丞俞萃波代，王同程長梅代，范震生陳兆年代，陳文明賴祥水代，林景蘭張禹可代，莊靜葉鏡午代，張國政范燦文代，葉書衷蔣榮昆代，葉鏡午，曾寰，

主席：葉鏡午　記錄：張禹可

行禮如儀

報告事項：（從略）

討論事項：

一、關於大会名稱應如何決定案。

議決：大田縣各界紀念革命先烈暨第八屆青年節大会。

二、關於大会職員應如何推選案。

議決：1.設主席團若干人，函請羅縣長鐵純、鄭書記長佐周、鄧團長國賢、范校長震生、葉秘書長、莊校長紓、江副處長達章、劉副處長兼丞、潘商会長世祥、葉主任鍾年、林等倫、景蘭等十八人，並推鄭書記長佐周為總主席。

2.大会指揮請朱副團長清雲擔任之。

3.大会司儀請朗所長尚武擔任之。

4.設總務、宣傳、遊藝、保育等四股，並推本縣團部等倫員辦事處負責總務股，推縣黨部、軍民合作處負責宣傳股，推軍民合作處、集美商校、農校、大田初中、均溪中心小學、育智小學等大單位負責遊藝股，並推大田初中為召集人，推集美商校丁鄭明先生負責保育股。以上各股必要時由該股酌請若干人負責幫忙一切事務。

乙、動項目：

一、關於紀念會時間、地點、及參加單位應如何規定案。

議決：時間：廿九日上午八時；地點：中山紀念堂。

參加單位：各机關、團体、學

二、關於青年節獻金应如何規定案。

議決：当場舉行獻金（款項候請示上峰動用）

三、關於公祭革命先烈、花圈、祭文等应如何準備案。

議決：推縣党部總負責之。

四、關於青年節大遊行路線、行列，应如何規定案。

議決：路線—後街—前街—中街—東街—馬路—南街—體育場。

行列—樂隊—主席团—翔溪小学—育智小学—縣党部—青年团—縣府—田粮处—各机関—大田初中、小—集美商校—集美農校—軍警—民

五、關於體育競賽应如何提倡舉行案。

議決：舉行男女籃排球比賽及公開組男子越野賽跑（各項比賽由廿五日開

並訂廿九日下午舉行總決賽，預賽间由體育股編排。）

六、關於遊藝項目、時间、經費，应如何決定案。

議決：節目：由軍民合作处、集美商校、農校、大田初中、翔溪中心学校、育智小学各負責一独幕劇（推大田初中為召集人）

時間：定廿九日卅日兩晚演出

經費：每演出一晚籌劇由大会酌貼二佰元。

乙、關於大会經費如何籌集分配案。

議決：1、大会經費額定伍仟元、

2、經費籌集：縣政府貳佰元，縣黨部佰元，縣商會仟元，鎮公所伍佰元，省銀行貳拾元，税务局佰元，鹽务局佰元，建華廠佰元，田粮处貳佰元，司法处貳拾元，衛生院佰元，經征处佰元，团务籌備处佰元，泉永鄉同公佰元，德化鄉同公佰元，福卅十縣同鄉会佰元，泉永德車公司佰元，四大補訓处二团[illegible]，交通局汽車站貳拾元，電報局貳拾元，郵政局貳拾元，警察局貳拾元，（參加表演單位不配款，以上款請保三月廿日前繳处）

1、經費用途：遊藝會兩晚油火費貳仟元，裝製費伍佰元，演出津貼費壹仟貳佰元，体育競賽獎品壹仟元，總务什支叁佰元。

散會 四時廿分。

附　（二）纪念革命先烈标语、庆祝第一届青年节标语及青年节大游行口号

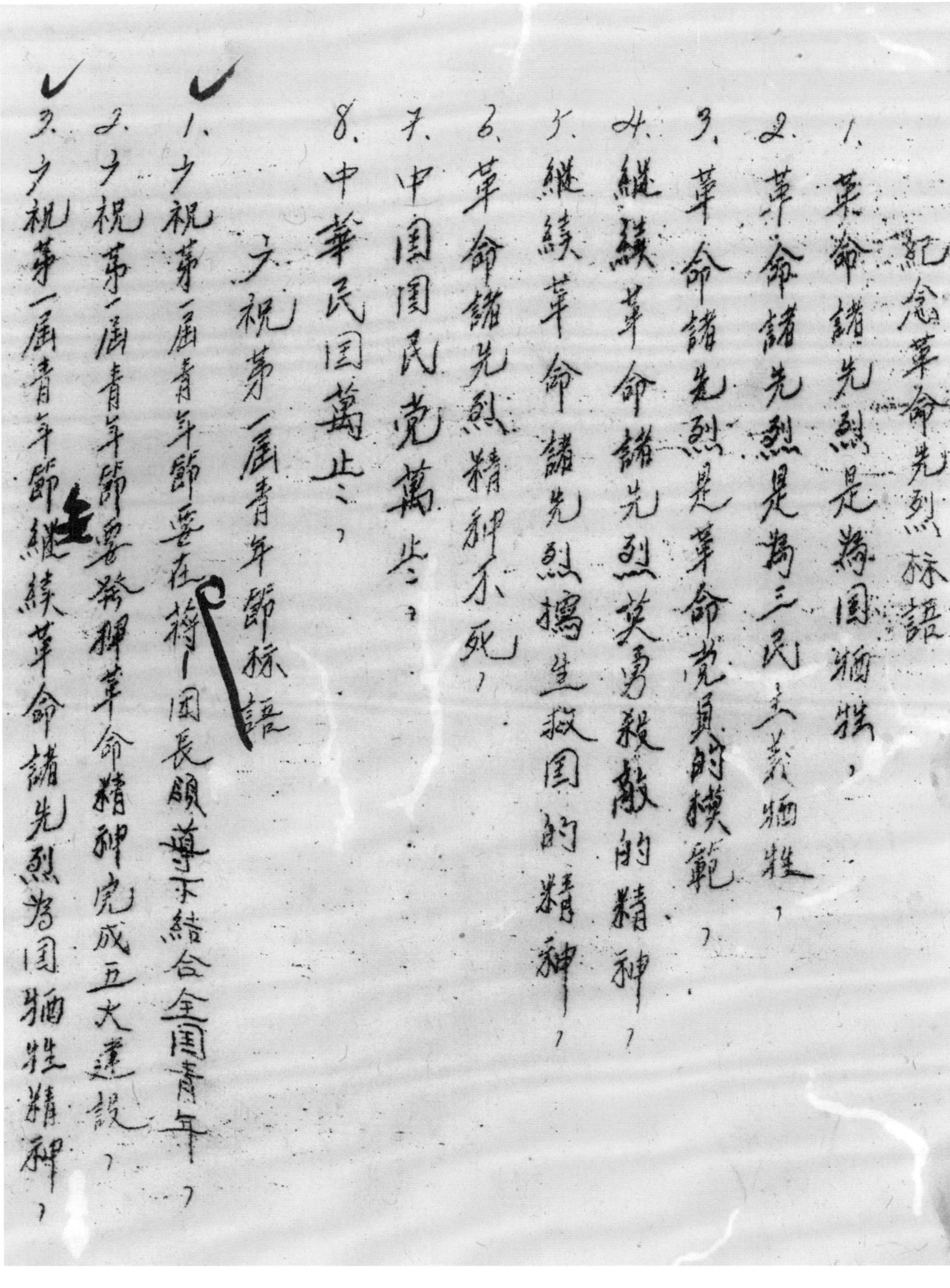
紀念革命先烈標語

1、革命諸先烈是為國犧牲，
2、革命諸先烈是為三民主義犧牲，
3、革命諸先烈是革命党員的模範，
4、繼續革命諸先烈英勇殺敵的精神，
5、繼續革命諸先烈犧牲救國的精神，
6、革命諸先烈精神不死，
7、中國國民党萬歲，
8、中華民國萬歲，

慶祝第一屆青年節標語

1、慶祝第一屆青年節要在蔣　國長領導下結合全國青年，
2、慶祝第一屆青年節要發揮革命精神完成五大建設，
3、慶祝第一屆青年節繼續革命諸先烈為國犧牲精神，

4. 慶祝第一屆青年節要協助政府实現抗戰建国綱領，
5. 慶祝第一屆青年節要發揮青年偉大力量，
6. 慶祝第一屆青年節要鼓勵青年团員踴躍從軍，
7. 中国国民党萬歲，
8. 三民主義青年团萬歲，
9. 蔣团長萬歲，、

青年節大遊行口號

1. 統一意志， 2. 集中力量，
3. 打倒日本軍閥， 4. 实現三民主義，
5. 復興中華民族， 6. 完成国民革命，
7. 中国国民党萬歲， 8. 中華民国萬歲，

三民主义青年团福建支团大田县团务筹备员办事处关于纪念革命先烈及青年节特刊征文致县立初级中学的公函（一九四四年三月十六日）

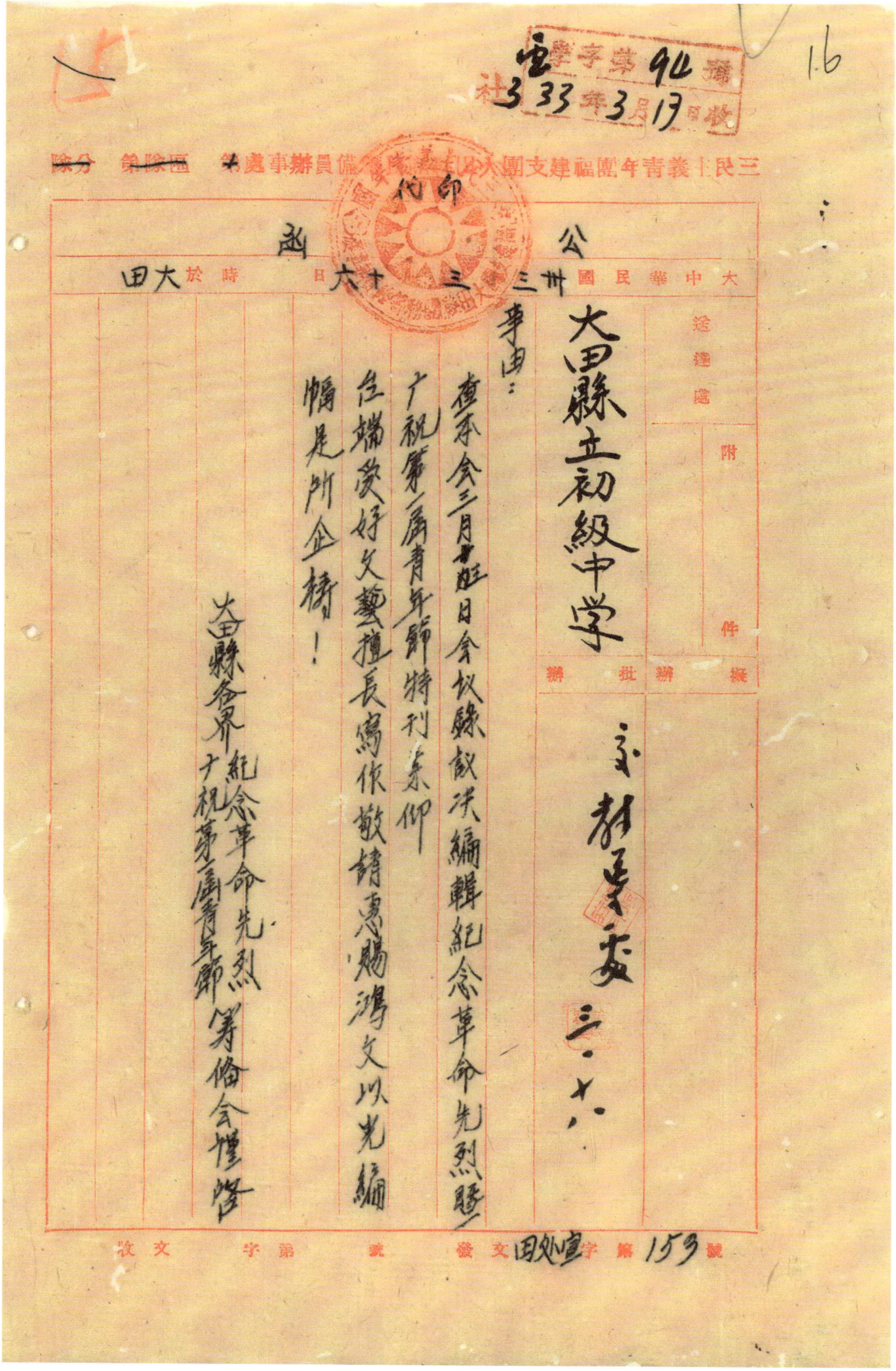
三民主義青年團福建支團大田縣團務籌備員辦事處

公函

中華民國卅三年三月十六日 於大田

送達處：大田縣立初級中學

事由：

查本會三月廿九日會議議決編輯紀念革命先烈暨廣祝第一屆青年節特刊，素仰台端愛好文藝，擅長寫作，敬請惠賜鴻文，以光編幅，是所企禱！

大田縣各界紀念革命先烈、廣祝第一屆青年節籌備會謹啓

[illegible]安 三、十六

收字第94號 33年3月17日

發文田處宣字第153號

三民主义青年团福建支团大田县团务筹备员办事处关于纪念革命先烈及青年节特刊征集题词致县立初级中学的公函（一九四四年三月十六日）

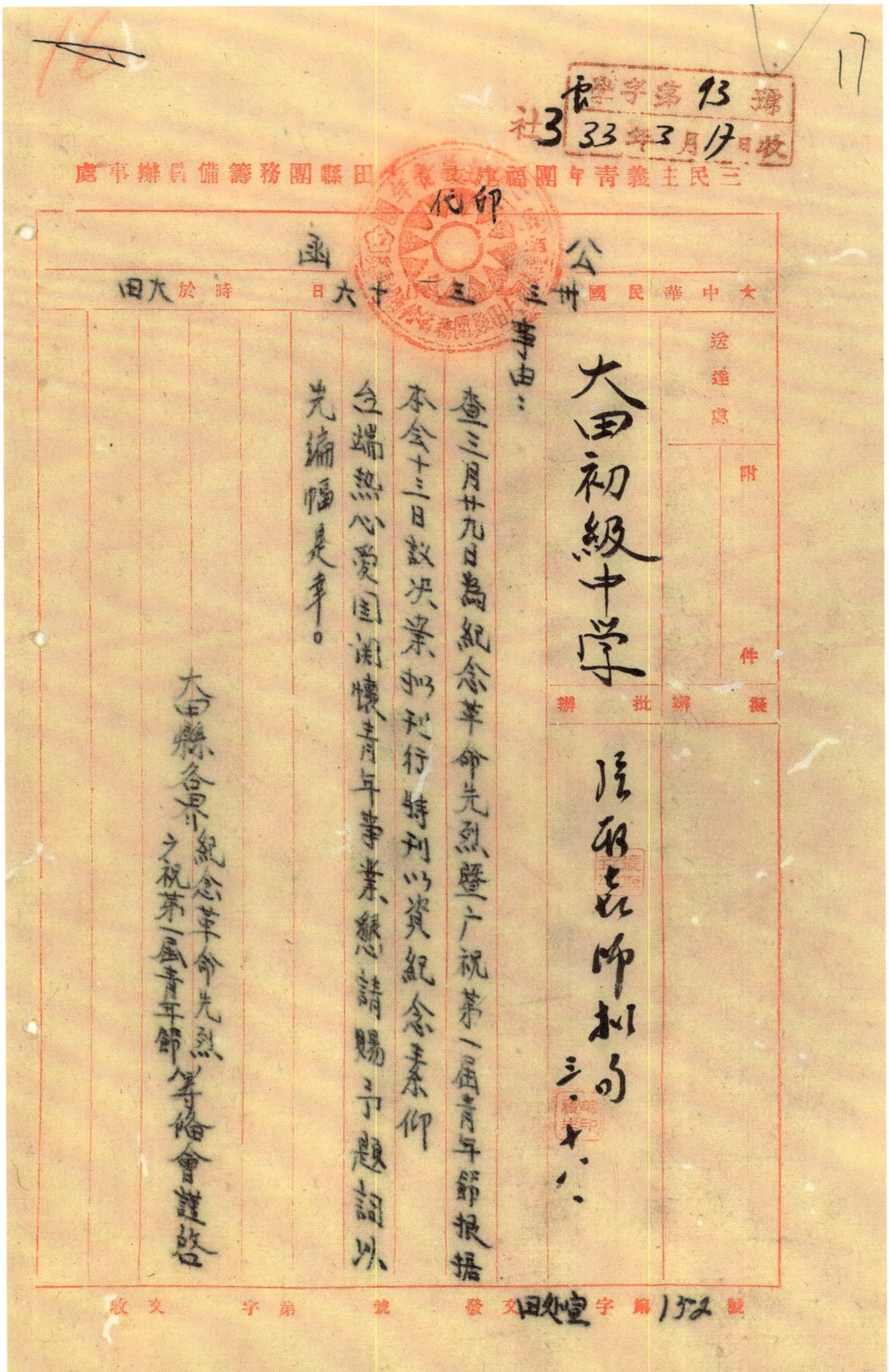

国民党大田县执行委员会关于召开抗战七周年纪念大会并检同纪念办法、标语致县立初级中学的通告
（一九四四年六月三十日）

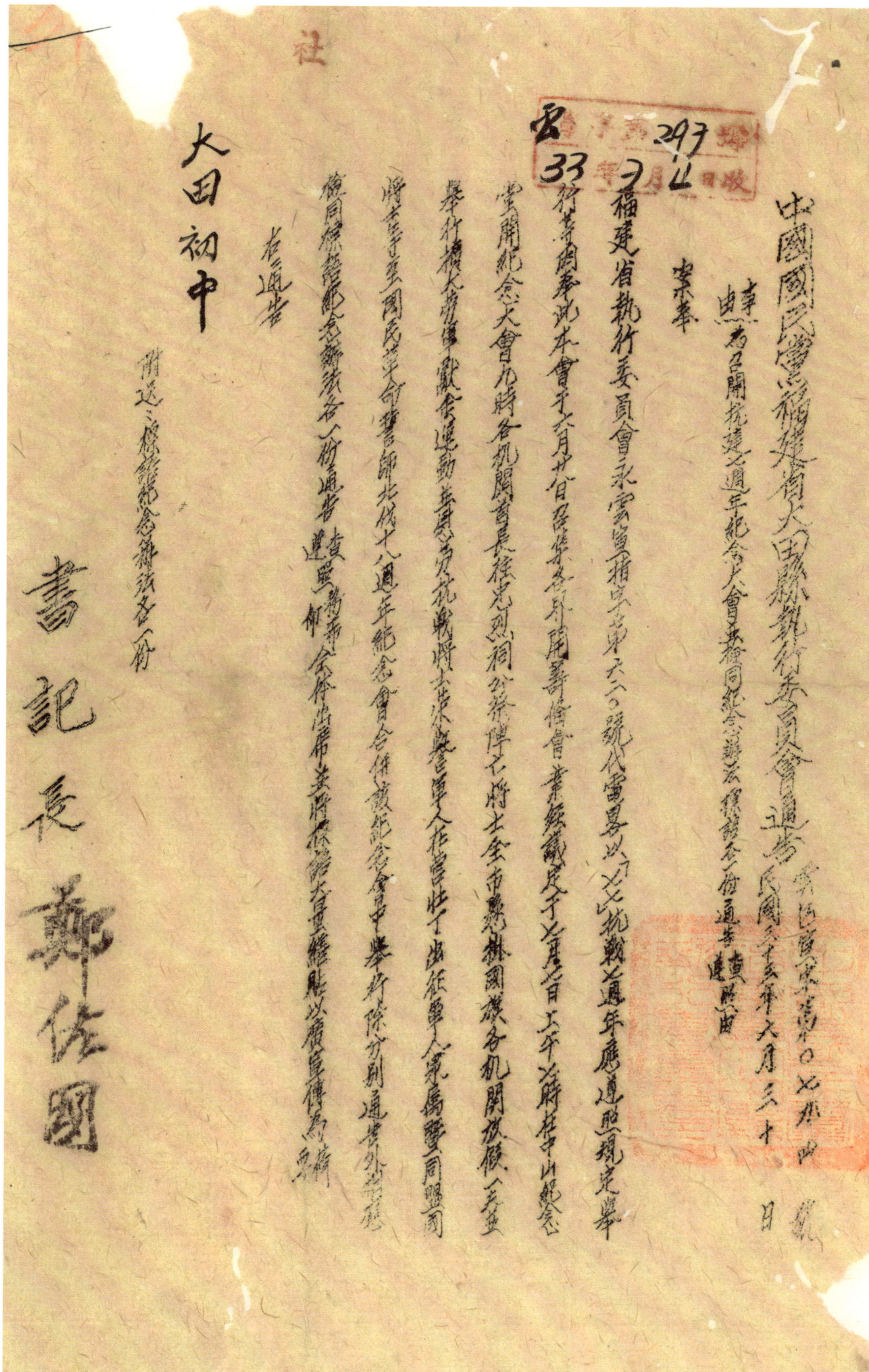
中國國民黨福建省大田縣執行委員會通告 宣仁字第〇七九四號
民國卅三年六月三十日
事由：為召開抗建七週年紀念大會並檢同紀念辦法標語各一份通告遵照由
案奉
福建省執行委員會永雲宣補字第二六六號代電略以「七七抗戰七週年應遵照規定舉行」等因，奉此，本會于六月廿日召集各界開籌備會，兼錄議定于七月七日上午七時在中山紀念堂開紀念大會，屆時各機關首長往忠烈祠公祭陣亡將士，全市懸掛國旗，各機關放假一天，並舉行擴大節約獻金運動，並慰勞抗戰將士家屬、軍人在營壯丁出征軍人家屬暨同盟國將士等，並國民革命軍誓師北伐十八週年紀念會合併擴大紀念，會中舉行。除分別通告外，合行檢同標語紀念辦法各一份，通告遵照，屆時參加出席，並將標語大量繕貼，以廣宣傳為要。
右通告
大田初中
附送：標語紀念辦法各一份
書記長 鄭佐國

大田县政府关于将「七七」纪念日改为抗战×周年纪念致大中校友会的训令（一九四四年十一月二十三日）

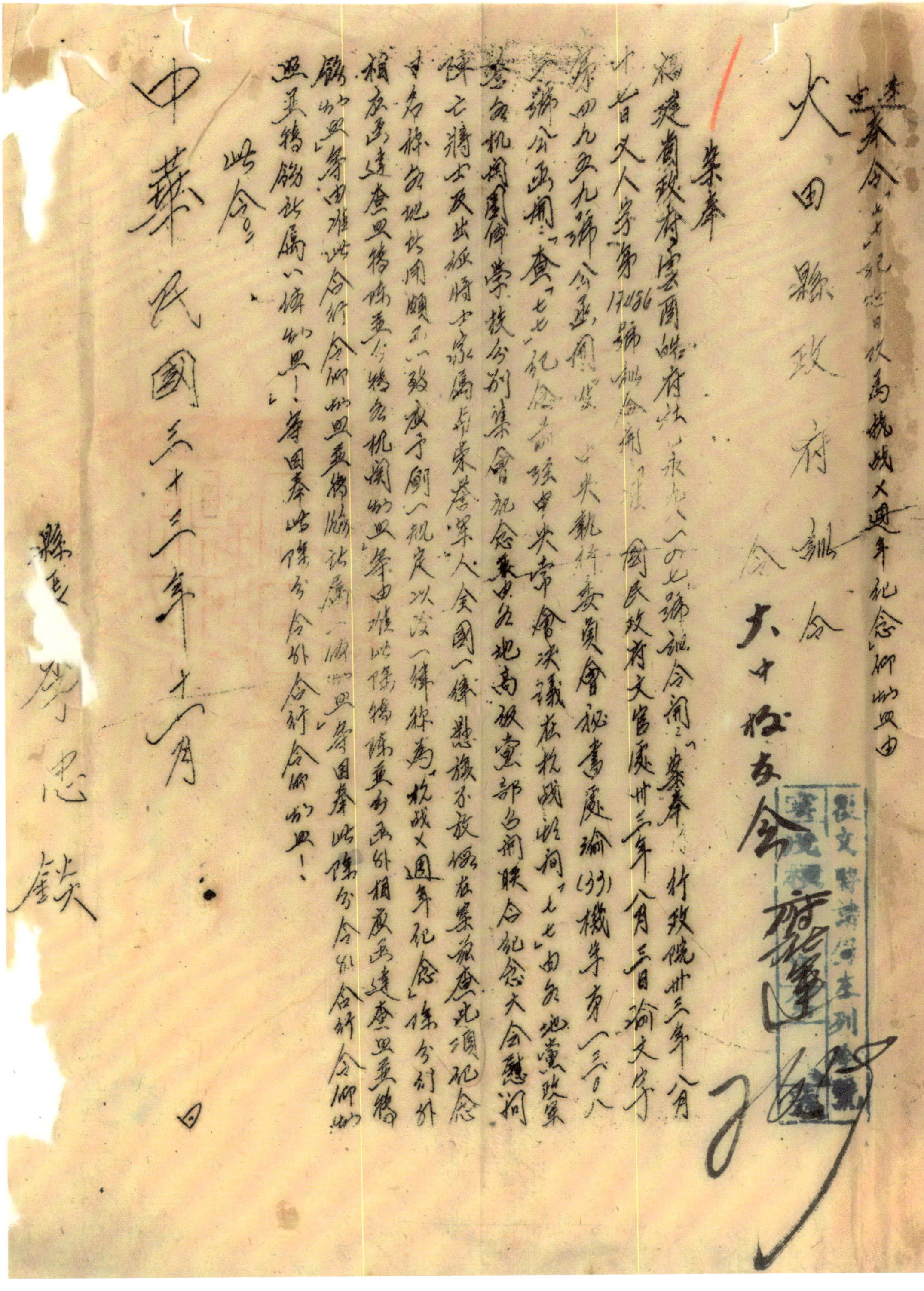
奉令为七七纪念日改为抗战×周年纪念仰知照由

大田县政府训令

大中校友会

案奉

福建省政府宥闽府法永九八〇七号训令开：“案奉行政院卅三年八月十七日义人字第17456号训令开：‘准国民政府文官处卅三年八月三日渝文字第四九五九号公函开：准中央执行委员会秘书处渝(33)机字第(三〇八八)号公函开：查七七纪念前经中央常会决议，在抗战期间七七由各地党政军各机关团体学校分别集会纪念，并由各地高级党部召开联合纪念大会，慰问阵亡将士及出征将士家属，由民众暨全国一律悬旗示敬，在案。[illegible]

此令。

县长 [illegible]

中华民国三十三年十一月 日

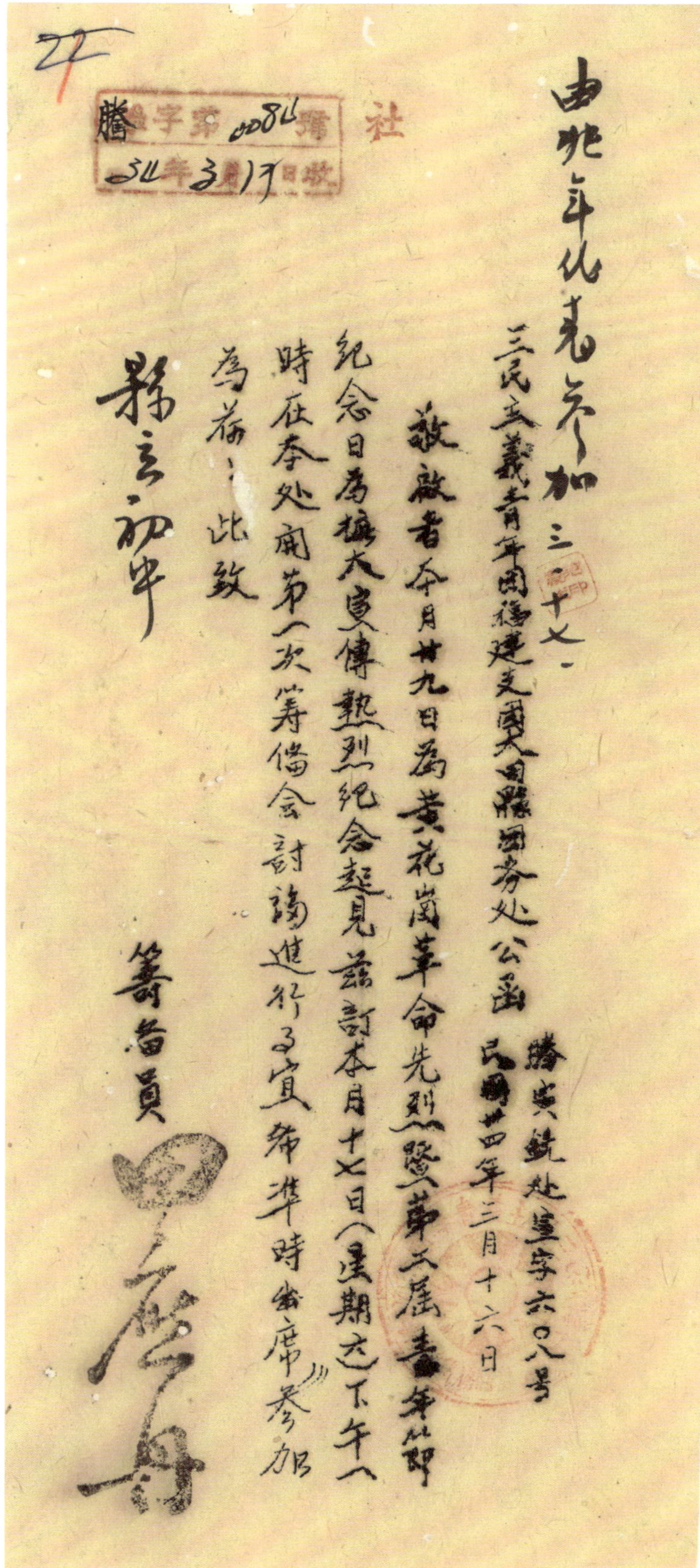
三民主義青年團福建支團大田縣團務處公函

騰實甄處字六〇八號

民國卅四年三月十六日

敬啟者：本月廿九日為黃花崗革命先烈暨第二屆青年節紀念日，為擴大宣傳熱烈紀念起見，兹訂本月十七日（星期六）下午八時在本處開第一次籌備會，討論進行事宜，希準時出席參加為荷。此致

縣立初中

籌備員 [illegible]

由北午化毛參加 三·十七

騰字第0086號 34年3月17日收

三民主義青年團福建支團大田縣團務籌備處關於為革命先烈紀念日召開籌備會議致縣立初級中學的公函（一九四五年三月十六日）

国民党大田县执委会关于召开抗战八周年纪念大会并检同纪念办法、会议记录、标语等致县立初级中学的通告（一九四五年六月三十日）

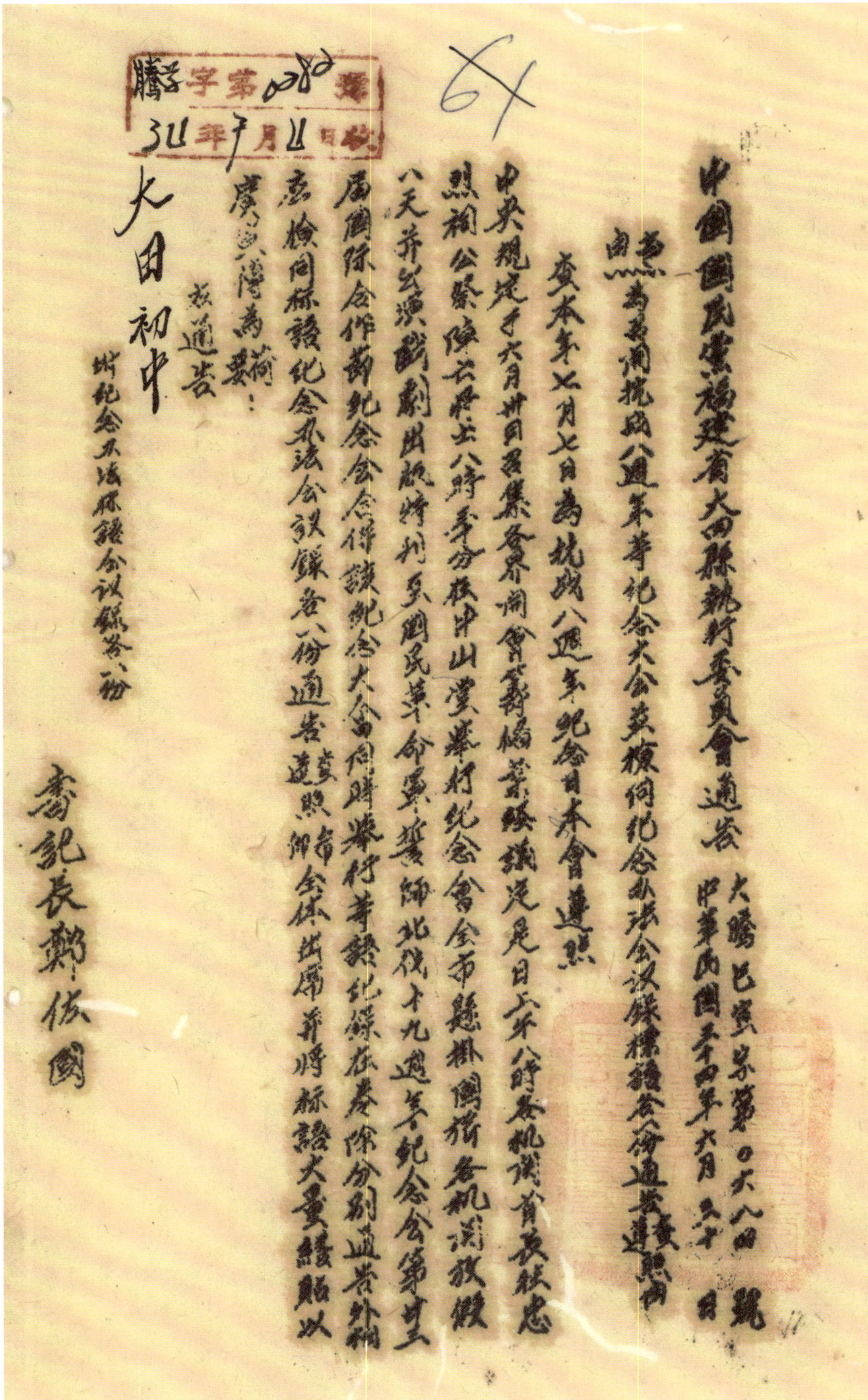

中國國民黨福建省大田縣執行委員會通告　大縣巳寅字第〇六八四號
中華民國三十四年六月三十日

事由：為慶祝抗戰八週年等紀念大會並檢同紀念辦法會議錄標語各八份通告遵照由

查本年七月七日為抗戰八週年紀念日，本會遵照中央規定于六月卅日召集各界開會籌備，業經議定是日上午八時各機關首長赴忠烈祠公祭陣亡將士，八時半分在中山堂舉行紀念會，全市懸掛國旗，各機關放假八天，并出演話劇、出版特刊，與國民革命軍誓師北伐十九週年紀念會、第廿三屆國際合作節紀念會合併擴大紀念，大會同時舉行等語紀錄在卷。除分別通告外，相應檢同標語、紀念辦法、會議錄各八份，通告遵照，希全體出席，并將標語大量繕貼，以廣宣傳為荷！

此通告

大田初中

附紀念辦法、標語、會議錄各八份

書記長　鄭依國

大田縣各界紀念抗戰八週年籌備會紀錄

時間：三十四年七月七日下午八時　地點：本會會議室

出席：縣政府代表蘇德馨　鄧漢廷　青年團代表張禹[illegible]　洪普恩

縣民教館代表吳錫海　省立教院代表吳乃光　大田縣黨部

鄭振國　縣立初小代表[illegible]兆年　參議會代表田慶年

鎮公所[illegible]　[illegible]　縣農會代表張進育

縣婦女會代表張遜青　[illegible]法院代表郭壽仁[illegible]

主席：鄭振國　紀錄：陳紹禎

主席恭讀　總理遺囑　全體肅立

甲、報告事項（從略）

乙、討論事項：

一、主席提交大田縣各界紀念抗戰八週年辦法（八項）請公決案

議決：修正通過

二、（擬）定籌備會名稱案

議決：定名為大田縣各界紀念抗戰八週年籌備會（[illegible]）

3、本会应如何组织案

议决：以到会各单位为筹备员组织筹备会

4、本会总务应如何分掌案

议决：(1)分设总务、宣传、慰问、游艺四股

(2)总务股县党部负责，宣传股由[illegible]负责，慰问股由县政府、县商会负责

民众训练分会、妇女会负责，并由县政府召集游艺，决将[illegible]

大田初中、青年服务、教育馆、小学、福州同乡会负责，并请大田初中为负责人

5、推举纪念会主席团案

议决：推郑书记长、林代县长志铁、蒋议长超、任筹务员、[illegible]部副处长

航空学校长[illegible]、大田[illegible]、汤[illegible]长、[illegible]理事长、[illegible]副

团长德[illegible]、[illegible]长演述、林团长鸿[illegible]、郭[illegible]官[illegible]、林理事长实

青林理事长淑美等为主席团，并以郑书记长为总主席

6、推举纪念会总指挥案

议决：推国民兵团派员负责

7、游艺经费应如何筹措案

议决：由各机关、团体摊派

8、国际合作节纪念办法请公决案

议决：修正通过

9、规定本会第二次会日期案

议决：定六月三日下午八时

闭会 下午十时三十分

大田縣各界紀念抗戰八週年辦法

甲、紀念會及公祭：

一、國民革命軍誓師北伐十九週年紀念會第廿三屆國際合作節紀念會合併舉行大週年紀念大會舉行

二、紀念名稱定為：「大田縣各界紀念國民革命軍誓師北伐十九週年、抗戰八週年、第廿三屆國際合作節大會」

三、公祭時間：七月七日上午八時各機關首長往忠烈祠公祭陣亡將士

四、開紀念時地：七月七日上午八時三十分在中山紀念堂舉行各機關團体學校軍警參加

五、是日各城懸掛國旂各機關放假一天

乙、宣傳

一、函請大田民報社出版特刊（稿件限七月六日以前送交青年團編印）

二、擬定標語分發各機關團体學校繕貼

三、發貼露天壁報

四、策動各縣各級黨部宣傳隊分頭出發宣傳（并作國際合作節之意義宣傳）

五、公演戲劇：（一）話劇：七月七、八日兩晚由社教運動抗戰八週年籌備會聯合公演

（二）本地戲：七月九、十兩日由抗建劇團演出

丙、慰劳：

由慰問股負責办理

丁、其他：

鄉區——由各鄉（鎮）公所、各區党分部、各中心学校会同召集抗地舉行紀念会，并斟酌當地情形，按照本办法办理之。

戊、抗战八週年紀念标語

1、增強战鬥精神，堅定勝利信念　　2、发揚同盟力量，同時擊潰敵人

3、发揚獨立自主精神　　4、养成篤実踐履風氣

5、実行 蔣主席的一切主張　　6、自強自立，要先実行新生活

7、厲行战時[illegible]生活　　8、厲行國家總動員

9、踴躍服役納糧，爭取最後勝利

己、國民革命軍誓師紀念标語

1、誓師北伐是遵行 總理遺志　　2、誓師北伐是解放中華民族，実現三民主義

3、紀念誓師北伐要充実國力，鞏固國防　　4、紀念誓師北伐要打倒日本軍閥

5、紀念誓師北伐要摧毀漢奸偽組織　　6、紀念誓師北伐要擁護最高領袖[illegible]

7、三民主義萬歲　　8、中國抗战勝利萬歲　　9、中華民國萬歲

10、中國國民党萬歲萬萬歲

大田縣第一屆國際合作節辦法

一、舉行紀念大會：

1、合併「七七」紀念大會舉行。

2、由縣府分令附城各合作社派員參加。

3、大會主席暨首長官演講時應附帶説明合作意義。

二、出版紀念特刊：

合併「七七」紀念特刊出版，稿由黨部負責編纂。

三、合作宣傳週：

1、自七月七日起至十三日止定為合作宣傳週。

2、同「抗戰八週年紀念辦法(八)項四條」辦理。

3、於紀念「七七」各種集會或遊藝會時聘請專家作有關「合作」專題演講。

四、標貼合作節標語

合作節標語

1、紀念合作節應動員合作力量。 2、紀念合作節應重視合作事業。

3、合作社是人民自有自治自享的結合。 4、普及合作教育。

5、合作組織為發展國民經濟之基本機構。 6、扶植合作事業。

7、協力推行合作行政。 8、合作事業為社會經濟建設之要政。

9、發動組織合作社 10、人人為我，我為人人。

大田县政府关于日军正式投降后中方文件上应书为日军或日本致县立初级中学的训令（一九四五年十月三十日）

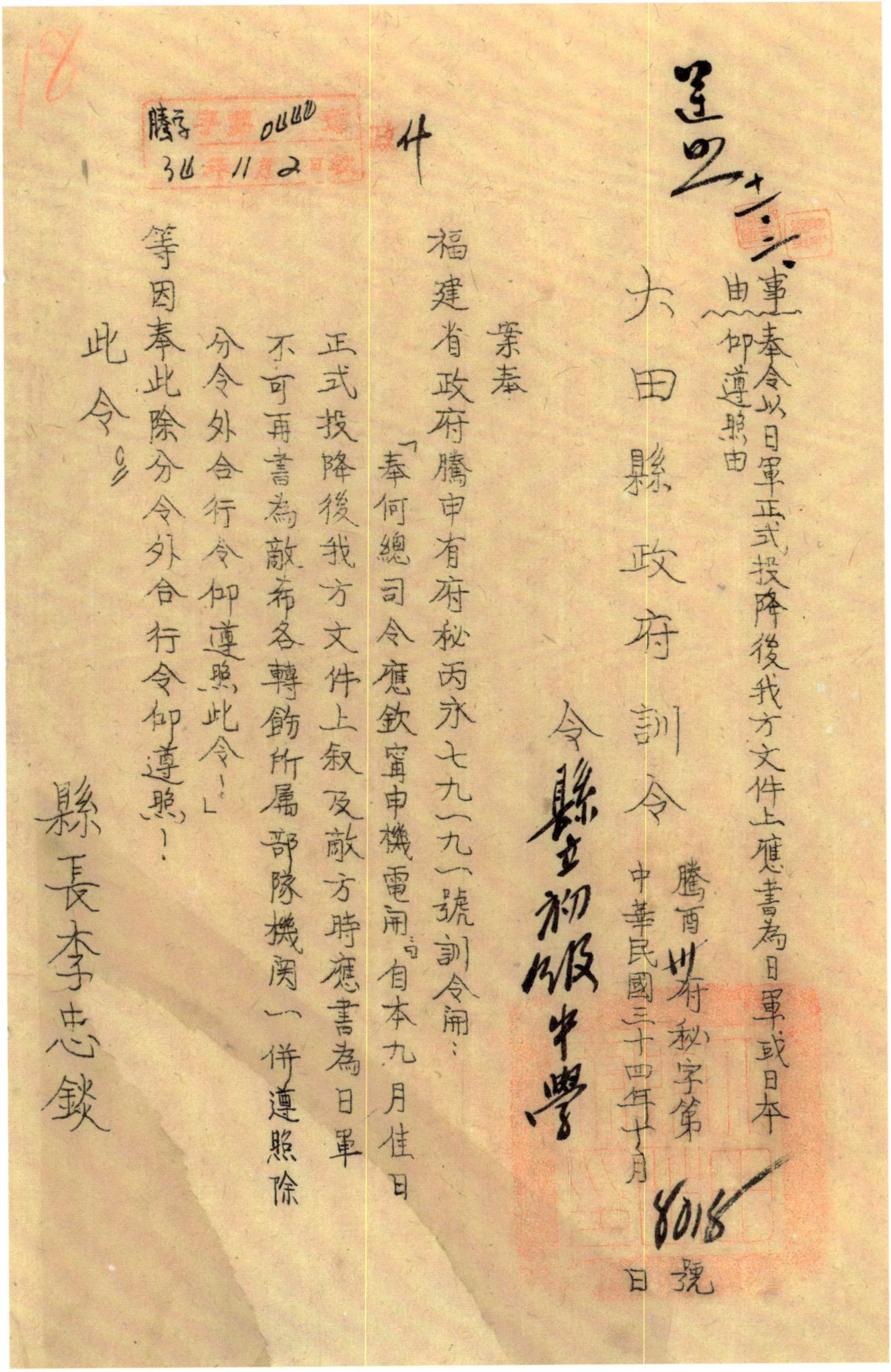
大田縣政府訓令　騰酉卅府秘字第8018號
中華民國三十四年十月　日
令縣立初級中學
事由：奉令以日軍正式投降後我方文件上應書為日軍或日本由　仰遵照由
案奉
福建省政府騰申有府秘丙永七九一九一號訓令開：
「奉何總司令應欽寅申機電開：『自本九月佳日正式投降後我方文件上叙及敵方時應書為日軍不可再書為敵希各轉飭所屬部隊機關一併遵照』除分令外合行令仰遵照此令！」
等因奉此除分令外合行令仰遵照！
此令。
縣長李忠鈸

二、战时情报和管制措施

福建省教育厅关于「九一八」五周年纪念日活动由各该党部召集纪念会时应严防奸宄致大田县立简易乡村师范学校的训令（一九三六年九月十六日）

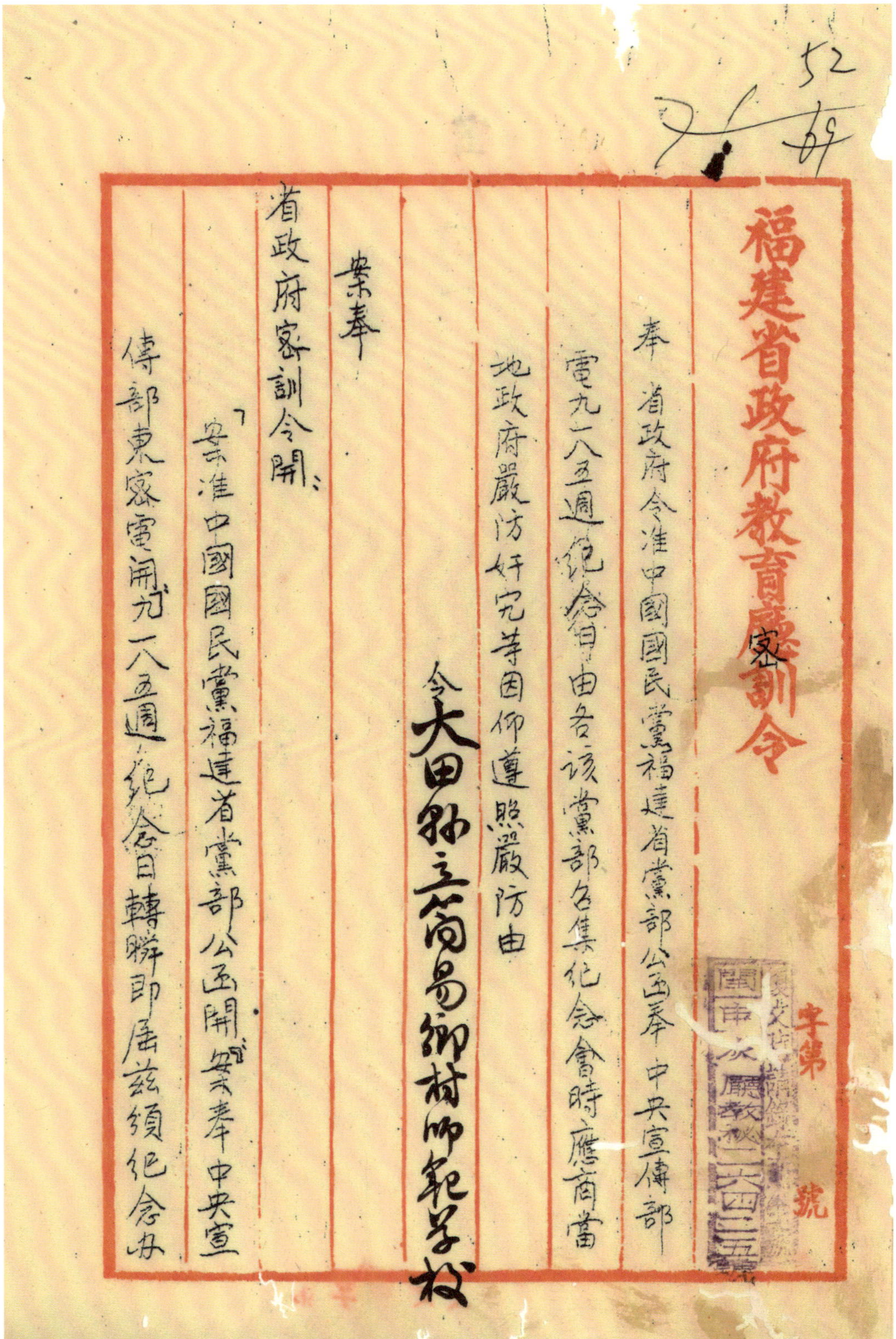

福建省政府教育廳訓令 密

字第　號

奉

省政府令准中國國民黨福建省黨部公函奉中央宣傳部

電九一八五週紀念日由各該黨部召集紀念會時應商當

地政府嚴防奸宄等因仰遵照嚴防由

令大田縣立簡易鄉村師範學校

案奉

省政府密訓令開：

「案准中國國民黨福建省黨部公函開，案奉中央宣

傳部東密電開九一八五週紀念日轉瞬即屆茲須紀念办

53
70

法如下：(1)由各该党部斟酌当地情形召集各界代表举行纪念会，并下半旗对东北死难同胞表示哀悼；(2)纪念会中所演说措词应慎重，并不必完全披露报端；(3)是日应会商当地政府严防奸宄藉端滋事，电达聆即知照，并饬属遵照为要。等因。奉此，除遵照办理外，相应函请查照，届期严防奸宄。等由，到府。除分别函令外，合行令仰该厅长遵照严切防范为要。此令。

等因。除分令外，合行令仰遵照，严密防范为要。此令。

大田县防护团、县立初级中学关于涂改白色墙壁避免敌机空袭的文件组

大田县防护团致县立初级中学的公函（一九三七年九月二十八日）

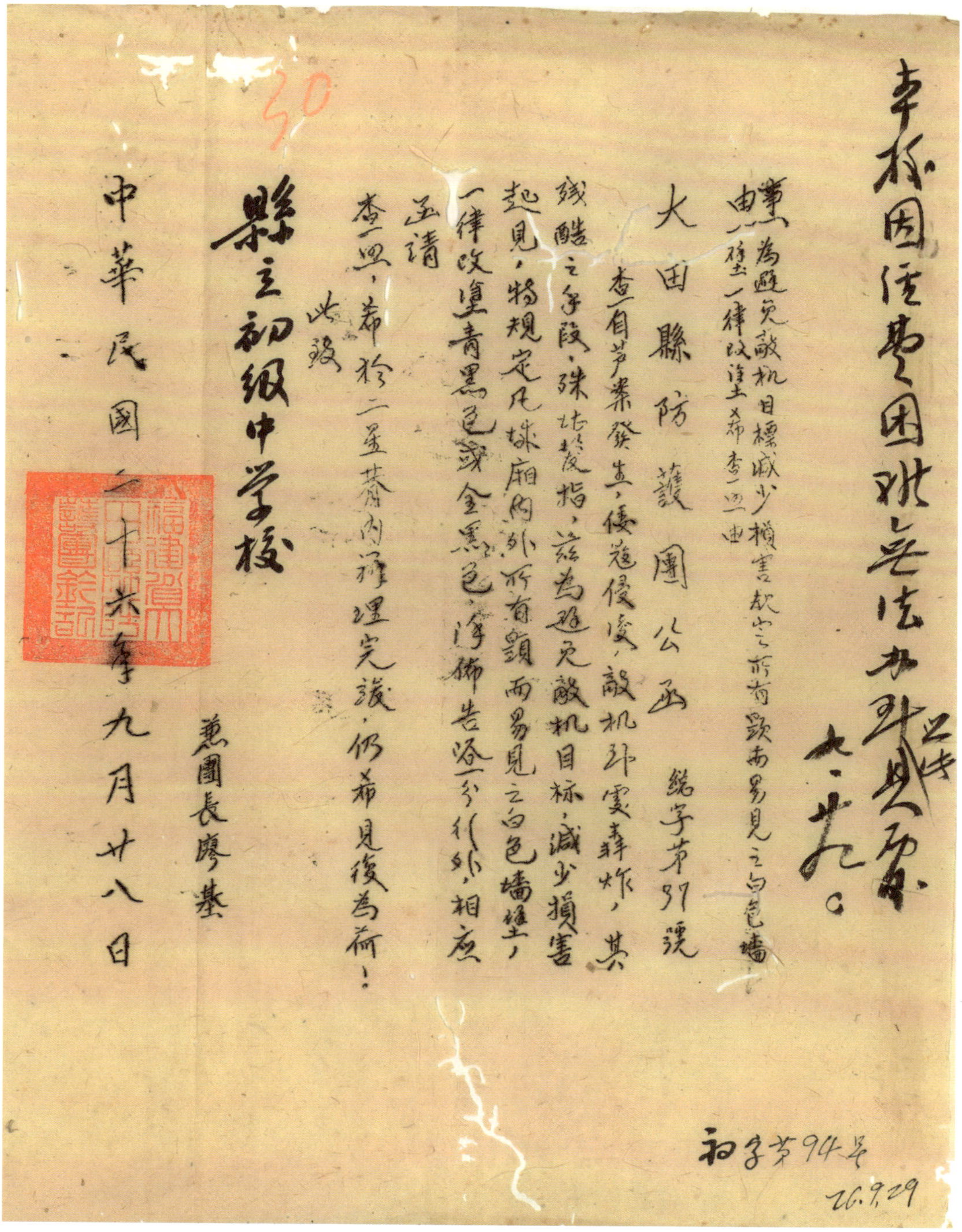

本校因經費困難，無法办理，具复。已抄 九·廿九。

大田縣防護團公函　統字第97號

事由：為避免敵机目標，减少損害，飭將所有顯而易見之白色墻壁一律改塗黑色，希查照由

查自芦案發生，倭寇侵凌，敵机肆虐轟炸，其殘酷之手段，殊堪髮指。茲為避免敵机目標，減少損害起見，特規定凡城廂內外所有顯而易見之白色墻壁，一律改塗青黑色或全黑色，除佈告遵行外，相應函請

查照，希於二星期內辦理完竣，仍希見復為荷！

此致

縣立初級中學校

兼團長廖埜

中華民國二十六年九月廿八日

初字第94号

26.9.29

大田县防护团致县立初级中学的公函（一九三七年十月九日）

初字第134号

总字第53号

大田縣防護团公函

查本团第三次团务会议々决案第三條：避免敵机目標城厢内外白色墙壁应如何设法改塗案议决由本团再函各机关学校並發佈告限十月十六日以前改塗完竣违者本团派员强制执行其用费加额征收之等语纪錄在卷查本案前曾以总字第三七号函達查照办理在案茲查敵机連日過境是項改塗工作犹属刻不容緩除分函并佈告外相应錄卷函請

查照办理依限完成至纫公誼

此致

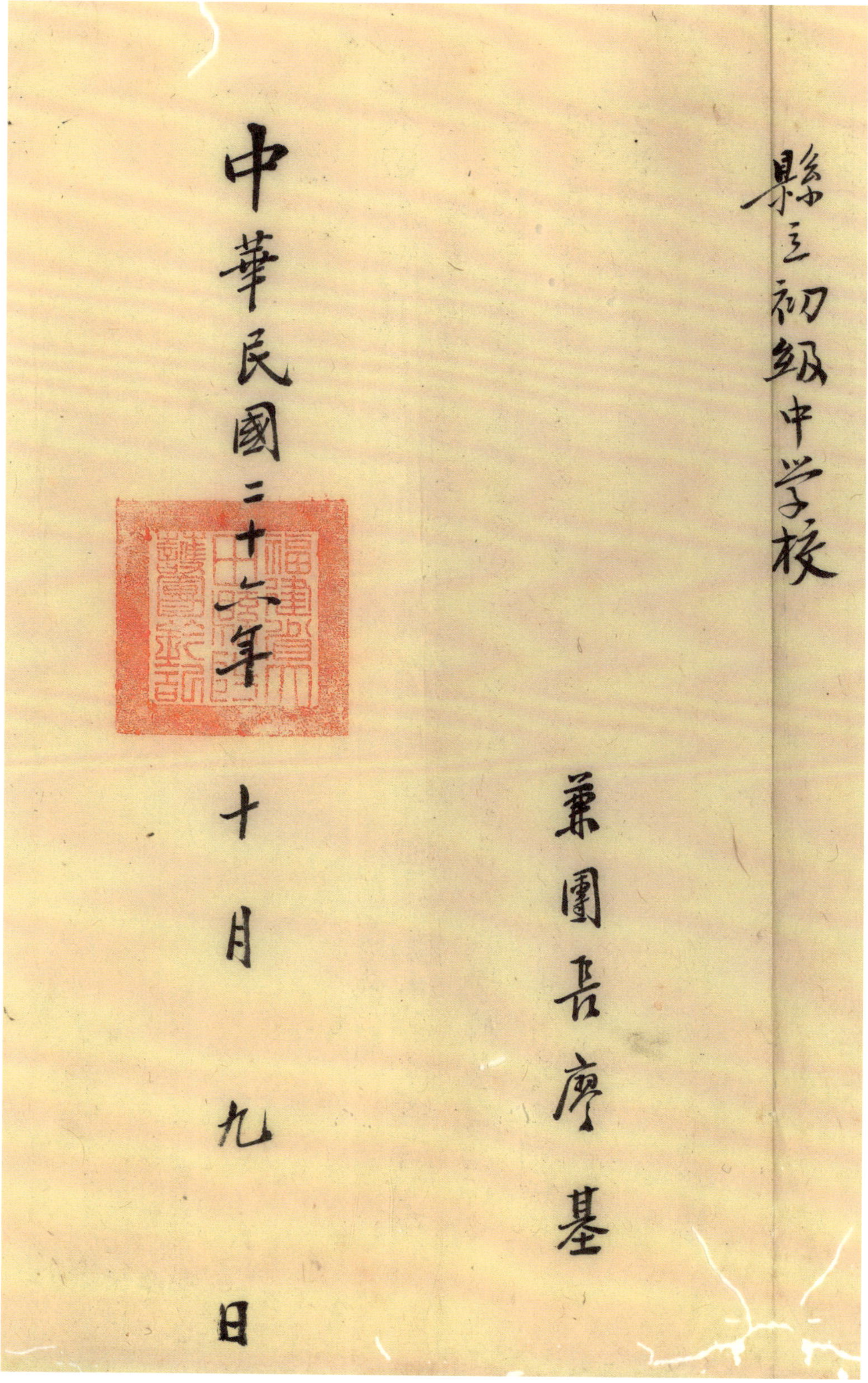
縣立初級中学校

兼團長廖基

中華民國三十六年十月九日

福建省教育厅关于抗战期间文武官佐不得借故辞职调职致大田县立初级中学的训令（一九三七年十月十六日）

福建省政府教育廳訓令　字第　號

令大田縣立初級中學

案准

省政府秘書處餘酉虞處秘甲第八二九八八號通報：

省政府餘酉虞府秘甲第八二九八八號訓令開：

「案奉行政院二十六年九月二十一日文一五四五二號訓令開：『案奉國民政府二十六年九月十六日第六六七號訓令開：「為令遵事。案據軍事委員會代電稱：『查抗戰期間，前方後方同屬重要，在文武官佐均應加緊工

作，以赴機宜，不得藉端畏及其他事故請求辭職調
職；至患重病者，非至不堪任職，經醫師證明屬實者，
並不得假。據請通令全國文武各機關一體遵照，是否
有當，伏候察核施行」等情。據此，應准照辦。除飭復並
分令外，令行令仰遵照，並轉飭所屬一體遵照。此令」。
等因。奉此，除分令外，令行令仰遵照，並轉飭所屬
一體遵照」等因。奉此，除分令外，令行令仰轉飭所
屬一體遵照。此令」。
等因。凡屬學校暨社教機關人員，亦應依照辦理。除分令
外，令行令仰遵照」。此令。

大田县政府关于抗战期间公职人员不得借故辞职致县立初级中学的训令（一九三七年十月十八日）

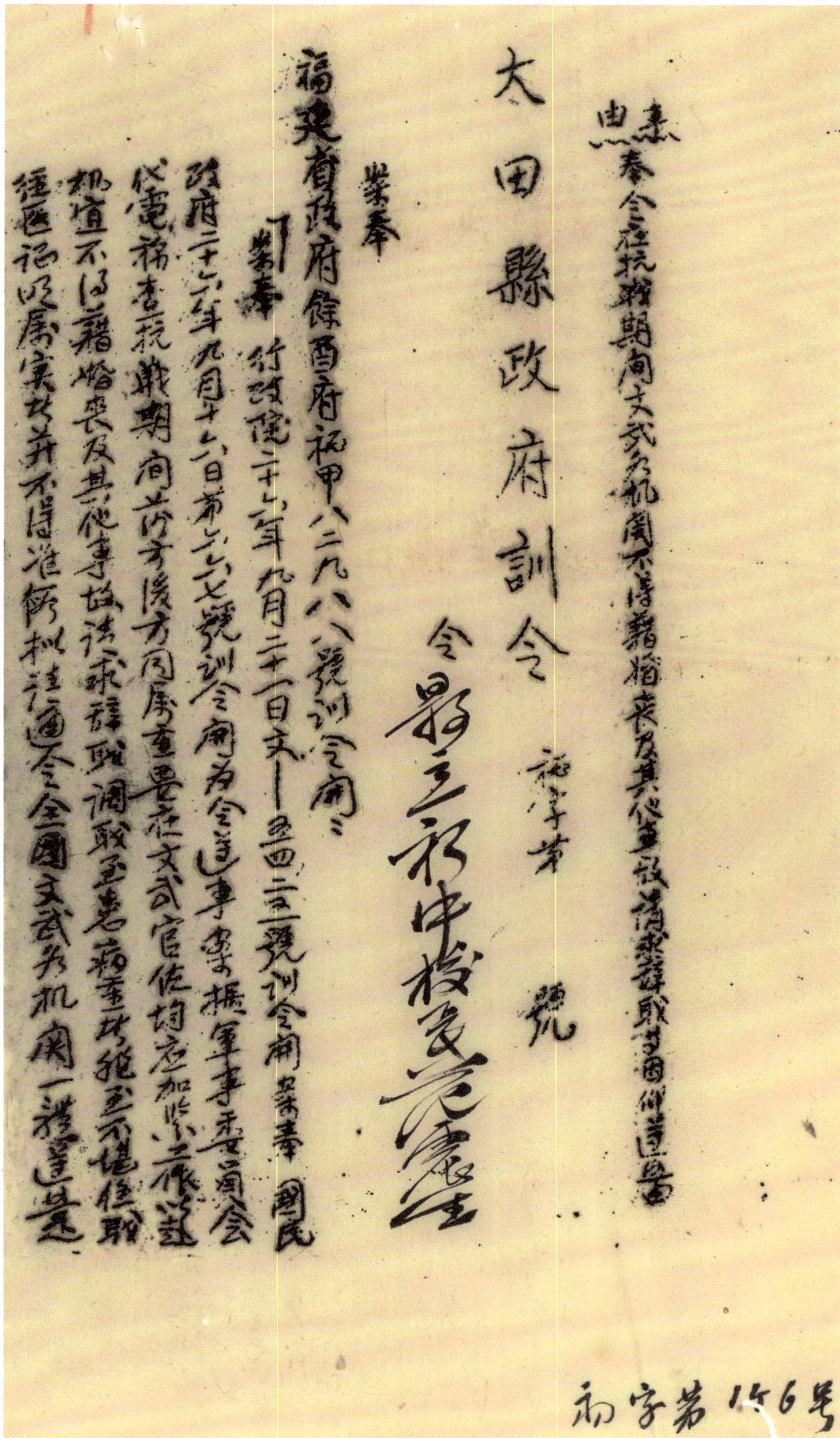
事由：奉令在抗戰期間文武各機關不得藉婚喪及其他事故請求辭職等因仰遵照由

大田縣政府訓令 教字第 號

令 縣立初級中學校長范[illegible]

案奉

福建省政府錄酉府秘甲八二九八八號訓令開：

案奉 行政院二十六年九月二十一日文一五四二三號訓令開：案奉 國民

政府二十六年九月十六日第六六七號訓令開：為令遵事。案據軍事委員会

代電稱：查抗戰期間，前方後方同屬重要，在文武官佐均應加緊工作，詎

仍有不肖之徒藉婚喪及其他事故請求辭職、調職，至患病等等，非至不堪任職，

經醫証明屬實者，并不得准予。擬請通令全國文武各機關一體遵照

雨字第156号

否有濫伐，候察核。祇到等情，據此，應准照辦。除指復並分令外，合行令仰遵

照，并轉飭所屬一体遵照。此令。等因。奉此，除分令外，合行令仰遵照，并轉飭

所屬一体遵照。此令。等因。奉此，除分令外，合行令仰轉飭所屬一体遵照。此令。

等因。奉此，除分令外，合行令仰該校長遵照，并轉飭所屬一体遵照。

此令。

中華民國二十六年十月十八日

縣長

大田县防护团关于避免敌机轰炸落实疏散办法致县立初级中学的公函（一九三七年十月二十日）

大田縣防護團公函

總字第 60 號

案奉

大田縣政府民保字第八百號訓令開：

「案奉福建省政府保防（廿六）酉九號電開：准廣東吳主席養申電開：本午十二時半敵機八架三次來襲，投彈雖未命中，但中華東路籍拜兩校正着防空壕內，故市民死傷竟多，其諸查防空壕僅能防御榴炸彈破片，不能認為絕對安全。國家財力既難設置多數堅固安全之避難所，欲避免敵機轟炸，仍以疏散蔭蔽為主，防空壕之構築，亦應竭力分散，擇擴多數小規模，並限制收容人數，以期減少損害。至臨時避難所原為收容舉行，而復建築既不堅固，更不宜容納多人，總之在目前情况之下，疏散辦法實爲當前最重要條件，仰遵照前發疏散辦法切實辦理，並曉諭民衆務知照。此令。因奉此，除分令各區署外，仰該防護團遵照疏散辦法切實辦理，并即發通告，分發曉諭。

等因，另發疏散辦法一份。奉此，除布告並分函外，相應檢同疏散辦法一份，函送查照辦理爲荷！此致

大田縣立初級中學校

附送疏散辦法一份。

兼團長廖 基

附：空袭时期民众疏散办法

空袭时期民众疏散办法

一、省会及各县市居民中之老弱妇孺由省会警察局及各县市政府劝令避居内地或田乡并设法与交通便利

二、在显著目标附近及繁盛区域之居民应劝令尽量迁徙

三、重要机关应添设防空设备其他各机关亦应多觅地点分散办法或作临时之迁徙准备

四、省会及各县市应于外郊选定避难场所于区域路线均须预为规定必要时并限制人数

五、省会及各县市应于冲要道路傍选定比较宽广坚固之公共建筑为寺院学校会馆等作为避难所惟须作量增加之收容人数亦应加以限制避难所之设备法为附件第(一)

六、各家庭园或广场应由地方政府督促民众构筑壕沟形式横墙形防空壕上尽量加以掩盖并备材料以作临时避难之用(构筑法为附件第二)

七、煤油汽油木料爆竹等易于引火之物应由省会警察局及各县市政府劝令放置安全地点或距离繁盛区域较远之处

八、敌机来袭时凡未受轰炸或比较疏散区域内之居民应於避居室内掩护不可先在各准备物色)

和字第148号

九、在避难场所附近尽避难所或避难场，但在避难场者应藏于荫蔽之下
十、敌机来袭或附近发生火灾时，一般民众不宜拥挤观望
十一、省会及各县市应由警察局及各县市政府组织避难管理队，必要时对民众加以指导
十二、镇静及守秩序为最要条件，指导避难者及一般民众应注意此点

避难所设备法

避难所乃空袭时集团防护市民之建筑物，并带应有防毒防弹防燃的设备，有时并有救护之设备，须以防毒设备为主防御之毒气避难所

都市内之重要机关学校公司工厂等最好设立多数可以集团防护人员之避难所，且不仅对于毒气，同时并顾对于爆炸弹及燃烧弹可以防护，此外对于通行者及不能备置防毒面具及设备防毒室之市民，亦应设备多数公避难所

欲对于大型爆炸弹能保绝对之安全，必须不惜巨额费用为极坚固之构造，故不能设置多数，因此无须利用旧有之建筑物加以应急之设备，而以相当程度之防护乃为满足，又除在毒气避难所亦应并予顾及范围内对于因爆炸弹之炸裂而发生之风压力及破片等加以防护，因此窗户及出入口等应设置土囊土袋及混凝土等之阻止壁

以通行者之防护为目的之避难所，当于主要之交通道路而设置之为避难时

致混乱计，以每隔五分钟或十分钟之行程约五百至一千公尺设置一所为宜

避难所之大小，其构造须视附近居住之人数之多

寡，倘能分散则分散，以收容多数人员则范围不妨扩大，为防毒气避难所计

爆炸弹之掩护，不宜分散，将为限制，拥塞计宜设多数，使小块（以二十人以下为标准）

避难所之出入口须使与各交通路连络，为避难时不致发生混乱计，口构造

不宜过于设伸，又须顾虑万一，设置紧急出入口，宜设于与普通出入口相反之一面

或洞隔适当之距离并于中间设置掩护物，以免同时为一炸弹所破坏

避难所之入口及道路上其交叉处须有醒目之标记，以资识别，且其入口宜标

记收容之人员，以便管理，控制应用之标记，使用一定颜色之涂料，对火并须标示，不

向上空漏光，避难所内部之灯火须加隐蔽

避难所内须储备十字镐、铁锹等器具，以便出入口为爆炸弹破坏时修缮或

出之用，又应准备储藏火机、水桶、砂袋，以备因燃烧弹而发火灾

普通建筑物之天花板、墙壁、门窗等利用为避难所时，必须

用胶粘土、不透气之纸布等塞封之

出入口必须设置防毒幕布，布之间隔通常为一.五公尺至二公尺左右，出入时两重

布幕不致同时揭开，俾毒气不易侵入，防毒幕布之四周外侧应用外开或铁门框向外

倾斜，内侧应向内开或铁门框向内倾斜

防毒布幕的構造通常有下列二種

避難所之收容定員在拾人以下者，其面積、設備之良否，對于爆炸彈之防護力少而

決定之。避難所之空氣，按如以每坐下一人通常占有〇．五至一平方公尺之面積，天花板之

高度通常為二至三公尺，故避難所一人之占有容積約為一．〇至三．立方公尺，平均約二立方

公尺

密閉之避難所因為有多數人員棲息，其間則內部空氣漸次污染，然欲免

避難所有大妨害，只能加以忍耐，根據實驗，一人之占有容積為為一立方公尺，在安靜

狀態下，以棲息時間約為三時，故在普通之避難所，各人占有容積為二立方公尺，約可

以棲息時為四小時，在相當時間內，有更換空氣之必要

在棲息不能限度時，近之空氣，因炭酸氣過多，火柴已不易點燃，或點燃亦易于

熄滅，臘燭亦然，火焰亦漸次細小，終至熄滅，故可利用此現象以判定是

否適於棲息

防空壕構築法

一、防空壕為對要機彈、炸破片之最簡單防護方法

二、防空壕不能防禦毒氣，故以宜構築於通風或較高處所

三、壕與房屋之距離至少等於房屋之高度，以免房屋倒塌時發生危險

口之出口应设二处以上并应互相隔离以免同时被毁

五、锯齿形防空壕之形式如第一图之深度须一八公尺至二公尺壕底宽八十公分或一二公尺壕面宽一公尺四十公分或一公尺八十公分每直线段之长最多不得过四公尺进出口宽一公尺用阶梯形每两直线段最少须有一进出口

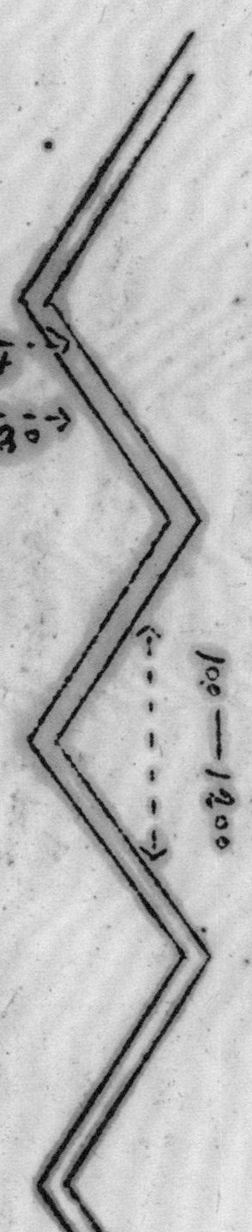

第一图

六、横墙形防空壕之形式如第二图壕之深度须一八至二公尺壕底宽八十公分或一二公尺壕面宽一四公尺或一八公尺横墙之宽度至少须三公尺两横墙间至少须设一进出口

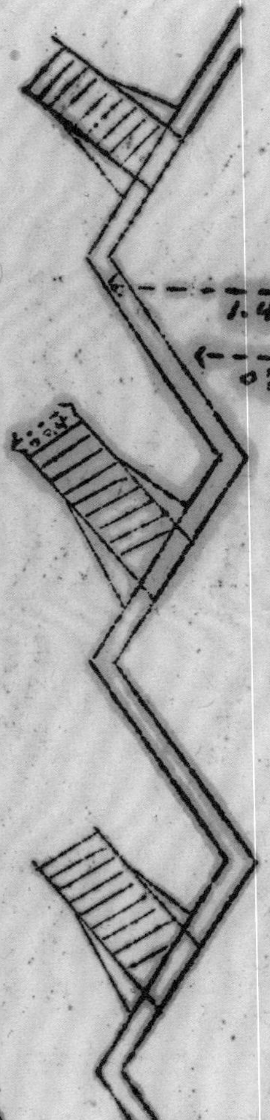

第二图

初字第148号

七、壕面最好覆以木板，被土以作掩蔽，如第三图，并须使与附近地面莫显著区别

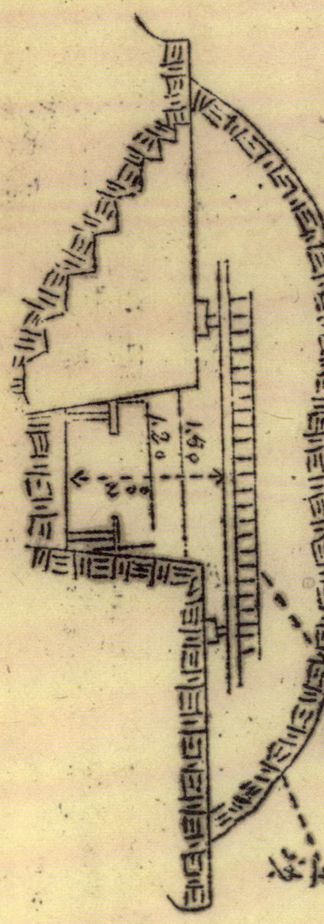

第三图

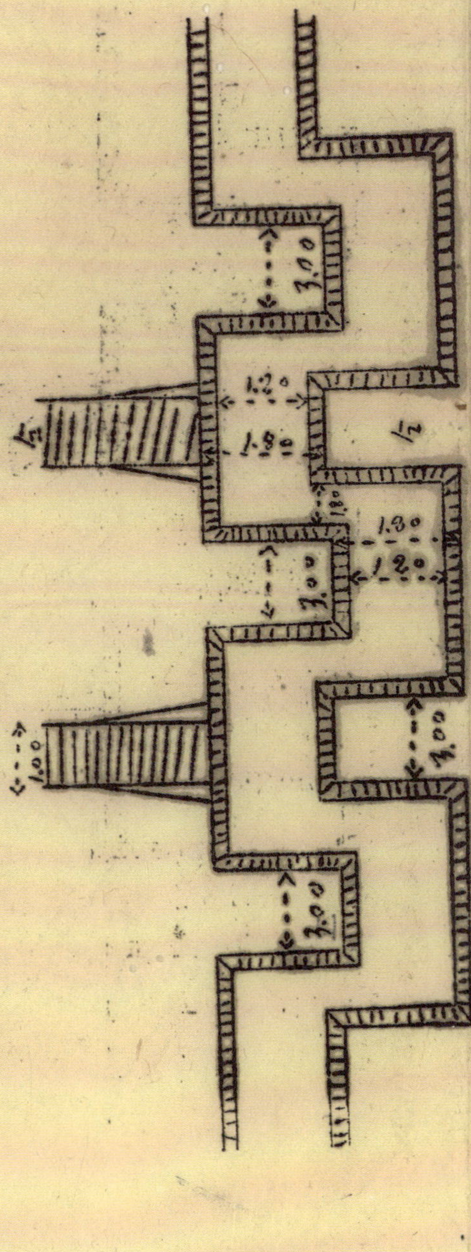

八、為使加強壕壁之抵抗力，可在防空壕之內部用木板竹板沙包等建築牆壁

一、捲上式幕布下附橫木用繩捲上或放下如左圖

防毒幕捲上式

正面

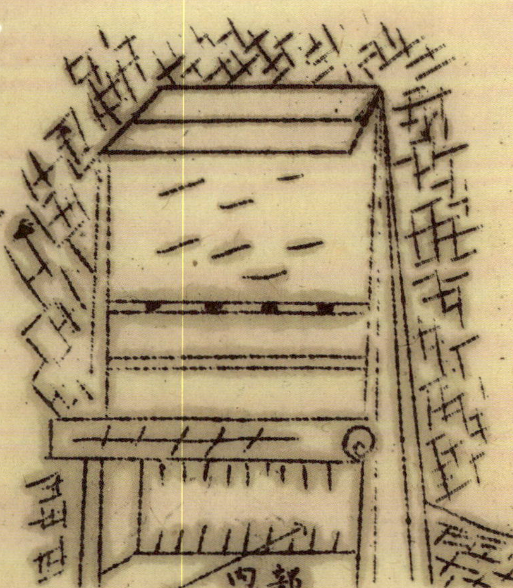

側面

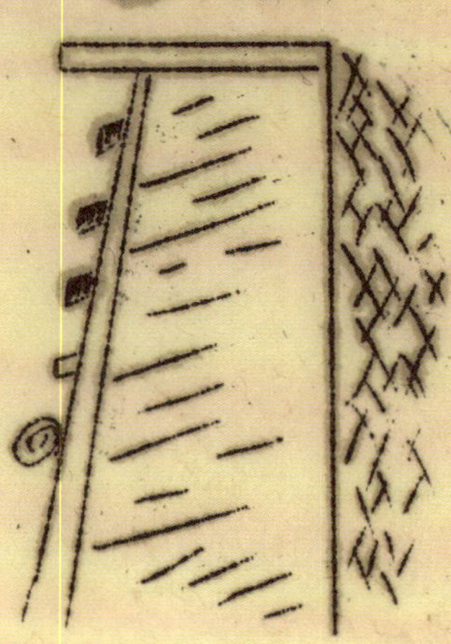

二、開幕式用兩片幕布中央重疊一公尺以上附重物如左圖

防毒幕開閉式

和字第148

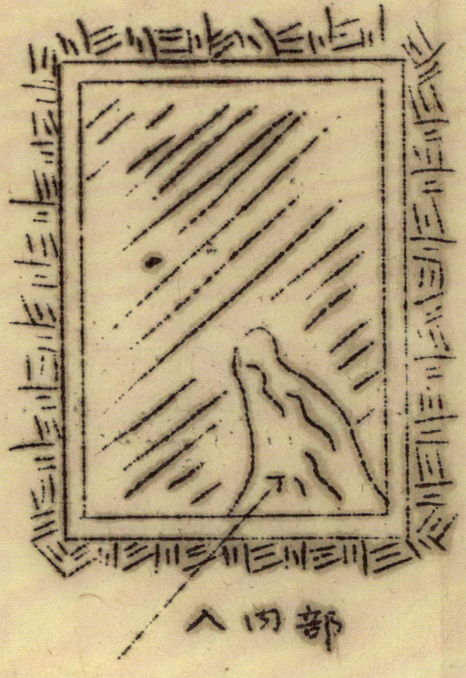

幕布以使用厚實之氈橡皮等為宜並須使與門框密接不縫隙

避難所之內部必要時可以將其區分設置內部隔障俾其各自獨立以限制受害之範圍

大田县政府关于各机关公务人员在抗战时期不准擅自离职致县立初级中学的通告（一九三七年十月二十二日）

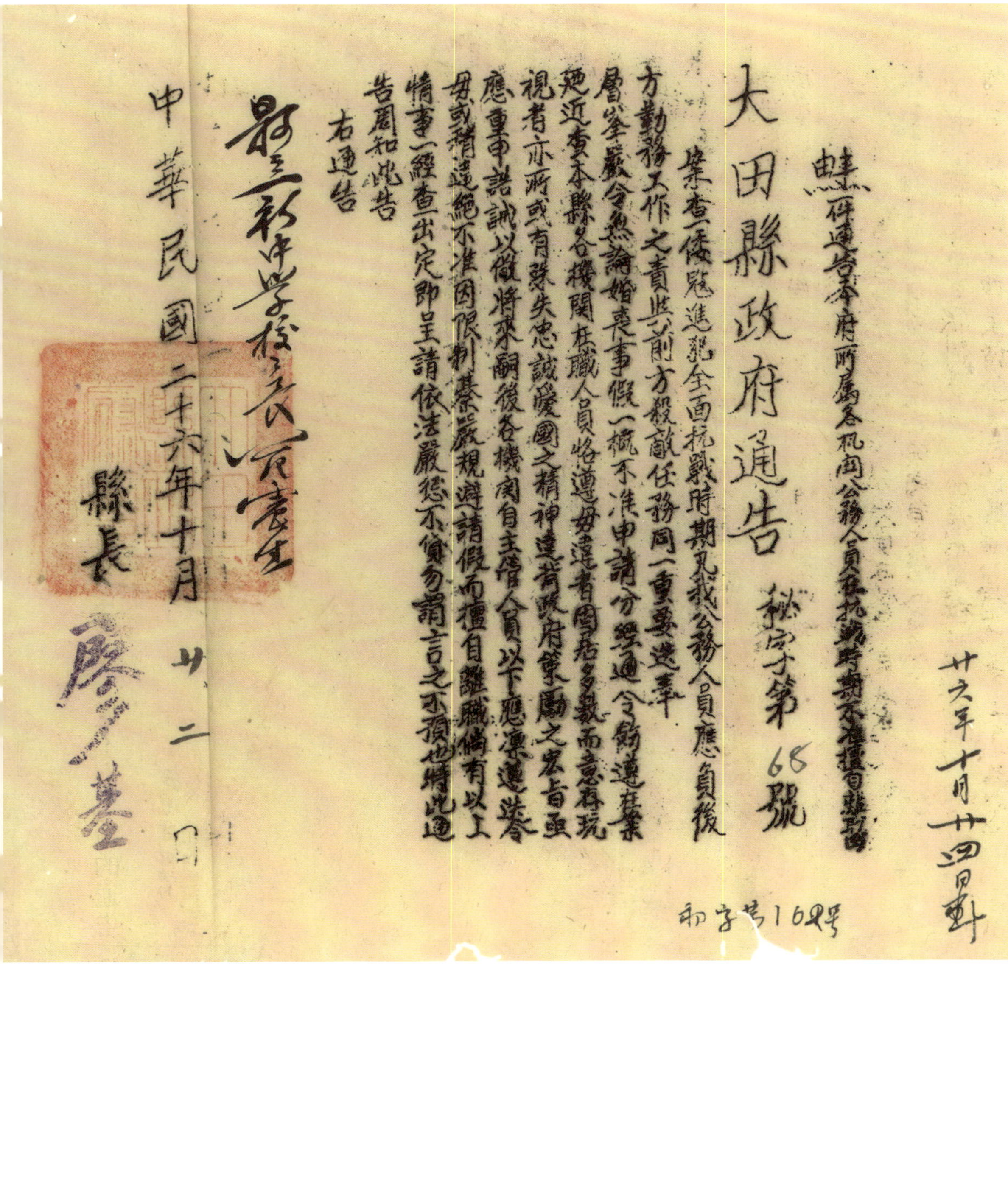

事由：為通告本府所屬各機關公務人員在抗戰時期不准擅自離職由

廿六年十月廿四日到

和字第168号

大田縣政府通告　秘字第68號

案查倭寇進犯，全面抗戰時期，凡我公務人員應負後方勤務工作之責，與前方殺敵任務同一重要。迭奉層峯嚴令，無論婚喪事假，一概不准申請，分別通令飭遵在案。邇近查本縣各機關在職人員，恪遵毋違者固居多數，而意存玩視者亦所或有，殊失忠誠愛國之精神，違背政府獎勵之宗旨。亟應重申誥誡，以儆將來。嗣後各機關自主管人員以下，應凜遵毋或稍違，絕不准因限制綦嚴，規避請假而擅自離職。倘有以上情事，一經查出，定即呈請依法嚴懲不貸，勿謂言之不預也。特此通告周知。此告

右通告

縣立初級中學校校長陳寶生

縣長　廖基

中華民國二十六年十月廿二日

大田县防护团关于全面抗战时期公务人员婚丧事假一概不准申请的通告（一九三七年十月三十日）

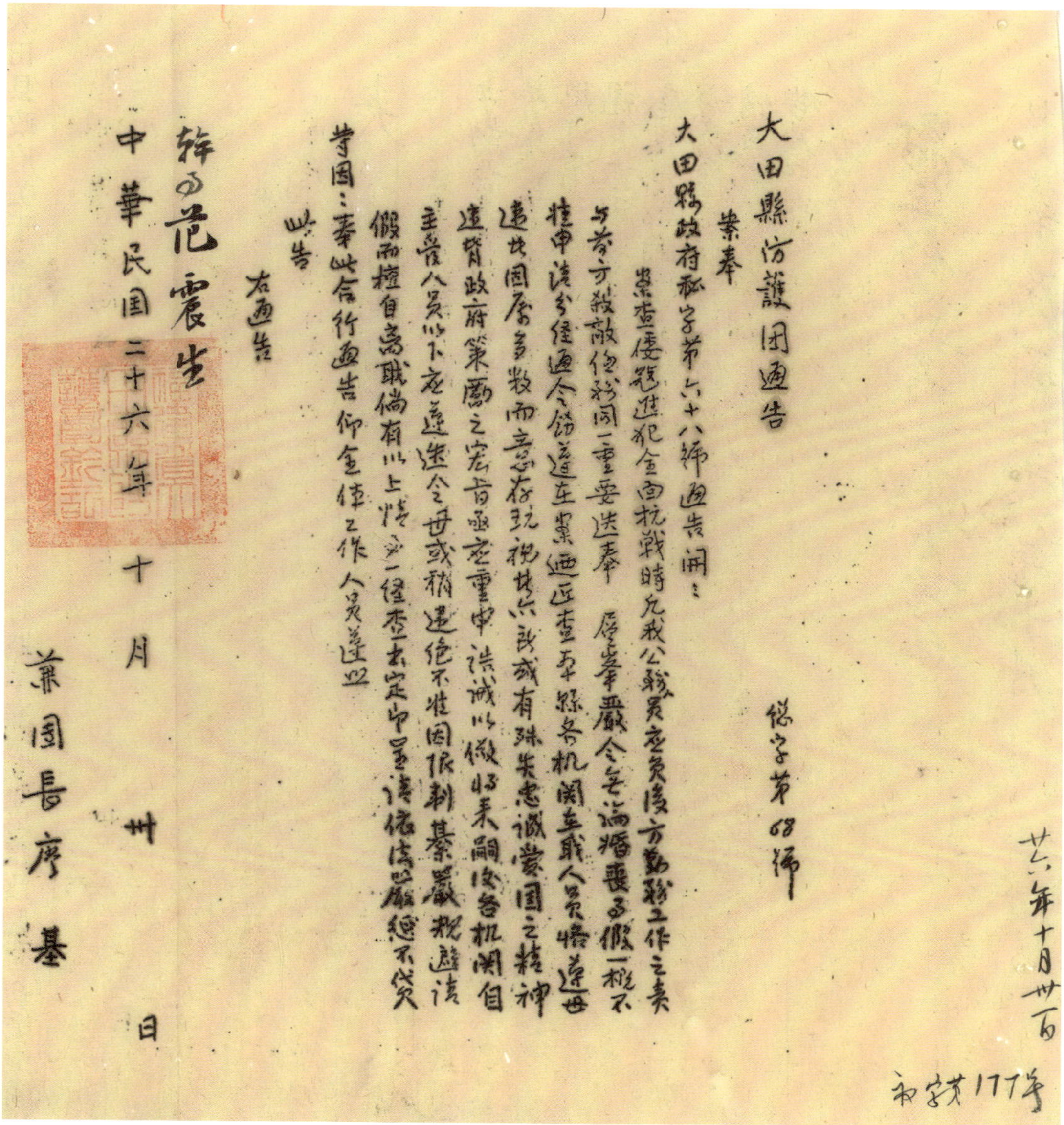

大田縣防護團通告　　總字第68號

案奉

大田縣政府秘字第六十八號通告開：

「案查倭寇進犯，全面抗戰，時凡我公務員在前後方勤務工作之奏，與前方殺敵俱爲同一重要。迭奉層峯嚴令，無論婚喪事假一概不准申請，分經通令飭遵在案。迺近查本縣各機關公職人員婚嫁毋遑，此國家多難，而竟存玩視，其心或有殊失忠誠愛國之精神，違背政府策勵之宏旨，亟應重申誥誡，以儆將來。嗣後各機關自主管人員以下，應遵照令，毋或稍違，絕不准因[illegible]藉端請假而擅自離職，倘有以上情事，一經查出，定即呈請依法嚴懲不貸」等因。奉此，合行通告，仰全體工作人員遵照。此告。

右通告

許丙范震生

中華民國二十六年十月卅日

兼團長　廖基

廿六年十月卅日

和字第177號

大田县政府关于抗战时期新年庆祝仪式从简并取消休假致县立初中校长的代电（一九三七年十二月三十日收）

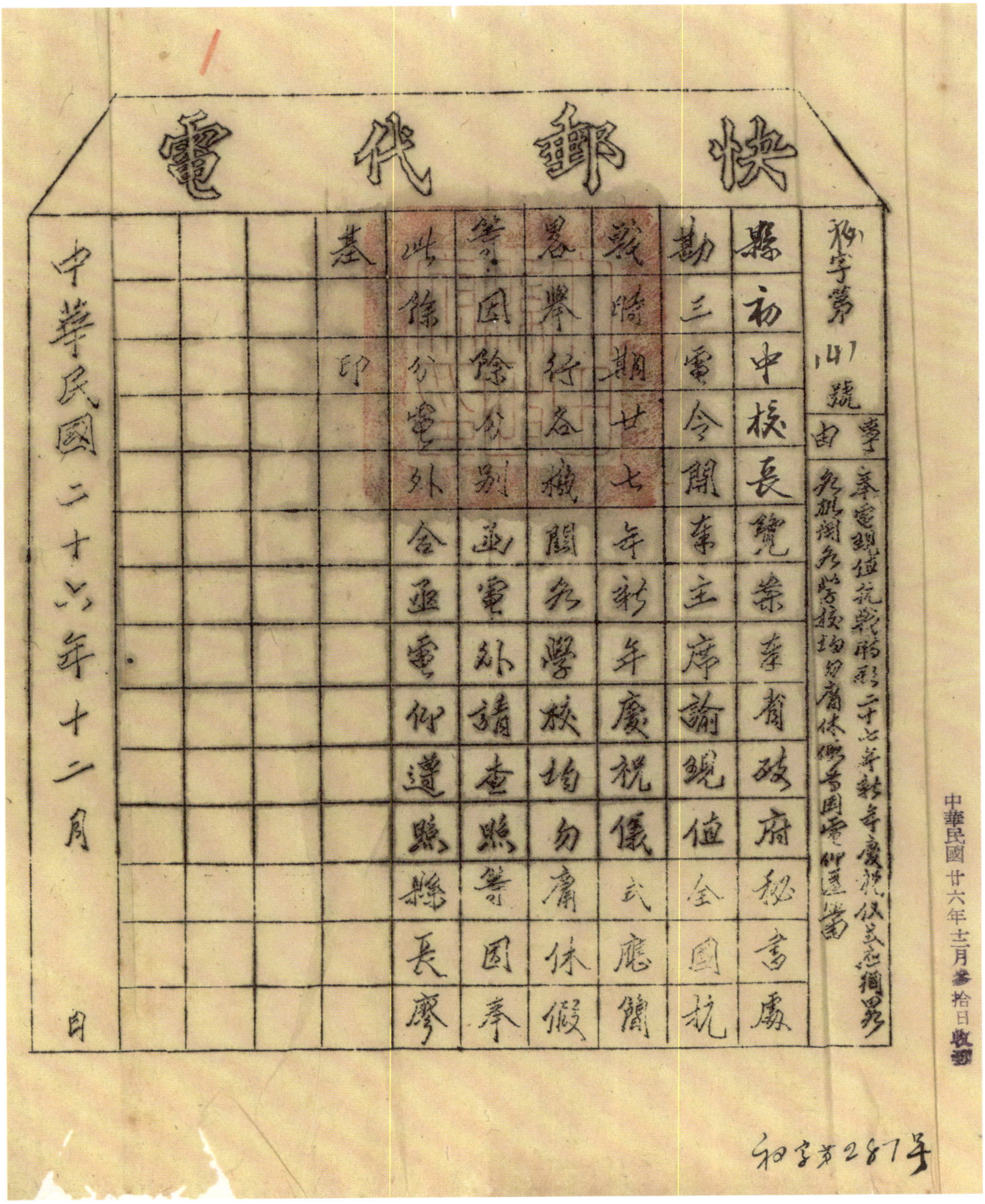
快郵代電

秘字第141號

事由：奉電知值抗戰時期二十七年新年慶祝儀式應簡略各機關各學校均勿庸休假等因電仰遵照由

縣初中校長覽：案奉省政府秘書處勘三電令開：「奉主席諭：現值全國抗戰時期，廿七年新年慶祝儀式應簡略舉行，各機關各學校均勿庸休假等因，除分別函電外，請查照」等因，奉此，除分電外，合亟電仰遵照。縣長廖基 印

中華民國二十六年十二月 日

中華民國廿六年十二月叁拾日收到

秘字第287号

福建省政府关于各省市文化及抗日座谈会等组织未经中央主管机关许可者一律禁止致大田县立初级中学的训令
（一九三八年二月十五日）

福建省政府訓令

字第　號

覆文請錄左列全銜
戌刪府教乙一五八三〇

令大田縣立初級中學

奉

蔣委員長（07.06）辦四鄂電開：

「近查各省市有文化或抗日座談會及類似之組織，其中分子複雜，難免越軌。茲規定凡未經中央主管機關許可者，應一律取締禁止，以杜流弊。除分電外，合亟電令遵照為要」等因。自應遵辦。除分別函令外，合行令仰遵照！此令。

福建省教育厅关于机关迁移时须妥慎保存地图致大田县立初级中学的训令（一九三八年四月十九日）

福建省政府教育廳訓令　教字第　號

無論何機關遷移時地圖須妥慎保存同種者只要携帶一二張餘燒燬仰遵照由

令大田縣立初級中學

查我國出版各種地圖，皆足為敵人利用工具。無論何機關，必要遷移時，懸挂之大小地圖，務須妥慎保存，其同樣者只要携帶一二張，餘皆燒燬。除分令外，合行令仰遵照！

此令。

大田县抗敌后援分会关于注意防范敌特机关活动致县立初级中学战时后方服务团的训令（一九三八年十一月二日）

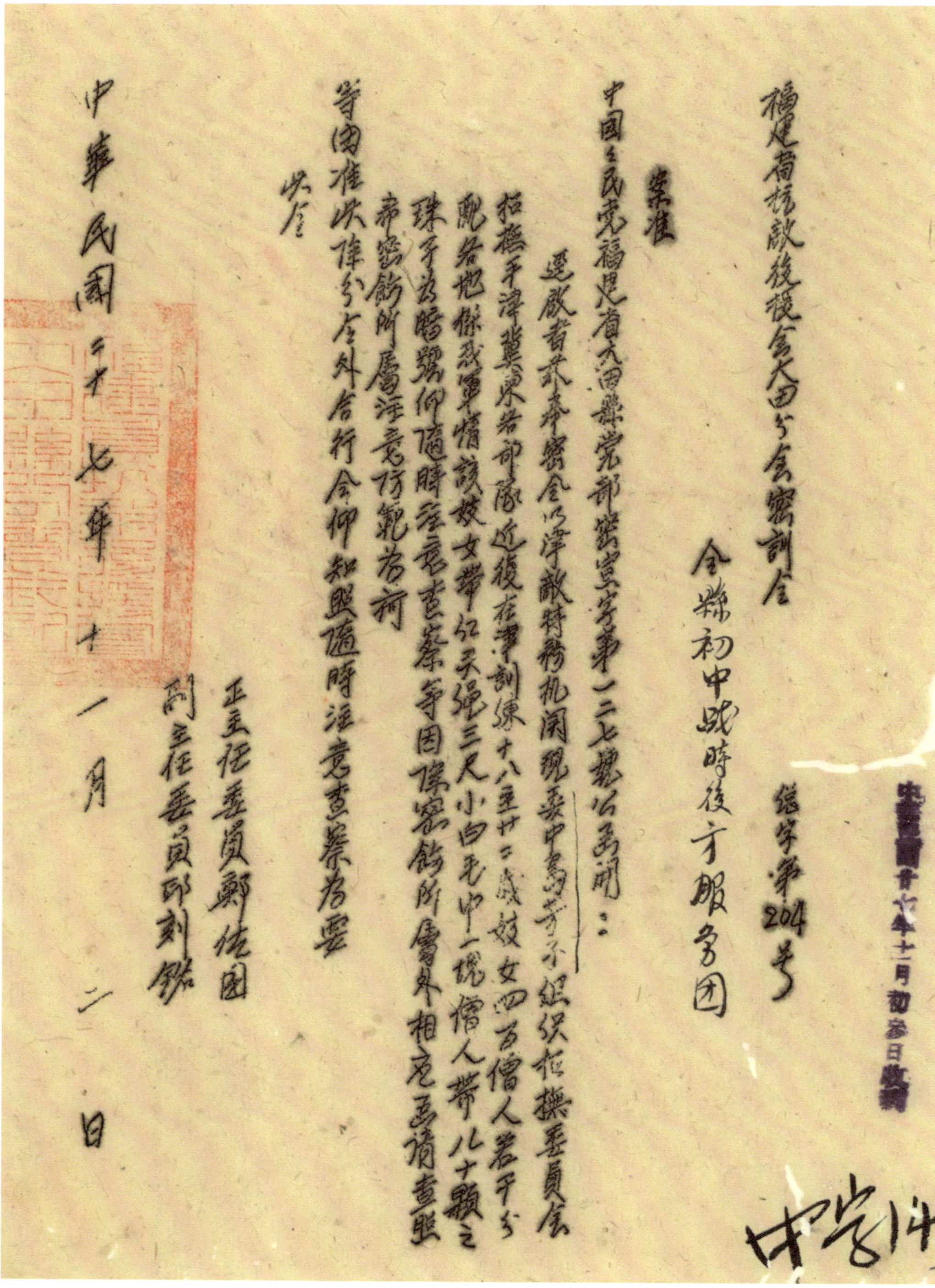
福建省抗敌后援会大田分会密训令

综字第204号

令县初中战时后方服务团

案准

中国国民党福建省大田县党部密宣字第一二七号公函开：

“迳启者：本奉密令以津敌特务机关现委中马芳子组织指挥委员会，拍拢手津冀东各部队，近复在津训练十八至廿六岁妓女四百余人，若干分配各地刺探军情。该妓女带红头绳三尺，小白毛巾一块，偕人带八十颗之珠子为暗号，仰随时注意查察等因。除密饬所属外，相应函请查照，希密饬所属注意防范为荷。”

等由。准此，除分令外，合行令仰知照，随时注意查察为要。

此令。

正主任委员郑佐国

副主任委员邱刻铭

中华民国二十七年十一月二日

福建省教育厅关于学生救国联合会未准备案致大田县立初级中学的训令（一九三九年三月十九日）

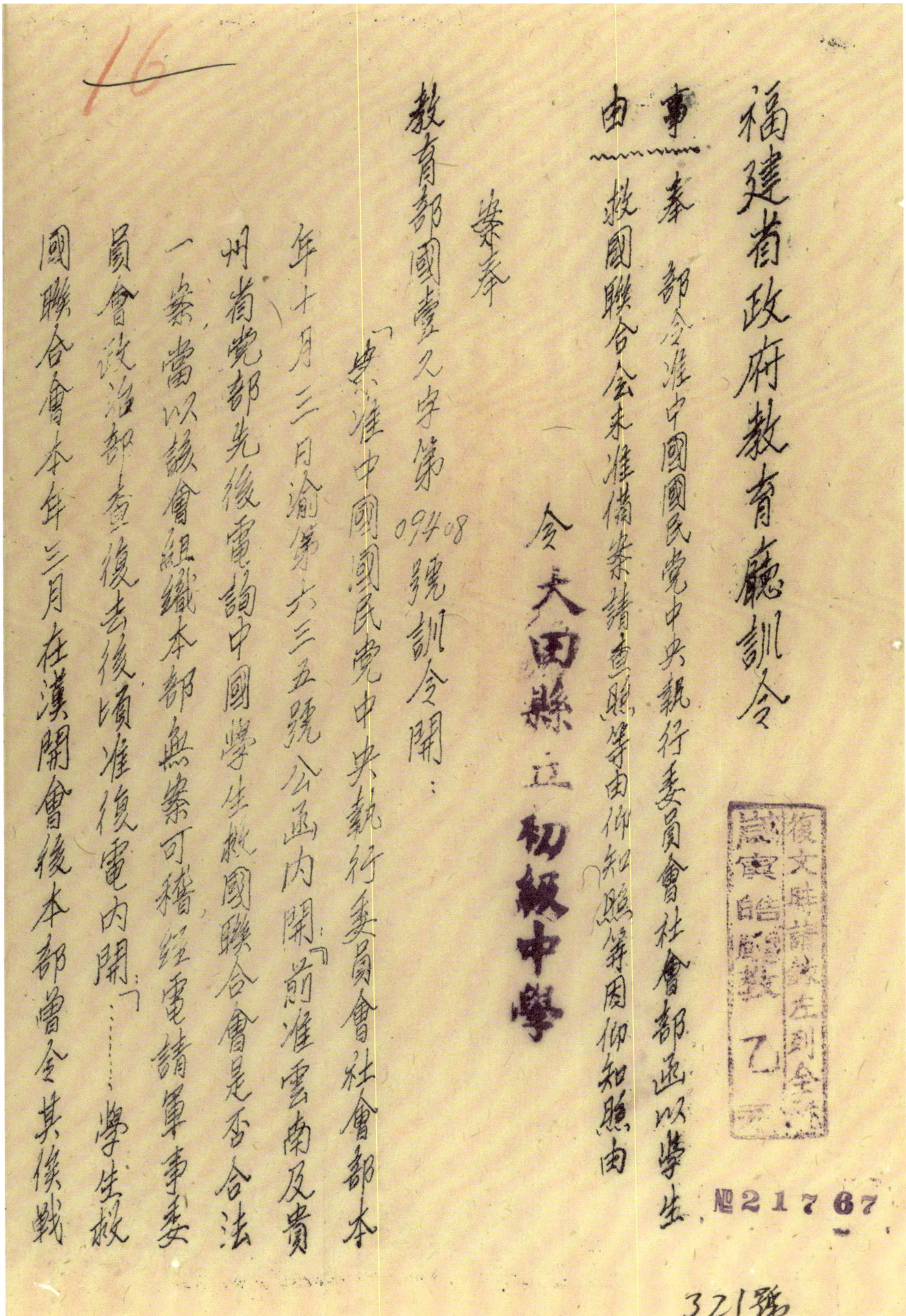
16

福建省政府教育廳訓令

事由：奉部令准中國國民党中央執行委員會社會部函以學生救國聯合会未准備案請查照等由仰知照由

令大田縣立初級中學

案奉

教育部國壹久字第09408號訓令開：

「案准中國國民党中央執行委員會社會部本年十月三日渝第六三五號公函內開『前准雲南及貴州省党部先後電詢中國學生救國聯合會是否合法一案，當以該會組織本部無案可稽，經電請軍事委員會政治部查復去後，頃准復電內開「……學生救國聯合會本年三月在漢開會後本部曾令其候戰

№21767

321號

時法規公佈後，再行依法組織，未准備案……」等由，准
此。除分電各省黨部予以注意外，相應函請查照」等
由。准此。除函復外，合行令仰知照，並轉飭所屬一体知照
此令」
等因；除分函公私立專科以上學校、各縣政府、各特種區署，並
分令公私立中等學校、省立永安實驗小學、省立義教實驗區
外，合行令仰知照！此令。

中華民國二十九年三月十九日

廳長 鄭貞文

秘書鄭坦代拆代行

福建省教育厅关于敌机空袭时更改授课时间致大田县立初级中学的代电（一九三九年五月十日）

福建省政府教育廳快郵代電

事由：電為該校如有遭受敵機空襲危險仰遵照電指將每日授課時間更改由

大田縣立初級中學覽：本省公私立中等學校如設在有遭遇敵機空襲危險之處，每日授課時間改為上午五時半至八時半，下午三時半至六時半。除分電外，仰遵照。省政府教育廳 十

中華民國二十八年五月 日

福建省教育厅关于应对敌机夜袭各城市应迅速疏散重要物资致大田县立初级中学的代电（一九三九年六月七日）

密 六、十八

福建省政府教育廳密代電

事由：令為據報敵準備派機夜襲飭屬將各城市重要物資迅速疏散鄉間妥為掩護等因仰遵由

大田縣立初級中學：奉省政府蔡主席府建乙永四二五八六號密代電開：准綏署寒電奉桂林行營主任白(135)務一平電開：據密報，敵陸海兩部卅日命在華作戰之陸海空軍於運華補充之新機支配完妥後，乘天氣溫和，對我施展夜襲戰術，擬重創我根據地之川漢鄂湘桂粵閩各要區等情，除分電外，希即轉飭所屬將各城市重要物資及通訊機關迅速疏散鄉間，妥為掩護，并對夜間防空辦法切實推行為要等因，除分電所屬各部隊各專員各縣長外，希飭屬查照辦理等由，仰飭屬一體遵照辦理等因，除分電外，仰遵照辦理。省政府教育廳

中華民國二十八年六月 七 日

復文時請檢注列全號 歲巳處廳教秘

中華民國廿八年六月初拾日收 44195

中436

福建省教育厅关于密报日驻华机构及特务机关动态致大田县立初级中学的训令（一九三九年八月四日）

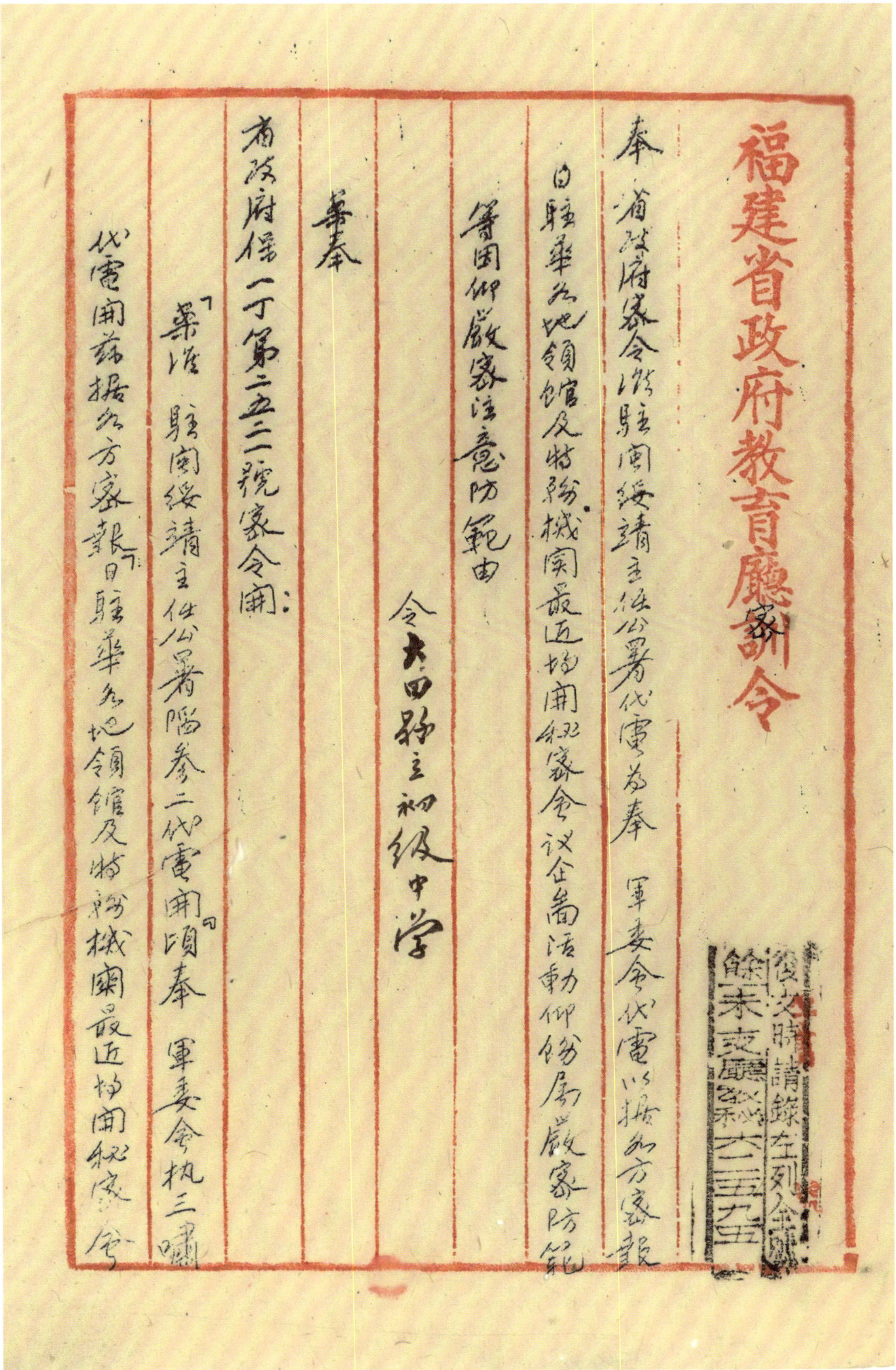
福建省政府教育廳密訓令

奉 省政府密令准駐閩綏靖主任公署代電為奉 軍委會代電以據各方密報日駐華各地領館及特務機關最近均開秘密會議企圖活動仰飭屬嚴密防範等因仰嚴密注意防範由

令大田縣立初級中學

省政府保一丁第二五三一號密令開：

「案准 駐閩綏靖主任公署陷參二代電開：『頃奉 軍委會執三嘯代電開：據各方密報，日駐華各地領館及特務機關最近均開秘密會議會商活動等均其所定內容應列如下（一）各領事館所在地及特務機關所在地應聯合主辦日鮮台民在鄉軍人會及義勇隊預備援助皇軍（二）各通商口岸領事館及特務人員應實際協助日鮮台商民在各該地區拓殖展貿易並予以便利（三）偵察各地支那官廳指導民眾抗日抗日之真實证據及各地民族抗日運動之步驟（四）偵察各地作戰地區民眾之支那正規軍侵入擾亂並排斥作戰區之一切排日運動與南京蔣介石系藍衣社人結聯（五）各駐在地領事及特務人員得隨時結納各該地正紳及對日親善之政客及同情反黨之軍閥予以相當自由保障並監護其在各地活動反黨（六）各該地領事及特務人員得隨時進行與支那資本家大地主聯合經濟合作開展（七）關於陸軍資料上聯合從務求迅速而達實際並

注重共產黨活動及國共妥協內容（八）支那抗日已有整個計劃我們應切實努力（九）各日本團體及洋行之支那僱員工人須特別注意禁止與支那詳細往來如有不良份子即先行開除（十）須與支那下級軍官士兵警務及地痞等親密以便刺探消息（十一）凡在湘日僑須特別和平與下級民眾親密免致引起支那全民反日」等情特飭遵照並飭所屬並通報就地軍政機關務切注意防範為要」等因奉此除飭所屬嚴密注意防範」等由准此除分令外合行令仰轉飭所屬嚴密防範為要」等因除分令外合行令仰嚴密注意防範為要！

此令。

福建省政府关于奉转敌在杭收买青年学生混入我后方活动需注意防范致大田县立初级中学的代电（一九三九年八月十四日）

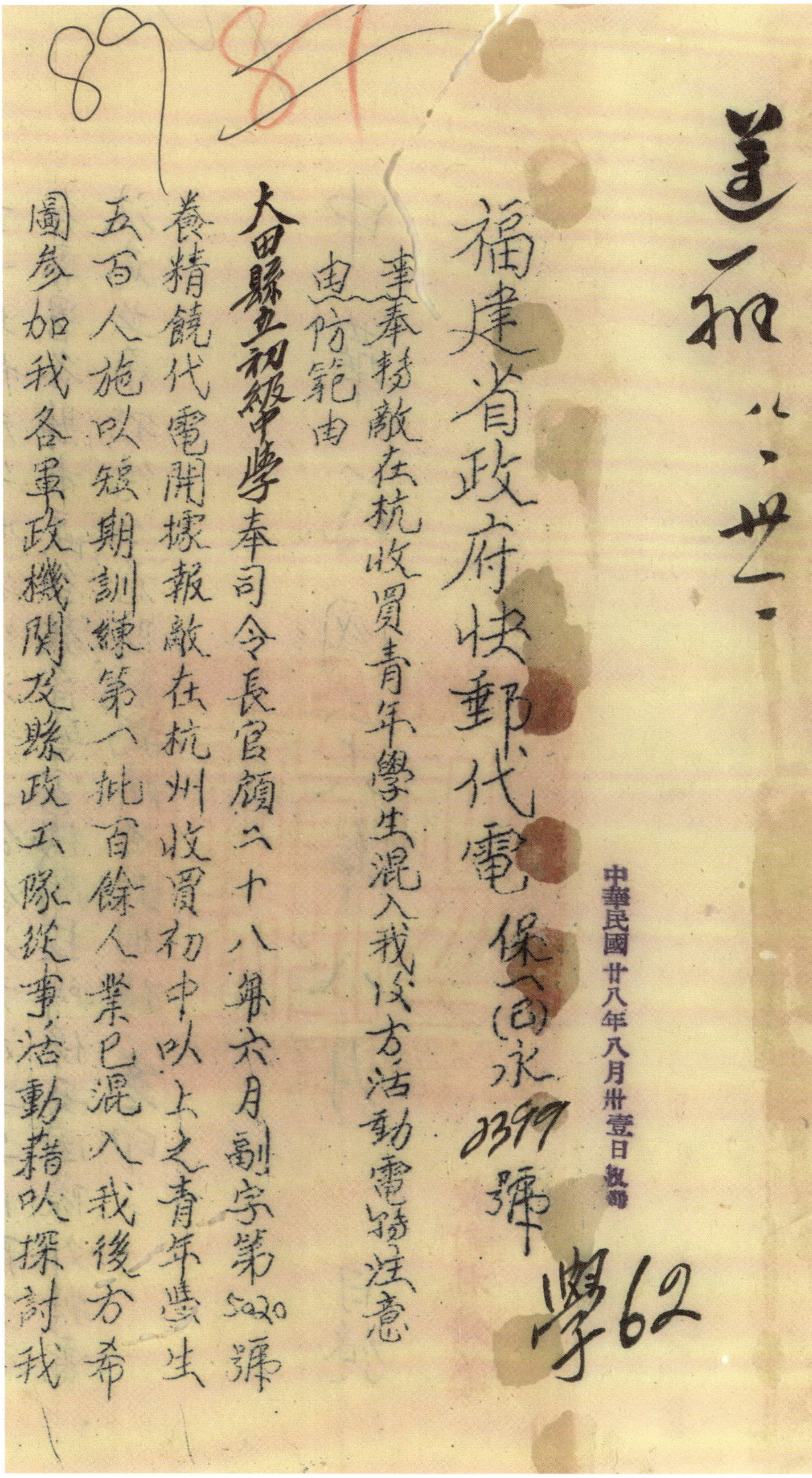

福建省政府快郵代電 保(四)永3399號

學62

中華民國廿八年八月卅壹日收到

事由：奉轉敵在杭收買青年學生混入我後方活動電請注意防範由

大田縣立初級中學：奉司令長官顧二十八年六月副字第5020號養精饒代電開：據報敵在杭州收買初中以上之青年學生五百人，施以短期訓練，第一批百餘人業已混入我後方，希圖參加我各軍政機關及縣政工隊從事活動，藉以探討我

方一切情形等情特電注意並飭屬注意爲要等因除分電
各專署各縣市區各教育警憲機關校所保安團隊外特電
注意並希轉飭注意防範福建省政府保一寒印

中華民國二十八年八月　日發

中華民國廿八年八月卅壹日發

校對林鑄藩

大田县政府关于处理未爆炸炸弹致县立初级中学的训令（一九三九年十月二十九日收）

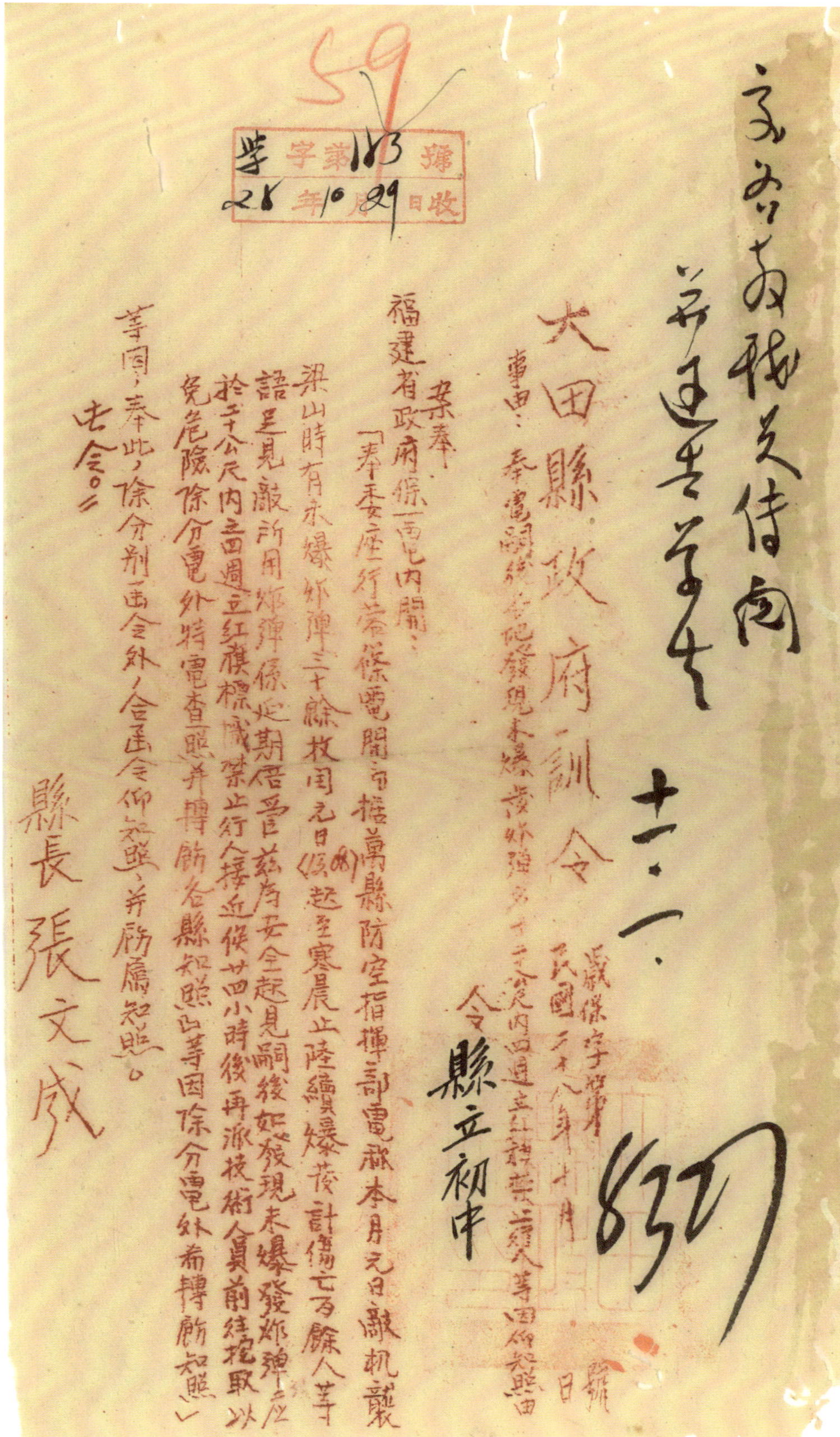

學字第183號
28年10月29日收

大田縣政府訓令

叡保字第　號
民國二十八年十月　日

事由：奉電關於如發現未爆炸彈應於十公尺內四週立紅旗標識禁止行人接近等因仰知照由

令縣立初中

案奉

福建省政府保一酉巴內開：

「奉委座行營酉電開：『據萬縣防空指揮部電稱：本月元日敵机襲梁山時有未爆炸彈三十餘枚，因元日起至寒晨止陸續爆發，計傷亡百餘人等語。足見敵所用炸彈係延期信管，茲為安全起見，嗣後如發現未爆發炸彈，應於十公尺內之四週立紅旗標識，禁止行人接近，俟廿四小時後再派技術人員前往挖取，以免危險。除分電外，特電查照，并轉飭各縣知照』等因。除分電外，希轉飭知照」

等因，奉此，除分別函令外，合亟令仰知照，并飭屬知照。

此令。

縣長 張文成

福建省政府关于游击战区人民奖惩暂行办法的代电（一九三九年十一月七日）

抄件

福建省政府快邮代电

准驻闽绥靖主任兼第二十五集团军总司令本年九月有绥甲代电开：奉长官顾本年八月人字第01283号祃浦代电开：奉军事委员会战地党政委员会主任委员蒋二十八年七月二十九日办制渝字第六五〇号训令内开：查游击战区人民奖惩暂行办法经由本会制定，明令公布，应即通饬施行，除分令暨函行政院转饬各地方政府晓谕人民遵照外，合行抄发该项办法，令仰知照，并转饬所属一体知照。此令。等因，并抄发游击战区人民奖惩暂行办法一份。奉此，除分电外，相应抄发原办法，电请查照，并转饬所属一体知照。等因，附抄送游击战区人民奖惩暂行办法一份。奉此，除分电外，合将原办法随电抄发，希转饬所属知照。等因，抄电到署。除分电前进游击区各县外，相应检同原办法，电请查照办理。等由，准此，除电各行政督察专员公署、各县政府、各特种区署、各保安机关部队外，合行抄同原办法，电仰知照，并饬属知照。陈仪。虞。府保人印。附游击战区人民奖惩办法一份。

中华民国二十八年十一月七日

附：福建省游击战指导方案附第三游击战区人民奖惩暂行办法草案

福建省游擊戰指導方案附錄第三、二
游擊戰區人民奬懲暫行辦法草案

第一條　凡被敵軍侵佔地方人民奬懲均適用本辦法之規定辦理之。

第二條　（甲）奬卹

第二條　凡各地方居民因敵軍侵入被殺害者由地方政府隨時查明俟該地區規復時轉請中央予以賑卹，並於每縣鄉建立殉難紀念碑以資紀念。

第三條　人民因戰爭所受生命財產之損失在地方規復時由地方政府詳細調查彙報以備政府向敵國要求賠償。

第四條　凡有左列事蹟之死亡者得分別按照戰地守土奬勵條例暨人民守土傷亡撫卹實施辦法之規定予以奬卹。

（一）人民於敵軍侵入時，能臨變不屈，出以忠貞勇烈之行為，發揮民族氣節，致被殺害者。

〈二〉地方負責士紳在敵軍侵入時，忠於國家協助軍民撤退，或將地方粮秣資財盡量輸送後方不資敵用致陷敵區而被害者。

〈三〉在游擊區内之紳民努力於自衛工作使地方鞏固效忠於政府而被殺害者。

〈四〉地方士紳拒絕敵人誘惑或漢奸偽命致遭殺害或平時為人正直被漢奸乘機陷害者。

〈五〉圖謀响應國軍或反正未遂事洩被敵殺害者

〈六〉其他不在上列規定以内經查明確係盡忠於國家民族有特殊事蹟表現而死亡者。

第五條　人民在敵人控制區域組織自衛武力協同軍隊進行游擊戰争擾乱敵人後方破壞交通焚燬敵人軍實擊殺敵人官兵者依其功績分别褒奬。

第六條　在國軍反攻淪陷城市村鎮時起為内應者依其功績分别褒奬。

第七條　人民因環境所廹一時參加偽組織或偽軍能及時

反正予敵重創後率部來歸協助國軍規復失地不追既往並依其功績分別予以獎卹。

（乙）懲治

第八條　人民在敵軍侵入時有為敵响導或幫同敵人焚殺深掠殘害同胞者處死刑。

第九條　在敵軍侵入前有通敵行為侵入後參加偽維持會或偽政府者處死刑並沒收其全部財產。

第十條　在敵軍侵入時擾乱地方秩序侵入後代敵脅迫人民强拉伕役誘賣婦女者處死刑並沒收其全部財產。

第十一條　在敵人侵入後為敵徵發財產糧食及軍需品其為首者處死刑並沒收其全部財產從犯則分別輕重處罪。

第十二條　為敵奸細刺探我方軍情破壞或妨害我方反攻軍事計劃或揭發我游擊隊别動隊行動致受損失者處死刑。

第十三條　藉敵人庇護擄括欺詐刼取民財者處死刑。並没收其全部財產。二

第十四條　在敵軍侵入時組織偽軍偽警或貪圖不義祿位利用偽職地位誘脅所部軍警或壯丁隊降敵或受敵人指揮反抗國軍者處死刑並没收全部財產。

第十五條　犯前七條之罪者在政府無法執行懲治時當地人民得依公斷執行者。

第十六條　本辦法自呈准之日施行。

福建省教育厅关于防范敌兵试用降落伞致大田县立初级中学的训令（一九四〇年二月二十八日）

送丑 三、二

律學字第415號
29年3月1日收

福建省政府教育廳密訓令

令大田縣立初級中學

事由：奉省府密代電以敵兵試用降落傘仰飭屬注意防範等由因仰遵照由

案准保安處通報抄送省政府二十九年二月不列日府保一密代電一件，囑查照並飭屬注意防範等由，除分別函令外，合行抄發原代電，令仰遵照注意防範。此令。

附抄發原代電一件

中華民國二十九年二月廿八日

廳長 鄭貞文

復文時請錄左列令號：律丑儉 廳教 秘 永

22430

福建省政府关于指示对敌空军陆战队作战要旨的代电（一九四〇年二月）

福建省政府密快郵代電

奉第三戰區司令長官顧灰亥於代電開奉 委座微令
一貞電開據徐總司令庭瑶艷電節稱儉日上午十時敵机十一
架於九塘附近降下降落傘有敵兵百餘及粮彈等語查敵試用
空軍陸戰隊在我後方或在我戰場附近降落之舉早經預料曾
於上年九月以有申令一貞代電並續頒教令第十四號詳示在
案據報前情特再摘示對敵空軍陸戰隊作戰要旨如下（甲）敵因
各種關係僅可試用小數部隊分批於我戰綫後方或要點附近
降落企圖以主動態充分發揮其破壞擾亂牽制遮斷我野戰軍
作戰使我精神上感受威脅或乘黑夜着便衣降落於出我不意
（乙）對策一、我各戰區部隊各地方團隊對於敵空軍陸戰隊之使用
須嚴加防範但切勿存恐懼之心致失受精神上威脅。二、各部隊
除竭力偵知敵使用之企圖時期地點外應特注意敵机發動前之

頻繁偵察依其行動所得之徵候立即報告上級指揮官期作適時
適切之處置三、第一綫守軍如發現敵降落隊於陣地翼側或後方着
陸時應立對敵降落方向及地點兵力報告上級司令部外應以預
定隊攻擊之並防止其深入非有命令前綫部隊不得擅自變更位
置並不得影响其正執行之任務四、後方綏靖部隊及保安團隊如
發現敵在我要點倉庫或重要城鎮降落時應乘敵分散勇敢
果决予以撲滅並指定團隊於緊急警報時佈成嚴密警戒網防
敵降落及任非常事變之處置（丙）其餘防範各要旨參照教令第一
四號实施以上各項希即督飭所屬切实遵照並注意防範為要等
因希即飭所屬切实遵照並嚴加防範為要等因除作戰教令第十
四號另候印發並分電外特電遵照仰轉飭所屬保安隊警察及區
鄉保公務人員一体遵照实施並嚴加防範仍將实施辦法具報為
要陳儀　府保一印

中華民國二十九年二月　日發

福建省教育厅关于防范敌人用政治手段、个人感情招用各国人员刺探情报致大田县立初级中学的训令

（一九四〇年三月十日）

美以排　三、七

學字第450號　29年3月15日收

福建省政府教育廳密訓令

令大田縣立初級中學

事由：奉省府電以奉行政院電敵人圖用政治手腕施向中央要人感情從中投機設法招用各國人民刺探我方近情轉飭通令所屬一體切實注意勿以此事作為談話資料並嚴加防範等因令仰遵照由

案奉

省政府二十九年二月發府保一庚密代電開：「奉行政院嘯申一電開：『據報敵國以政治手腕離間國共及各要人之感情從中投

№27641

機，致由敵設法利用各國人民刺探我方近情，希密飭所屬一體切實注意勿以此種情事作為談話及通訊資料，並要加防範為要」等因。除分電各廳處局會隊各專員公署各縣政府各特種區署保安各旅團隊水警總隊福州警察局福建省公務人員訓練所軍保聯合辦訓所外，希密飭所屬遵照，並要加防範為要」等因；除分別函令外，合行令仰遵照，並嚴加防範為要！此令。

中華民國二十九年三月　日

廳長鄭貞文

福建省政府关于应防缉敌伪侦探记号的代电（一九四〇年三月）

68

65

福建省政府快邮代电

事由：为奉电据报敌伪侦探记号以象皮丝四根作记每腿两根仰饬属防缉由

案奉第三战区司令长官司令部二十九年一月三十日公字第一零六六号代电开据报敌伪侦探记号以象皮丝四根作记号每腿两根等情特电知照希饬属防缉为要等因奉此除分电各保安旅团队暨警联合干部训练所各专员公署各县政府各特种区福州警察局水警总队外合亟电仰知照并饬属防缉。陈仪（）府保五印

中华民国二十九年三月　日发

大田县政府关于执行空袭时党国旗升降办法致县立初级中学的训令（一九四〇年五月十五日）

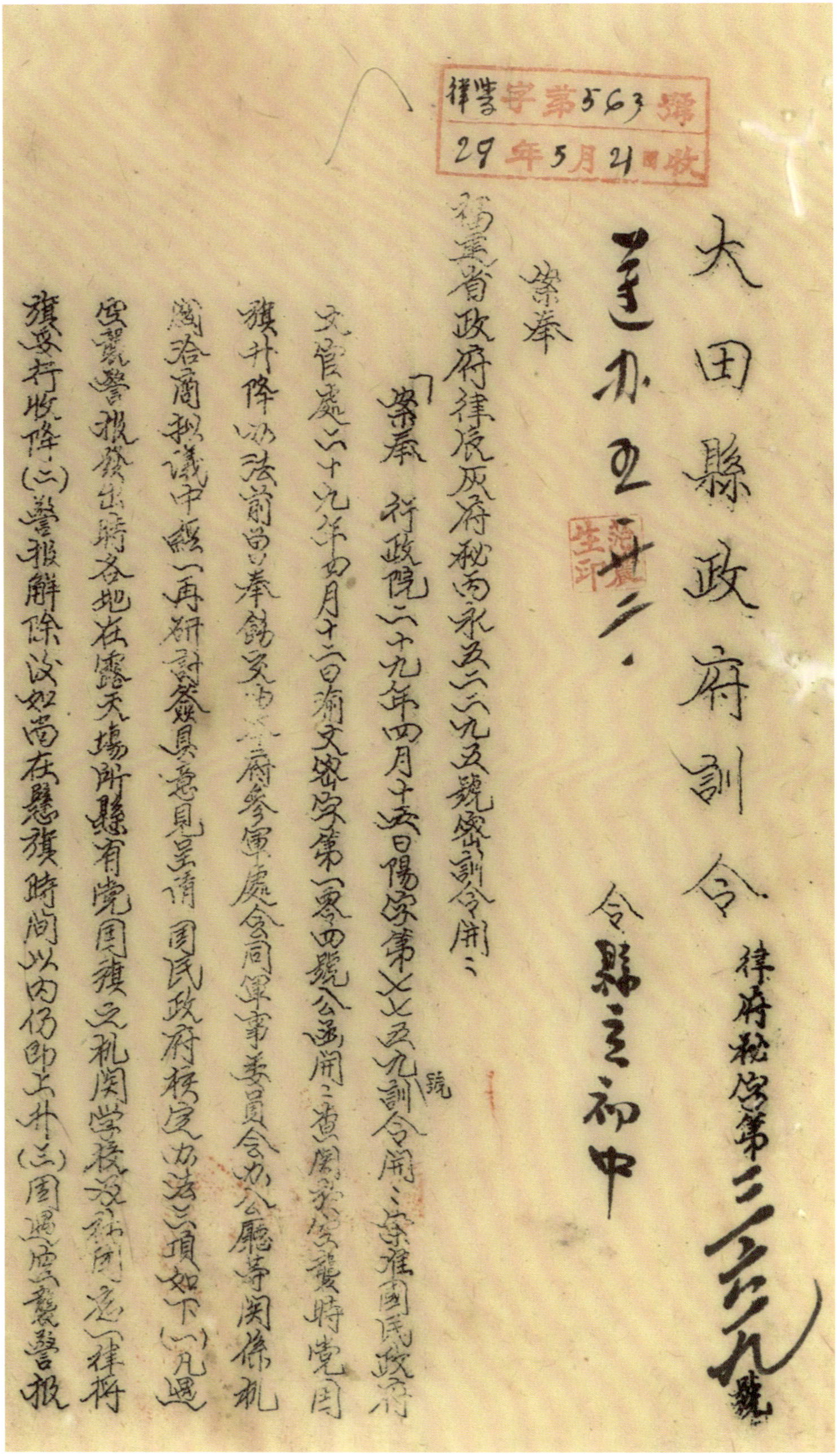
律字第563號
29年5月21日收

大田縣政府訓令

律府秘字第二三六九號

令縣立初中

達办五廿二

案奉

福建省政府律度灰府秘丙永五二九五號密訓令開：

「案奉 行政院二十九年四月十六日陽字第七七五九號訓令開：案准國民政府文官處二十九年四月十二日渝文字第一零四號公函開：查關於空襲時黨國旗升降辦法，前曾奉飭交由本府參軍處會同軍事委員會辦公廳等關係机關洽商擬議中經一再研討簽具意見呈請 國民政府核定辦法三項如下：（一）凡遇空襲警報發出時，各地在露天場所懸有黨國旗之机關學校及私用住宅一律將旗收降；（二）警報解除後，如尚在懸旗時間以內，仍即上升；（三）周遇空襲警報升降黨國旗時應派專責人員一人莅場照料並行敬禮但唱黨歌及奏樂等通常儀式概行省去並由處送批先送中央執行委員會核復核再通行等因在案茲准中央執行委員會秘書處函復以此案業經陳奉核定並已通行各級黨部請查照轉陳等由過處除轉陳外相應函達查照並轉所屬一體知照」等由准此除分令外合行令仰知照並轉所屬一體知照等因除分別函令外合行令仰該縣長知照並轉所屬知照此令」

等因。奉此，除分令外，合行令仰遵照！

此令。

中華民國二十九年五月十五日

縣長 鄒德明

福建省教育厅关于抄发应付敌发动我抗战人员家属凡文武公务员及士兵写信召回否则惩办其家属办法致大田县立初级中学的训令（一九四〇年五月十五日）

福建省政府教育廳密訓令　密達二十八

令大田縣立初級中學

事由：為抄發應付敵人發動我抗戰人員家屬凡文武官吏公務人員及士兵寫信召回否則懲辦其家屬等詭謀辦法仰遵照由

案奉

教育部戰字〇〇〇八一八號密訓令開：

「案奉行政院本年三月八日陽字第4571號訓令開：

『准軍事委員會本年二月二十九日辦通6266號公函開：「案查前據第二戰區司令長官閻錫山上年八月十六日顧辦電稱：據報敵人為對豫北敵區擬定對策三項：（一）發動我抗戰人員家屬凡文武官吏公務人員及士兵寫信召回，否則懲辦其家屬；（二）調查陣亡將士家屬發給卹金，以收買人心，妨碍我抗戰團結；（三）令飭各地維持會

55

瞎地勾結我抗戰人員投降，請速籌對策等情，除妥研對策外，敬請指示方針等情。據此，查敵人詭謀亟應防範，茲核定應付辦法十一條，除電復並分別函令外，相應檢附該項辦法一份，函請查照，並希轉飭所屬分別遵照辦理等由。准此，自應照辦，除分行並函復外，合亟抄發原辦法，令仰遵照，並轉飭所屬一体遵照。」

等因，奉此，自當遵辦，除分令外，合行抄發原辦法，令仰遵照，並轉飭所屬一体遵照。」

等因，附件到廳，除分別函令外，合行檢發原附件，令仰遵照。

此令。

附抄發原辦法乙份

中華民國二十九年五月 十五 日

廳長 鄭貞文

一、應付敵發動我抗戰人員家屬凡文武公務員及士兵寫信召回否則懲辦其家屬辦法

（子）普遍調查登記抗戰人員文武官吏凡現居住在淪陷區域或接近敵區之家屬應設法令其秘密遷移安全地域以免陷入敵手如有必要可酌爲借助遷移費。

（丑）嚴密施行封鎖敵區交通辦法（按照行政院所頒辦法辦理）由各戰區長官部及各省政府督飭切實執行。

（寅）嚴密檢查郵局防止敵僞宣傳。

（卯）密飭戰區特務人員警告僞組織人員不得危害我抗戰人員家屬否則以最嚴厲手段對付之

密令敵區各級党政軍机関及鄉鎮保甲長等隱蔽抗戰人員文武官吏之家庭不使洩漏且應特加保護之並須注意抗戰人員家屬生活其貧苦者酌予資助

（辰）利用新聞劇本電影宣傳敵人以家屬爲質陰謀毒計使其自動規避厲行國民精神總動員提倡氣節加强抗戰人員精神教育注意政治訓練堅定抗戰思想加强民族國家觀念實行相反宣傳如被召回敵人即將如何慘殺虐待等使其不敢接近敵偽。

二、應付敵調查陣亡將士家屬發給卹金以收買人心妨碍我抗戰團結辦法

（巳）普遍確查陣亡將士及殉難之党政人員家屬速予撫慰或分別給予褒奬並將事蹟詳細登記呈報中央核發卹金其生活貧苦者得由地方政府或党政軍工作人員分別查明後酌予補助如有遷移安全區域者應以子項辦理

（午）淪陷區域陣亡將士家屬如有拒受敵卹或雖已領受而能利用時机將敵偽消息通知我方或作其他有利抗戰之行

爲者除照章核發卹金外並酌予獎勵
（未）宣傳敵人無故給我抗戰陣亡將士家屬卹金並非善意揭破敵人先以小惠欺騙繼即移民佔産伎倆編印忠勇錄散發敵區民衆使知爲國成功成仁之榮譽籌設抗戰陣亡將士公墓並分期分地舉行全國追悼陣亡將士大會召集陣亡將士家屬遺族參加並組織宣傳慰勞隊進入淪陷區域宣傳分化僞組織使漢奸覺悟

三、應付敵令飭各地維持會暗地勾結我抗戰人員投降辦法

(申)凡摘奉抗战文武官吏及其他机関團体工作人員之有危害國家行為者經查实後得依摘奉奸諜辦法辦理

(酉)密派幹員深入淪陷區向敵偽維持會宣傳使其激發天良力圖反正至少須能為我用

二

擴大宣傳敵人暴行並公布我方有利戰況

(戌)嚴密發展淪陷區域党的組織加強戰地特務工作力量如有甘心自墮人格出賣國家民族投降敵偽者即予以最嚴厲之制裁

福建省教育厅关于前方官吏丧葬非经政府许可不得各别登报追悼与发讣致大田县立初级中学的训令
（一九四〇年五月二十四日）

福建省政府教育廳訓令

事由：令為以後凡在前方文武官吏無論戰死或病死之喪葬非經政府許可不得各別登報追悼與發訃轉仰遵照由。

令大田縣立初級中學

案准

秘書處通報抄送

省政府律辰銑府秘丙永第五五〇五二號訓令，囑查照并轉飭等由，除分別函令外，合行抄發原訓令，令仰遵照。

此令。

附抄發省政府訓令一件

中華民國二十九年五月　日

廳長　鄭貞文

附：福建省政府训令〔律辰铣府秘丙永五五〇五二号〕

附抄 福建省政府訓令 律辰銑府秘丙永五五〇五二號

民國二十九年五月十六日發

令

案奉

軍事委員會二十九年四月十八日辦四渝字第四五九八號訓令開：

「查邇來各報，常有登載前方文武官吏戰死或病死者之訃告，誇大越禮，殊近招搖，殊為不合。以後凡在前方文武官吏，無論戰死或因病而死者之喪葬，決定由政府整個籌備，非經政府許可，不得各別登报追悼與發訃，除分令外，合亟令仰遵照，并轉飭所屬一体遵照為要。」

等因；自應遵办。除分別函令外，合行令仰該廳遵照，并飭屬遵照。此令。

主席 陳儀

福建省教育厅关于防范奸徒在后方焚毁校舍扰乱人心致大田县立初级中学的代电（一九四〇年五月二十四日）

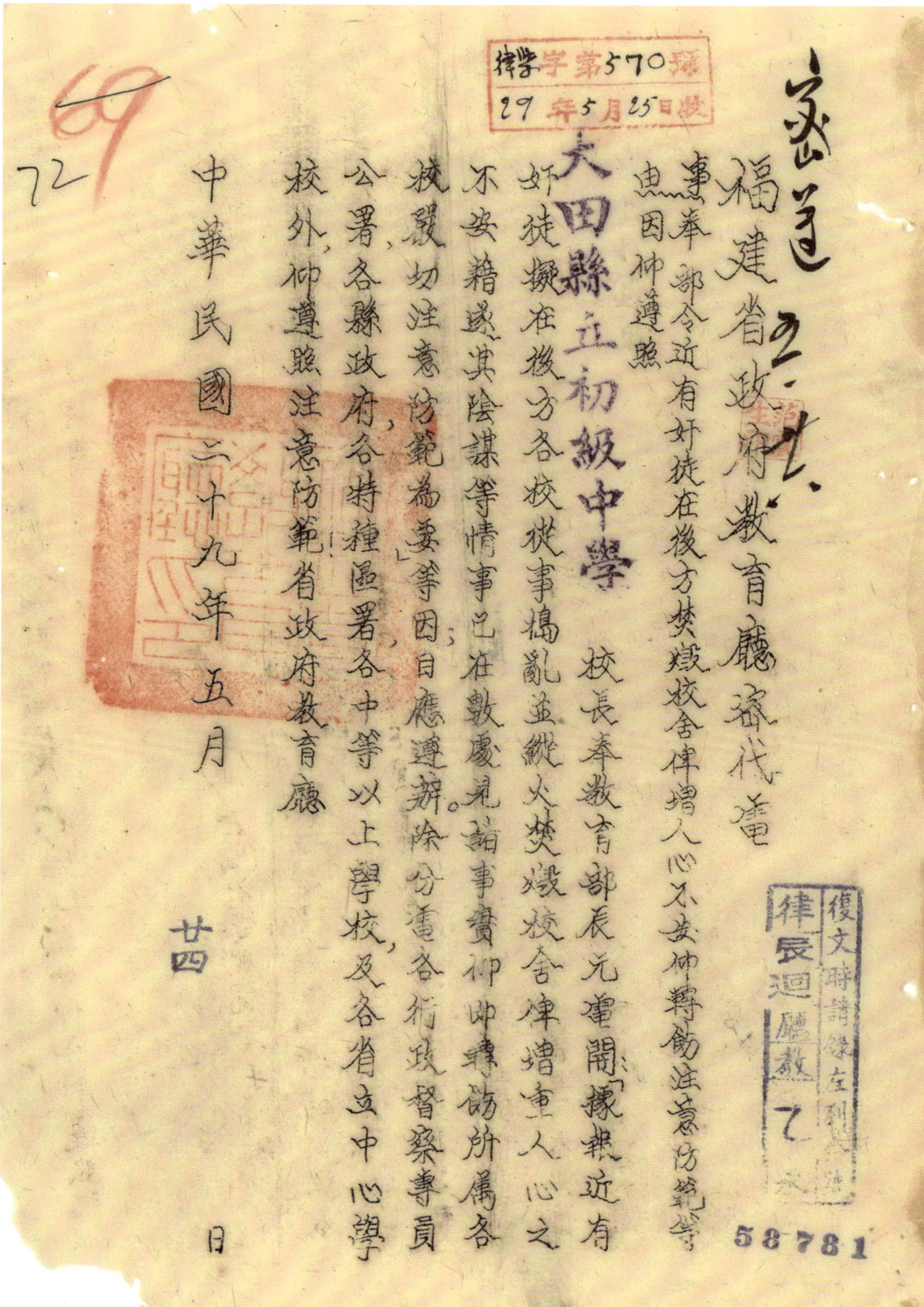

福建省政府教育廳寄代電

大田縣立初級中學校長：奉教育部長元電開：「據報近有奸徒擬在後方各校從事搗亂，並縱火焚燬校舍，俾增重人心之不安，藉遂其陰謀等情。事已在數處見諸事實，仰即轉飭所屬各校嚴切注意防範爲要。」等因。自應遵辦。除分電各行政督察專員公署、各縣政府、各特種區署、各中等以上學校及各省立中心學校外，仰遵照注意防範。省政府教育廳

中華民國二十九年五月廿四日

福建省教育厅关于连日敌机肆虐意图绝我文化特加注意警报致大田县立初级中学的代电

（一九四〇年六月八日）

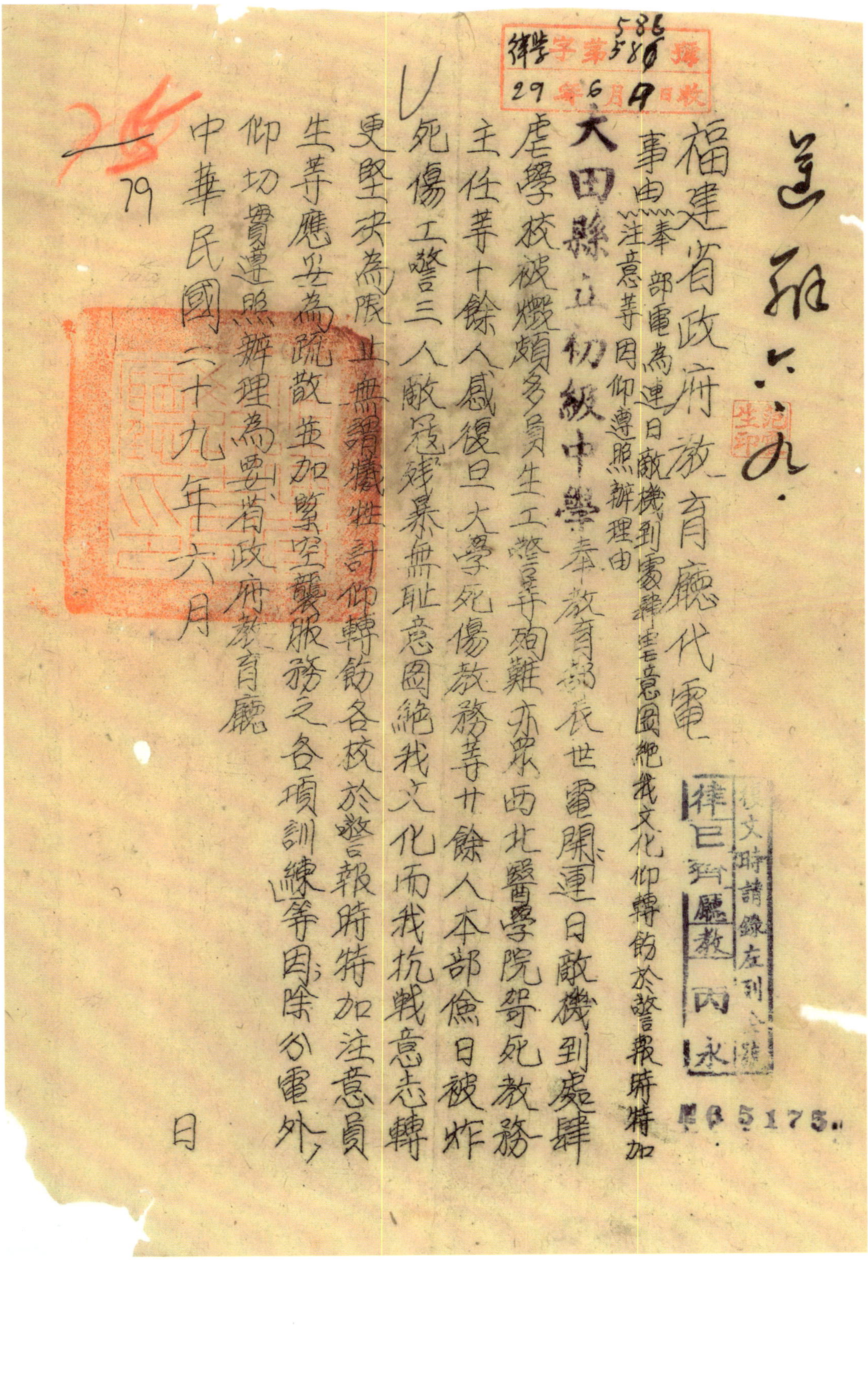
送辦 六、九

律字第586號 29年6月9日收

福建省政府教育廳代電

事由：奉部電為連日敵機到處肆虐意圖絕我文化仰轉飭於警報時特加注意等因仰遵照辦理由

大田縣立初級中學：奉教育部長世電開：連日敵機到處肆虐，學校被燬頗多，員生工警及其眷屬死難亦眾。西北醫學院哿死教務主任等十餘人，感復旦大學死傷教務等廿餘人，本部魚日被炸，死傷工警三人。敵寇殘暴無恥，意圖絕我文化，而我抗戰意志轉更堅決。為防止無謂犧牲計，仰轉飭各校於警報時特加注意，員生等應妥為疏散，並加緊空襲服務之各項訓練等因。除分電外，仰切實遵照辦理為要。省政府教育廳

中華民國二十九年六月 日

復文時請錄左列字號 律巳 教廳 丙 永

No 5175

福建省教育厅关于敌机又连日轰炸渝郊各校损失惨重应加强防空避免伤亡致大田县立初级中学的代电（一九四〇年六月十四日）

律字第592號
29年6月16日收到

送办 六、十七、

78 82

福建省政府教育廳快郵代電

事由：為復奉 部電敵机又連日轟炸渝郊各校損失甚重仰轉飭对於防空設備務應切实辦理等因仰切实遵照由

大田縣立初級中學 案查前奉 教育部長世電以敵機在渝狂炸文化機關，飭廳分令各校於警報時特加注意等因，當經電飭遵照辦理在案。茲復奉江電開：「長世電令對空襲妥為防護電甫發而敵机又連日轟炸渝郊各校損失甚重足証暴敵蓄意摧毁我教育文化机関用心至為險毒特再令仰轉飭各校對于防空準備務應切實辦理各訓導負責人員於空襲時尤須督率學生避入安全地點勿得玩忽免致無謂犧牲而盡監護之責為要」等因。除分電外，仰切實遵照為要。省政府教育廳（）

復文時請錄左列金號
律巳寒廳教乙水

67422

中華民國二十九年六月十四日

福建省政府关于转发第三战区司令部电知本战区歉收补救办法致大田县政府的代电（一九四〇年九月三十日）

擬遵並通令各鄉鎮中小學校長為倡導

福建省政府代電

事由：奉第三戰區司令長官司令部電知本戰區歉收補救辦法仰遵照由。

大田縣政府：奉第三戰區司令長官司令部八月卅午巫糧調字第1516號代電開：查本戰區內各省本年秋收普遍告歉，來春糧食恐慌堪虞，為適應長期抗戰力謀食糧自給計，亟應設法補救，以期有備無患。關于生產方面，應擴大多耕及栽培雜糧以期產量之增加關于消費方面應提倡人民自動節約及禁止食糧浪費例如勸導食用雜糧規定製品成數及限制糧食用途(如以米糧製麯造酒及以主要糧食喂養牲畜等)均為節存糧食之有效方法但人民狃于積習對于糧食向多浪費為使其明瞭自動節約起見應由各級政府聯合民眾團體與學校教職員生及鄉鎮保甲長等廣事宣傳造成風氣俾易推行抗建前途實深利賴除分電外即希查照轉飭遵照為盼等因除分電外合行電仰遵照為要省政府　糧二印

中華民國二十九年九月　　日

福建省政府关于转发第三战区司令长官代电附发浙省府防制鼠疫办法致各县县政府、特种区署的训令（一九四〇年十二月）

事由：奉第三戰區司令長官代電附發浙省府防制鼠疫辦法九條合將抄發仰遵辦由

福建省政府訓令

令各縣縣政府
特種區署

案奉

第三戰區司令長官二十九年十一月陽絨衔第0373號代電開：

「查浙省鄞衢兩縣先後發生鼠疫，發病均極迅速且無一般鼠疫流行病學上豫發象徵如大量死鼠之發見，並據調查所得鄞縣於發病前一週敵機曾在疫區上空擲下小麥，衢縣於十月四日在現在疫區中心敵機亦曾擲下穀類及小麥，其中且混有跳蚤，最近復在金華擲下顆粒狀物，經搜集研究証實確係鼠疫桿菌，顯然敵方施行細菌戰無疑，敵人狠毒成性，竟施此種慘絕人寰之戰爭，深堪髮指爲安定後方抗戰起見自應加緊防治對策而防疫工作在在胥賴行政力量之推動茲查浙省府對於鼠疫防制辦法内有應行辦理事項九條尚屬切要相應摘錄電達即希查照轉飭所屬切實辦理具復爲要」。

等因附浙省防制鼠疫辦法一份奉此自應遵辦除関防疫編輯教材等飭由衛生處訂定另行分發並分行外合行令仰該縣區長切實遵照辦理並將辦理詳情隨時具報爲要此令。

附發防制鼠疫辦法

中華民國二十九年十二月　日

主席陳儀

福建省教育厅关于抄送省政府严防敌机散布鼠疫杆菌致大田县立初级中学的训令（一九四一年一月七日）

福建省政府教育廳訓令

事由：准衛生處抄送省政府律亥删府衛防永一三九二五號代電囑查照等由抄發原訓令仰遵照由

令大田縣立初級中學

案准

衛生處通報抄送

省政府律亥删府衛防永一三九二一五號代電一件囑查照等由除分别函令外合行抄發原代電令仰遵照此令

附抄發省政府代電一件

中華民國三十年一月七日

廳長鄭貞文

附：福建省政府关于严防敌机散布鼠疫杆菌的代电

抄件

事由：為敵機散佈鼠疫桿菌仰飭注意嚴防由

福建省政府代電　律亥刪府衛防永13921號

案奉第三戰區司令長官艷垓電開「查甬衢先後發生鼠疫据報病菌由敵机傳播雖未經切实証明但事有可能嗣後遇有敵机散佈傳單或任何物品應立即焚燬以資防範并飭屬遵照為要」等因併据浙江省衛生處處長陳萬里等戌陷金電以金華儉日敵机散佈顆粒狀物經鏡檢為鼠疫桿菌俟培養及動物接種後再行报告」等情前來除分電外合亟電仰遵照并飭屬注意嚴防為要省政府　衛甲永印

中華民國二十九年十二月　日

福建省政府、驻闽绥靖主任公署关于公布福建省惩治奸商暂行条例的公布令（一九四一年四月）

128

事由：公布福建省懲治奸商暫行條例由

福建省政府
駐閩綏靖主任公署
公布令　府秘綏辛法字第二五四五號

茲制定福建省懲治奸商暫行條例公布之。

此令。

中華民國三十年四月　日

主席兼主任陳儀

福建省懲治奸商暫行條例

第一條 本省為穩定地方秩序、民衆生活、鞏固抗戰基礎，凡作戰期內之奸商，依本條例懲治之。

第二條 對於日用必需品犯本條例所定各罪者為奸商。

第三條 本條例稱日用必需品者，指米、穀、雜糧、油、鹽、棉花、布尺、柴炭、蔬菜、肉類，

第四條 對於日用必需品有投機壟斷、囤積居奇，或其他操縱行為者，處無期徒刑或五年以上有期徒刑，得併科其價額三倍以下罰金。

犯前項之罪，致市上生缺乏而影響治安者，處死刑，得併科其價額三倍以下罰金。

第五條 意圖營利，私運日用必需品出口或往被敵人暴力控制區域者，處死刑、無期徒刑或十年以上有期徒刑，得併科其價額三倍以下罰金。

犯前項之罪，致市上生缺乏而影響治安者，處死刑，得併科其價額三倍以下罰金。

第一項之未遂犯罰之。

第六條 意圖營利，私運米、穀、雜糧、油、鹽、棉花、布尺出省境者，處三年以

上十年以下有期徒刑，得併科其價額三倍以下罰金。

犯前項之罪，致市上生缺乏而影響治安者，處無期徒刑或五年以上有期徒刑，得併科其價額三倍以下罰金。

第一項之未遂犯罰之。

第七條　不依評價買賣或攔途截購日用必需品圖利，足使市上生缺乏者，處七年以下有期徒刑，得併科一千元以下罰金。

第八條　意圖營利對於日用必需品變更原有品質或攙雜其他物品，足以妨害他人之健康者，處三年以下有期徒刑，得併科五百元以下罰金。

第九條　軍人或公務員犯本條例之罪或包庇他人犯之者，依各該條最高刑處斷。

第十條　犯本條例之罪者由有軍法權機關審判，呈由　中央最高軍事機關核准後執行。

第十一條　本條例所未規定者，依其他法令之規定。

第十二條　本條例自公布日施行。

福建省政府、驻闽绥靖主任公署关于公布福建省战时经济巡查团规程的公布令（一九四一年四月）

事由：公布福建省戰時經濟巡查團規程由

福建省政府
駐閩綏靖主任公署 公布令 府秘綏字第二〇四四號

茲制定福建省戰時經濟巡查團規程公布之。

此令。

中華民國三十年四月 日

主席兼主任陳儀

附：福建省战时经济巡查团规程

福建省戰時經濟巡查團規程

第一條 駐閩綏靖主任公署福建省政府為平衡物價安定民衆生活維持地方秩序鞏固抗戰基礎特設戰時經濟巡查團（以下簡稱本團）

第二條 本團巡查區域為福建全省

第三條 本團設主任委員一員委員六員以左列人員擔任之

一 福建省政府委員一員

二 駐閩綏靖主任公署一員（在高級軍法官中遴派）

三 福建省黨部一員

四 福建省臨時參議會一員

五 閩浙監察使署一員

六 福建省政府建設廳一員

七 福建省糧食管理局一員

上列第一項人員為主任委員餘為委員

第四條　前條所列人員經原屬機關指定後由駐閩綏靖主任公署福建省政府會同函聘令派之

第五條　本團主任委員承駐閩綏靖主任福建省政府主席之命主持本團一切事宜委員受主任委員之指導分任巡查及執行特定任務

第六條　本團設幹事二人至四人分任會計庶務文書各項事務由主任委員就福建省政府各廳處現職相當人員調用並得僱用僱員二人至四人辦理收發繕寫及其他事務

第七條　本團附屬憲兵一班由駐閩綏靖主任公署福建省政府就憲兵第四團撥派之

第八條　本團之關防戳記由駐閩綏靖主任公署福建省政府會同刊發

第九條　本團之任務如左

一　檢查糧食管制與物價平定之執行事項

二　督飭并指導各地地方政府取締黑市事項

三　接受民衆檢告或控舉懲辦各地文武官吏及人民關於（一）（二）兩款之違法舞弊事項

四　查察并懲辦商民之囤積居奇投機操縱等事項

五　考察并促進改善其他與抗戰有關之經濟事項

第十條　本團為達成任務起見每至一地得由主任委員分派委員前往必要地區實施視查或深入民間化裝訪察

第十一條　本團應有定期之委員會議研討左列各事項

一　各委員出巡前研究任務之分配及工作之注意點

二　各委員出巡回團時聽取其報告并討議改進以後工作之方法

三　其他應行討論事項

主任委員遇有重要問題得召開臨時會議研究

第十二條　本團附屬憲兵受本團之指揮執行搜查檢拘逮捕人犯及其他執行事項

第十三條　本團發覺應行總辦之軍法案件有緊急處置必要時由派充本團委員之軍法官依職權審理並得於核准後就地處決餘應連同證件分別移送就近有權審判機關訊辦

前項移辦案件由本團通知受理機關認真辦理並將辦理情形通知本團

第十四條　本團執行任務得向各文武機關部隊考查情況必要時并得調閱各種有關文件冊據各機關部隊應盡量提供之

第十五條　本團巡查經過及處置情形按旬分報駐閩綏靖主任公署福建省政府備查但重大事件應隨時專案報核

第十六條　本團經費應造具預算經核准後向省庫支撥不得接受任何機關部隊團体或私人供應招待

第十七條　本規程自公布日施行

福建省政府关于公私立中等以上学校战时临时处置办法致大田县立初级中学的训令（一九四一年六月一日）

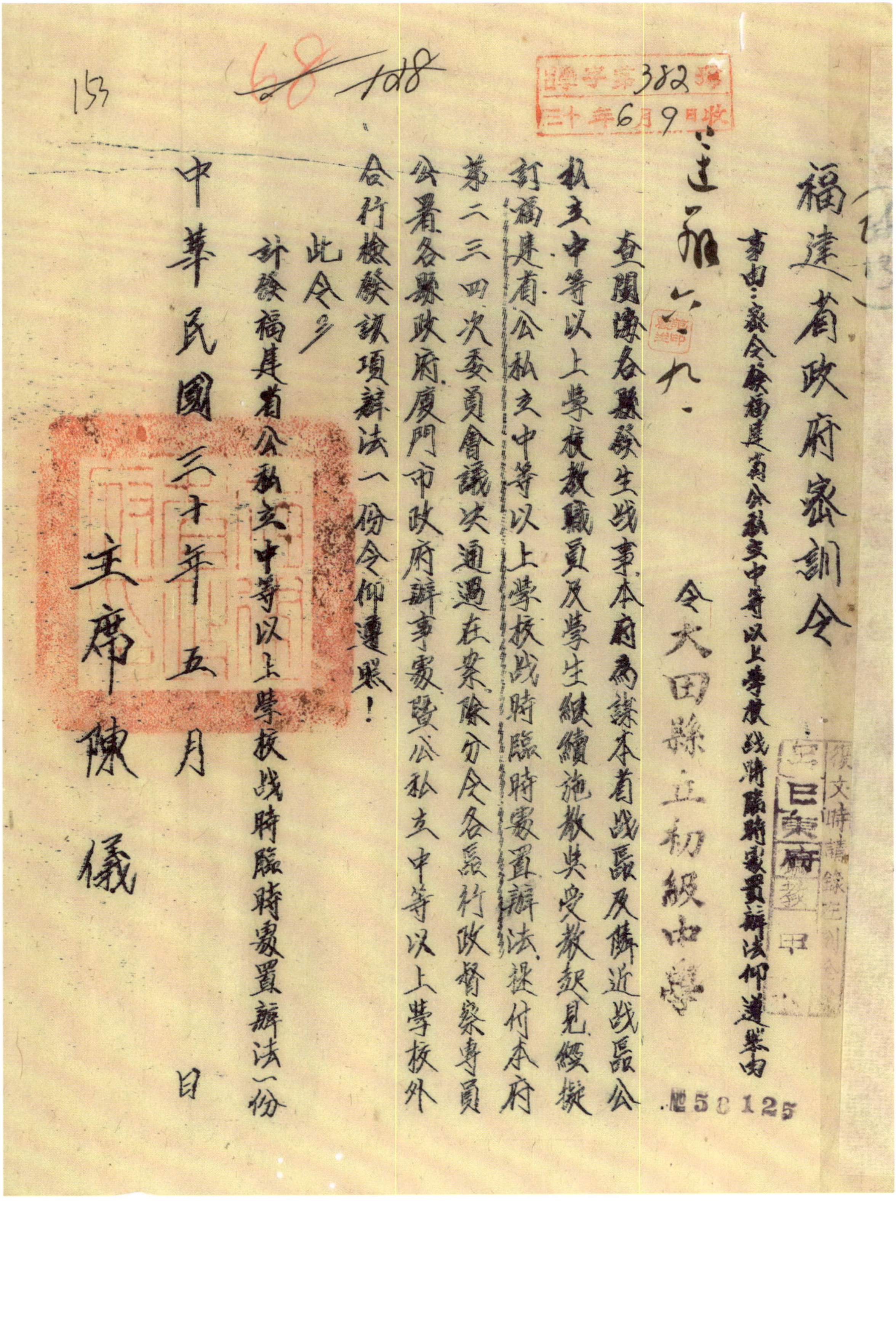

福建省政府密訓令

事由：密令發福建省公私立中等以上學校戰時臨時處置辦法仰遵照由

令大田縣立初級中學

查閩省各縣發生戰事，本府爲謀本省戰區及鄰近戰區公私立中等以上學校教職員及學生繼續施教與受教起見，經擬訂福建省公私立中等以上學校戰時臨時處置辦法，提付本府第二三四次委員會議決通過在案。除分令各區行政督察專員公署、各縣政府、廈門市政府辦事處暨公私立中等以上學校外，合行檢發該項辦法一份，令仰遵照！

此令。

計發福建省公私立中等以上學校戰時臨時處置辦法一份

中華民國三十年五月　日

主席　陳儀

福建省公私立中等以上學校戰時臨時處置辦法

一、福建省政府為謀本省戰區及鄰近戰區公私立中等以上學校教職員及學生繼續施教與受教起見，特訂定本辦法。

二、本省鄰近戰區公私立中等以上學校，均須依左列規定呈准遷移，不得自行解散：

（1）在閩清、永泰、古田等縣境內者，應即將遷移；

（2）在霞浦、福鼎、福安、寧德、莆田、仙遊、惠安、南安、晉江、同安、思明、詔安、漳浦等縣境內者應準備遷移；

（3）應準備遷移之學校，屬於省立者另案規定，屬於縣立者由縣政府準備，必要時得予併入臨時中學，屬於私立者由省另行指定遷移地點。

三、應行遷移之學校，由省分別指定建寧、泰寧、寧化、明溪、清流、屏南、水吉、邵武、順昌、將樂等縣境內之適當地點督促遷移。

四、各校教職員應協助校長辦理遷校事宜，並以隨校遷移為原則。

五、各校學生應隨校疏散，其未能隨校疏散者，得轉學原籍或其鄰近縣份之學校，但[illegible]來安沙县、六学校除原隶各该县县籍学生得转入外，其他县籍学生不得转入。

六、各校迁移时，员生均应徒步或利用民船，并应携带被帐、服装、书籍及盥洗用具等必需品。

七、各校迁移时，由省派员于主要地点接待，并由当地县政府协助。

八、应即迁移之学校属于省立者，搬运费由省拨给；属于县立者，搬运费由县拨给；属于私立者，搬运费由校负担。沿途员生膳费均由省供给，但不得在途逗留。

九、应即迁移之学校如有特殊困难无力迁移者，其原有学生由省按下列原则设临时中学收容之。

十、1，临时中学校址，设在本府所指定之各县境内。

2，临时中学校数，视需要情形临时决定。

3，临时中学校舍利用公有场所，必要时得饬建简单之临时校舍。

4，临时中学农场由当地县政府拨用。

5，临时中学校具由校自制，以为原则，饬退各校校具以不搬为原则，并由当地县政府保管。

154

6、臨時中學應儘量利用撤退各校原有設備、書籍、儀器、校具等設置。(撤退各校重要簿籍、學生疏散後,與此時應全數撤出)

7、臨時中學校長由省委派。

8、臨時中學經費由省撥給。

9、臨時中學學生,凡由戰區及附近戰區退出之學生,均免收學什費,並應由省供給膳費,其家境特殊困難經查明屬實者,由校斟酌情形,予以膳費之補助,補助分全部及部分兩種,所需經費由省撥給。

10、臨時中學實行半工半讀制。

十、應準備遷移之學校,應預籌必要準備費(以各該校二個月經常費為標準),省立者由省庫支給,由各該校遷移時向當地代理公庫之省銀行領取,其支撥方式由財政廳與省銀行預先商定之;縣立學校由縣政府於該校遷移時以最急支付書撥給;私立學校由校董會發給。

十一、應準備遷移之私立職業學校,科目相近者應設法合併辦理,其不能合併者得單獨辦理,並得由省酌予補助。

十二、准予开迁移学校之员生，应自行准备迁移费，但必要时，得由省酌予补助。

十三、各中等学校合并或改组后，其原有校长、教职员由省调派服务或另予以救济。

十四、本府对于应迁移及准备迁移学校之经费，得为临时必要之处置。

十五、各校经合并或临时中辍或经暂合办理后，俟战事结束，仍得恢复原状或单独设立。

十六、本府得在比较安全县份（如永安、龙岩、上杭、长汀等县）内择定若干原有中等学校加以扩充或佈置简单临时校舍，以收容本省由战区或邻近战区退出之中等学校员生。

十七、本办法如有未尽事宜，得随时修改之。

十八、本办法自公布之日施行。

福建省教育厅关于抄发福建省战时经济巡查团规程、福建省惩治奸商暂行条例致大田县立初级中学的训令

（一九四一年六月十九日）

（政12）

127

福建省政府教育廳訓令

事由：令為抄發福建省戰時經濟巡查團規程福建省懲治奸商暫行條例仰知照由

閱 六.廿六.

令大田縣立初級中學

案奉

福建省政府、駐閩綏靖主任公署府秘綜辛法字第二五四八號訓令開：

"茲制定本省戰時經濟巡查團規程及本省懲治奸商暫行條例，除公布並呈報軍事委員會備案並分行外，合行檢發公布令及原規程條例各一份，令仰該廳長知照，並飭屬一体知照。"

等因，附發公布令二件、福建省戰時經濟巡查團規程一份、福建省懲治奸商暫行條例一份。除分別函令外，合行抄發原附件，令仰知照。

此令。

附抄發公布令二件、福建省戰時經濟巡查團規程一份、福建省懲治奸商暫行條例一份

中華民國三十年六月　日

廳長 鄭貞文

65195

福建省教育厅关于转发福建省游击区域及接近战区省属各机关收支处理暂行办法致大田县立初级中学的训令

（一九四一年六月二十三日）

福建省政府教育廳訓令

事由：奉省政府令發福建省游擊區域及接近戰區省屬各機關收支處理暫行辦法仰遵照辦理並轉飭所屬遵辦等因合行抄發前項辦法仰遵辦由

令大田縣立初級中學

案奉

省政府呂己齊府財乙永六一六二五號訓令開：

「查本省已進入戰時階段，對於游擊區域及接近戰區省屬各機關施行公庫法，除實上尚可依法辦理者外，其情形確有特殊障礙者，自應酌予變通，以資救濟。茲特參照行政院陽字第二六五零號令頒游擊區域及接近戰區地方各機關收支處理暫行辦法，並酌量事實，訂定福建省游擊區域及接近戰區省屬各機關收支處理暫行辦法，以期適應戰時環境，俾資遵循。唯縣庫應隨同縣

9796

政府共進退已另訂辦法飭遵除分令外合行檢發該項辦法乙份（附報表格式及填法全份）令仰遵照辦理並轉飭所屬遵辦」

等因；計發福建省游擊區域及接近戰區省屬各機關收支處理暫行辦法乙份，（附報表格式及填法全份）奉此。除分別函令外，合行抄發前項暫行辦法乙份，（附表格填法全份）令仰遵辦！

此令。

計抄發福建省游擊區域及接近戰區省屬各機關收支處理暫行辦法一份（附報表格式及填法全份）

中華民國三十年六月　日

廳長　鄭貞文

附：福建省游击区域及接近战区省属各机关收支处理暂行办法

福建省游擊區域及接近戰區省屬各機關收支處理暫行辦法

一、游擊區域及接近戰區省屬各機關（以下簡稱各機關）施行公庫法事實上確有特殊障礙報經省政府核准臨時酌予變通者其收支之處理適用本辦法之規定

二、各機關收入暫得自行收納保管但應按旬填具繳款書連同現金設法送交附近代理省庫之省銀行或直接匯交永安省銀行並將繳款書送寄財政廳代收庫帳

三、各機關經費暫得自行保管支用其領款手續依左列兩款辦理

甲、無收入之機關其經費由省庫直撥財政廳依照核定分配預算數按月填具直字支付書送經審計機關核簽後交由省總庫直接匯至附近省銀行或填具撥字支付書交主管機關代領轉匯附近其他銀行郵局一面由財政廳以最迅速方法通知該領款機關逕向洽領

乙、有收入之機關（如稅務局等）其經費隨時由省政府電飭照核定分配預算數或核准額在征存省款內支撥並於領款後填具繳款書及領款收據送財政廳核明轉賬未奉省政府電飭坐支不得擅自撥款違者由該機關長官自行負責

四、前條乙款書據經財政廳核案相符即填直字支付書並加蓋「此款由該機關收入項下支撥」戳記送請審計機關核簽後連同書據一併交由省庫轉賬並將省庫簽證之繳款書存根聯送繳款機關收執

五、各收入機關暨各支用機關應分別造具自行收入旬報表及自行支出旬報表三份呈送省政府發交財政廳會計處及審計機關查核

六、自行保管之款遇有損失時除確因天災事變非人力所可抗禦經主管上級機關查明屬實轉請審計機關核准解除責任者外應由自行保管之機關負責人員負賠償之責

七、本辦法自公佈日施行

97

各機關自行支出旬報表

（支用機關名稱）

中華民國　　年　　月　　旬　　字第　　號第　　頁

科目	款項年份	摘要	支付書字	支付書號數	請領情形	收入（億百十萬千百十元角分）	支出（億百十萬千百十元角分）	結存（億百十萬千百十元角分）
		合計						

存款處所	備考：
省銀行	
其他行號或郵局	
本機關	
合計	

機關長官　　　　主辦會計人員　　　　主辦出納人員

各機關自行支出旬報表填法

一、「支用機關名稱」處應填造報機關之完全名稱。
二、「中華民國　年　月　旬」處應填本表所屬之年月旬。
三、「字第　號」處應按編定之字號順序填列。
四、「第　頁」處應按本旬所造之本表張數順序填列，如本表僅有一張則
於「第　頁」之附填「一」「全」字。
五、「科目」欄應照岁出總預算所定科目名稱各填其名稱。
六、「款項年月份」欄應填各岁出款項所屬之年月份，其以日期計算者，
並應填日期之起止。

七、「摘要」欄應擇要填註各歲出款項應行說明事項（如受款人用途等）如無填註之必要者，得省畧不填。

八、「支付書字號」欄應按照支付書編定之字號填列。

九、「請領情形」欄應按照請領經費時實際情形分別填註，例如其經費係由庫直發者，應填註「財政廳直發經費」字樣，如係坐支者應填註「在本機關某年月份某項收入數內坐支」字樣。

十、「收入」欄應填本旬各項經費實收之數目。

十一、「支出」欄應填本旬各項經費實支之數目。

十二、「結存」欄應填上旬總結存數及本旬收入數支出數之差額。

十三、本旬收入支出結存之合計數應填列于各該欄之末行。

十四、「存款處所」欄應分別填註各存款處所名稱及存款數額，其合計數須與「結存」欄之合計數相等。

十五、「備攷」應填註「摘要」欄以外之應加說明或解釋事項，如無填註之必要，得省略不填。

十六、造報機關長官、及主辦會計人員，主辦出納人員均應于本表下端分別職銜署名蓋章。

十七、本表所列收支，除同科目及同年月份外，不得併填一筆。

十八、本表規定長連邊二十八公分，寬連邊三十三公分。

各機関自行收入旬報表

（收入機関名稱）

中華民國　　年　　月　　旬　　字第　　號第　　頁

科目	款項		摘要	繳款書		繳解情形	收入									支出									結存							
	年	月份		字	號數		百	十	万	千	百	十	元	角	分	百	十	万	千	百	十	元	角	分	百	十	万	千	百	十	元	角	分
			合計																														

存款處所	備攷：
省銀行	
其他行號及郵局	
本机関	
合計	

機関長官　　　　主辦會計人員　　　　主辦出納人員

各機関自行收入旬報表填法

一、「收入機関名稱」處應填造報機関之完全名稱。

二、「中華民國　年　月　旬」處應填本表所屬之年月旬。

三、「字第　號」應按編定之字號順序填列。

四、「第　頁」應按本旬所造之本表張數順序填列，如本表僅有一張，則於「第　頁」之間填「全」字。

五、「科目」「款」「項」應照省政府歲入總預算所定科目名稱，各填其名稱。

六、「款項年月份」欄應填各歲入款項所屬之年月份，其以日期計算者，並應填日期之起止。
七、「摘要」欄應擇要填註各歲入款項應行說明事項，如無填註之必要得省略不填。
八、「繳款書字號」欄應按照繳款書編定之字號填列。
九、「繳款情形」欄應按照繳解時實際情形分別填註，例如繳解就近省庫分支庫核收者，應填註收款省庫之名稱，如係托由就近行號或郵局滙解省庫者應填註「託由某行號或某郵局滙解某收款省庫」字樣，如係在收入款內坐支本机関經費者，應填註「坐支本机関某年月份某項經費」字樣。
十、「收入」欄應填本旬各款實收之數目。
十一、「支出」欄應填本旬各款項現解或抵解之數目，並于「現或抵」欄內分別填註「現」字或「抵」字。
十二、「結存」欄應填上旬總結存數及本旬收入數支出數之差額。
十三、本旬收入支出結存之合計數應填列于各該欄之末行。
十四、「存款處所」欄應分別填註各存款處所名稱及存款數額，其合計數須與「結存」欄之合計數相等。
十五、「備考」欄填註「摘要」欄以外之應加說明或解釋事項，如無填註之必要，得省略不填。
十六、造報机関長官及主辦會計人員、主辦出納人員應均於本表下端分別職銜署名蓋章。
十七、本表所列收支除同科目及同年月份外，不得併填一筆。
十八、本表規定長連邊二十七公分寬連邊三十三公分。

福建省教育厅关于转发省政府有关绍兴失守情形和凡包庇走私牟利均处极刑致大田县立初级中学的训令

（一九四一年七月二十五日）

敵手等情查刑震南負責守土乃事前疏於防範以致走私
横行漢奸密佈臨事復棄職潛逃殊屬玩忽職責罪無可逭已
令顧長官就地槍決何疑負責守備雖僅十六師兵力一營防
綫較寬但平時對走私及管制第五縱隊防備不嚴應交軍法
嚴審法辦八六軍政治部大敵當前尚在演劇以致敵寇乘間
擾亂該政治部主任及當時在組主要政工人員亦應嚴審法
辦其餘軍警政工各員或疏於防範或考察欠週均應查明懲
處(乙)查此次紹興之失厥由于軍政包庇奸商走私組織第五
縱隊以後凡走私牟利或包庇走私者均應依法處以極刑除
通令並派員密查外仰通飭所屬一体遵照為要」等因除分令
各廳處會局、各區行政專員各縣政府各特種區署外合行令
仰遵照並轉飭所屬一体遵照，此令」
等因除分别函令外合行令仰遵照此令。

中華民國三十年七月　日

廳長鄭貞文

福建省教育厅关于由敌海陆空军所获重要文件应迅速解送致大田县立初级中学的代电（一九四二年一月二十三日）

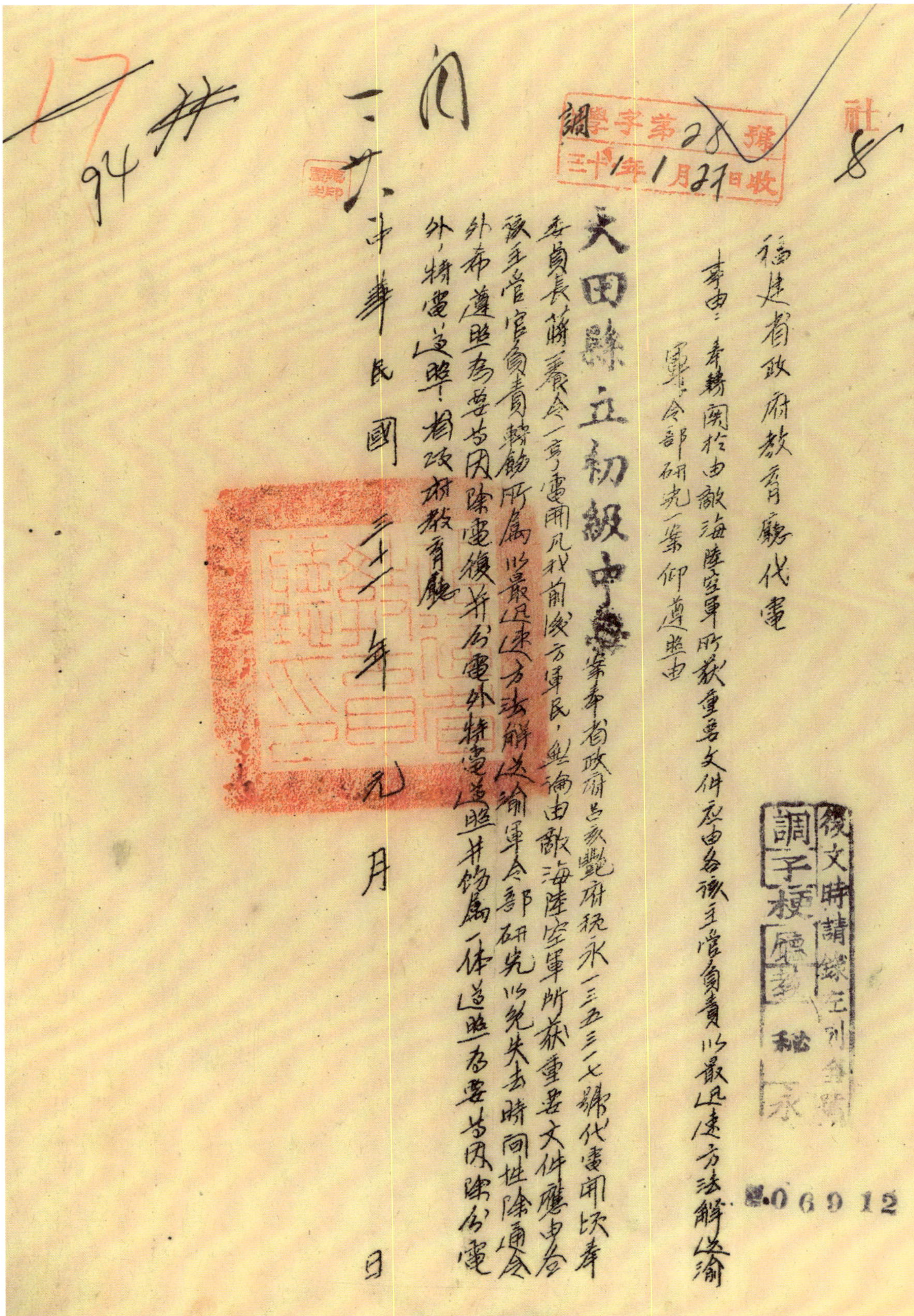
福建省政府教育廳代電

事由：奉轉關於由敵海陸空軍所獲重要文件應由各該主管負責以最迅速方法解送渝軍令部研究一案仰遵照由

大田縣立初級中學：案奉省政府己亥艷府秘永一三五三七號代電開：「准軍事委員會委員長蔣養令一亨電開：凡我前後方軍民，無論由敵海陸空軍所獲重要文件，應由各該主管官負責轉飭所屬，以最迅速方法解送渝軍令部研究，以免失去時間性。除通令外，希遵照為要。等因。除電復并分電外，特電遵照，并飭屬一體遵照為要。」等因。除分電外，特電遵照。省政府教育廳。

中華民國三十一年元月　日

福建省教育厅关于转发省政府禁止民众游行扰乱治安致大田县立初级中学的代电（一九四二年三月八日）

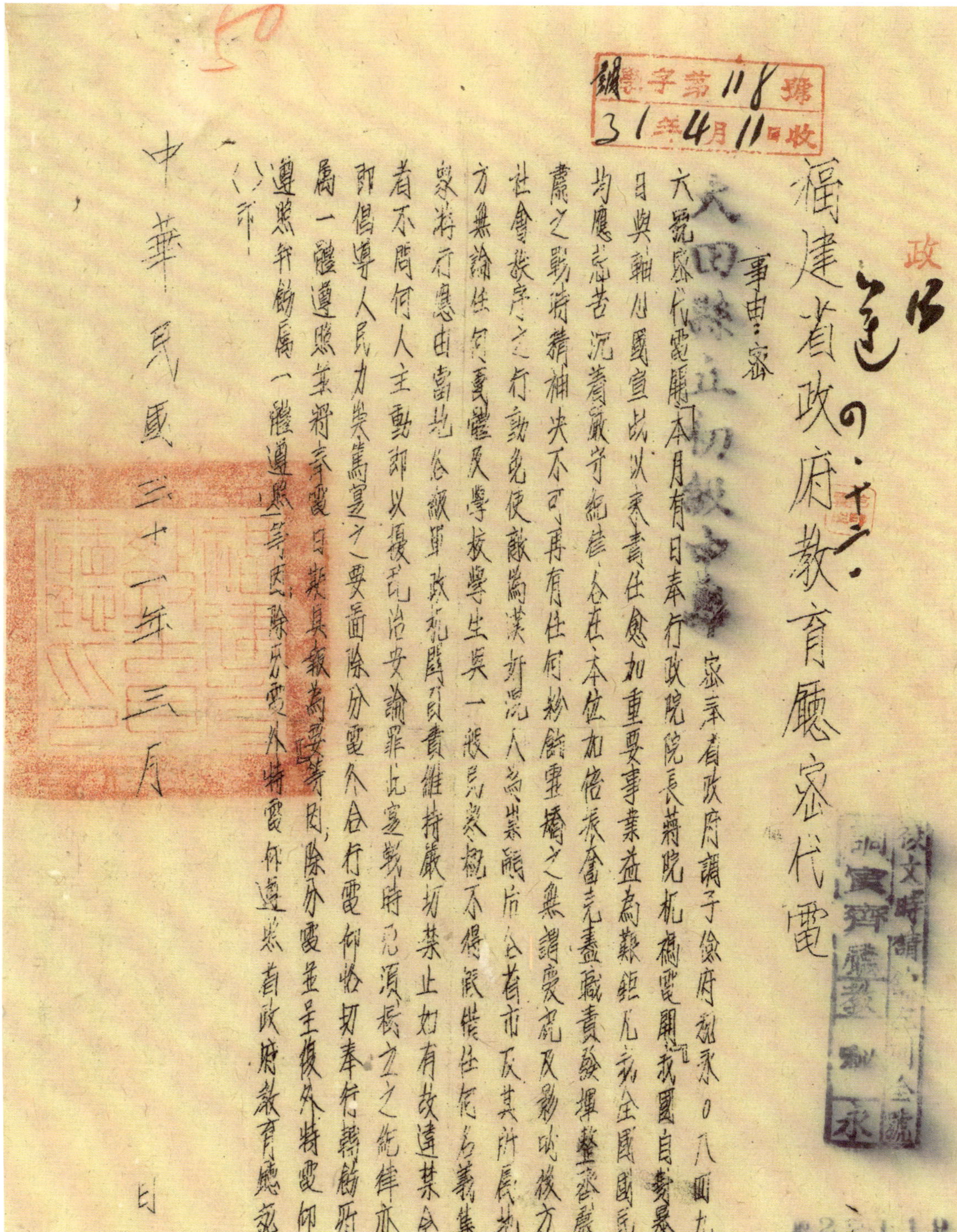
福建省政府教育廳密代電

事由：密

密。奉省政府調子儉府秘永〇八四九

大號密代電開：「本月有日奉行政院院長蔣皖机穩電開：我國自對暴

日與軸心國宣戰以來，責任愈加重要，事業益為艱鉅，凡我全國國民

均應忍苦沉着，嚴守紀律，各在本位加倍振奮，克盡職責，發揮整齊嚴

肅之戰時精神，決不可再有任何紛飭虛矯之舉，譁變亂及影响後方

社會秩序之行動，免使敵偽漢奸混入為崇，能片令各省市及其所屬地

方無論任何團體及學校學生與一般民眾，概不得假借任何名義集

眾游行，應由當地各該軍政機關負責維持，嚴切禁止，如有故違禁令

者，不問何人主動，即以擾亂治安論罪，此為戰時尤須養成之紀律，亦

即倡導人民力矢篤實之要圖，除分電外，合行電仰恪切奉行，轉飭所

屬一體遵照，並將奉電日期具報為要。」等因；除分電並呈復外，特電仰

遵照，并飭屬一體遵照。」等因；除分電外，特電仰遵照。省政府教育廳寅齊

一（八）印

中華民國三十一年三月 日

收 31年4月11日 學字第118號

福建省教育厅关于我国向暴日及轴心国宣战严禁假借名义集众游行致大田县立初级中学的训令
（一九四二年三月二十四日）

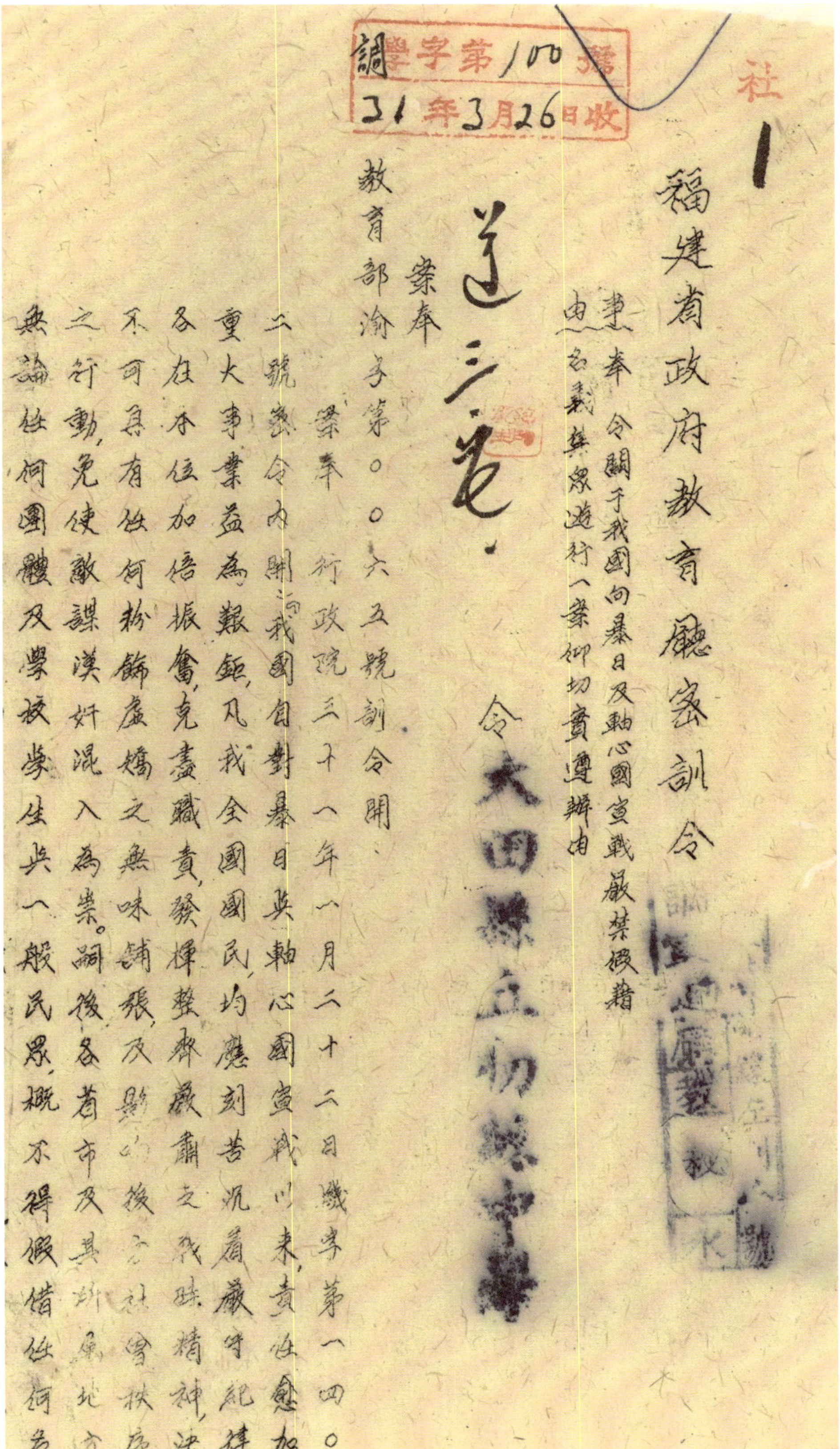

1

福建省政府教育廳訓令

事由：奉令關于我國向暴日及軸心國宣戰嚴禁假藉名義集衆遊行一案仰切實遵辦由

令 大田縣立初級中學

案奉

教育部渝字第〇〇六五號訓令開：

案奉行政院三十一年一月二十二日順字第一四〇二號訓令内開：我國自對暴日與軸心國宣戰以來，責任愈加重大，事業益爲艱鉅，凡我全國國民，均應刻苦淬厲，嚴守紀律，各在本位加倍振奮，克盡職責，發揮整齊嚴肅之戰時精神，決不可再有任何粉飾虚矯之無味鋪張，及影响後方社會秩序之行動，免使敵諜漢奸混入爲祟。嗣後各省市及其所屬地方，無論任何團體及學校學生與一般民衆，概不得假借任何名義集眾遊行，應由當地各級軍政機關負責取締，嚴切禁止，如有故違禁令者，不問何人主動，即以擾亂治安論罪。此實戰時必須樹立之紀律，亦即倡導人民力崇篤實之要圖。除分令外，合行令仰恪切奉行，轉飭所屬一体遵照，並將奉令日期具報為要。」等因，奉此，除呈復並分令外，合行令仰該廳轉飭所屬各校切實遵照辦理具報為要」等因，除分別並令外，合行令仰切實遵照。

此令。

中華民國三十八年三月　日

廳長　鄭貞文

大田县政府关于抄发应对敌机散播鼠疫菌办法及处理敌机掷下物品致县立初级中学的代电
（一九四二年四月十九日）

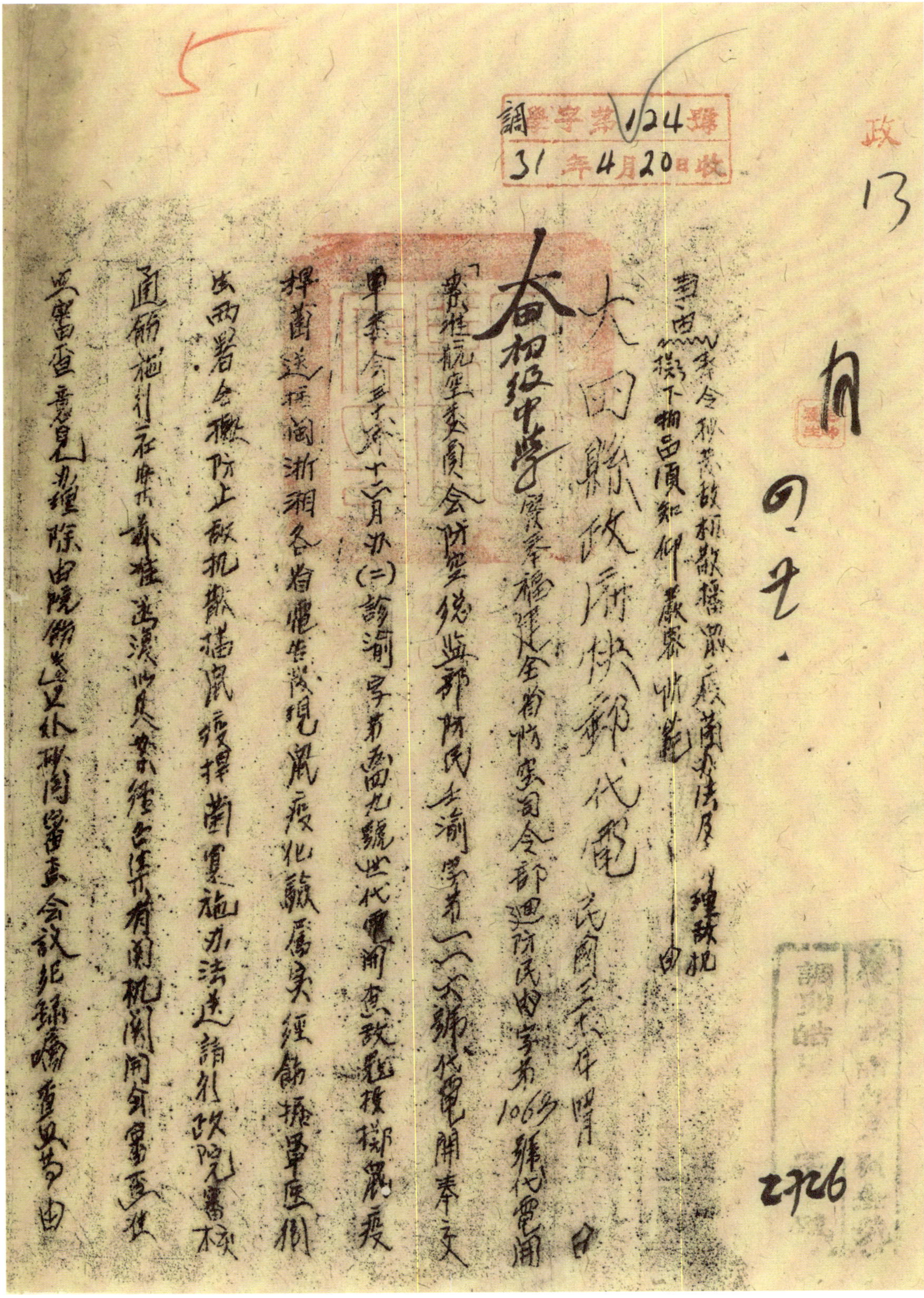

政 13

調學字第124號 31年4月20日收

事由：奉令抄發敵機散播鼠疫菌辦法及處理敵機擲下物品須知仰嚴密防範由

大田縣政府快郵代電 民國三十一年四月 日

本縣初級中學覽：案奉福建省保安司令部卅一防民肉字第1063號代電開：「案准航空委員會防空總監部防民壬渝字第一一六號代電開：奉交軍委會卅年十二月卅（二）諭渝字第五四九號世代電開：查敵機投擲鼠疫桿菌，迭據閩浙湘各省電告發現鼠疫死亡病例，屢經飭據軍醫署、衛生兩署會擬防止敵機散播鼠疫桿菌實施辦法，送請行政院審核通飭施行在案。茲准衛生署[illegible]經召集有關機關開會審查[illegible]呈奉留查意見辦理。除由院飭[illegible]外，并[illegible]會議紀錄[illegible]由

附紀録，仰節今節造皿外，合取抄箋，該今紀録内開前項財此欽札欽備

四鳳捷揮簡實施刑法及廷理致机鄉下物品須知各，仰置御造皿待飾所

屬，椿造皿，并御器屬網後對於防疫正作務須集民合作截力開此外

事功勞奥等因州縣刑法及須知各，仰本内陰外相核造，是須

刑法及須知各，仰遵請查照并請飭所屬法意防範為荷

由准此除分行外，合行抄發，是須刑法及須知各，仰遵照實行防範為要

茲因附刑法及須知各，仰奉此除分行外，合行抄發，原刑法及須知各

乙份，仰遵照實行防範為要。縣長羅誠純（印） 軍□即附原刑法

及須知各乙份

福建省战时物资管委会关于检发福建省战时物资管制法规致大田县战时物资管制处的代电

（一九四三年五月十五日）

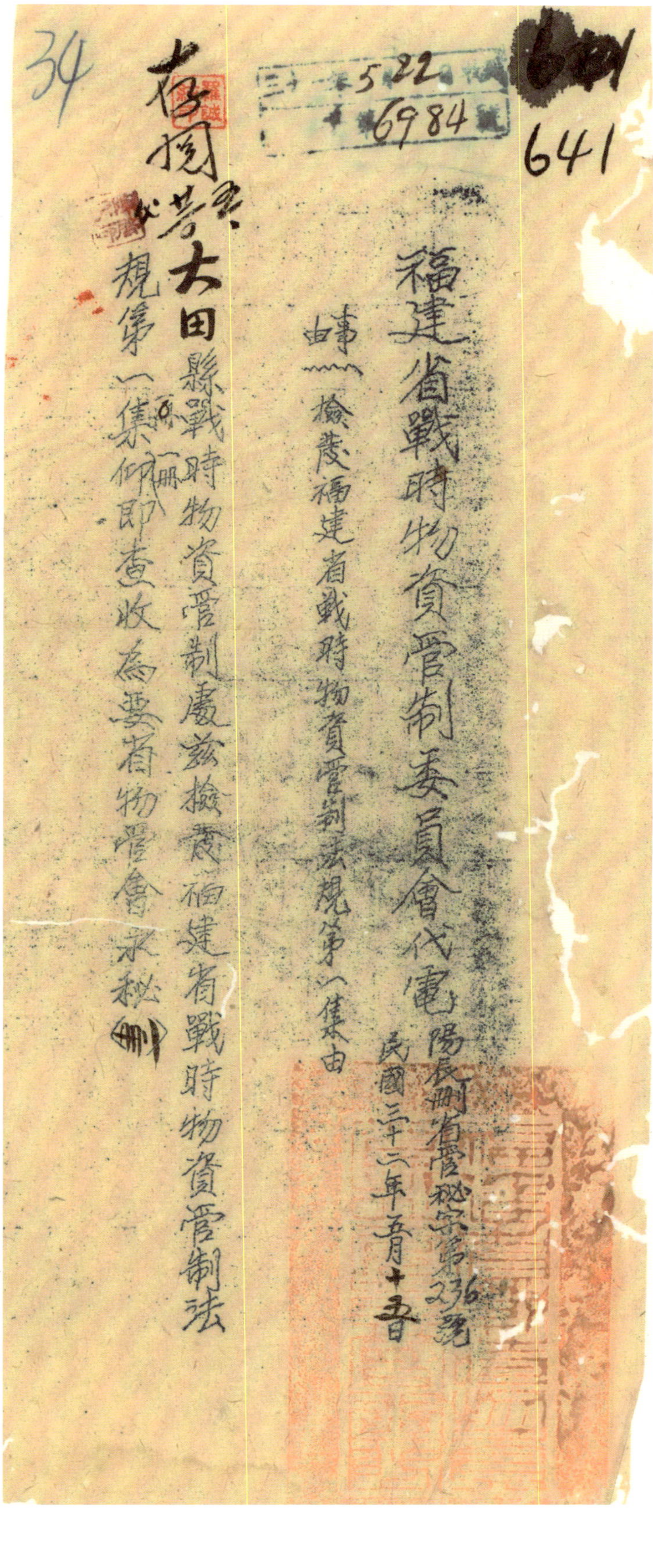

存閱

大田縣戰時物資管制處：茲檢發福建省戰時物資管制法規第一集（一冊），仰即查收為要。省物管會，禾秘（印）

福建省戰時物資管制委員會代電 陽長刪省管秘字第2236號

事由：檢發福建省戰時物資管制法規第一集由

民國三十二年五月十五日

三十二年五月

福建省戰時物資管制法規第一集

福建省戰時物資管制委員會編

37

目錄

特載

法規

七、福建省限價物品總登記辦法

八、福建省限價物品報運領證辦法

九、福建省各縣（市區）戰時物資管制處限價物品銷售報告暫行辦法

十、福建省戰時違反物資管制罰金充奬規則

十一、福建省戰時懲治違反管制物資應行注意事項

39
40

特載

加強管制物價方案報告書

業之當前經濟事業之嚴重性及其與抗戰建國成敗之關係，中正於本會開幕之日，業已將其概要，爲我同人懇切詳陳。蓋經濟事業內在之病根，足以影響軍需民生，使遭受無窮之損害者，又以物價問題之激烈波動爲最大之癥結。今欲障此狂瀾，俾復歸於安定，則必舉全國一切之經濟事業皆納於合理之範疇，而不容其有幾微之脫節，使與物價管制相濟相成，則以我國地利之饒，人力之充，果能本此準則，全國同心併力以赴，自給自足，決可操券而致。此吾人必具之信念，所應奮勉圖之者也。

查溯自二十六年七七事變，我國發動全面神聖抗戰以後，最初二年，雖以軍需供應驟見浩繁，甚於時，兼以調度得宜，金融之撐持穩定，與舉國人民之積極奮發，絕鮮乘時牟利之自私行爲，上下呼吸相應，猶如血脈交通，故其時全國各地之物價，尤以國民生活必需之農產品與生產必需之人力工資，均克保持平時之水準。直至二十八年下半年後，乃以外匯略有變動，暨後方運輸更見遲滯，於是民生與生產所需之外來物資，遂順勢而趨於上漲。然當此之時，內運物資固尚暢通，後方供應原無匱乏，果能源源應市，市場價格尚能旋漲而旋落。無如此時後方各大都市若干資財雄厚之豪商竟發戰時暴利之邪念，一方傾其全力搜索游資，以爭購外來貨物，壓迫國家外匯支付之負担。一方更將運入貨物囤積

加強管制物價方案報告書　　二

繼圖，阻隨而累至需要，緊縮價格之騰漲。迄二十九年以後，此種囤積居奇之惡風，且益復愈演愈烈，國內生產物資與農產物品，亦次第爲所蔓延。彼時中正即已注意及此，亟圖有以補救，無如我國社會基礎本未健全，而各方亦多囿於成見，憚於更張，管制進行倍感艱難，動形濡滯。於是囤積居奇之範圍亦遂變本加厲，由商人而播及都市較有資力之個人，播及散居鄉村之地主，甚至生產之工廠亦以存料減產坐待漲價爲得計，終且一般消費之人民鑒於漲價之無度，亦復竭力挪措微資，爭購物品，以求本身生活之保護。馴至整個社會皆於不知不覺之中，隨波逐浪，相率爲助長物價之行爲。夫內外物資之來源與生產有限，而各方取求攫奪之私慾無窮，則供求安得而臻平衡，價格安得而不紊亂。由是通盤影響，戰時軍需與國防建設以及行政教育等經費之支付，更皆因物價之步漲而逐步加甚其虧短之數額，以影響政府一向苦心維持之發行限度。通貨既被迫增加，徵稅募債儲蓄又不獲悉如預期，遂使社會游資愈多，囤積居奇之風愈盛，生產供應之力愈微，物資與工資騰漲之勢愈猛，而節約發行之政策亦愈難於貫澈。彼此循環牽連，互相爲因，互相爲果，以演成今日物價狂亂之現狀，實非我物庶民衆之中國所宜有，而其間受困最甚者，則我國防經濟之建設因而礙障其進行是也。受害最酷者，則我數百萬彊場戰士與百萬從事教育保安警察公務等人員皆以薪餉收入之固定因而危及其生活是也。此種狀態之推延，我各級政府秉數千年來政向寬大之平時觀念，不肯雷厲風行實施統制，固應首負其責，而各大都市之奸商豪猾囤積居奇圖發國難財之行爲，實爲導禍之階，不徒戰時經濟爲其動搖，而且我國民歷古相承重義輕利之固有道德亦爲所盪，決其爲可痛，無逾於此。由此亦知凡爲國民，均有愛國之良知，即在商界亦無例外，用茲所言，實不忍我舉國商民爲少數敗類所玷污，希望各自激發其愛國眞誠，恪遵政府法令，務使物歸於市，利合於法，以努力於物價之安定，則政府必將盡其保障扶持之職責也。

由上所述物價波動已與各種經濟循環相關之情形而觀，則知欲謀戰時經濟之鞏固，必須首對物價爲切實嚴密之管制，尤必須就構成物價因素各部門之經濟事業有整個配合之計劃，始克表裏協調，仍復互爲因果，相輔相成，而收物價穩定生產激增物資充盈之實效。中正累月以來，潛心研究，以求契符上陳要旨之方策，業於上月手訂「加强管制物價方案」，提交總動員會議，詳加討議，決定實施。其中包含業務，至煩至鉅，必賴全國各方一心一德，共同推進。用特將該全案報告本會，並其精神與要旨向諸君詳爲說明，以期集中全會同人之力量，進與全國同胞共爲一致之推動。茲綜舉全案內容，統分甲乙兩章，甲章爲各級管制機構之確定，中央機構則以國家總動員會議爲決策督導之全責，以主管經濟有關各部部長作執行之主幹，而由中正親自主持，以督勵其貫澈。其尤要者，則省縣兩級管制機構之建立。蓋近年中央管制物價工作，非不緊張嚴厲，徒以與各省縣地方之動作尚欠澈底溝通，往往

加强管制物價方案報告書　　　　四

中央所頒行之管制法令，各省各縣初未嚴格遵行，或則都市雖經管制，而外縣外鄉依然放任，或則集散市場雖經限價，而生產來源地區之價格又復毫無約束。此張彼弛，省異縣殊，以致囤積物資有逃避隱匿之尾閭，法定物價起黑市搗亂之詭變。證諸已往之得失，確知今後管制物價必須在後方各省普遍厲行，乃能杜絕取巧居奇之漏縫，雖以我國幅員過廣。時間與空間人力與財力不能立時並舉；但各重要都市之組織必須同時進行，其他次要縣鎮，則其一切措施亦必責令遵循中央規定之原則，以期一脈貫通。其次，乙章爲「實施管制重要方針」，全章子目共分十項，並逐項詳舉扼要具體之大綱，以爲擬具實施辦法之準繩。雖分目並例，而全章精神具有嚴密貫連之整個性，不可缺一以偏廢。語其本末因果，即在採取「實施限價」，爲制裁取巧居奇之手段，爲保障一切經濟事業發展之前驅，以治其標。由「掌握物資」，「增進生產」，以濬供應之源。由「節約消費」，以主配給之制。由「便利運輸」，以暢貨物之流，而劑盈虛之平。由「管制金融」，「調整稅法」，以裕生產之資，而殺游資之勢。由「緊縮預算」，以節國用之流，以免發行之濫。由「嚴密組織」，以動員全國之人力，部勒各界之團體，而補我國各級機構之粗疏，俾爲推動以上各項事業之基幹。凡此諸端，又皆所以立實施限價鞏固戰時經濟之本。最末殿以「寬籌經費」，規定管制經濟費用應佔國家歲出預算之標準，以充實省縣各級機構施行管制時增產控物之需要。不治其本，則限物價之工作不易持久而不墜；不治其標，則一切治本事業之恢張。卽動感棘手而難圖。惟中正默察時論，尙有若干時彥，對於管制物價猶復各執成見，莫衷一是。或謂年來物價波動實由管制之過，苟能澈底放任，反可歸於平穩，爲此論者，不惟遺忘三十九年政府本未管制商物價節節波動之經過，尤其昧於眼前事實。現時卽有若干都市尙未施行管制，其物價狂漲程度，反比施行管制之都市爲尤劇烈。故謂我國之管制制度倘欠澈底倘欠完善則可，若謂因管制而助長物價，則歐美各戰時國家因施行管制而獲得安定之實績，事例俱在，又豈能視若無覩？又或者謂欲求物價安定，祇有從增加生產與發展運輸着手，不可輕爲物價之嘗試。不知物價一趨狂亂，則生產事業之設備，原料工食工資均遭牽累，資金不敷周轉，成本無從固定，其固有生產能力必且日陷萎縮，復何增加之可能？邇來各地產業界已顯此象，正在呼號求援，可爲明徵。卽運輸方面所需工具工食工資，亦與生產事業相同。苟物價不能穩定，則本月接受一批貨運，迨下月卽告虧累，維持尙苦不易，復何發展之可言？且又何不觀之美國，其生產能力與運輸靈便，皆居世界第一，何以作戰才逾半年，卽毅然決然推行最高限價政策？故增加生產與發展運輸，必須管制物價爲輔翼，尤復彰彰明甚。更有謂歐美各國政治機構健全，人民知識特高，故克施行統制經濟，決非我國所能效顰學步。然機構不健全，可以精神人力强化之；人民知識有參差，可以教訓督勵補助之。今當整個經濟困難關係國家民族生死存亡之秋，甯復有吾人因循徘徊之餘地？祇須我全國同胞公忠戮力以赴，則無論爲

加强管制物價方案報告書　六

管制物價，統制分配，均必能推行有效，又可斷言。凡上懷疑管制物價之種種論調，苟非不明統制經濟之眞詮，卽爲誤於豪商巨賈散播流言所淆惑。是以中正此次手訂管制物價方案，實鎔合各種關連因素爲一體，以舉整個經濟改造之全功。凡軍事要需之供應，民生困苦之解救，以及戰時經濟事業之推進，戰後經濟復興之初基，均必由此配合之方針，矢忠矢誠，悉力圖維。在實施進程中，無論遇何艱難險阻，皆當堅決克服，以求其貫澈。本會同人，或選自地方，負一方之物望，或領導各界，執產業之牛耳，報國救民，同具赤誠，對於該方案指陳各端，定必早具深切之同感。現該方案一切實施辦法，正由國家總動員會議加緊計劃，其間端緒之繁，事功之艱，斷非政府一紙命令所能立求貫澈，端賴全國一致羣策羣力，方足以見諸施行。誠以我國戰時經濟現狀，積因既極複雜，而社會基礎更未健全，共同認識猶嫌未足。譬之診疾處方，病象既極深重，本原亦非堅強，欲求起死回生之道，決無萬全兼顧之方。故本方案施行之際，斷不能謂無絲毫之缺點，亦不能避免受管制各方之痛苦。不但暴利操縱必受制裁，自由浪費必受拘束，而在實施初期，卽一般國民之正當需求與工商百業之所得利潤，亦難免感受困難與限制。至於全國之大，情狀萬殊，實施技術更非簡單。是以阻力之來，疑難之起，應均在吾人意計之中。吾人只有就發現缺點而隨時改進，不可預計或有之困難，求萬全而疑及全案；更不可因局部一時之痛苦，小不忍而妨害整個之大計。至於實施以後，關於細目與技術問題之改進，正

4347

不妨以至公平之誠心，爲因時因地之補救。政府固已立定決心，斷然不移，尤非我社會領導分子傾誠贊助，率導人民全力推動，不克有濟。本會爲集思廣益疏達民隱贊襄國計之機關。如荷特予決議，加以全力贊助，即不啻我全國正當民意之總表現。明詔大號，舉國同心，使社會之制裁爲法令制裁之先聲，由地方之管制協成全面全國之管制，然後害羣之馬無所逞其倖免之伎，疑似之論莫得遂其搖惑之私，利國利民，在此一舉。此中正所爲特提此案而不憚爲縷縷詳盡之說明也。謹此報告。

加强管制物價方案

（甲）各級管制機構。

（子）中央機構（一）暫由國家總動員會議常務委員會爲管制全國物價最高决策機關，負督導各主管機關執行之全責。（二）充實國家總動員會議之常務委員會，規定行政院副院長軍政財政經濟交通糧食社會農林各部部長一律出席常務委員會。（三）國家總動員會議常務委員會每星期開會一次，由行政院院長親臨主持。如院長因事未能出席時，由副院長代理之。其决議案以行政院命令行之。（三）常務委員會開會時遇有必要，得指定業務有關之主管人員列席。

（丑）省級機構（一）省以各省政府負管理物價之責，必要時經中央之决定，得設物價管理局，局長由主席兼任，副局長由中央遴派。其執掌及組織另定之。

（寅）縣級機構（一）縣以縣政府負管理物價之責，必要時得由省政府在該縣設立物價專管機構。（二）鄉及鎮之合作社應逐步加强，以爲建立基層集中物資與配合物資之機構準備。

（卯）各市機構（特別與普通市）各市以市政府負管理物價之責，必要時得設物價專管機構。

（乙）實施管制重要方針

（子）實施限價（一）擇定軍用及民生必需最重要之物品若干種，從某一期間起在後方各省一律

加强管制限價方案

分期分區分類（如生產出廠塞售零售各階段）實施嚴格限價，嚴禁黑市，如發現市場價格高漲至規定限度以上時，主管機關得禁止其買賣，或封存其貨物；並視其情節按軍法懲處，仍將其違法物品沒收充公。（二）實施限價之物品初步就各省各物之生產與消費要地擇定爲重要據點，首先集中力量，嚴格管制；其餘各地則頒行管制法令，責成各該管理物價機關執行，以建立擴張全面嚴格管制之基礎，而塞初步據點之漏縫。（三）各擇定實施限價據點之各種運費及工資，一律自命令發布之日起，同時實施限制。

（丑）掌握物資（一）凡經管制價格之物品，自生產出廠以及運販銷售，一律實施登記，管理買賣，必要時並得由各級管制機構逕行强迫徵購。（二）鼓勵民商搶購淪陷區內之物資，而由政府保障其合法利潤。若其成本及利潤超過限價時，即由政府按照其應得利潤予以收購，歸政府發售。（三）加緊各地沿戰線之封鎖，防止敵僞搜購內地必需之物資外溢。（四）關於管制物資，以協助指導民營，保護正當工商利益，接受政府管制爲原則。凡可由民營者，政府應盡量協助其發展，管制機關不必直接經營。（五）凡規定管制範圍以內之重要物資，必須將每項物資嚴格規定，由某一機關負責專營。不宜再有其他機關加以牽制。

（寅）增進生產（一）凡經管制之物品，屬於農產品者，由中央及省縣政府設定增產計劃。運用各種基層組織，督勵人民必須按期按量生產，並由政府盡力協助指導，完成水利及技術改良等項設備。屬於工礦產品者，由主管機關按照其生產能力，嚴格規定其在一定期間必需生產之數量，並由政府金融機關協助其擴充資金。（二）無論農工產品其能達到政府規定產量或超過者，優加獎勵；不及此規定之產量者，處罰之。（三）依照管制計劃必須增加之工礦產品而需增擴廠礦設備者，政府應撥定鉅額專款，保本保息，鼓勵人民投資經營。（四）關於日用必需品，得設定計劃，獎勵手工業，增加生產。（五）省縣政府應督導縣以下之鄉鎮人員及其管制之民衆組織與學校等，督令實行生產工作。（六）政府對於限價物資之生產事業，其原料資金勞力及運輸應予以便利及援助。

（卯）節約消費（一）各大都市及繁盛城鎮應逐步實施憑證購糧購物制度，必使生產量與消費量能相互配合適應，以禁浪費浪購；即囤積備用之行爲，亦應嚴格取締。（二）凡奢侈品與非必須品，無論生產運售，均分別性質，嚴格禁制。（三）厲行戰時生活，並對宴會婚喪年節餽贈等之消耗行爲一律取締禁止。（例如慶弔之綢布聯幛及筵席等，均屬無謂消耗，必須澈底禁止）。

（辰）便利運輸（一）加緊完成木炭煤炭及桐油等代汽油爐之改裝計劃，使國內多數停駛之卡車恢復活動。（二）積極策進民間發展驛運獸力等運輸工具。（三）積極簡化運輸機關與稅收機關之交通檢查機構，以減少正當商運及搶購物資之流通困難，並杜絕沿途需索弊竇，務使檢查業務爲協助商

加強管制限價方案　　三

運之便利，而不得爲商運之阻礙。（四）凡運輸機構及各省市縣鄉之轉運，設定運輸計劃與運量，必須按期按地按量運足，應由當地各級政府負設備與督管之責。如不能按時運足所規定之數量，應嚴加處罰。

（巳）嚴密組織（一）按照新縣制規定鄉鎮基層組織，如中心學校保國民學校合作社及壯丁隊等應由省縣政府加緊督責，使其充實健全，俾能利用協助管理物價，增速生產，節約消費等工作，（二）各都市城鎮除分別厲行同業公會及產業工會與職業團體之組織外，對于一切採購商批發商等均予以嚴密組織，形成市場上每種商品只有一個商業組織之局面。此項辦法並先從糧食品等大宗農業品實施之。

（午）管制金融（一）管制金融辦法，仍應繼續加强，積極緊縮信用，控制利率，並應與管制物價政策嚴密配合。對于未經政府管制之商業放款，必須嚴格斷絕，並吸收社會（尤其對大都市）過剩購買力，務使市場供給力與需要量適度平衡。（二）積極發展儲蓄事業，並研議使儲蓄款項與生產事業打成一片之新辦法，以鼓勵人民儲蓄之信念與興趣。對于各銀行辦理儲蓄業務，嚴格規定其應達之程度，認眞檢查其成績，並掃除其以公款轉賬及同業對存爲粉飾之弊，實行獎懲。

（未）調整稅法（一）對于一時尚難禁絕之非必須品及半奢侈品等貨物，稅率應儘量提高。（二）對于直接稅收如所得稅戰時過分利得稅等之稅率，應特別提高，以爲限制漲價之助力。（三）有關土地之契稅地價稅等，應積極推廣，並提高增收。（四）對于地主富商子弟之藉入學或託故避免兵役工役者應創辦新稅，加重徵收。

（申）緊縮預算（一）今後中央與省各級機關之預算支出，必須從核定以求安定，從節約以求餘裕，決不許再有漫無限制任意追加之現象。（二）中央與省地方各級機關應即切實檢討，對於所屬駢枝機關及不急業務，必須分別裁併停止。自三十三年度起，尤應嚴格禁止增設機構，但關於鞏固經濟基礎及與平定物價有關者例外。（三）各級機關之員工，中央以各院各部會地方以省政府爲單位，由其各主管官統籌積極裁減額，使其只就邊疆或農村生產事業之工作。自三十二年度起，只准按照規定以所裁減之編制任用，不准再有額外員工之設置。

（酉）寬籌費用（一）凡爲貫澈平價政策，除政府法令之執行仍由原主管機關負責辦理外，其因事務上所需設立之機構及實施徵購協助生產與協助搶購之各項費用，一經最高機關決定，應予寬籌並儘速撥付，以應事機。（二）關於專爲推進平價政策各項實施之費用，在三十二年之預算中，至少應佔支出總額百分之三以上之數字。

福建省政府佈告

府祕字第三九二〇一號

查戰時物資管制政策，既爲經濟命脈所繫，亦即抗建全局所關，其爲重要，衆所周知，本省管制機關，頃已普遍成立，限價工作，刻不容緩，茲與我全省各界人士，相約十二事，共矢遵守。

一、工廠、商店、銀行抵押、及公私倉庫儲存之物品原料，統限于自公佈之日起五日內，向當地物資管制機關登記領證發售，違者一經査出，立予沒收。

二、工廠商店及公營事業，購運物品原料，必須向當地管制機關，請領運照，違者不准放行，已經在途之原料及物品，立即就地補領運照。

三、商店存貨，不准藏匿，應立即照當供應市場，違者一經査出，即予沒收。

四、持有土地及生產工具，運輸工具，而不從事生產運輸，或生產不足相當數量者，予以征購，或嚴加處罰。

五、穀米雜糧，每戶儲備，以一年之消費量爲限，逾額均應報請當地管制機關登記，并不准寄存分認，違者一經査出，立予沒收。

六、工資運價房租，均應切實按照限價爲準，如有超過情事應卽自動削減，違者工人調服勞役，有執照者并撤銷其執照，運具房屋，予以征購，或嚴懲其所有人。

福建省政府佈告

一

54

福建省政府佈告　　二

七、限價物品，如有漏關走私者，依軍法嚴懲，并沒收其物品。

八、奬勵工商從事限價物品之經營，由政府訂定辦法，予以資金原料運輸銷售各項便利並保障其合法利潤。

九、奬勵自游擊區搶購限價物品入口，由政府訂定辦法，予以資金運輸銷售之便利，並保障其合法利潤。

十、管制機關或其他公務人員，利用職權，營私舞弊者，依法重辦，情節重大者，處死刑。

十一、造謠惑衆，擾亂物資管制，或操縱市價者，依法重辦，情節重大者，處死刑。

十二、全省人民，對于違反限價情事，均有檢舉或告密之義務，其因以查獲沒收之物資，以總値百分之三十給予檢舉或告密人，各地管制機關，對于告密人姓名應嚴守祕密，但挾嫌誣告者，應予懲處。

上列十二項，爲實施限價之主要條件，經濟之榮枯，民生之休戚，胥視此次限價工作之成敗爲轉移，本府以最大決心，全力推行，務必排除困難，貫澈到底，仰各界人士，共體斯旨，切實遵行，倘敢以身試法，決不寬貸，此佈

中華民國三十二年四月十八日

主席　劉建緒

怎樣貫澈限政

——四月十九日在限價宣傳大會訓詞——

劉建緒

各位同胞同志：政府這次限價是抱定決心，非貫澈到底不可，事實也非貫澈到底不可。本省過去三個月的限價工作，比較的成績總算好，可是嚴格檢討起來，缺憾尚多，自非特別加强，不足以完成限政。大家要明白，如果限價不澈底辦好，如果聽任物價繼續飛漲，不獨整個社會會動搖，以至破滅，就是大多數的工商業家，也有破產的危險。最近兩年中間，固然有好些囤積的大商人發了橫財，但多數商人，都是賺了錢，賠了貨，常常不過二三倍利潤，而物價已漲到三四倍。看起來賺得很多，實際賠本，工礦業因原料資金周轉遲緩，甚至錢也賺不到，只有一天一天緊縮下去，農人因日用必需品昂貴，成本天天加重，也不易撐持，長此以往，勢必生產停頓，物資減少，運輸阻滯，金融周轉不靈，市場購買力減弱，那時工商業不停不倒已是僥倖，還有什麼財可發，所大家要澈底認識清楚，政府實施限價，是從大處遠處着想，非但不是限制商人營利，而且正是爲的保護工商業，使各業都實實在在獲得利潤，獲得順暢的發展，政府所要反對要痛恨的，乃是敵人的經濟侵略，與那般破壞抗戰經濟的民族敗類！

怎樣貫澈限政

大家要明白，自抗戰開始、敵人就用盡種種方式。破壞我們的法幣，掠奪我們的物資，擾亂我們後方市場，毀滅我們的生產能力，我們戰時物價本來穩定，到二十八年四五月間方開始波動，這種波動，是由於法幣黑市引起，而法幣黑市，就是敵人和漢奸造成的，由此可見物價問題，自始至終，都有敵人和漢奸從中作祟，到前年十二月港滬淪陷以後，敵奸更是變本加厲，先將法幣價值用暴力抑低，刺激我後方的物價。再以他掠得的法幣，套取我後方的物資，更以抬高物價作手段，逼迫陷區老弱貧苦失業的同胞回到後方，激起我後方的紛擾，更以這種種侵略，動搖我社會秩序，和抗戰心理，他的目的，顯然只要破壞我們的限價政策，把我們的物資刮得乾乾淨淨，置我們於餓死凍死的境地！這種陰謀，政府早看得清清楚楚，並且已有對付他的辦法。但問題還是在我們自己首先要堅定抗戰心理，與限價的信心整飭內部的秩序，集中全副精神與敵人鬥爭，所以大家要把限價看做與敵人打仗，與敵人的走狗和應聲虫打仗，打仗是要不怕犧牲，不怕危險的，我們就要吃得苦，拚得命，拚得一切來把限價辦好，打仗是要有嚴格的紀律的，我們就要用軍隊作戰的紀律把限價辦好！

我們福建因交通運輸不便，受隣省物價的影響尚少，而受敵人的影響反較嚴重。我們是站在限價的第一線上，與敵人短兵相接，如果不能够粉碎敵人的經濟侵略，我們就會被敵人困死，所以就是我們自己沒有限價的決心，將來的事實還是會逼着我們下決心，但如決心下得太遲，還是無濟於事，所以我們在今天必須立下決心，每一個人都要自視爲國家的經濟戰士，積極負起限價的責任，不准有不負責任的批評非議，更不准有破壞限價的行爲。

怎樣才能貫澈限價政策呢？簡單的說，就是要貫澈管制物資，第一步：現有重要物資，必須完全由政府控制，除貨運登記已經舉辦外，即刻就要舉行貨物總登記，在這次總登記中間，凡是過去囤有貨物的，只要向政府登記，決不追究，但以後再不准有囤積居奇與走私資敵的行爲，若再有執迷不悟的，政府有最嚴厲的辦法制裁他們。第二步：就是控制消費，運用合作組織，定量分配，普通商店也得按時呈送銷售報告，不准違反政府的規定，凡屬民生必需用品都要嚴格節約，不准再有浪費，例如豬肉，限制供應，菜館只許開客飯，不辦筵席，須知戰時節約本爲天經地義，現在世界上只有我們中國，在戰時尚有浪費的行爲，這是我們的危機，也是我們的恥辱，從今以後，大家要拿定臥薪嘗膽的精神，來衝破目前這個難關。第三步：便是增加生產。對於工礦農林漁牧各種生產事業，政府不但不予限制，而且給予資金原料種種便利，提高他的生產，保障他的利潤，並用一切方法鼓勵人民，把商業資本，將非必需品的生產變爲限價物品生產，第三步：工作做好，在現有物資耗費以後，新的物資，就繼續供應源源不絕，不僅限價政策得以貫澈，就是自給自足的經濟基礎，也會同時奠定。

這裏我要提醒一般人的迷夢，不要眼巴巴望着淪陷區的物資，希望把限價政策放棄，讓外貨輸入，須知敵人現在對物資管制非常嚴格，凡我們需要的重要物資，都在他禁運之內，縱令商人冒着很大的風險，所得也有限得很，甚至把奢侈品運進來，我們若依賴此有限的外貨，則整個經濟命脈都握在敵人手裏，生殺予奪，全在敵手！過去三年中就因為有人依賴外貨，依賴走私，……大都資金用在商業方面，以致放過發展生產的大好機會，釀成今日物資缺乏的病態，現在貴不糾正過來，眞非亡國不可。

四 怎樣貫徹限政

更要警醒商人的迷夢，你們絕不要以為黑市即可以脅迫政府改變限價政策，須知 蔣委員長在決定限價方案時，就明白預言困難的發生，也就是預料有些小風浪的，本府這次加強限價，舉辦貨物總登記，總檢查，定要把這種風浪徹底弭平，以後如再有囤積居奇或走私資敵的，政府就要依法嚴懲。如有不肖官吏軍警與奸商勾結，以及制處違反限政案件有不實不盡情事，更要加重治罪，以後無論那個不得替破壞限政者說情開脫，須知破壞限政者是國家的罪人，民族的敗類，如果對他容恕，就是對大衆殘忍，豈獨對不起國家民族，亦是自損人格，總之，我們要立下決心，通力合作，嚴肅紀律，整頓陣容，來徹底展成限政。

兼主任委員於本會常務委員會第二次會議中訓示

（一）要對本會有新的認識　本會是成立在限價實施了兩個月以後新的環境裏面，因此本會的一切工作都要和新的環境相合。我們必須根據國家總動員法及總裁加强管制物價方案中所規定的最高原則去做，只要是和這種原則不相違背，我們就要以開創的精神，勇敢去做，不必有其他的顧慮；我們相信政府是一定賦與我們這種機動的權力的。

（二）要有共同的信念　本會的目標是實現本省限價物資之全般管制，不僅僅是限制物價，限價不過是總裁手訂方案內十項工作之一。兩月來的經驗，證明要限價有效，就必需將方案的其他九項工作同時實施，本省行政會議通過的改進方案就是實現　總裁方案的具體綱領，本會的任務就是實行這個方案，凡是方案中決定了的，都必須完全實行。

（三）要立定最大的決心　現在本會萬端伊始，工作推進以後困難一定很多，但是我們只要認定應該做的，什麼困難都要克服牠，解決牠，信心却不能絲毫動搖。就是實行中有什麼缺點，有什麼錯誤，我們也不可害怕，更不可非議。缺點可以補救，錯誤也可以改正。只要原則是正確的，

60

我們絕不改變。

（四）步驟必須一致　本會的工作，可謂千頭萬緒，但是我們必須提綱挈領，按步就班去做。現在能做到的，必須做的，就馬上動手做，不可稍爲怠慢，現在不能做的，可以緩一緩的，就第二步去做，也不可搶先來做。以目前本會來說，此刻的工作中心是一、建立各縣管制機構，二、確定本會工作計劃。三、登記本省物資，四、加强檢查工作，五、改善分配辦法，六、調整省營機構等六項工作，如何計劃生産，管制貿易，都在第二步去做。在建立縣級管制機構來説尤以永安、南平、福州、龍溪、晉江更爲重要，我們應將力量加强到這方面去。

本人對本會的期望甚大，對本會同人的期望也甚殷切，務望本上項四點，共同努力。

法規

本省實施限價辦法改進方案

本省自於一月十五日實施限價以來，已經兩月，雖開始時尚具規模，但檢討結果實距理想之期尚遠。一方面因爲奸商自私自利，玩忽法令所致，一方面亦因聯繫欠週，權責未清，執行不力，紀律不嚴之結果。本會會員來自各方，目睹物價上漲狂潮之未已，人民生活之艱困，敵人軍力不能亡我者，物價暴漲足以致之，警惕悚懼，責無旁貸，特擬具本省實施限價改進方案計分（一）限價原則，（二）限價機構（三）限價辦法三大部份，限價原則說明限價之中心所在，限價機構說明本省限價之縱横系統，限價辦法規定本省限價之範圍與省際縣際之聯繫貫通標準，與物資控制及其分配限價工作之宣傳與研究，限價紀律之確立，及限價工作之檢查，全案內容係依據國家總動員法令及　總裁實施管制物價方案之規定，而貫以行政三聯制之精神，務期共矢決心，全力推行，以期實施，提請公決。

第一：限價原則

（甲）限價物品僅以最必需品爲範圍，以集中管制力量。

（乙）全省各地同時澈底實行。

（丙）全省機構通力合作，獨立負責。

（丁）統制限價物品之生產，運輸及分配。

本省實施限價辦法改進方案

本省實施限價辦法改進方案

（戊）以公營限價物品之方法免除奸商之操縱。

（已）利用民衆力量，共同合作。

（庚）掃除一切障礙切實貫徹限價方案。

第二：限價機構

（甲）縱的機構

一、全省管制機構 設置物資管制委員會由省府主席兼任主任委員

二、各縣市（區）重要據點管制機構 各縣設置物資管制分會由縣長兼任主委 各重要據點另設辦事處

（乙）横的機構

一、價格管制機構

建設廳——各縣建設科

社會處——各縣民政科

田賦粮政機關——各縣財政科田賦管理處、商會，同業公會，工會，農會及其他民衆團體

各軍警機關

各稅收機關

各運輸管制機構

省縣黨部及青年團

二、生產有關機構

民政廳——各縣民政科

財政廳——各縣財政科

建設廳——手工業指導所——各縣建設科

農林處

地政局

合作處——各種生產合作社

工業合作協會各地分處

各專賣機關

各省營公司工廠

本省實施限價辦法改進方案

三

本省實施限價辦法改進方案

貿易委員會所屬各公司

振濟會——義民工廠

征屬工廠

三、運輸機構

建設廳——公路局

驛運管理處

四、貿易有關機構

企業公司

全國合聯社東南分處合作社物品供銷處

稅收機關

軍警緝私機關

五、金融機構

各銀行

各合作金庫

六、分配機構：

合作處——消費合作社

合作社物品供銷處

田賦粮政機關

專賣機關

七、節約推行有關機構：

各級黨部青年團

新生活運動促進會

各民衆團體

各機關消費合作社

八、檢查機構：

省政府

縣（市）（區）政府

九、調査研究機構：

本省實施限價辦法改進方案

五

統計處

研究院

農林處

各學校

十、宣傳有關機構：

各級黨部　青年團

教育文化機關　各報社

政治宣傳隊

（丙）人事及經費

一、甲項主管限價機構人員得向乙項各有關機關調用，但以遴選專才爲準。

二、各級物價管制機構經費由省縣政府統籌。

第三：限價辦法

（甲）限價標準

一、本省各地物價，應根據生產運輸銷售情況，就已定價格，通盤調整。

二、以粮盐为工资限价标准。

三、运输以已经限定之价格为标准，不得再加。

四、房租各按当地情形评定合理价格。

（乙）限价范围：

一、物价，米，麦，麵粉，甘薯，食油，猪肉，棉花，棉紗，土紗，棉布、机紗，木柴，木炭，煤，毛边纸，盐，糖，火柴，等项物价。

二、工价，产业工人，职业工人，运工之工价。

三、运价，汽車，輪船，兩百担以上之木船及驛運之運價。

四、租價，房租。

五、（1）（2）（3）（4）項以外之物品工資運費一律由職業團體自動限價報核。

（丙）控制物資：

一、嚴密貨物登記。

1. 存貨登記（包括倉庫存貨）

2. 流動登記

本省實施限價辦法改進方案

七

3.生產登記

4.原料登記

5.銷售登記

二、增加生產。

1.製定限價物品增產計劃

2.公營事業重新分工，產品複雜者合併，停止非限價物品之生產，協同增加本省所缺乏之限價物品

3.協助生產限價物品之私人工廠，改造非限價物品之私人工廠，並調整其產品銷路

4.禁止奢侈品之生產

5.加强限價物品之生產合作社

6.改善租佃關係及增加農村貸款

7.改善專賣物品之生產

8.減低限價物品稅額增加非限價物品稅額

9.提倡公餘業餘生產，政府予以資金大地輔助，菜蔬肉類一律自給

10各地應設置手工場招收婦孺老弱殘廢可以勞動者，參加生產

11試辦實物交換制度

三、調整運輸

1.制定運輸限價物品之調整計劃

2.統一並簡化公營運輸機構

3.實行公營倉庫存儲制度

4.減低限價物品之運費增加非限價物品運費

5.限制非限價物品之運輸

6.協助私人運輸機關，運輸限價物品

7.加强限價物品之運輸合作社

8.推行運輸限價物品之勞動服役

四、管理貿易

1.實行平衡稅，獎勵限價物品之輸入

2.嚴禁限價物品之輸出

本省實施限價辦法改進方案

一九

本省實施限價辦法改進方案

3. 舉辦省際物產交換

4. 統一本省對外貿易機構

五、增加資金

1. 嚴密監督各銀行之投資

2. 增加對經營限價物品之投資

3. 增加合作金庫資金

4. 設法吸收游資經營限價物品

（丁）物資分配

一、實施限價物品之定量分配，舉辦公務人員及隊警發給實物及憑證購買制度

二、以消費合作社爲分配單位

三、由公務人員隊警及企業工人開始次及一般民衆

四、定量分配之物品以限價物品爲限

（戊）嚴密組織

一、嚴厲執行職業團體强制入會辦法。

二、實行工商團體派遣書記制度。

三、增加工商團體補助經費。

四、發展并加强鄉鎮保合作社及聯合社之組織。

（巳）實行節約

一、緊縮預算，裁併騈冗

二、普通設立地方機關，工場，農場之公共食堂，公共宿舍

三、取締宴會及無謂應酬

（庚）限價之調查研究

一、嚴密本省各地物價之調查統計

二、調查隣省物價狀況及研究對本省物價之影響。

三、研究本省缺乏之限價物品增產辦法。

四、研究管制限價有關機構工作配合與聯繫。

五、研究鼓勵限價物品之進口與防止走私辦法。

六、其他一切有關限價之設計實施考核事項。

本省實施限價辦法改進方案

三一

（辛）限價宣傳

一、確定限價宣傳計劃

二、加强民衆對限價之認識。

三、揭露違害限價之事實

四、表揚經營及生產限價物品之各界忠實人士

（壬）限價之責任與紀律

一、限價責任

1. 各機關根據上節之規定，商討分工合作之辦法，如有計劃不週，責任不明，分工不當，共同關係之機關均同負責任。

2. 如有囤積居奇，黑市買賣，隱存物資等情形，除處分該當事人外，各該業公會主席及書記均應負責，社會處亦聯帶負責。

3. 如物資動態報告不確，有偷漏稅情形者，應由稅收機關及運輸管制機關負責

4. 物資走私，應由軍警機關負責

5. 省營事業，如再有業務重複，及經營非限價物品之生產及貿易者，由建設廳及各省

營公司負責。

6.公共造產，如有違背限價需要，及不能完成規定限度者，縣長，民，財，二科科長，鄉，保長均應負責，民政廳亦聯帶負責。

7.粮食及工業原料不能照預定計劃增產，農林處及農林公司均應負責。

8.粮食供應不能適合市場需要，米穀在倉腐爛者，應由粮政局負責。

9.土地糾紛發生，或農民因租佃關係而不積極生產者，應由地政局負責。

10征實不足預定數量，或不能如期徵完者，應由田管處負責。

11鹽，糖，火柴如有供應失調，分配不善者，應由各該專賣機關負責。

12限價物品如因運輸調整不善，致無法供應市場需要者，建設廳及各運輸機關均應負責。

13如生產或運輸限價物品之資金不足，而金融機關仍投資非限價物品者各該銀行均須負責。

14各類合作社不健全，有關分配事宜未盡善者，應由合作處合供處負責。

15不論何項限價物品缺乏，即准該項物資生產貿易，運輸之分配機關是問，無論有無

本省實施限價辦法改進方案　一三

直接關係，如不事先報告，均有責任。

16各地限價工作不能嚴格執行或竟發生問題，除有關機關應負責任外，縣長連帶負責。

17行政督察專員負督導考核之責，如轄縣區發生問題不及防止者，應連帶負責。

二、限價紀律

1.訂定違害限價之懲罰條例及告密之獎勵辦法。

2.訂定執行限價人員之獎懲條例，懲辦可以兩類標準處理：甲，疏忽職務；乙，利用職權舞弊，後者不論情節輕重，一律處以極刑。

福建省戰時物資管制委員會組織規程

第一條　福建省政府爲加强管制物資實施限價起見特設福建省戰時物資管制委員會（以下簡稱本會）爲本省管制物資最高機關督導全省各級有關限價機構執行物資管制及限價事宜

第二條　本會設委員三十一人至四十九人除省政府主席及委員爲當然委員外餘由省政府主席聘任或指派之

第三條　本會設主任委員一人由省政府主席兼任之

第四條　本會設常務委員會置常務委員五人至七人由主任委員就本會委員中指定之處理本會日常事務

第五條　本會設左列各室處

一、祕書室　二、會計室　三、物產處　四、運輸處　五、分配處　六、督察處

第六條　祕書室設文書事務二課其職掌如左

一、文書課　掌理本會人事文書宣傳及會議事項

二、事務課　掌理本會事務出納及不屬於各室處事項

第七條 會計室設歲計會計二課其職掌如左

一、歲計課 掌理本會歲計事項

二、會計課 掌理本會會計事項

第八條 物產處設粮食日用物品專賣物品特產物品工資租價五課其職掌如左

一、粮食課 掌理粮食管制事項

二、日用物品課 掌理油類肉類布疋棉花棉紗燃料及其他重要日用物品管制事項

三、專賣物品課 掌理鹽糖火柴之管制事項

四、特產物品課 掌理紙茶及本省外銷物產之管制事項

五、工資租價課 掌理工資租價之管制事項

第九條 運輸處設公路驛運二課其職掌如左

一、公路課 掌理限價物品之公路運輸管制事項

二、驛運課 掌理限價物品之水運及人力運輸管制事項

第十條 分配處設調查配給軍隊供應三課其職掌如左

一、調查課 掌理市場情況分配機構及其他應行調查事項

二、配給課　掌理限價物品之配給事項

三、軍隊供應課　掌理供應軍隊限價物品事項

第十一條　督察處設檢查執法二課共職掌如左

一、檢查課　掌理限價工作及違反限價行為之檢查事項

二、執法課　掌理違反限價懲治事項

第十二條　祕書室設祕書二人各處設處長副處長各一人承主任委員及常務委員會之命辦理各該室處事務。

第十三條　會計室設會計主任一人直接對國民政府主計處負責並受省政府會計長之指揮監督仍依法受主任委員之指揮主辦歲計會計事務

第十四條　各課設課長一人課員事務員雇員各若干人承長官之命辦理各該課事務

第十五條　本會設專員三人至五人承主任委員及常務委員會之命辦理設計及視導事務

第十六條　本會職員除會計人員依主計法令任用及執法課課長就全省保安司令部軍法官調充外餘由主任委員就各有關機關職員中調充必要時得設專任人員但祕書課長專員由會函請省政府加委之

第十七條　本會全體委員會議每月舉行一次常務委員會議每星期舉行一次必要時得開臨時會議均由主

福建省戰時物資管制委員會組織規程　三

任委員召集之

第十八條　本會全體委員會及常務委員會開會時均以主任委員爲主席主任委員缺席時得指定常務委員一人代理之

第十九條　本會全體委員會（常務委員會）須有委員（常務委員）過半數之出席方得開會出席委員（常務委員）過半數之同意方得議決可否同數時取決於主席。

第二十條　本會得於各重要據點設督導專員督導該區域內管制物資事宜督導規則另定之

第廿一條　本會爲加强管制各縣（市區）物資設縣（市區）物資管制處其組織通則另定之

第廿二條　本會以福建省合作社物品供銷處爲直屬業務機構其章則另定之

第廿三條　本規程由省政府公布施行並呈報行政院備案修正時亦同

福建省各縣（市區）戰時物資管制處組織通則

第一條　本通則依福建省戰時物資管制委員會組織規程第二十一條之規定訂定之

第二條　各縣（市區）戰時物資管制處（以下簡稱物管處）設處長一人由縣（市區）長兼任之

第三條　物管處設祕書一人承處長之命辦理本處文書及日常事務

第四條　物管處設左列各課組其職掌如左

一、管制課　掌理限價物品之調查登記收購平價投資運輸分配及工資租價之管制督導事項

二、檢查課　掌理違反限價之檢舉及懲治事項

三、軍公糧食供應組　掌理軍公糧食之交接保管及配發事項

第五條　物管處設課長二人組長一人課員組員事務員各若干人由處長就有關機關職員中調充必要時得設專任人員承處長之命辦理各該課事務

第六條　物管處經費由縣（市區）管制物價經費項下開支

第七條　物管處為加強管制鄉（鎮）物資得於各鄉（鎮）設置鄉（鎮）督導員其服務規則另定之

福建省各縣（市區）戰時物資管制處組織通則　一二

福建省各縣（市區）戰時物資管制處組織通則

第八條　物管處以本縣（市區）合作社物品供銷處為直屬業務機構其章則另定之

第九條　本通則由福建省政府公布施行並呈報行政院備案修正時亦同

福建省戰時物資管制委員會督導專員督導規則

第一條　本規則依據福建省戰時物資管制委員會（以下簡稱本會）組織規程第二十條之規定訂定之

第二條　督導分常駐巡迴臨時三種均由督導專員辦理之

一、常駐督導區域為省會及本省各重要據點

二、巡迴督導區域為行政督察區域內各縣或交通線關聯各縣

三、臨時督導區域為臨時發生特殊緊急事件之各縣或鄉鎮

第三條　督導專員由本會主任委員就委員專員及各區行政督察專員中遴派之

第四條　督導專員對於督導範圍以內之事件有權為緊急之處置同時電呈本會察核

第五條　督導專員之經常任務如左

一、關於物資管制各項法令章則規定事項執行進度之查核

二、關於各物資管制機關工作人員之考核

三、關於省縣間縣際間有關物資管制工作之連繫

四、關於中央及本省各有關物資管制法令之宣達

五、關於其他有關物資管制特別交辦事項之辦理

第六條　督導專員除臨時抽查外於開始工作前應向主管官署調閱有關文件

第七條　督導專員在所在地凡有關管制物資之各種會議均得參加並得召集有關機關或工作人員舉行座談會或個别談話

第八條　督導專員爲執行職務得向各有關機關調閱文卷並得索取各項書面報告

第九條　督導專員應將督導事項辦理經過逐案呈報本會核備

第十條　督導專員於任務未終了時不得擅離職守

第十一條　督導專員在工作地點絶對不得有利用職權營私等行爲

第十二條　督導專員不得因執行職務接受任何招待與餽贈

第十三條　各縣（市區）物資管制處鄉鎮督導員服務規則另訂之

第十四條　本規則經福建省戰時物資管制委員會常務委員會通過後送請　福建省政府公佈施行

6384

福建省各縣市（區）物資管制處鄉鎮督導員服務規則草案

第一條　本規則依據福建省各縣市（區）戰時物資管制處組織通則第七條及福建省戰時物資管制委員會督導專員督導規則第十三條訂定之

第二條　各縣市（區）戰時物資管制處（以下簡稱物管處）爲加强管制鄉鎮物資得於重要鄉鎮及縣際間通衢要地設置督導員

前項所稱重要鄉鎮係指有關限價物品及特定物品產製集散運輸要口及商業繁盛之鄉鎮而言其設置鄉鎮督導員地點應由縣物管處繪製簡圖説明其重要性報經省戰時物資管制委員會核准

第三條　各縣市（區）物資管制處鄉鎮督導員之任免應由縣物管處報經省戰時物資管制委員會核准

第四條　鄉鎮督導員遇有特殊緊急之事件得于法令規定範圍以內有權爲緊急之處置但須立即分別呈報縣物管處及省戰時物資管制委員會察核

第五條　鄉鎮督導員以駐鄉（鎮）公所辦公爲原則並得調用人員辦理有關物資管制之工作

第六條　鄉鎮督導員之任務如左

一、關於物資管制各項法令規定事項之執行及其進度之查核

二、關於各物資管制有關機關團體工作人員之聯繫及考核

三、關於中央及本省各有關物資管制法令之宣達

四、關於物管處依法受予職權及特別交辦事項之辦理

五、關於各該鄉（鎮）整個經濟建設之設計及改善

第七條　鄉鎮督導員爲執行職務得向各有關機關調閱文卷並得索取各項書面報告

第八條　鄉鎮督導員應將督導事項辦理經過逐案呈報物管處督核

第九條　鄉鎮督導員在服務期間不得擅離職守

第十條　鄉鎮督導員在工作地點不得有利用職權營私等行爲

第十一條　鄉鎮督導員不得因執行職務接受任何招待及餽贈

第十二條　物管處得派員或委派有關機關職員巡迴督導各鄉鎮或處理臨時發生特殊緊急事件但均應遵守本服務規則

第十三條　本規則經福建省戰時物資管制委員會常務委員會通過後送請福建省政府公布施行

福建省各縣(市)戰時物資管制處初步工作大綱

甲　關於組織人事者

一、限期呈報成立照省物資管制委員會頒發之縣處關防式樣刊刻啓用附呈印模

二、各縣(市)管制處祕書由兼處長負責遴選廉能派充並檢同詳細履歷報請省政府備案

三、各縣(市)管制處課長及其他職員由兼處長分別調用或專任應將姓名職務簡歷列表報請省政府備案

四、在縣(市)所轄各重要鄉鎮設置督導員並將姓名簡歷列表報請省政府備査

乙　關於管制工作者

一、切實遵照改定各縣(市)限價物品限價表及說明公告限價

二、切實遵行改定工資限價及運費並加强工人團體組織

三、切實遵行　主席電示限價物品限價調整後之注意事項

四、督導各商業同業公會速將限價以外之物品議價施行報査

五、對日舉辦限價物品購儲運銷登記報省物資管制委員會備査

六、規定各公私營限價物品生產機構應按月將產品數量及成本爲定期報告

福建省各縣(市)戰時物資管制處初步工作大綱　一

七、限期成立合作社物品供銷處或縣（市）合作社聯合社寬籌資金使負供應當地公務員及社員物品之責

八、責令各商業同業公會負責供應各該業之物品並加強其團體組織

丙　關於檢查工作者

一、公告違反限價案件任何人均得告密檢舉

二、普徧檢查各商店是否照限價議價售物

三、連絡當地黨團軍憲警組織檢查網

四、慎選幹員辦理密查

五、隨時考察當地稅收及交通檢查機關關於限價物品辦理情形

六、嚴密有關物資機關及工作人員對查報限價事項之時效虛實及效率各紀錄

丁　附則

一、本大綱甲項應於四月三十日前辦理完竣郵遞較遠縣份應呈報收到日期在文到五日內辦理完竣

二、本大綱乙丙兩項應於文到十日內設計完竣二十日內開始辦理至五月底止爲初步工作完成之期

三、各縣應遵照本省實施限價辦法改進方案及本大綱之規定參酌當地實際情形擬訂切實可行之全年工作計劃報請省政府核定後施行

福建省限價物品總登記辦法

一、限價物品總登記由各地戰時物資管制處（以下簡稱管制處）舉辦

二、應履行總登記之物品暫定爲棉花棉紗棉布食油（菜油茶油花生油）紙張五金汗衫襯衫線襪毛巾短褲布鞋等項日用品亦得適用本辦法舉行登記

三、應履行總登記之對象暫定爲工廠工場（包括紙槽）住商行商及非商人而購儲前項應行登記之物品爲營業者

四、總登記向物品儲存所在地之管制處申報申報時應塡具申報表申報表格式另定之

五、省營機關儲存前項指定物品除依前項規定辦理外，幷抄副本乙份逕送省物資管制委員會備查

六、非本業商人及非商人所購儲應行登記物品在總登記期間履行總登記者概不視爲囤積

七、管制處舉辦總登記應在開始前三日召集當地商會同業公會宣布幷公告人民週知

八、總登記期間定爲十日不得展延。

九、貨主不在存貨所在地者由其保管人代爲辦理登記

十、倉庫堆棧加工場所轉運棧對於寄存受押及停留待運之應行登記物品應通知貨主或其代理人辦理登記外應將貨主姓名住所及寄存受押或待運之登記物品當地管制處代爲登記（申請表格式另定之）

福建省限價物品總登記辦法　一

十一、中央或隣省駐省機關存儲第二條指定物品除有關軍事祕密者外適用本辦法之規定

十二、管制處收到總登記申報表應照其申報登記物品之種類數量塡發登記證。

十三、管制處辦理總登記得向各機關及商會同業公會調用人員并應分區指定登記處所以資便利

十四、紙槽存紙及存料登記管制處應調用合作指導員會同該業同業公會帶同表證前往紙槽集中地點就地指導槽戶辦理登記

十五、非本業商人及非商人履行總登記後其物品應轉售與本業商人應市銷售或由政府收購。轉售及收購價格按當地批發限價不加折扣

十六、總登記後物品如有異動應依其他法令辦理報運領證及銷售報告。

十七、逾越總登記期間不爲登記或登記不實者其未登記部份之物品視爲囤積居奇依法處理之犯前項之規定者如屬公營機關管制處應報由省物資管制委員會處理

十八、總登記期內管制處得停止發給報運出境證明書

十九、總登記期滿後三日內管制處應將登記結果列册轉報省物資管制委員會備查并先將每種物品總存量以電報報告

二〇、申報表及登記證由管制處印發不收任何手續費

二一、管制處及辦理登記人員如有違法留難需索情事准申報人隨時向上級檢舉從嚴懲辦

二二、本辦法由福建省政府通令施行總登記完畢後廢止之

民營廠商存貨登記申報表

字第　　號

申報廠商		資本		組織性質		營業種類		營業地點	
加入何種同業公會或商會		注冊執照或登記證號數		負責人	姓名	年齡	籍貫	備攷	

貨品或原料別	品質或牌號	數量	單位	存貨地點	貨品或原料別	品質或牌號	單位	數量	存放地點

（20×297MM）

右列各項均係依實填報敬請審核准予登記謹呈

縣戰時物資管制處

申請負責人（署名蓋章）

牌號

同業公會或商會負責人（署名蓋章）核

具　年　月　日

福建省限價物品總登記辦法

三

福建省限價物品總登記辦法　四

福建省　縣戰時物資管制處　存貨登記證字　號

茲據　填送存貨登記申報表於　月　日前來申報存貨登記應

予備案此證

處長

中華民國　年　月　日

倉庫 堆棧 加工場所 轉運棧 保管物品申報表

字第　號

原貨主姓名及住所	寄存性質	存入年月日	品名	單位	數量	備攷

右列各項請准予登記 此上

戰時物資管制處

申請負責人（署名蓋章）

年　月　日

公營機關存貨登記申報表

字第　號

機關名稱			所在地		
貨品或原料別	品質牌號	單位	數量	存貨地點	已定用途

右列各項請予登記 此致

戰時物資管制處

機關主管（署名蓋章）

五　年　月　日

福建省限價物品總登記辦法

福建省限價物品總登記辦法

紙槽製成品并原料存貨登記申報表

字第　六　號

申報槽戶		資本		槽戶性質	熟料　生料　特約	營業種類	兼營　專營	槽戶地點	
有無參加生產合作社		負責人	姓名		年齡		籍貫		備考

製成品存量						原料存量				配料存量			
品名	牌號	數量	單位	存貨地點	已定用途	品名	數量	單位	貯存地點	品名	數量	單位	貯存地點

右列各項均係依實填報敬請審核准予登記謹呈

戰時物資管制處

申請槽戶負責人（署名蓋章）具　年　月　日

紙業生產合作社負責人（署名蓋章）核

94

福建省限價物品報運領證辦法

第一條　福建省政府爲明瞭各地限價物品移動情况，并防範物資逃避起見，特訂定本辦法。

第二條　限價物品之移動應報運領證，除粮食及專賣物資之管制法令另有規定者外，悉依本規則之規定辦理之。

第三條　報運給證之主管機關，爲各縣市區戰時物資管制處，未設處縣市區爲縣政府及特種區署（以下簡稱主管機關）。

第四條　公營機關合作社工廠商號行商（以下簡稱報運人）所有限價物品之移動，均應塡具申請書，向主管機關請領證明書申請書及證明書格式另定之。

第五條　報運人除公營機關及合作社外，其申請書應由本業同業公會核章，未組織同業公會者，由商會核章。

第六條　商會或同業公會收到前項申請書，應隨到隨核，在申請書上加蓋會章及負責人名章後，交原報運人持向主管機關報運領證。非會員之報運人，商會或同業公會不得核章。

第七條　主管機關收到申請書，應隨到隨核，除違反本辦法規定者外，均應塡發證明書交原報運人

福建省限價物品報運領證辦法　一

收執，不得存禁運出境，及其他限制情事。

第八條　縣內物品移動除辦理銷售報告外，不適用本辦法之規定。

第九條　出口及糸出省境者，其證明書應由當地主管機關轉請省物資管制委員會（以下簡稱本會）核發，但爲便利商運起見，必要時得由本會指定當地主管機關代發，代發辦法另以命令行之。

第十條　各地運輸機關對於已領報運證之限價物品，應予優先裝運，無證明書者除第八條規定外，不得承運。

第十一條　主管機關應與當地稅務機關，檢查機關，密切聯繫互相協助，其聯繫辦法另以命令行之。

第十二條　起運地主管機關填發證明書後，應將證明書第二聯轉寄到達地主管機關查考，有時間性者先用電話或電報通知。

第十三條　到達地主管機關接受前項通知後，應與當地運輸機關取得聯繫，在該項物品運到後，監督其應市銷售。

第十四條　物品運到後，報運人應將證明書第三聯送交當地主管機關，核轉起運地主管機關註銷。

第十五條　申請書及證明書由主管機關印製，每份收回印刷費一元。

第十六條　某項物品其集散市場在於鄉鎮，須由鄉鎮起運，直接輸運出境者，其報運領證手續，當地主管機關應另定簡便方法，指定鄉鎮公所或鄉鎮督導員就近辦理。

第十七條　主管機關應將辦理報運領證情形，及報運出境之物品品名，數量，及報運地點，按旬列册送省物資管制委員會查核。

第十八條　公營機關違反本辦法第四條及第十四條之規定者，按其情節之輕重，懲辦其主辦人員。

第十九條　報運人除公營機關照本辦法第十八條辦理外，違反本辦法第四條之規定私運出境者，以逃避物資管制論，按其情節之輕重依法處罰。

第二十條　報運人除公營機關，照本辦法第十八條辦理外，違反本辦法第十四條之規定者，依行政執行法處罰。

第二十一條　商會同業公會違反第六條之規定者，按其情節輕重依法處罰。

第二十二條　運輸機關違反本辦法第十條之規定者，公營機關懲辦其起運站負責人，商營公司行棧按違反運輸管理法令處罰。

第二十三條　主管機關違反第十二條第十三條之規定者，以貽悞重要公務論，初犯者記過，再犯者撤職，如有勾通報運人舞弊情事，按軍法懲辦。

第二十四條　主管機關違反第八條之規定者，按其情節之輕重依法懲辦。

第二十五條　主管機關各級人員，如有利用職權留難需索營私舞弊者，准報運人隨時向上級檢舉依軍法懲辦。

第二十六條　本辦法由福建省政府公佈施行。

三

福建省限價物品報運領證辦法

移動限價物品申請書

貨品或原料名稱		品牌貨號	
件數		重量	
起運地點		運往地點	
申請人姓名	登記證號數	申請人住址	
收貨機關合作社工廠商號名稱		收貨機關合作社工廠商號地點	

茲擬移動上列各項貨品或原料遵照福建省限價物品報運領證辦法第四條之規定申請核發證明書

此上

縣（市區）戰時物資管制處

申請人（簽蓋機關合作社工廠商號及負責人姓名章）

業同業公會（或商會）（核蓋會章及負責人姓名章）

中華民國　年　月　日

（20×297MM）

98

移動限價物品證明書

（字　　號）

報運人		收貨人	
住址		住址	
起運地點		到達地點	

貨品名或原料稱	品質或牌號	件數	重量

貨品名或原料稱	品質或牌號	件數	重量

運輸查驗證明	主管人	審核人

申請移動右列限價物品等情前來經審查屬實合行製給證明書仰沿途查驗機關憑證驗放此證

茲據報運人

縣戰時物資管制處

中華民國　　年　　月　　日

第一聯交報運人收執　　（20×297MM）

福建省限價物品報運領證辦法

字第　　號

五

移動限價物品證明書

（　字　號）

報運人		住址		起運地點		收貨人		住址		到達地點	

貨品或原料名稱	品質或牌號	件數	重量	貨品或原料名稱	品質或牌號	件數	重量

運輸查驗證明	主管人	審核人

茲據報運人　　申請移動右列限價物品等情前來經復驗屬實相應復請查照

爲荷　此致

縣戰時物資管制處　　　　縣戰時物資管制處

中華民國　　　年　　　月　　　日

第二聯由報運人送交到達主管機關核轉起運地主管機關注銷

（20×297MM）

100

移動限價物品證明書

（字　號）

報運人		住址		起運地點	
貨品名或原料稱	品質或牌號	件數	重量		

收貨人		住址		到達地點	
貨品名或原料稱	品質或牌號	件數	重量		

運輸查驗證明	主管人	審核人

茲據報運人　　申請移動右列限價物品等情前來經審核屬實除掣給證明書外相應函達

查照希于貨物抵地時查驗爲荷　此致

縣戰時物資管制處

縣戰時物資管制處

中華民國　　年　　月　　日

第三聯由起運地主管機關轉寄到達地主管機關查考

（20×297MM）

福建省限價物品報運領證辦法　七

福建省限價物品報運領證辦法 八

字第　　號

移動限價物品證明書　（　字　號）

報運人		住址		起運地點		收貨人		住址		到達地點	

貨品名稱或原料	品質或牌號	件數	重量	貨品名稱或原料	品質或牌號	件數	重量

處長		課長		審核人	

給證日期　　年　　月　　日

第四聯留存備查

102

福建省各縣(市區)戰時物資管制處限價物品銷售報告暫行辦法

第一條　福建省政府爲加强限價物品之管制，及明瞭限價物品之供銷情形，特訂定本辦法，由各縣(市區)戰時物資管制處(以下簡稱物管處)經常舉辦銷售報告。

第二條　限價物品之種類，暫定爲米、麥、麵粉、甘薯、食油、猪肉、棉花、棉紗、棉布、柴、炭、煤、毛邊紙、鹽、糖、火柴等項。

第三條　各縣(市區)政府所在地及重要鄉鎮，不問公營私營銷售單位，均應遵照本辦法於每月一日十六日向物管處塡報限價物品銷售報告表一次，有同業公會者，由同業公會負責彙齊核轉，設有鄉鎮督導員地區，由督導員核轉。物管處得視各縣(市區)實際情形，先選定前項物品數種，辦理銷售報告。

第四條　各銷售單位於總登記後，應即將總登記之物品或原料數量，塡列於首次銷售報告表之「舊存」欄。限價物品銷售報告表式另定之。

第五條　購進物品，或所存原料製成之同樣物品，均應塡列銷售報告表之「新進」欄。

第六條　各銷售單位如售出關於規定限量分配或須憑有證件分配之物品均應遵照繳附登記附表及其證件，如係批發者，應將批發商號之號名地址請購文件及發票副本繳附，以備與銷售報告表之「售出」數量核對。

第七條　第一次銷售報告表之「結存」數量，應列為第二次銷售報告表之「舊存」欄，以後依次類推，務須銜接。

第八條　銷售報告，應填明第二條所列之各項品名，每一品名填列一表，花色不同者併列，單位不同者記其最小單位，十位以下尾數，得不填列。例如四十碼白粗布二疋三十六尺，陰丹士林布二疋，即填布四百二十尺，其餘米油花紗類推。

第九條　銷售報告表上，應由銷售之公司行號廠商或銷售者蓋章，由同業公會或督導員核轉者，並應加蓋圖記名章，以示連帶負責。

第十條　物管處及核轉之同業公會或督導員，收到銷售報告表後，對於所列數字，應分別核算登記，並得派員抽查，倘有虛報，應即檢舉辦法。

第十一條　物管處得依各項物品性質，運用切合實際之各種不同銷售管制辦法。

第十二條　各銷售者，應由物管處查核其經常每日銷售之平均數量，定為權數，如遇超出此權數者，得實施檢查，以杜少售多報之弊。

第十三條 物管處對各銷售者，得隨時規定分配限制辦法，如購買人超越購量時，銷售者得加以拒絕，但遇婚喪喜慶及有特殊情形，報經物管處核准持有證明文件者例外。

第十四條 物管處規定分配限制，每種物品銷售量，暫以不超過下列數量爲原則，布每次最多得購十六尺，油每次最多得購一斤，猪肉每次最多得購一斤，糖每次最多得購半斤。

凡規定限量分配銷售物品者，應就下列三項辦法，由物管處視實際情形任擇一項辦理，並逐漸改進之。

（一）製備紀錄簽名簿，由購買人自行記載姓名住址及服務機關證章號數後銷售。

（二）以機關學校團體或鄉鎮公所爲單位，購買人先行向各單位申請，轉送物管處核發許可證件後，准憑證件銷售。

（三）由物管處發給定量分配證憑證，登記後銷售。

第十五條 物管處應按照規定報告日期，迅速收齊銷售報告表，於三日內彙編總表，呈報福建省戰時物資管制委員會備核，

其規定用電報報告者或電報查詢時均應以最近總表之數字爲憑。

第十六條 本辦法由福建省政府公佈施行

福建省各縣（市區）戰時物資管制處限價物品銷售報告暫行辦法 三

縣戰時物資管制處限價物品銷售報告

中華民國　　年　　月　　日　　　　（蓋章）具報

（本表大小規定用十六開紙）

商號或經售處	品名	單位	舊存	新進	售出	結存	備致

處長　　秘書　　管制課長　　登記

（蓋圖記）

同業公會轉報　（蓋負責人名章）

附註一：各單位同業公會縣物管處報告銷售限價物品均適用

附註二：同業公會彙報縣物管處須附原商號或經售處原報告

74 106

福建省戰時違反物資管制罰金充奬規則

第一條　福建省物資管制機關對于違反管制物資罰金均依本規則分配之因違反物資管制案件判處沒收物品之變價視同罰金

第二條　違反物資管制罰金依左列兩款之規定分配之

一、據告發人報告因而破獲判處罰金者以百分之三十奬給告發人百分之二十奬給查獲機關百分之二十撥充省物資管制資金百分之三十撥充縣物資管制資金

二、由負責查緝員警自行破獲判處罰金者以百分之三十奬給負責查緝員警百分之二十奬給協助查緝機關百分之二十撥充省物資管制資金百分之三十撥充縣物資管制資金

第三條　依前條規定應受奬金而逾三個月不領者其奬金應解送省物管會撥充物資管制資金之用應受奬金在三千元以上而不願受領者得由各該原辦機關呈報省物管會轉請福建省政府核給榮譽奬狀

第四條　審判機關對於所判違反物資管制罰金經呈奉核准執行完畢時應即依第二條之規定核算成數公佈發給但必要時得呈省物管會核准後先行發給

第五條　審判機關應于月終將執行所判物資管制罰金列表送省物管會察核

第六條　本規則由福建省政府公佈施行

福建省戰時違反物資管制罰金充奬規則　一

福建省戰時懲治違反管制物資應行注意事項

第一條　凡違反或妨害管制物資法令或業務者悉按妨害國家總動員懲罰暫行條例懲辦但上開條例公佈前已頒行之經濟管制法令有處罰較重之規定者依其規定

第二條　儲存實施管制之物資不遵限向當地管制機關申報登記或申報不實者為藏匿物資處三年以下有期徒刑得併科五萬元以下罰金（參照妨害國家總動員懲罰暫行條例——以下簡稱懲罰條例——第六條第二款）

第三條　購運實施管制之物資而不依照規定手續向當地管制機關請領運照者為逃避物資依照前條之規定處罰

第四條　商店對於實施管制之物資不照常供應市場或非經營商業之人大量購存上項物資者為囤積居奇依照非常時期取締日用重要物品囤積居奇辦法嚴厲取締如情節重大者依照本注意事項第二條之規定處罰

第五條　不照限價買賣物品者為黑市交易雙方均處七年以下有期徒刑得併科十萬元以下罰金（參照懲罰條例第五條第三款及行政院子佳勵價電）

108

福建省戰時懲治違反管制物資應行注意事項 二

第六條 凡持有土地生產工具運輸工具而不從事生產運輸或從事生產運輸而不依照政府規定者一律予以征購或嚴加處罰（參照總裁加强管制物價方案乙項寅款第二目及辰款第四目及國家總動員法第五條）

第七條 對國家總動員物資之運費保管費保險費修理費或租費不照限價營業者處三年以下有期徒刑得併科五萬元以下罰金（參照懲罰條例第六條）

第八條 犯以上第二條至第七條之罪有妨害軍事或治安或因而擾亂金融其情節重大者處死刑或無期徒刑（參照懲罰條例第七條）

第九條 違反限價高抬工資者處一年以下有期徒刑或三萬元以下罰金（參照懲罰條例第八條）

第十條 偷漏實施管制之物資資敵者處死刑或無期徒刑（參照修正懲治漢奸條例第二條第四五六（三）款）

第十一條 對於執行物資管制人員執行登記檢查及其他職務時施强暴脅迫者處三年有期徒刑拘役或三百元以下罰金（參照刑法第一百三十五條第一項）

第十二條 依本應行注意事項懲辦之案件其應施扣押之物資除法令別有規定外悉認爲係供犯罪所用之物予以沒收（參照刑法第三十八條第一項第二款）

第十三條 執行管制物資人員利用權力機會或方法營私舞弊者依法重辦情節重大者處死刑（參照懲治貪

污暫行條例第二條第六款第三條第二款）

第十四條　依本應行注意事項應懲辦之案件除情節輕微由當地管制機關酌情議處外概由有軍法職權之機關審判（參照國家總動員會議動價第三十二字一六九二號代電）

福建省战时物资管制会关于修正福建省各县市区战时物资管制处组织通则致大田县战时物资管制处的训令

（一九四三年五月十九日）

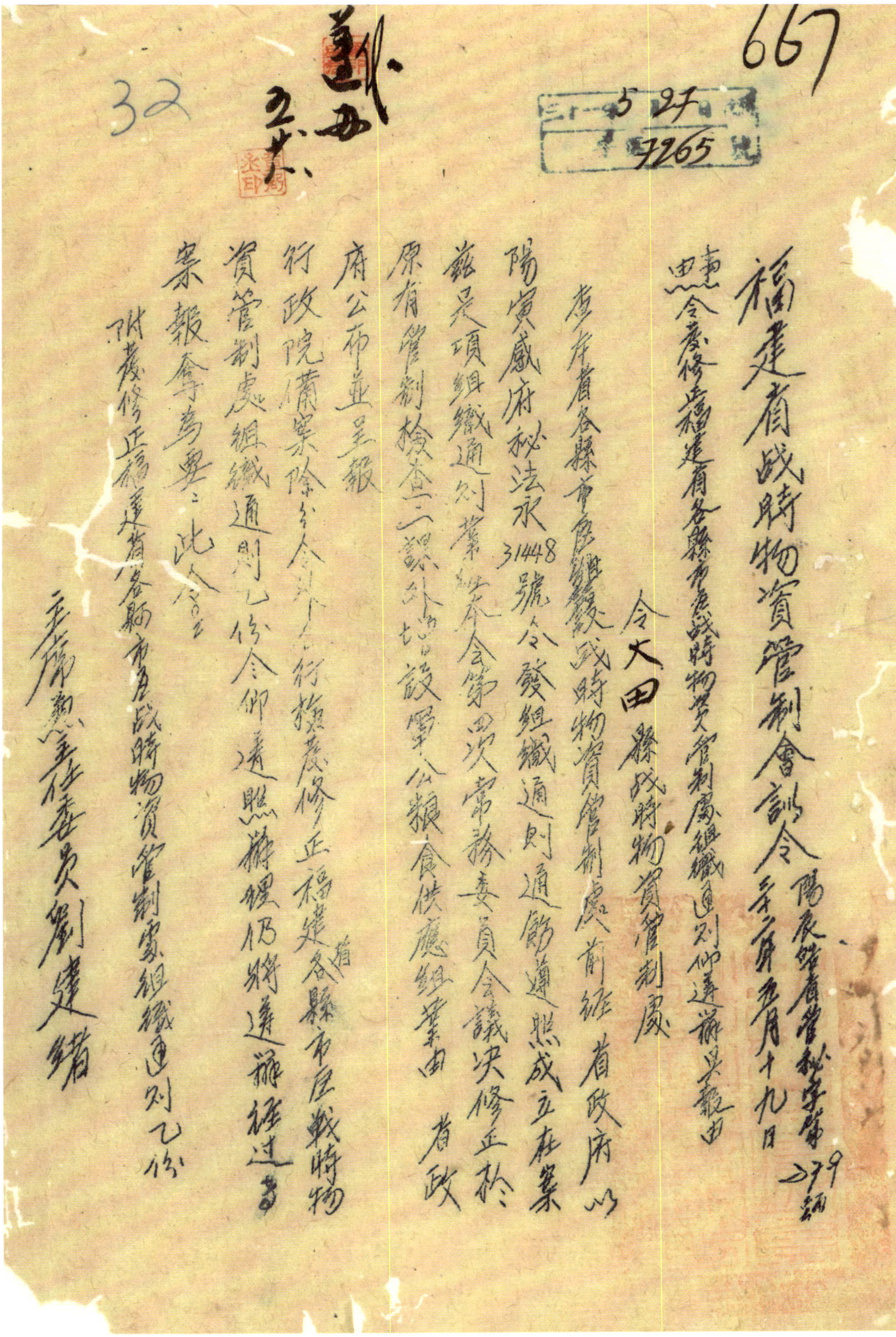

福建省战时物资管制会训令 阳农[?]管秘字第二七九号 三十二年五月十九日

事由：令发修正福建省各县市区战时物资管制处组织通则仰遵办具报由

令大田县战时物资管制处

查本省各县市区组设战时物资管制处，前经 省政府以阳寅感府秘法永31448号令发组织通则，通饬遵照成立在案。兹以该项组织通则业经本会第四次常务委员会议决修正，于原有管制、检查二课外，增设粮食供应组，业由 省政府公布并呈报行政院备案。除分令外，合行检发修正福建省各县市区战时物资管制处组织通则乙份，令仰遵照办理，仍将遵办经过具报备查为要。此令。

附发修正福建省各县市区战时物资管制处组织通则乙份

主席兼主任委员 刘建绪

福建省各縣（市區）戰時物資管制處組織通則

第一條　本通則依福建省戰時物資管制委員會組織規程第二十一條之規定訂定之

第二條　各縣（市區）戰時物資管制處（以下簡稱物管處）設處長一人由縣（市區）長兼任之

第三條　物管處設祕書一人承處長之命辦理本處文書及日常事務

第四條　物管處設左列各課組其職掌如左

一、管制課　掌理限價物品之調查登記收購平價投資運輸分配及工資租價之管制督導事項

二、檢查課　掌理違反限價之檢舉及懲治事項

三、軍公糧食供應組　掌理軍公糧食之交接保管及配發事項

第五條　物管處設課長二人組長一人課員組員事務員各若干人由處長就有關機關職員中調充必要時得設專任人員承處長之命辦理各該課事務

第六條　物管處經費由縣（市區）管制物價經費項下開支

第七條　物管處爲加強管制鄉（鎭）物資得於各鄉（鎭）設置鄉（鎭）督導員其服務規則另定之

福建省政府关于执行行政院战时管理封锁区由后方购销民生日用品办法的代电（一九四三年八月十四日）

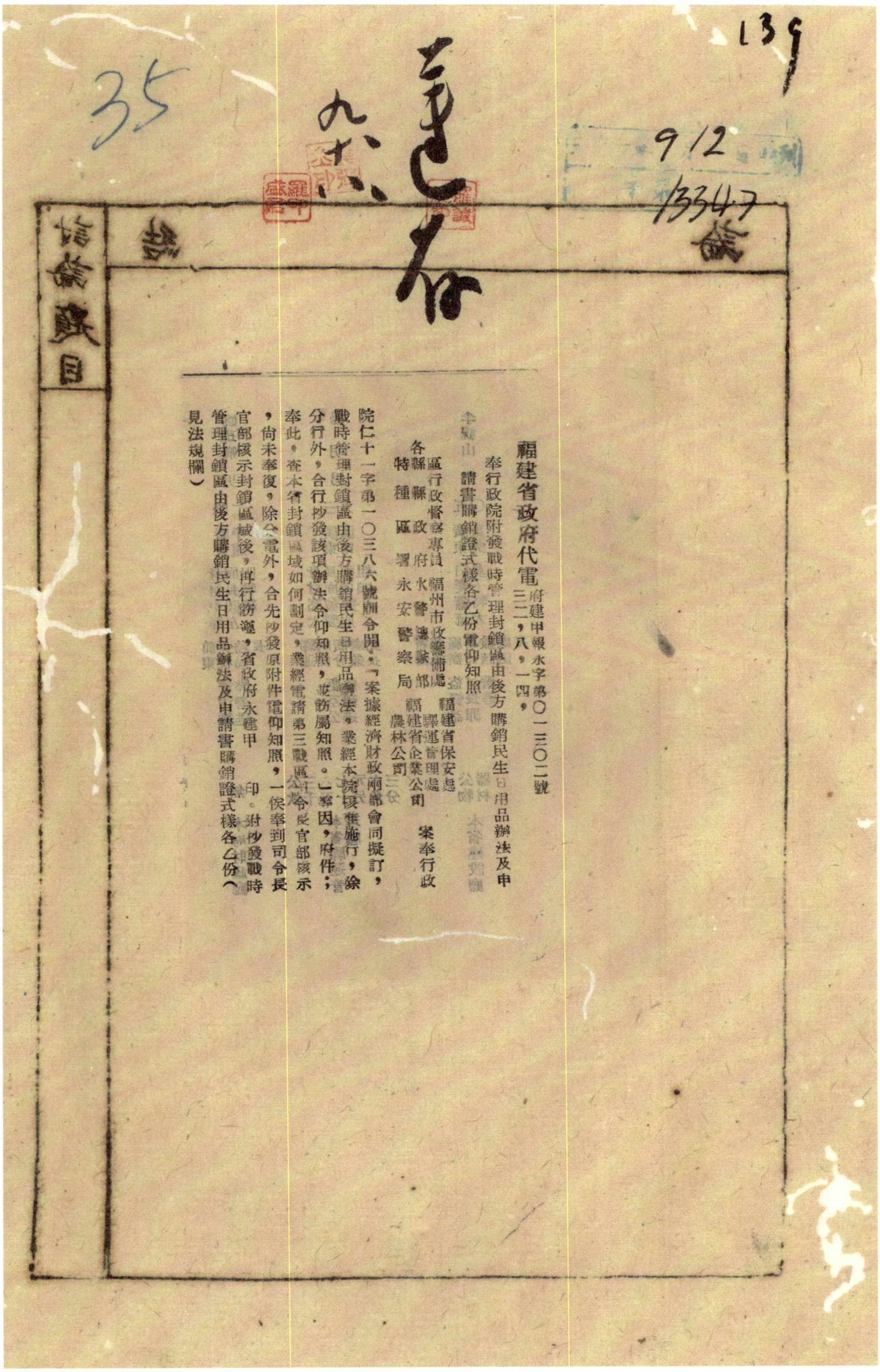

福建省政府代電 府建甲報永字第〇一三〇二號 三二，八，一四，

奉行政院附發戰時管理封鎖區由後方購銷民生日用品辦法及申請書購銷證式樣各乙份電仰知照

各區行政督察專員、福州市政籌備處、福建省保安處、驛運管理處、福建省企業公司、福建省農林公司

各縣縣政府、水警總隊部

特種區署、永安警察局：

案奉行政院仁十一字第一〇三八六號訓令開：「案據經濟財政兩部會同擬訂，戰時管理封鎖區由後方購銷民生日用品辦法，業經本院核准施行，除分行外，合行抄發該項辦法令仰知照，並飭屬知照。」等因，附件；奉此，查本省封鎖區域如何劃定，業經電請第三戰區司令長官部核示，尚未奉復，除分電外，合先抄發原附件電仰知照，一俟奉到司令長官部核示封鎖區域後，再行飭遵，省政府永建甲 印。附抄發戰時管理封鎖區由後方購銷民生日用品辦法及申請書購銷證式樣各乙份（見法規欄）

戰時管理封鎖區由後方購銷民生日用品辦法

第一條 凡商民由後方購運民生日用品到封鎖區內銷售者，依本辦法管理之。

第二條 本辦法所稱封鎖區，係指各戰區司令長官司令部，依封鎖敵區交通辦法劃定之封鎖線百里以內區域而言。

第三條 前條指定之封鎖區，除公告外，并須分報軍事委員會及行政院備案，遇有變更時亦同。

第四條 本辦法所准運銷封鎖區之民生日用品，以左列爲限：

甲、服用類

棉花、棉紗、棉織品、（各種本色棉布、各種漂白染色或印花棉布、及其製品），苧蔴織品、（各種本色蔴布、各種漂白染色或印花蔴布、及其製品），毛綫、粗呢絨、皮革、及其製品。

乙、糧食及食油類

米、榖、麥、麵粉、雜糧、油、（麻油、荳油、菜油、茶油、花生油）。

丙、燃料類

煤炭、（煤塊、煤末、煤球、焦煤、）木炭、木柴。

丁、牲畜類

豬、牛、羊。

戊、其他

各種染料、針、釘、樟木油

第五條 凡購運戰時管理進口出口物品條例附表乙所列物品，至封鎖區銷用者，除前條所列物品，准照本辦法辦理外，應向財政部請領內銷特許證，其另有法令規定者，仍各從其規定。

第六條 各地商會，應將當地年需第四條所列民生日用品之數量，減去當地足以自給者外，其需要向後方購運者，覈實估計，報請縣政府核定。

商會接受商民請購民生日用品申請書時，應於前項估計數量內核明，轉請縣政府發給購銷證。

第七條 凡商民由後方購運民生日用品到封鎖區售者，不論其爲產地商人運貨前往銷售，抑爲銷地商人前往產地運貨銷售時，須先繕具申請書，載明商號名稱，負責人姓名，資本額數，及擬購銷物品之品目數量，採購地點，運輸途徑，銷售地點，預定運達日期，並申明決不私運出口資敵字樣，報請銷地商會，加具保證，轉請該管縣政府核發購銷證，以憑購運，但不得夾帶其他貨品，或中途改卸變賣，（申請書及購銷證式樣附後）。

第八條 縣政府核發前條之購銷證，應以平抑物價，接濟市場爲原則，必需詳察當地供需情形，切實核定其准許購銷物品之品目數量，及其運達期限。

第九條 凡持有購銷證由後方運入封鎖區之民生日用品，沿途海關或緝私處所，應予照章分別驗證放行。

第一〇條 凡經核准購銷之民生日用品，運到銷售地點，應即報請該管縣政府查驗登記，並將購銷證收回註銷。

上項運到之民生日用品，由當地商會公議價格應市售賣，不得囤積居奇，高抬市價。

第一一條 各縣政府辦理核發購銷證及登記購銷物品等工作情形，應於本辦法實行後，每屆月終，分別呈報該管省政府及戰區司令長官司令部備查。

第一二條　各縣政府商會辦理審核保證手續，如有藉端敲詐情事，准由商人告發，依法嚴辦，其有串同舞弊行爲者，各依所犯法律之規定論處。

第一三條　凡無購銷證或內銷特許證，而購運本辦法第四條第五條所規定之物品至封鎖區者，海關關卡緝私處所，應令折回，其犯及懲治漢奸條例及海關緝私條例，查有實據者，各從其規定懲處。

第一四條　本辦法自呈奉核准之日施行。

民生日用品運往封鎖區購銷證申請書

茲擬由　　地方採購左列物品運往　　縣　　鄉　　鎮

銷售以應當地民生日用品之需決不私運資敵謹具申請書一份懇

請核明登記轉請

縣政府准予發給購銷證以便購運謹呈

商會轉呈

縣政府

計開

商號名稱	
所在地	
資本額數	
購運貨物品名	
數量	
用途	批發　零售
起運到達地點	
經過路線	
運輸情形	車運　船運　馱運　肩挑
運達期限	
備註	

具申請書人商號經理　　簽名蓋章

籍貫

住址

保證人　商會主席　　簽名蓋章

中華民國　　年　　月　　日

存根

商號名稱
所在地
購運貨物品名
數量
用途：批發　零售
起運到達地點
運輸路線
運輸情形：車運　船運　駄運　肩挑
運達期限

茲據　　商號採購上列民生日用品運往　　銷售依式填具申請書請予核發購銷證前來經本縣政府查明屬實准予給證

經手填發人　　　簽名蓋章

中華民國　　年　　月　　日

字第　　號

存查

商號名稱
所在地
購運貨物品名
數量
用途：批發　零售
起運到達地點
運輸路線
運輸情形：車運　船運　駄運　肩挑
運達期限

茲據　　商號申請採購上列民生日用品運往　　銷售業經本縣政府查明屬實准予給證此致

　　商會存查

縣長　　　簽名

中華民國　　年　　月　　日

字第　　號

民生日用品運往封鎖區購銷證

商號名稱
所在地
購運貨物品名
數量
用途：批發　零售
起運到達地點
運輸路線
運輸情形：車運　船運　駄運　肩挑
運達期限

茲據　　商號申請採購上列民生日用品運往　　銷售經本縣政府核准合給此證購貨運行

右給　　商號

縣長　　　簽名

中華民國　　年　　月　　日

限　　日繳銷

大田县防空队关于警报器损坏改为警钟致县立初级中学的公函（一九四三年九月五日）

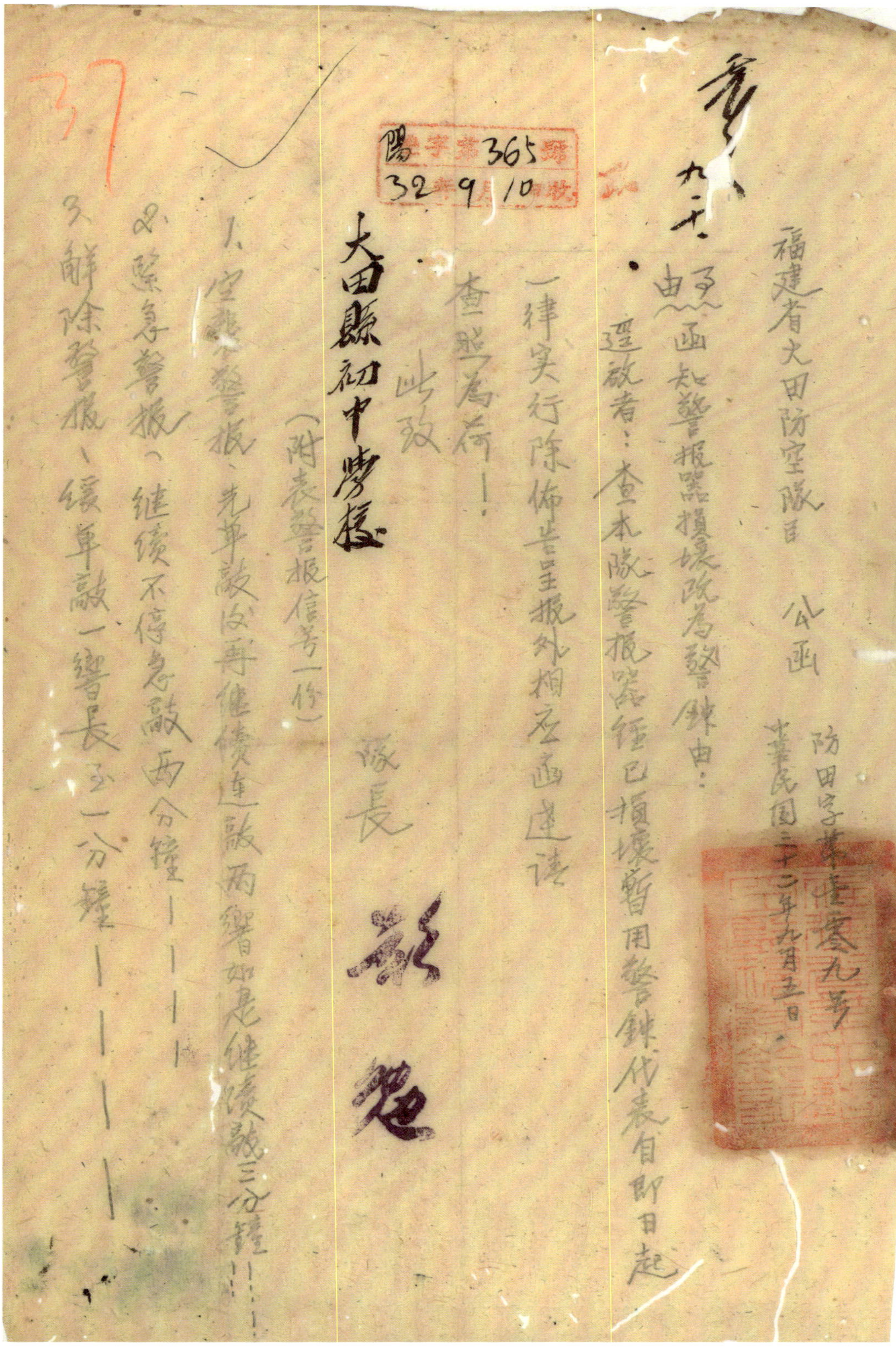

福建省大田防空队目 公函 防田字第壹玖号

中华民国三十二年九月五日

事由：函知警报器损坏改为警钟由

迳启者：查本队警报器经已损坏，暂用警钟代表，自即日起一律实行，除布告呈报外，相应函达，请查照为荷！

此致

大田县初中学校

队长

（附表警报信号一份）

1.空袭警报、先单敲后再继续连敲两响，如是继续敲三分钟——

2.紧急警报、继续不停急敲两分钟——

3.解除警报、缓单敲一响长至一分钟——

阳字第365号 32 9 10 收

福建省教育厅关于地理研究不得向外籍人士发表或译成外文公开出版发售致大田县立初级中学的训令（一九四三年十月二十九日）

陽字第459號 32年11月11日收

福建省政府教育廳訓令

事由：奉令各機關學校或私人對於地理之研究及論述凡有關國防險要之地區不得向外籍人士發表或譯成外國文字公開出版發售仰遵照由

令大田縣立初級中學

102231

案奉

省政府三十二年九月二日府民丁報永字第01124號訓令開：「案奉行政院三十二年七月九日仁陸字15576號訓令開：『案奉軍事委員會三十二年六月二十七日公函內開：各機關學校或私人對於地理之研究及論述凡有關國防險要之地區不得擅自向任何外籍人士發表尤不得譯成外國文字或公開出版發售以保國防秘密等由；准此，應即通飭遵行。除分令各部會署及各省市政府外，合行令仰轉飭所屬一體遵照。』等因奉此，除分行外，合行令仰轉飭所屬一體遵照。此令。」等因。此除分令外，合行令仰遵照。此令。

中華民國三十二年十月廿九日

廳長 鄭貞文

大田县政府关于抄发敌伪在沦陷区强征壮丁之对策致县立初级中学校长的训令
（一九四三年十二月十七日收）

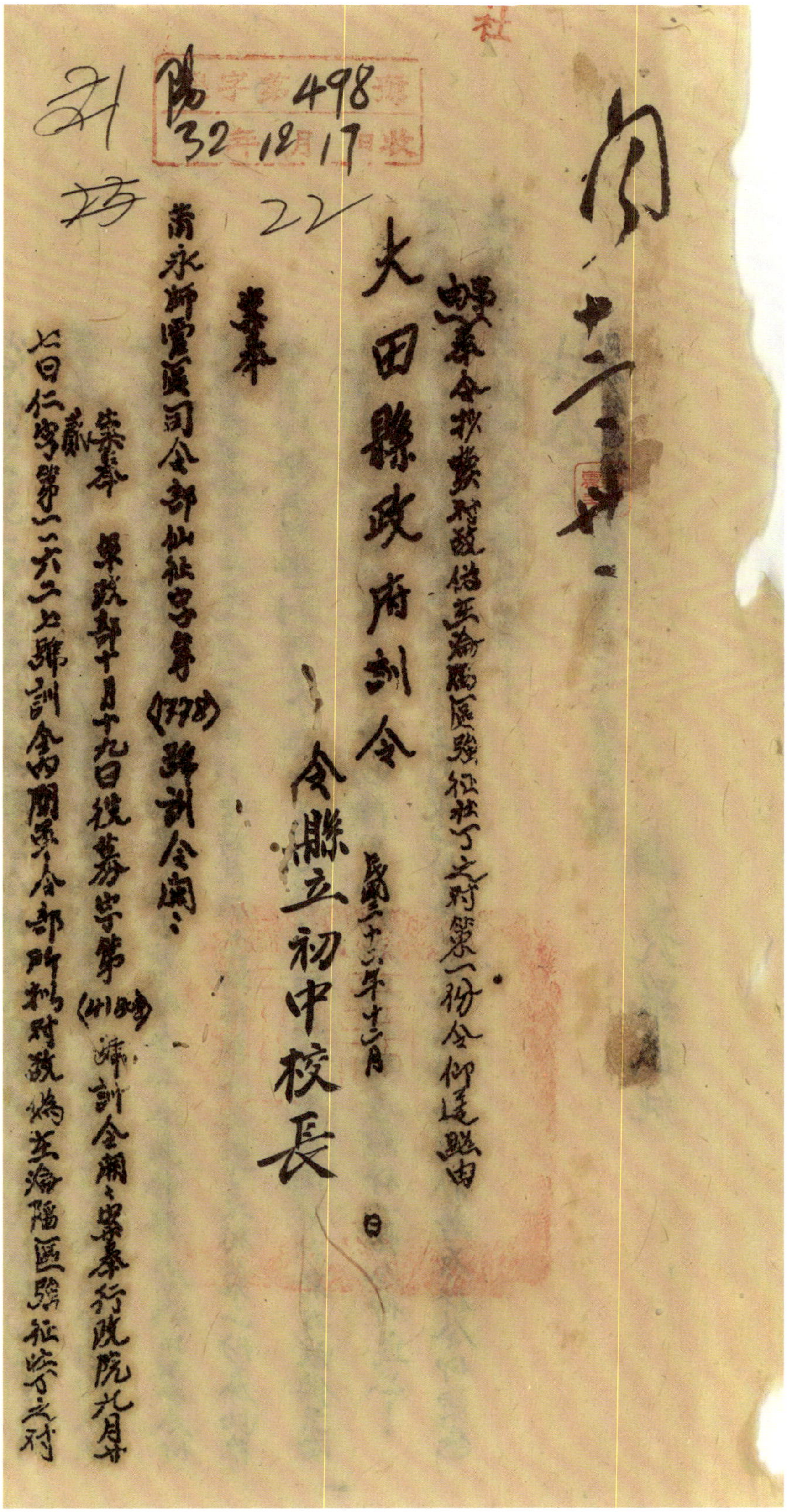

案奉 委員長蔣申有侍秦字第八八九零號代電飭行下院兹即由內政社
會教育三部及各關係省政府切實遵辦除分令外合亟抄發原抄對策令仰
遵照并轉飭所屬遵照等因附抄發對敵偽宣論陷區強征壯丁之對策一份奉此除
分令外合亟抄發抄對策令仰遵照轉飭所屬一體遵照等因附抄發對敵偽宣論
陷區強征壯丁之對策一份奉此除分令外合行抄發原附件一份令仰遵照！
等因附抄發對敵偽宣論陷區強征壯丁之對策一份奉此除分令外合行抄發原件令仰該（校）
長轉飭所屬極力宣傳為要！

此令

附抄發對敵偽宣論陷區強征壯丁之對策一份

縣長 羅誠純

附：敌伪在沦陷区强征壮丁之对策

附抄对敌伪在沦陷区强征壮丁之对策

甲、查敌寇与汪伪勾结在我沦陷区强征壮丁之阴谋已见诸实施，我党政军各级干部对此应有如左之认识

1.敌寇自发动太平洋战争，战区延阔，战线绵延，加以在我国六年来之消耗，其最近在所罗门群岛之不断损失，坠厌战逃亡之日多（均获有文件与事实证明），今后之损失且有加无已，其兵力不敷分配已有捉襟见肘之感，同时其国内尚需大量生产之人，故一面对朝鲜台湾人强服兵役，一面强汪伪在我沦陷区抽征壮丁，倭寇此种不得已之办法，为必有不战自毙之一日，实已暴露其最大弱点

2.敌寇在我沦陷区大量最强抽征，不独影响我国民生计，且足使我人民生产率减低，利用我之人力物力以消耗我之人力物力，此种以华制华以战养战之毒计，若不力谋打破，足使战争之时间延长，我国民之痛苦加大

乙、基于甲项之认识，兹拟具打破敌伪在沦陷区强征壮丁之对策如左

一、关于宣传组织者

人加强策动伪军连队及民众抗拒壮丁之宣传及组织工作由中央宣传部中央组织部中央调查统计局〔三民主义青年团〕中央国部军事委员会政治部军令部军事委员会调查统计局及内政部等机关会商决定方案分交有关机关分别负责[illegible]须遵照办理由中央宣传部及政治部负责主持

六、对敌沦陷区民众宣传要点如下

一、说明敌伪强征壮丁为敌人驱使我沦陷区同胞以华制华之一贯阴谋

二、说明被抽之壮丁大多数将被[illegible]送至[illegible]及西南太平洋一带以荒凉岛屿如新几内亚所罗门群岛及马绍尔群岛等处从事作战或苦役不但战时有丧生异国之危险即战后亦难望生还

三、详述敌伪虐待被抽壮丁之种种暴行

四、宣示我政府德意述明政府对沦陷区同胞之关怀及救济

五、鼓励壮丁内移说明内移[之]壮丁可免兵役并详举政府对内移人民之协助如遣送招待济协助就业介绍及参加生产工作等

上述宣（须计）要点由第一条所列各机关在沦陷区工作人员选照以各种秘密方式扩大宣传并由各方合播匿名及接近沦陷区之报纸杂志等尽量刊载向沦陷区抗送传播

3. 如第一条所属之人员于秘密宣传收得相当成果后即对民众施以组织训练消极方面使壮丁逃亡或移使敌无丁可征积极方面组织民对敌伪拒征壮丁大同盟与游击部队连络民抗敌之暴行实施时参照军政部二十八年颁布之民抗敌伪之暴征壮丁大同盟组织办法

4. 对已被抽之壮丁应由本项第（一）条所述各级机关部队选派干员混入策动使其乘机刺杀敌之重要官兵或破坏敌之重要设施或连合民众或兴士哗变

5. 利用空军对沦陷区散发传单揭破敌之要点与阴谋并告我机将轰炸营军交通线工作工厂等使我民众注意避免波及远离敌人或内移使敌无所施其奸计且藉此以鼓舞我沦陷区民众之勇气

6. 在敌机关接近敌区之政府部队应遴选原籍在沦陷区之区党政军干部为乡土工作以期粉碎敌之企图

二、關於黨政措施者

一、敵後黨政軍一元化，由戰區司令長官統籌之，以軍事輔導政治之推行，以政治輔導軍事之發展。人選以事業能力爲着眼，不限於資格，并給以全權，使其便宜行事。

二、接近戰地及在敵後之省縣政府，應以爭取淪陷區之壯丁，不爲敵偽利用，或令內移從事生產工作爲主要之施政方針。

三、由院通令明令公佈淪陷區壯丁未經國軍收復前，一切兵役法令暫緩施行，凡由淪陷區內移之壯丁，除志願服兵役者外，一律予以緩役。

四、各省政府於通敵後各重要路口設置義民收容所，協助淪陷區壯丁之內移，詳細辦法參照軍政部二十八年八月頒佈各游擊地區根據地義民救濟所設置辦法辦理之。內移之民眾志願服兵役者送入當地駐軍或征兵機關，不願服兵役者使其從事生產工作，關於內移壯丁之遞送、轉籍、分派、協助職業介紹及未就業前之生活等問題，應由各有關部隊會同擬定具體辦法切實辦理。

五、由淪陷區各級黨部大量吸收青年、少年轉入後方，繼續求學或在內地及附近戰地部隊工作。

六、對淪陷區內任何破壞擾亂敵偽之活動均須協助之，其附近各級政府部隊應儘可能注意援助及补给，以免工作人员陷入绝境。

三、关于军事者

八、由战区遴选优秀国军或挺进部队率领党政干部深入敌后，选定爱国之根据地，付以党政军指挥之全权，其下级党政干部可由其独断遴选资望素著、具爱国热忱之士绅或青年充任之。此项挺进部队以在敌后生存及发展为原则，并受战区司令长官之指挥，其任务为巩固敌后根据地，组织民众，打破敌阀渗资源利用人力之企图。

九、以战区为单位设置沦陷区壮丁招募处，并与行政机关密切合作，协助沦陷区民众之内移，实施时参照军政部卅一年九月廿日颁布之招募游击区（包括沦陷区）壮丁暂行办理之。

五、切實整頓游擊部隊之紀律，以號召敵後民眾視听，進而使民眾與我合作，以打破
敵偽征丁之陰謀。各游擊部隊應時以政戰之精神打擊敵人，使敵自顧不暇，無
力進行開發資源、強征壯丁之企圖。

六、凡在敵後作戰之部隊，除全力破壞敵偽一切設施、企圖外，應吸收當地壯丁，擴
充兵員，增強物質力量，以增進戰鬥力。

七、我前方部隊應與敵後游擊部隊密取連繫，按照敵偽治安肅清綱要對策，不
時攻襲敵人，以收復失地，縮小敵佔領區。

八、敵後游擊部隊應適時選派精幹人員或與地方特別組織有關之官兵，深入淪
陷區散佈流言，造成恐怖，施行挑撥離間之分化工作，促偽軍反正或使之解體（完）

三、战时征募援助

福建省教育厅关于准予中国航空协会福建省分会函以征求队定期出发请饬属予以赞助等致大田县立简易乡师的训令（一九三五年十月二十四日）

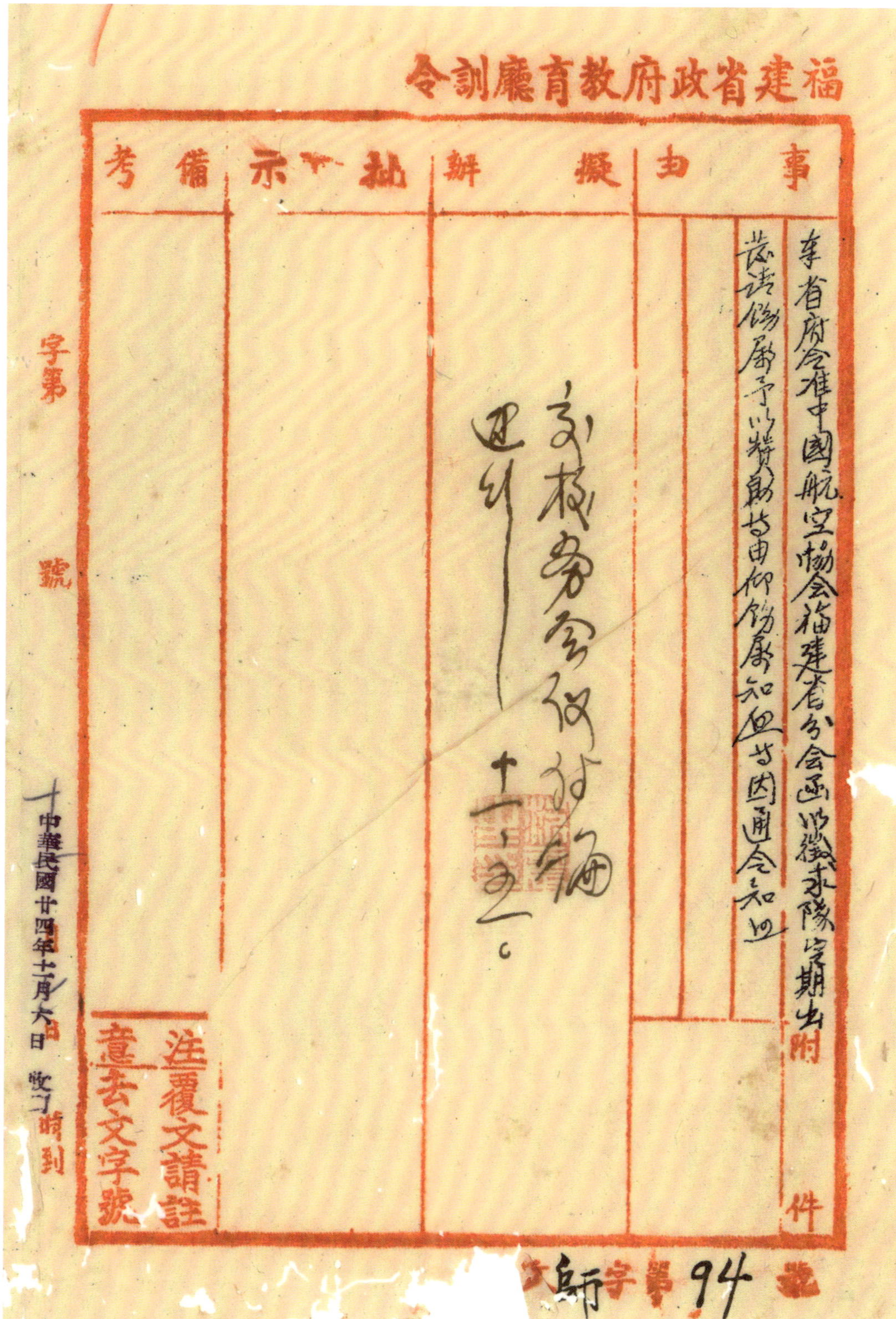

福建省政府教育廳訓令

事由：奉省府令准中國航空協會福建省分會函以徵求隊定期出發請飭屬予以贊助等由仰飭屬知照等因通令知照

擬辦

批示

備考

附件

注意 覆文請註去文字號

字第 號

新字第94號

中華民國廿四年十一月六日 收到

福建省政府教育廳訓令

通字第727號

令大田縣立簡易鄉師

案奉

省政府秘三字第二三五九七號訓令開：

「案准中國航空協會福建省分會公函開：『「航空救國」，總理早有昭訓，近歲黨國各要人，亦注力於空軍建設，一旦戰事發生，方有充分之力量，相當之準備，不至臨時無以應付，是以衛國圖存，舍航空別無捷徑。本會秉承中國航空協會之意旨，集合民眾力量，輔助政府發展航空，充實國防，茲定九月一日為徵求隊開始徵募工作，素仰執事為國先進

抱救国之熱誠，敬祈體念時艱，盡力贊助，並希轉飭所屬一體贊助，

藉賴羣策，早觀厥成，已咨由到府。當以徵求隊既已定期工作，究用

何種方法徵募，亟應查復去後，茲准函送到徵求隊組織及進行綱

要一份、第一期徵求會員辦法一份、隊長須知一份、贈獎辦法一份，請

飭屬一體贊助。等由前來。除分令外，合將原附件抄發，令仰該所飭

屬一體知照。

等因。附抄發徵求隊組織及進行綱要一份、第一期徵求會員辦法一份、隊長須知一份、

贈獎辦法一份。等因。除分令外，合行抄發原附件，令仰該校長知照。此令。

附抄發徵求隊組織及進行綱要一份、第一期徵求會員辦法一份、隊長須知

一份、贈獎辦法一份。

中華民國二十四年十一月廿四日

廳長鄭貞文

監印鄭幼[illegible]

校對林蘄[illegible]

附（一）中国航空协会福建省分会征求总队部组织及进行纲要

中國航空協會福建省分會徵求總隊部組織及進行綱要

第一條 中國航空協會福建省分會為徵求會員徵收會費及募集航空建設基金起見設立徵求總隊部

第二條 總隊部設總隊長一人由本分會理事互選呈請總會聘任之綜理總隊部一切事務

第三條 總隊部設總參謀一人總幹事一人由本分會理事互選呈請總會聘任之秉承總隊長襄理總隊部一切事務

第四條 總隊部得分設總務徵募兩組每組設主任幹事一人助理幹事若干人秉承總隊長總參謀總幹事辦理各該組事務

第五條 總隊部徵求每期以達到會員五萬人航空建設基金五十萬元為目標

第六條 全省組織徵求隊二百隊至四百隊各隊隊長由總隊長聘請之每隊隊員若干人由隊長選聘之

第七條 徵求隊每隊徵求会員以二百人或常年会費四百元為標準每隊徵求基金以二千元為標準

第八條 每期徵求会員及籌募基金時間另定之

第九條 徵求会員範囲不論家庭商店公司銀行錢庄工厰学校或其他机関之会員及其家屬親友男女老幼人等均可在徵入会

第十條 徵求基金应用種々有效办法多方劝募使人踴躍捐輸各力賛助航空建設

第十一條 各隊所收会費及基金應隨時繳存本分会指定之銀行報隊総会時須经本分会全体常務理事方得提取

第十二條 宣傳事務由分会主办総隊部應隨時與本分会宣傳組联絡

第十三條 本綱要经本分会理事会通过呈請総会核准備案後施行

中國航空協會福建省分會第一期徵求會員辦法

本會徵求會員與其他團体不同，會員資格絕对不加限制，且為閩省民衆贊助政府發展航空建設，凡我國民均應踴躍參加，努力贊助。兹將徵求會員進行办法，概述如下：

一、徵求日期

自二十三年九月一日起至二十三年十二月二十五日

二、進行步驟

（甲）徵求隊每隊徵求會員以一百人之會員或四百元以上之會費為標準，此項由隊長独力担任徵求最好，否則隊長須請同事、同業、同鄉或家族親戚朋友若干人為隊員，每人分别担任徵求會員人數並會費若干，由隊長分配決定之。

（乙）隊員人數既定，隊長應每日督促隊員努力進行，希望每隊每旬至少徵求會員十人，有四十元以上之會費，每旬應由各隊員將成績報告隊長一次，每月由隊長彙集隊員徵求成績報告總隊長。其報告日期規定如下：

第一次九月二十五日　第二次十月二十五日

第三次十一月二十五日　第四次十二月二十五日

每次报告成绩前，须将会费缴交指定接近该队之银行代收，并取回收据作报告之凭据

(丙)总队部按月召将各队成绩连同会员姓名及所认会费数目登报，或用其他方法公告之

三、征求方法

(甲)对于个人及家庭

当征得会员时，除收会费并给收据外，并请其家属亲戚朋友不论男女老幼人等均可请其介绍入会

(乙)对于学校

对于学校，除请校长及教职员全体入会外，并请尽量介绍学生入会，再由学生介绍其家属亲戚朋友入会。其经济宽裕之学生由校向学生于入会时即缴交会费，如学生经济困难者，应商由学校代为将会费一次缴足，而由学校分期缴收之

（丙）对於商店

对於商店除请主人、经理、高级职员入会外，并请全体职员尽量参加入会，并请其介绍亲戚朋友入会。至於会费，可酌量各人经济状况采用分期缴纳法，商由商店主人或经理代为将会费一次缴足，按期向职员扣还。

（丁）对於工厂

对於工厂除请主人、经理及其他员工全体入会外，并请其介绍工友入会，由工友再介绍其亲戚朋友入会。至於会费，可酌量各人经济状况采用分期缴纳法，商由厂主代为将会费一次缴足，按期向工友扣还。

（戊）对於社会团体及其他机关

对於社会团体及其他机关除徵求其全部职员入会外，并请其加入为团体会员

附（三）中国航空协会福建省分会征募学生专号基金办法

中國航空協會福建省分會徵募學生專號基金辦法

中華民國廿五年五月廿壹日收到

一 本會依照總會徵募專號辦法以本省公私立学校為徵募基本單位組織福建省學生專號徵募隊

二 本會聘請福建省政府教育廳廳長為徵募隊隊長

三 本会聘請福建省政府教育廳省視督学為徵募隊指導員

四 徵募隊隊長為徵募便利起見得聘任各市縣長各公私立專科以上学校之校長中等学校校長及省立小学校校長分任徵募分隊分隊長各市縣教育科科長分任各該市縣之徵募分隊隊長

五 各分隊長接到徵募隊隊長聘任後應即組織分隊並得聘任各該市縣公私立小学校校長及教職員為隊員

六 各分隊徵募期間以二十五年四月一日起至七月三十一日止四個月為限在徵募期間按月应作成绩報告一次並將經募捐款掃数彙繳本會指定銀行保管匯費得在捐款內扣除

322号

七 本尊號建設期定為二十五年八月至九月兩個月並於二十五
年國慶日舉行命名典禮

八 各級学校捐款應以学生數比例認繳暫定每一大学生
至少認繳五元中学生三元小学生五角各生中如有無力繳
足規定數額者亦應認繳該數二分之一其餘得向外徵募贊
有超出規定數額時應悉數歸公至学生向外徵募办法由
各分隊自定之

九 各項捐冊單據及宣傳品等概由本會徵募總隊部印發以昭劃一

十 各分隊於開徵募前應並得適宜宣傳其宣傳办法另定之

十一 各徵募隊分隊長暨隊員經募成績優良者得由徵募隊隊
長轉請本会分別給奖

十二 各校学生徵募成績優良者得由各該市縣長或校長酌量獎勵

十三 本办法經本會理事會核准後施行

附（四）中国航空协会福建省分会征集学生专号宣传办法

中國航空協會福建省分會徵募學生專號宣傳办法

（甲）省會

一　定三月廿九日（星期六）至四月六日（星期五）為宣傳週

二　三月廿九日（星期六）下午一時在福州公共体育場開宣傳大会並請黨政名人訓話下午四時遊行（各校遊行南台一帶城校遊行城内各處）各校全体員生應一律參加

三　宣傳週内請各報特闢一欄登載本宣傳文字

四　宣傳週内各校應組織宣傳隊（每隊五人至十人）於課餘赴城台各處及娛樂場所講演（宣傳大綱由本會徵募總隊部擬印發給）

五　宣傳週内各校应製各種標語布標懸掛沿街重要地點（標語由本会徵募總隊部印發）

六　宣傳週内各校应組織化装宣傳隊或組話劇赴各處作流動宣傳

中華民國廿五年五月廿壹日收到

322号

七　宣傳週内各小學校應以航空救國爲本週中心教材

八　宣傳週内各中等以上學校應請名人或由分隊長隊員向學生講演航空救國

九　宣傳週内各電影場影應於未開映電影前先映航空救國各種標語片（玻璃片由本會徵募總隊部製發）

十　宣傳週内應請黨政要人赴廣播台播音

（乙）各市縣

一　各市縣定四月一日（星期日）至七日（星期六）爲宣傳週

二　各市縣宣傳辦法依照省會宣傳辦法

三　各市縣舉行宣傳大會由市縣政府主持之

四　各市縣應用宣傳品由本會徵募總隊部供給

五　各市縣舉行宣傳會費用由各市縣政府籌撥

大田县政府关于转发福建航空分会征募学生专号办法致各学校校长的训令（一九三六年四月十一日）

本校已另案
核飭會遵办理矣 四、十四。

大田縣政府縣教第269號訓令

令各學校校長

奉

中國航空協會福建分會學生專號徵募隊長鄭函開：

「查籌募航空基金徵求學生專號已定四月一日至七月三

十一日為徵募期間，為謀進行順利起見，在開始徵募之前

中華民國廿五年四月壹參日收到

師字308号

79

自應擴大宣傳以促各方注意而期踴躍輸將茲奉

籌募航空基金徵求總隊部頒發徵求學生專號辦法及

宣傳辦法除分函外相應抄送前項兩種辦法函請查照辦理

等由奉此附發募學生專號基金辦法一份奉此除分令外合行令

仰該校長尽量徵募送府彙送此令

中華民國二十五年四月十一日

縣長 薩 桓

代理縣長職務秘書王 侃

大田县立初级中学学生航空捐款专号收据存根（一九三六年五月十三日至六月十七日）

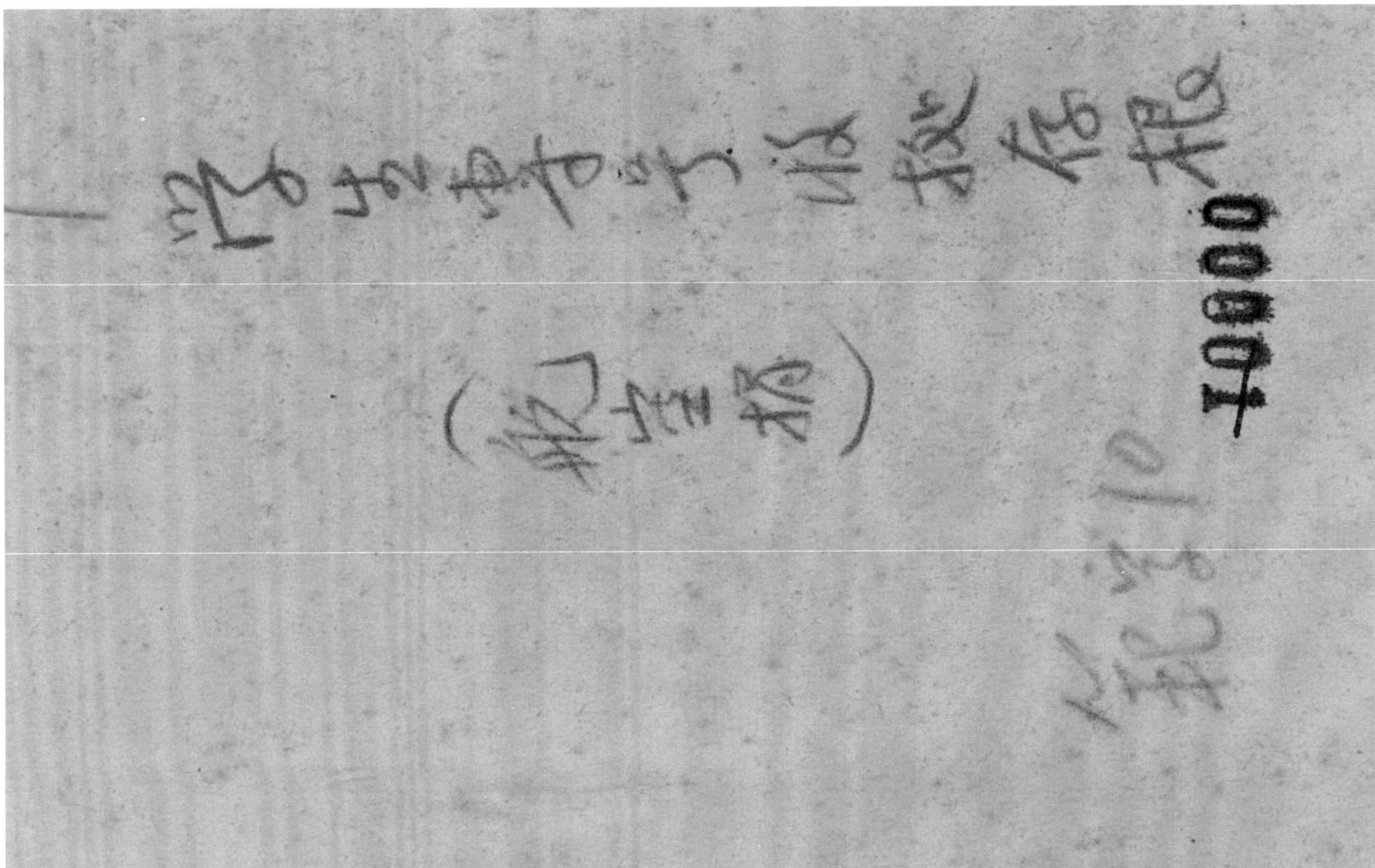

00001

（航空捐）

航字10

學生專號收據存根

學專第 1 號.

茲收:

贊助人林維邦住…………贊助!

本專號建設金大洋 叁 元正.

中華民國 25 年 5 月 13 日

分隊長蓋章　經募人蓋章

本聯存分隊長.

4

學生專號收據存根

學專第 3 號.

茲收:

贊助人林（筍）隆 住…………贊助!

本專號建設金大洋 壹 元正.

中華民國 25 年 6 月 12 日.

分隊長蓋章…………經募人蓋章 春榮

本聯存分隊長.

學生專號收據存根

學專第 5 號.

茲收:

贊助人鄭佐周住…………贊助!

本專號建設金大洋 貳 元正.

中華民國 25 年 6 月 12 日.

分隊長蓋章 [illegible] 經募人蓋章 ……

本聯存分隊長.

学生专號收據存根

學專第 7 號

茲收:

贊助人范震生住……贊助

本專號建設金大洋叁元

中華民國25年6月14日

分隊長蓋章……經募人蓋章 林

本聯存分隊長

學專第 學 號收 叁 元正

學生專號收據存根

學專第9號.

茲收:

贊助人林友徐住……贊助!

本專號建設金大洋壹元正

中華民國25年6月14日.

分隊長蓋章……經募人蓋章 雲生

本聯存分隊長.

學專第 號 收……壹元正

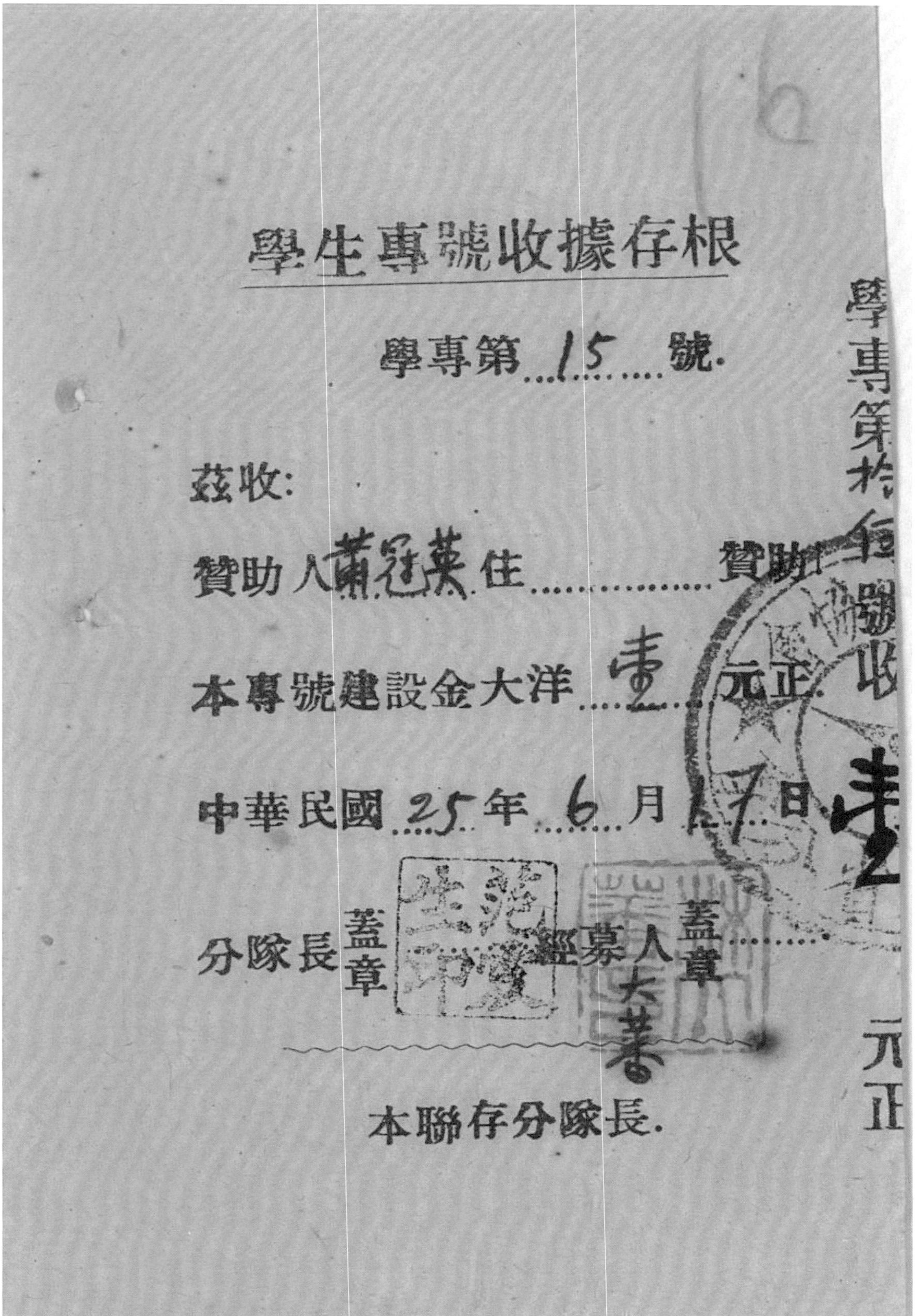

學生專號收據存根

學專第15號.

茲收:

贊助人蕭廷英住……

本專號建設金大洋壹元正.

中華民國25年6月17日

分隊長蓋章　經募人蓋章

本聯存分隊長.

學生專號收據存根

學專第 16 號.

茲收:

贊助人 廖[illegible] 贊助

本專號建設金大洋 弍 元正

中華民國 25 年 6 月 [illegible] 日

分隊長蓋章　經募人蓋章 大[illegible]

本聯存分隊長.

學專第拾陸號收[illegible]

弍[illegible]元正

學生專號收據存根

學專第25號.

茲收:

贊助人鄭超然住……贊助!

本專號建設金大洋1.5元正.

中華民國25年6月1?日.

分隊長蓋章……經募人蓋章 張文

本聯存分隊長.

學專第弍伍號收壹元伍角元正

34

學生專號收據存根

學專第 33 號.

茲收:

贊助人鄭有蒸住…………贊助

本專號建設金大洋 1.5 元正.

中華民國 25 年 6 月 [illegible] 日.

分隊長蓋章　　經募人蓋章

本聯存分隊長.

學生專號收據存根

學專第38號.

茲收:

贊助人林潤生住……………贊助!

本專號建設金大洋2.5元正.

中華民國25年6月17日.

分隊長蓋章 范震生印 經募人蓋章

本聯存分隊長.

學專第叁捌號收
弍元伍角元正

福建省教育厅奉省府令以各校经募飞机捐应将已收之款交存银行保管如有侵吞应予严惩致大田县立简易乡师的训令

（一九三六年十月十七日）

54 8361

福建省政府教育廳訓令

事由：奉省府令以各校經募飛機捐應將已收之款交存銀行保管如有侵吞應予嚴懲令仰遵辦具報

辦法

批示

備考

附件

注意：覆文請註意去文字號

字第 號

廿五·十月廿日

收文範字第114號

5362

福建省政府教育廳訓令

令大田縣立笏易鄉師

復文時請錄左列全號
閩酉條廳晉三五三六五

案奉

福建省政府閩酉寒府秘第三四五五二號訓令開：

「查各學校籌募飛機捐對於已收之款自應掃數解繳不容侵挪乃近聞各校經收人員間有任意侵佔挪用之事殊屬非是應責成該廳嚴密清查追繳果有前項情事即予從嚴按照侵佔罪懲處以重公款合行令仰該廳遵照辦理具報此令」

等因奉此除分令外合亟令仰該校長遵照迅將已收之款赴日掃數繳存銀行保管一面仍將經募數目并辦理結束日期詳細報核勿延爲要——。

此令。

5564

中華民國二十五年十月十七日

廳長鄭貞文

第二科科長鄭垣代折代鈐

監印鄭幼雲
校對林斷豊

福建省抗敌后援会关于函发福建省各机关抗敌后援队工作纲要和民众抗敌后援队组织规程的公函

（一九三七年九月二日）

將組織情形即日並列表函報 九、十二。

案奉

福建省抗敵后援會秘字第一七〇號公函開：

「查各縣市抗敵後援分會各機關抗敵後援隊及各地民衆抗敵後援隊業經次第成立，惟組織分歧，殊欠一致，茲由本會制定福建省抗敵後援会各縣市分会組織規程、福建省各機關抗敵後援隊工作綱要、福建省民众抗敵後援隊組織規程，藉昭劃一而利進行，相應檢同該組織規程及工作綱要各一份，隨函送請查照办理為要。」

等因，附發附件如文，奉此，除遵照辦理并分函外，相應印發原發規程等函請

查照辦理，希將組織成立情形函報備查。為荷！此致

全縣各機関各团体

48

附發福建省各机関抗敵后援隊組織綱要一份

福建省民衆抗敵后援隊組織規程一份

中華民國二十六年九月二日

主任委員 邱刻銘

福建省民衆抗敵後援隊組織規程

一、本省各团体及各地民衆為適應戰時之需要應成立抗敵後援隊受當地抗敵後援會之監督指揮

二、各地民衆团体之職員會員身体健康未曾担任公務或兵役者均有參加民衆抗敵後援隊之義務

三、民衆抗敵後援隊之編制以原有团体為單位并得依团体人數之多少劃為大隊中隊小隊其隊長由當地黨政負責人會商指定之

四、民衆抗敵後援隊之任務如次：

1、充實後方之警衛

2、協籌前方之接濟

3、訓練戰時之技能

50

4、促進地方之生産
5、查禁進口之私貨
6、偵查地方之奸宄
7、协助戰時之救護消防徵發
8、參加其他戰時服務

三、民衆抗敵後援隊編制成立後各隊應依時期環境之需要就前條之工作選擇担任或由上級指定担任之并應嚴加訓練務切實用

六、民衆抗敵後援隊之工作應按月逐級報告當地抗敵後援會

七、本規程未盡事宜得隨時修改之

八、本規程經省抗敵後援會議决施行

附（二）福建省各机关抗敌后援队工作纲要

福建省各机關抗敵後援隊工作綱要

一、本省各機關為適應戰時之需要應組織抗敵後援隊仍受該管長官之監督指揮同時須與當地後援會切取連繫

二、各机關抗敵後援隊之任務如次：

1、關於本機關秩序之維持

2、關於本機關卷宗器物之保管安置

3、關於本機關災患之急救与消防

4、關於本機關人員之糾察

5、關於參加戰時服務

三、各机關抗敵後援隊得依人員平時之性能劃編若干組（例如消防組糾察組）分任前條各項工作其隊長組長由長官指定之

四、各机関抗敵後援隊組織成立後應函報當地抗敵後援會備查

五、本綱要由省抗敵後援會議決施行

大田縣分會印

福建省教育厅关于准本省抗敌后援会函请就所属人员积极劝募慰劳前方将士一节致大田县立初级中学的训令

（一九三七年九月二日）

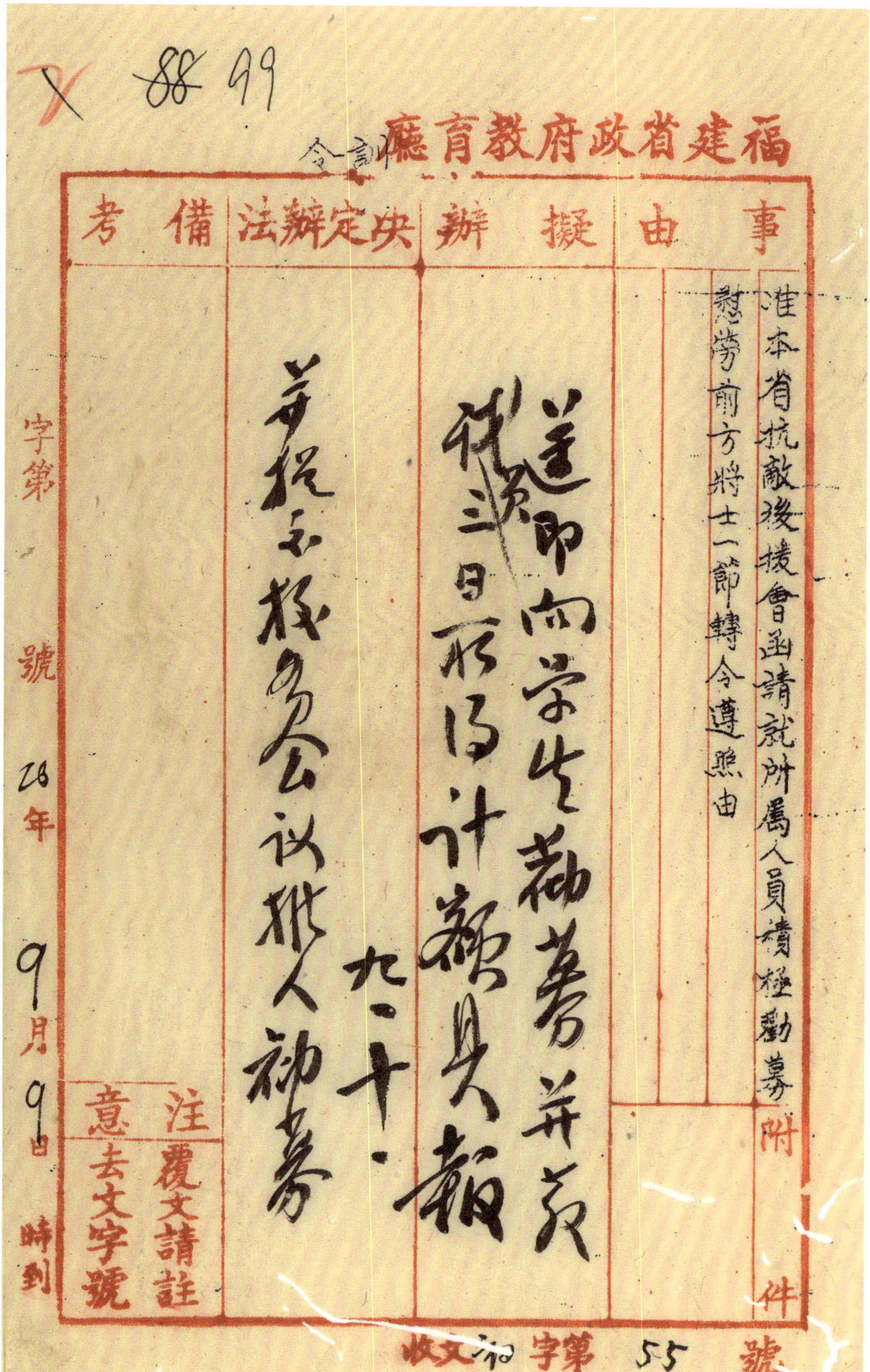

福建省政府教育廳訓令

字第　號

玉生林印

復文時請錄此列全號
餘申冬廳教字七一〇六九

令大田縣立初級中學

案准

福建省抗敵後援會公函開：

「自盧案發生，前方將士浴血抗戰，各地同胞激於義憤，募捐慰勞，疊見報端，本省商界日來分組勸募隊進行捐募，成績頗佳。際兹全面抗戰已在開始，公務人員自應努力輸將，以爲民衆表率。除分函外，相應函請查照，就所屬人員積極勸募，繳會彙寄，以利軍事」

等由。自應照辦。除分令外，合行令仰該校長遵照，就所屬各員積極勸募，並將所募之款逕繳本省抗敵後援會核收轉滙，一面仍將勸募情形並金額呈報備查。

此令。

中華民國二十六年九月二日

廳長鄭貞文

監印鄭幼雲

校對林斯豐

大田县政府关于准本县抗敌后援会函请通令所属组织抗敌后援队致简师校长范震生的训令（一九三七年九月）

事由：准本縣抗敵後援會函請通令所屬組織抗敵後援隊等由仰遵辦報查由

大田縣政府訓令　民字第　號

令簡師校長范震生

九、十

案准

大田縣抗敵後援分會總字第四號函開：

「查目前各級公務人員，除致力本身工作外，應注意全力於領導民衆抗戰之準備，本會曾於前日分電各機關請即組織後援會或支隊，日來據報成立者，尚屬寥寥，用特函請貴政府通告所屬，依照本會頒發抗敵後援隊組織大綱，斟酌當地情形，剋日成立各種後援隊，並希飭將組織成立情形連同名冊呈報本會，藉利進行，而關救國大計，即希查照見復，並祈賜覆為荷」

和字第56号

等由，准此，除分令外，合行令仰該遵照即日組織成立，
并將情形迅報，復報於會查核（會址文廟縣黨部）為要！
此令

中華民國二十六年九月　日

縣長廖基

大田县政府关于准大田县抗敌后援会催制棉背心寄往前方将士致各学校校长的训令（一九三七年十月二十五日）

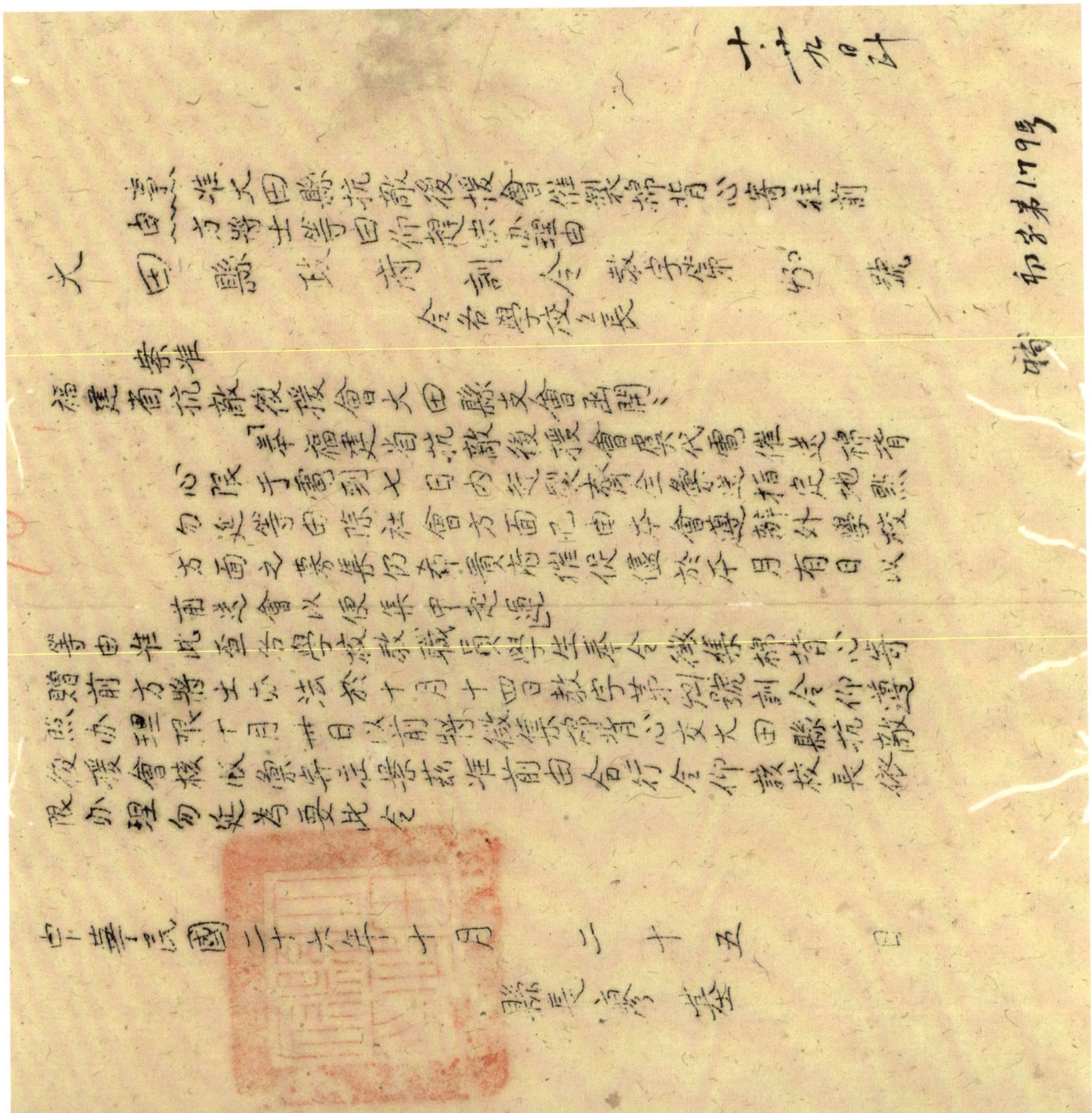

大田縣政府訓令 教字第 號

由：准大田縣抗敵後援會催制棉背心寄往前方將士並寄回收據由

令各學校校長

案准

福建省抗敵後援會大田縣支會函開：

「案准福建省抗敵後援會虞代電：『催送棉背心限于電到七日內征足，發寄至省，並指定地點勿延』等由，除該會方面已由本會遵辦外，學校方面之棉背仍希負責催收，限於本月有日以前送會，以便集中彙送。」

等由，准此，查各學校教職員學生每人應繳棉背心寄贈前方將士，亦經於十月十四日教字第四號訓令仰遵照辦理，限十月廿日以前將該棉背心交大田縣抗敵後援會核收各在案，茲准前由，合行令仰該校長限期辦理，勿延為要，此令。

中華民國二十六年十月二十五日

縣長 [illegible]

印字第1779號

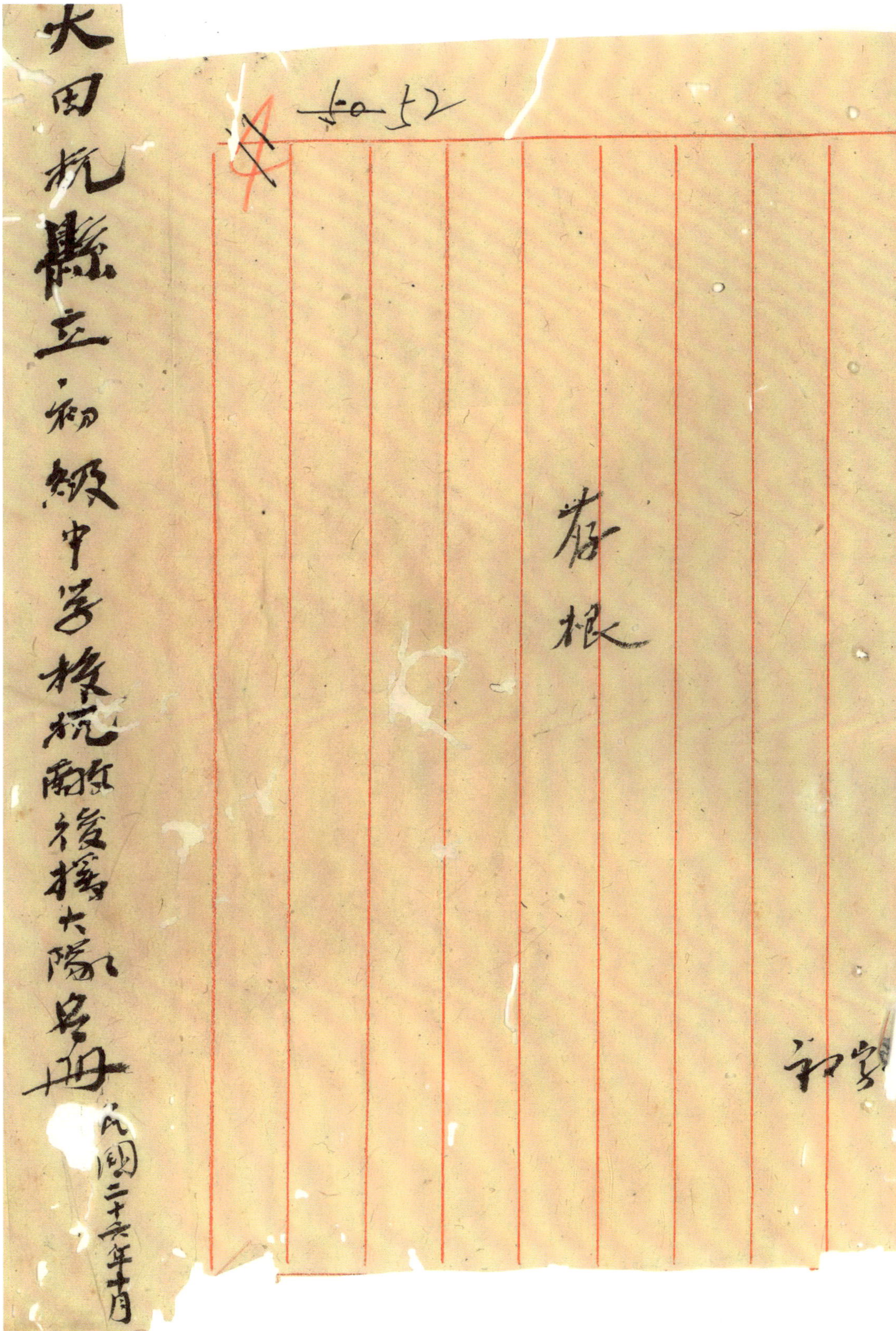

大田抗縣立初級中學校抗敵後援大隊名冊

民國二十六年十月

No 52

存根

大田县立初级中学抗敌后援大队名册（存根）（一九三七年十月）

5153

大田縣立初級中學校抗敵後援大隊名冊

隊別	姓名	性別	年齡	職務	備攷
大隊	范霞生	男	四二	大隊長	
	鄭佐國	仝	仝	副大隊長	
第一中隊	范霖生	仝	三五	中隊長	
第一小隊	陳揚章	仝	二一	副小隊長	
	刘漢英	仝	二三	隊員	
	詹山斗	仝	一六	仝	
	羅賢俠	仝	二〇	仝	
	邱祖武	仝	二〇	仝	

（大中書社印）

54

第二小隊

鄭璧琦	仝	一八	仝
周子華	仝	二三	仝
張崇林	仝	一八	仝
陳明經	仝	二三	仝
葉樹勳	仝	一七	仝
嚴燈福	仝	一七	小隊長
姜德峻	仝	一八	隊員
方佐邦	仝	一九	仝
張進偉	仝	一八	仝
鄭有莊	仝	一八	仝

~~施永旺~~	施永旺	仝	二一	仝	
	陳英傑	仝	二〇	仝	
	程秀山	仝	三一	仝	
第三小隊	林澤熙	仝	一五	小隊長	
	施大偉	仝	一四	隊員	
	蘇鴻華	仝	八	仝	
	范訓練	仝	一七	仝	
	范善藩	仝	一九	仝	
	林壽南	仝	一九	仝	
	施大烟	仝	一八	仝	

56

第二中隊

姓名		年齡	職別
范起添	仝	一九	仝
鄧長城	仝	二〇	仝
林友徐	仝	二二	中隊長

第一小隊

姓名		年齡	職別
林烈光	仝	二〇	小隊長
范炳烱	仝	二〇	隊員
陳星福	仝	一七	仝
方佐國	仝	一六	仝
鄭摩錯	仝	一七	仝
林欽亭	仝	一八	仝
樂在選	仝	一九	仝

57

第二小隊

姓名	性別	年齡	職務
郭德耶	男	二〇	仝
林敬榮	仝	一八	仝
魏秉鈞	仝	一六	仝
羅學淮	仝	二〇	小隊長
林香鸞	仝	一六	隊員
金開寬	仝	一七	仝
林良林	仝	一八	仝
陳敬生	仝	一七	仝
蕭揚聲	仝	一九	仝
鄭炳左	仝	二	仝

（大中書社印）

58

第三小隊

姓名		年齡	職務
林紹詮	仝	一七	仝
余煥章	仝	一八	小隊長
葉廷堅	仝	二〇	隊員
林雲山	仝	一六	仝
林開卷	仝	一七	仝
吳景春	仝	一七	仝
林德馨	仝	一七	仝
林奪錦	仝	一九	仝
林建生	仝	一四	仝

第三中隊

姓名		年齡	職務
葉鎣春	仝	四九	中隊長

第一小队

林炳麟	男	二一	小队长
乐成章	仝	二〇	队员
魏云鹏	仝	一六	仝
吴祥光	仝	一五	仝
郭树庆	仝	一七	仝
张云华	仝	一五	仝
张怀裕	仝	一五	仝
范应洋	仝	[illegible]	仝
张兴康	仝	一九	仝
张乃廷	仝	一八	仝

59

56

（大中书社印）

小隊	姓名		年齡	職別
第二小隊	吳宜程	仝	一六	小隊長
	范庭材	仝	一九	隊員
	陳玉麟	仝	一[illegible]	仝
	鄭時唐	仝	一六	仝
	范騰駒	仝	一八	仝
	樂知足	仝	一七	仝
	余有秋	仝	一九	仝
	鄭承銓	仝	一八	仝
	陳日勳	仝	一六	仝
第三小隊	范斯可	仝	一七	小隊長

60

姓名		年齡	職務
郭樹春	仝	一八	隊員
陳耀祖	仝	一九	仝
鄭期雲	仝	一六	仝
余正庠	仝	一六	仝
樂奏虞	仝	一八	仝
林祥麟	仝	一七	仝
鄭稷漢	仝	一六	仝
第[illegible]隊 藍九盛	仝	一六	隊長
第一小隊 林潤玉	仝	一五	小隊長
鄭超然	仝	一七	隊員

61

（大中書社印）

62

姓名		年齡	職別
葉德貴	仝	一六	仝
范輝星	仝	一七	仝
林香浮	仝	一五	仝
陳鵬程	仝	一六	仝
林日齊	仝	一六	仝
范起甲	仝	一五	仝
樂韶德	仝	一七	仝
林朝棟	仝	一六	仝
余若三	仝	一五	小隊長
林英才	仝	一六	隊員

第二小隊

第三小隊

郭秉志	男	一五	仝
羅(維)冠英	仝	一四	仝
蔣錫優	仝	一七	仝
蔣新基	仝	一五	仝
陳玉麟	仝	一七	仝
林冠榮	仝	一七	仝
翁湘日	仝	一九	小隊長
郭會文	仝	一四	隊員
郭紹輝	仝	一五	仝
楊夢年	仝	一五	仝

姓名		年齡	職別
陳天生	仝	一七	仝
吳傳墻	仝	一五	仝
吳昌旺	仝	一七	仝
蕭衍洋	仝	一七	仝
第五中隊 陳兆年	仝	二八	中隊長
第一小隊 林大森	仝	一六	小隊長
賴洋水	仝	一六	隊員
樂文勤	仝	[illegible]	仝
林成文	仝	一三	仝
蘇啓敲	仝	一五	仝

64

65

入 册

第二小隊

姓名	性別	年齡	職務
鄭鶴翠	男	一四	隊員
吴穗良	仝	一四	仝
吴登雲	仝	一四	仝
周晋邦	仝	一四	仝
施發璔	仝	一六	仝
魏壽年	仝	一六	仝
吴炳光	仝	一四	小隊長
林輝春	仝	一四	隊員
鄭建時	仝	一五	仝
鄭黎金	仝	一五	仝

（大中書社印）

第三小隊

姓名	性別	年齡	職務
郭兆洪	仝	一二	仝
林澤錩	仝	一三	仝
陳光祖	仝	一七	仝
田榮年	仝	一六	仝
池泉清	仝	一三	仝
欒蓮娥	女	一四	小隊長
范卿泉	仝	一八	隊員
張月娥	仝	一九	仝
林瑞卿	仝	一七	仝
林澤毓	男	二	仝

66

姓名			
朱天来	仝	一三	仝
廖龍雲	仝	一五	仝
張畑業	仝	一五	仝
高見星	仝	一七	仝

（文中書社印）

58 67

福建省教育厅关于为依照党政军联席会议议决拟将中等学校抗敌后援队工作归由战时后方服务团办理一节已函商省抗敌后援会同意致大田县立初级中学的训令（一九三七年十一月二十二日）

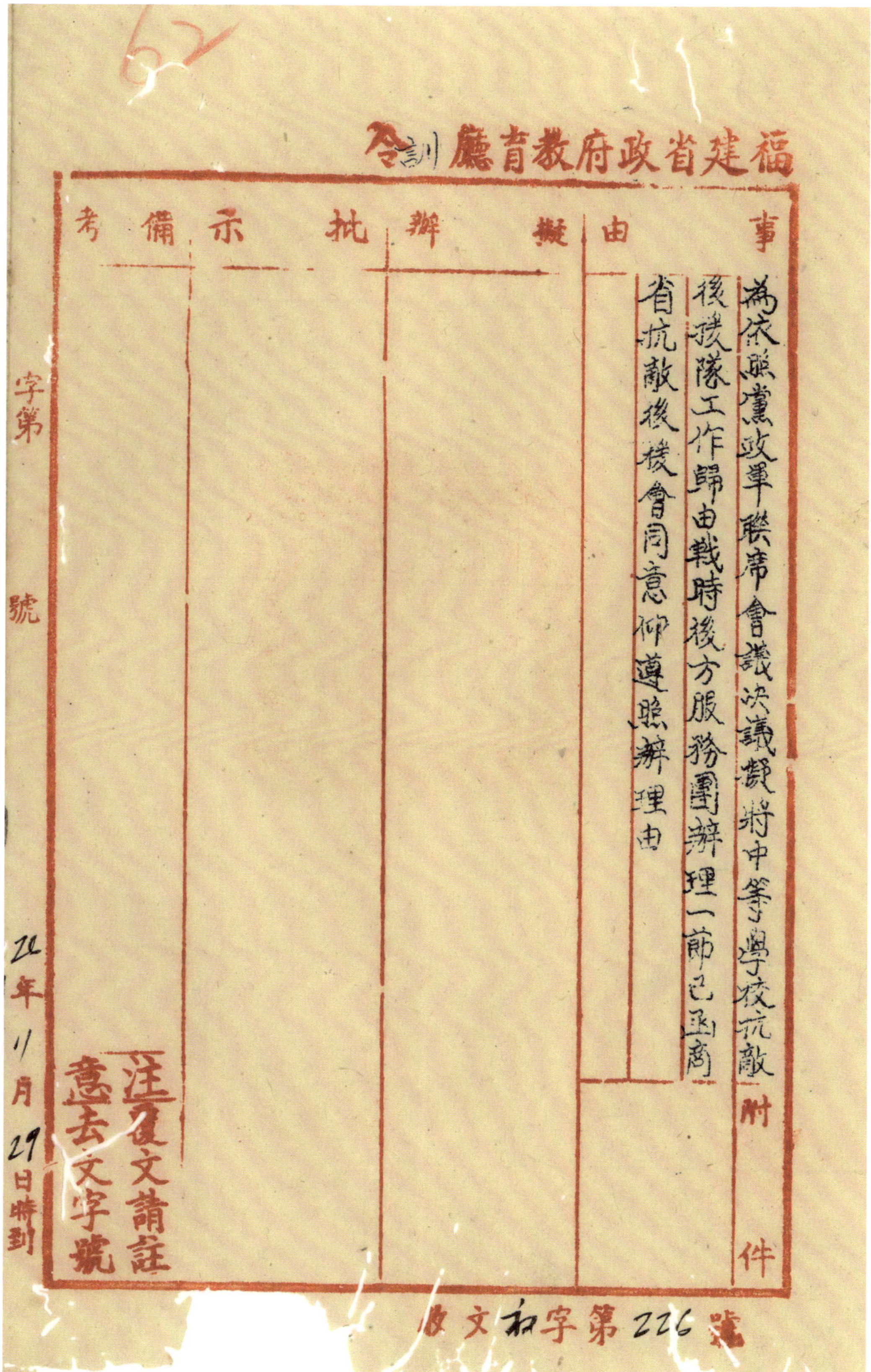

福建省政府教育廳訓令

事由：為依照黨政軍聯席會議決議擬將中等學校抗敵後援隊工作歸由戰時後方服務團辦理一節已函商省抗敵後援會同意仰遵照辦理由

附件

擬辦

批示

備考

字第　號

26年11月29日時到

注意 復文請註去文字號

教文和字第226號

福建省政府教育廳訓令

教戌養字第乙六七八七〇號

令大田縣立初級中學

案查前准 駐閩綏靖主任公署參謀處函送十月五日上午九時黨政軍聯席會議紀錄，請查照等由，查該會議錄內關於學校抗敵團體組織與訓練一案，經決議「各校所組織之抗敵團體名稱及辦法均應劃一」等語，本省中等學校原已成立有抗敵後援隊，嗣奉中央及 省政府頒佈辦法，復有戰時後方服務團設置，該兩種組織性質及辦法大畧均屬相同，依照前項決議，似可將抗敵後援隊工作歸入該戰時後方服務團辦理，業經本廳將此項意見函請福建省抗敵後援會查核在案。茲准函復開：「自應照辦，惟組織與訓練辦法大綱第十一條「並受當地最高軍政機關之指揮」一語應修改為「並受當地最高軍政機關之指揮及當地黨部與抗敵後援會之指導」，俾地方抗敵工作克收連繫兼進之效，相應復請查照辦理」等由。查高中以上學校學生戰時後方服務組織與訓練辦法大綱，係奉中央頒發，未便修改；惟各校戰時後方服務團實際工作自應受當地黨部及抗敵後援會之指導，以資聯絡。除函復並分令外，合行令仰該校長遵照辦理！此令。

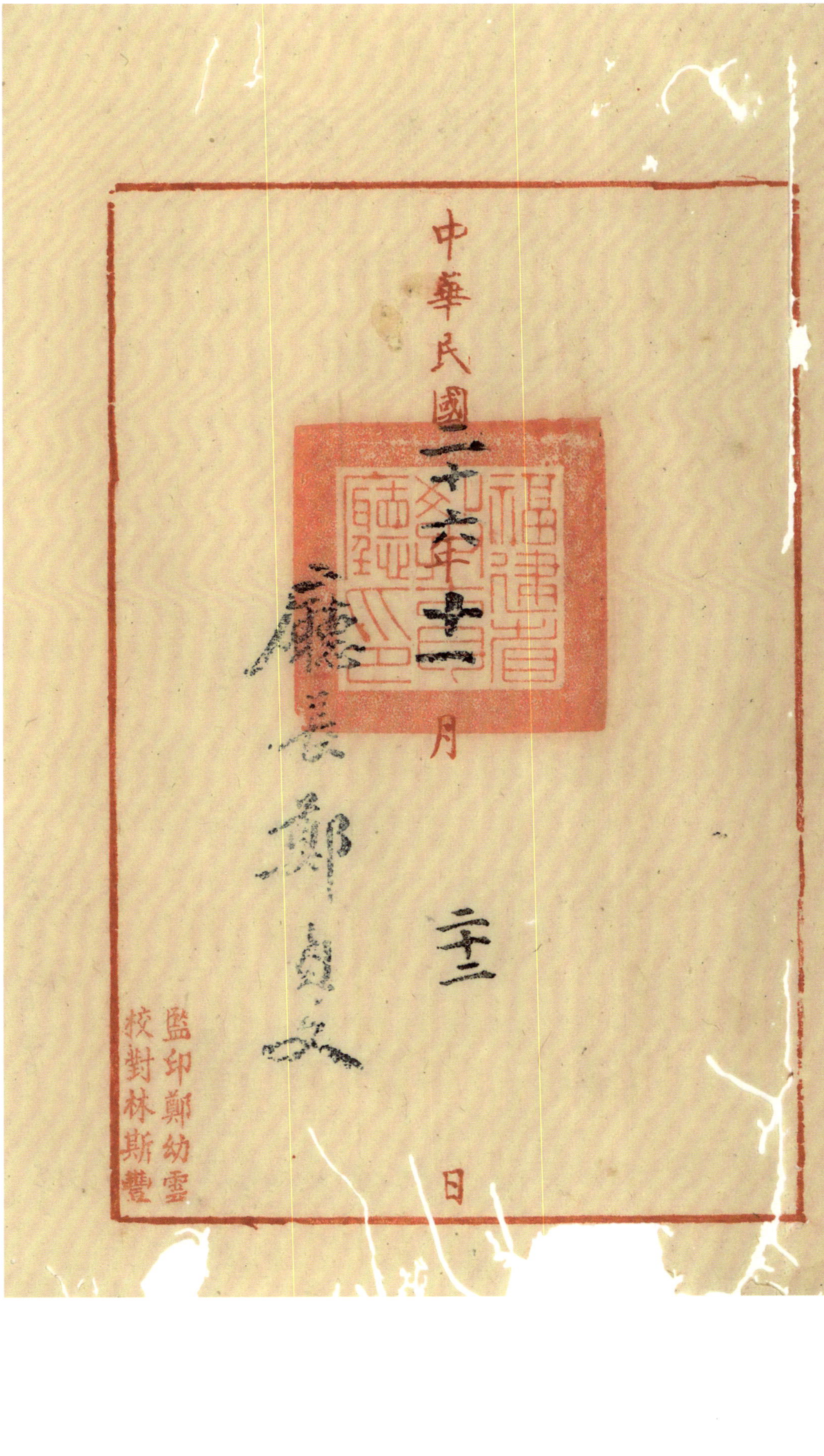
中華民國二十六年十一月二十三日

廳長鄭貞文

監印鄭幼雲

校對林斯豐

大田县政府关于提倡组织儿童救国百机会致各学校校长的训令（一九三七年十一月三十日）

廿六年十一月卅日

事由：准連城縣芷溪鎮兒童救國百机會函請提倡組織青白合作響應由

大田縣政府訓令　教字第　號

令各學校校長

案准連城縣芷溪鎮兒童救國百机會函開：

"敬啟者：楞鋈等忝為民族一份子，際此非常時期，國難整個民族在領袖領導之下，一德一心，各竭人力財力物力之貢獻，期達殲滅暴行日寇之目的。雖以年齡未及，校能尚鮮，未克獻身戎伍，奮發沙場，效終軍之請纓，木蘭之報國，亦切願抽求學之餘暇，盡救國之微能，爰集本鎮兒童同志發起組織兒童百机會，以期與喚起全國兒童同志之共同行動，長期貢獻，先事節衣縮食，盡其在己，然後集腋求助，推以及人。現已由本鎮各小學倡起捐募，達數十元，逾日解繳第一期機款，惟此項運動，須全國一萬萬有奇之

初字第235号

兒童同志共同致力，方能立奏大效，挽救危機。不揣冒昧，敢以本會簡章宣言等項，檢同一份，隨函上塵，炬燭微光，無裨於日月；涓埃爰助，不益於海山。惟是區區耿忱，不能自已，敬祈俯賜洞鑒，垂示闕漏，令飭提倡，促起響應，俾百機運動，不但風行全國，且資長期救國之一助，而為我航空建設無量發展之動機，是所熱望」等由，附簡章一份。准此，查此項組織，係屬兒童救國運動，自應響應組織，除分令外，合行印發前項簡章一份，令仰該校長極力提倡為要。

此令。

附發簡章一份

中華民國二十六年十二月三十日

縣長廖朞

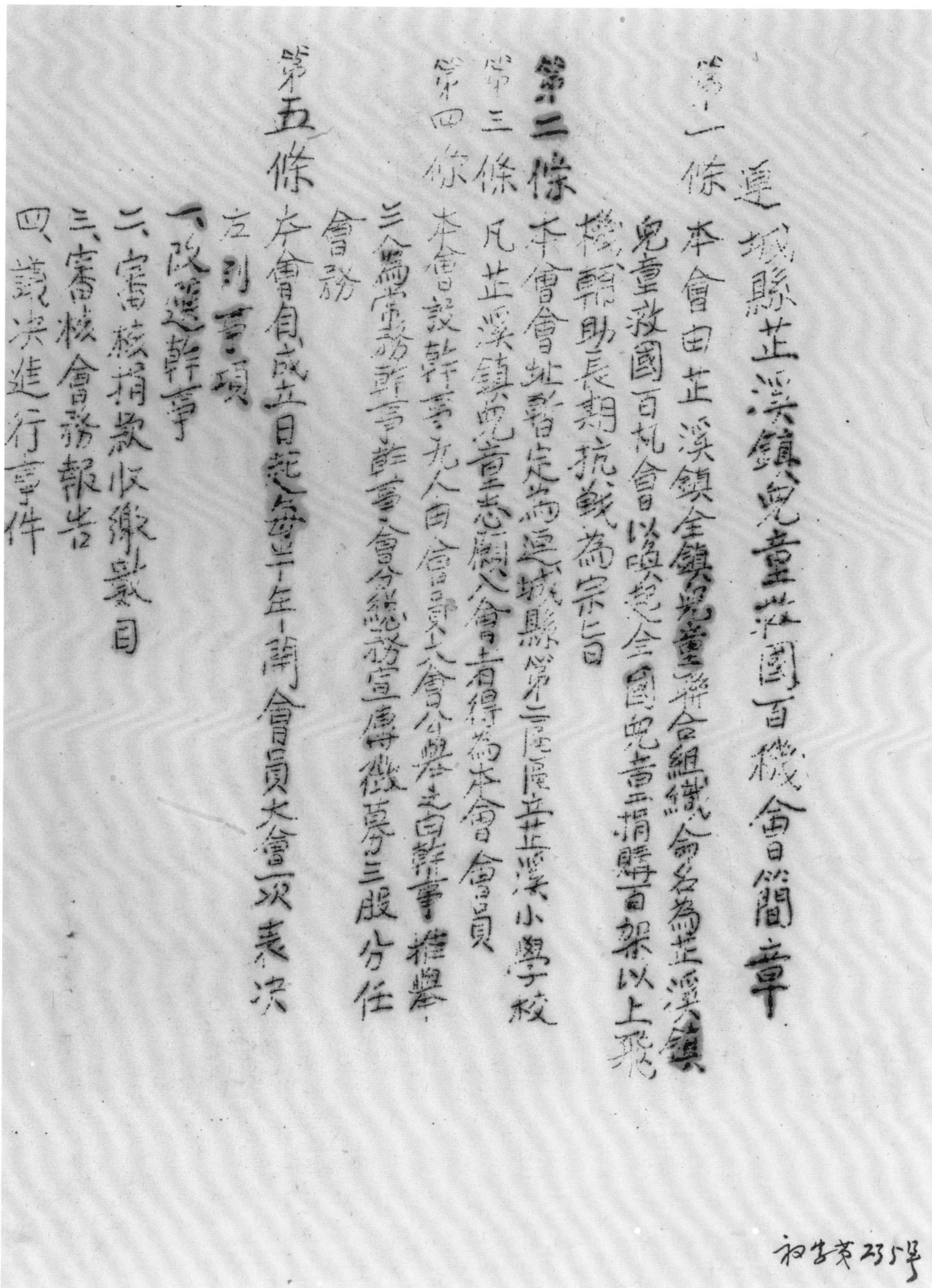

連城縣芷溪鎮兒童救國百機會簡章

第一條　本會由芷溪鎮全鎮兒童聯合組織命名為芷溪鎮兒童救國百机會以喚起全國兒童捐購百架以上飛機幫助長期抗戰為宗旨

第二條　本會會址暫定為連城縣第二區區立芷溪小學校

第三條　凡芷溪鎮兒童志願入會者得為本會會員

第四條　本會設幹事九人由會員大會公舉之由幹事推舉三人為常務幹事主幹事會分總務宣傳徵募三股分任會務

第五條　本會自成立日起每二年一開會員大會一次表決左列事項

一、改選幹事

二、審核捐款收繳數目

三、審核會務報告

四、議決進行事件

初字第235号

第六條　遇有臨時重大事件經會員三分一以上之同意得召集臨時大會

第七條　幹事會每星期定期召集常務會議一次

第八條　本會办公費由本鎮各學校机關分別捐助不得於捐款內

第九條　本會捐款分儲蓄及勸募二項但收款一律用編號蓋印兩聯單以資徵信

第十條　本會對於徵募熱心之會員或非會員得酬以名譽獎及紀念

第十一條　各股办事細則另定之

第十二條　本簡章如有不盡事宜得由會員大會修改之

第十三條　本簡章自呈奉本縣縣黨部縣政府核准之日起施行

大田县抗敌后援分会关于令迅予转饬所属各后援会团体条须依照原电所开需要物品努力劝募以慰军心致县立初级中学抗敌后援队的训令（一九三七年十二月六日）

福建省抗敵後援會大田縣分會訓令 後字第 土 號

令縣立初級中學抗敵後援隊

案准

中國國民黨福建省大田縣黨部公函總字第四十號開：

案奉福建省黨部總字第四五九號通令開：案奉

中央執行委員會通告開：頃接軍事委員會梗代電開：查自抗戰發生，迭據各省轉送各地民眾團體捐送前方將士之慰勞品甚多，足見愛國情殷，深堪嘉尚。惟查捐贈各物品類參雜，運至前方每多不切實用，未免虛糜民力。亟應按照實際需要統籌募集。現屆天氣漸寒，前方需要皮棉背心、青布雜襪、衛生衣褲、耳套、手套及四磅半棉毯等項為數甚巨，用特電請轉飭各級黨部所屬各募集機關團體按照上項品類迅加勸募，彙解本會配發前方以濟用需，並希將捐贈人民團體名稱印[illegible]其上，以昭

中華民國廿六年十二月六日 發

字第245号

紀念所犒慰之忱，胥浹軍心，官兵亦得叨實惠之益矣等語。自應照辦。除分行外，合亟通告該党部迅予轉飭所屬各後援團體，務須依照原電所開需要物品，努力勸募，以慰軍心。仰即遵照辦理為要等因。奉此，除分行外，合行令仰該處知照。此令等因。奉此，相應函請查照辦理為荷。

此致

遵照辦理為荷

隊

等由。准此，除分令外，合行令仰該

此令

中華民國二十六年十一月　六　日

主任委員鄭佐國

副主任委員邱刻銘

福建省政府关于核定抗敌后援分会经费致大田县政府的训令（一九三八年二月十七日）

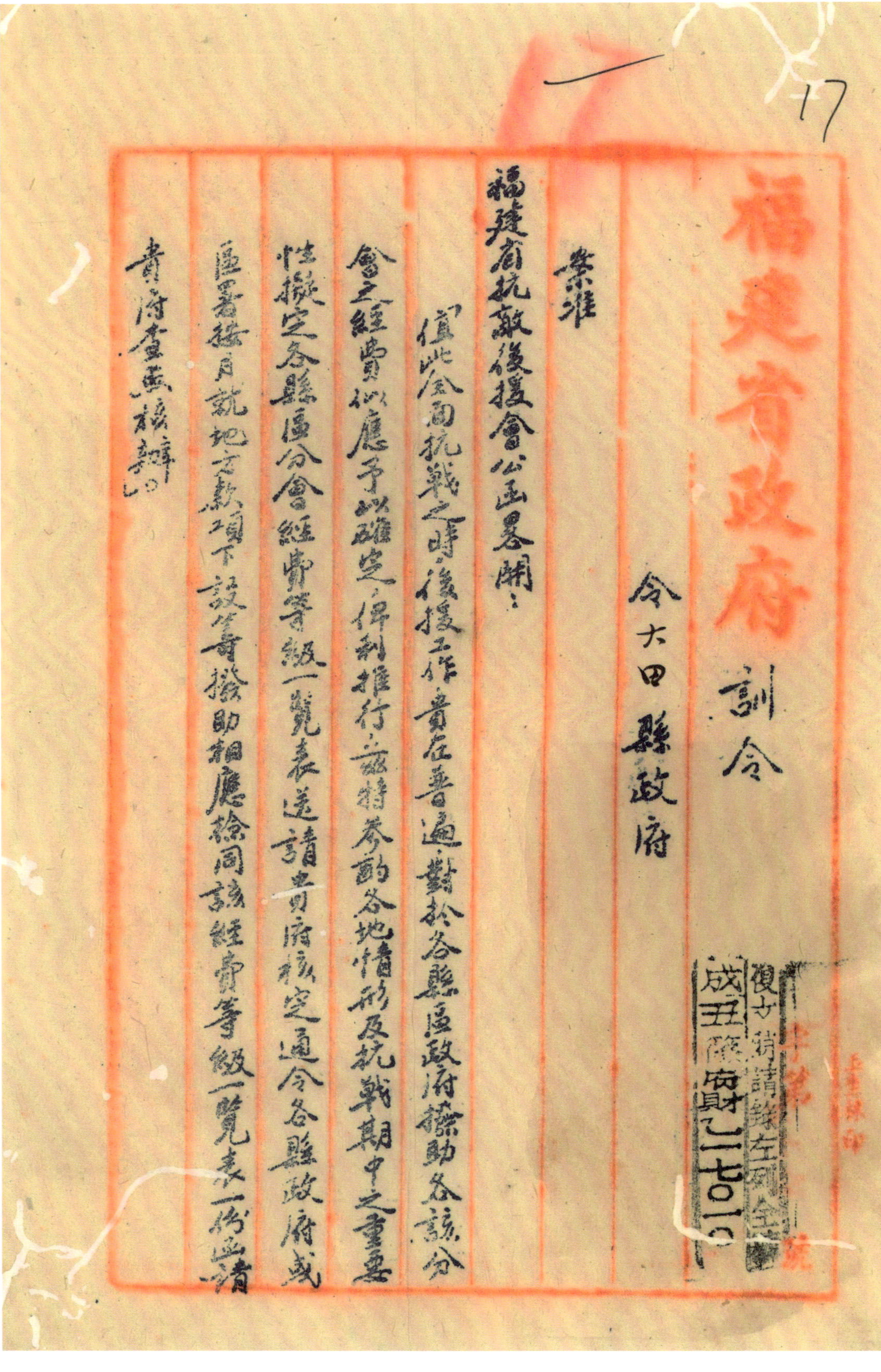

福建省政府 訓令

令大田縣政府

案准

福建省抗敵後援會公函略開：

值此全面抗戰之時，後援工作貴在普遍，對於各縣區政府撥助各該分會之經費，似應予以確定，俾利推行。茲特參酌各地情形及抗戰期中之重要性，擬定各縣區分會經費等級一覽表，送請貴府核定通令各縣政府或區署按月就地方款項下設法籌撥助補，應檢同該經費等級一覽表一份，函請貴府查照核辦。

筆由，附表一份準此，除函復並分令外，合行抄發原表，令仰該縣長就當地財力所及，勉籌酌撥，仍將籌撥數目先行具報，此令。

計抄發各縣區後援分會經費一覽表一份。

—19

中華民國廿七年二月十七日

主席陳儀

校對郭則揆

附：各市县区分会经费等级一览表

70

各市縣區分會經費等級一覽表

(一)下列各縣為甲等每月弍百元

閩侯　福清　莆田　晋江　龍溪

(二)下列各縣為乙等每月壹百伍拾元

長樂　連江　南平　沙縣　浦城　建甌　同安

南安　安溪　海澄　長汀　漳浦　詔安　仙游

(三)下列各縣為丙等每月壹百元

霞浦　甯德　福安　福鼎　永泰　閩清　古田

尤溪　永安　將樂　順昌　建陽　松溪　政和

邵武　惠安　永春　德化　東山　南靖　平和

龍岩　大田　永定　上杭　甯化

（四）下列各縣為丁等每月捌拾元

羅源　平潭　屏南　崇安　金門　雲霄　長泰

漳平　寧洋　華安　連城　武平　建寧　泰寧

（五）下列各縣區為戊等每月伍拾元

壽寧　明溪　清流　南日島　三都　周墩　上洋

柘洋　石碼　峯市

附記（一）除縣政府或區署按本表定額撥助外各該分會經費如有不敷得向當地各機關社團及善等募應用

（二）各縣區原撥助之款如超過本表定額者仍照原數撥付，

（三）廈門市具有特殊情形其會費應由該市分會與廈門市政府自行商洽暫不規定

大田县政府为动委会发动全县抗敌宣传该校应派队长员二名即经报抗分会并接洽致县立初级中学的训令
（一九三八年二月十七日）

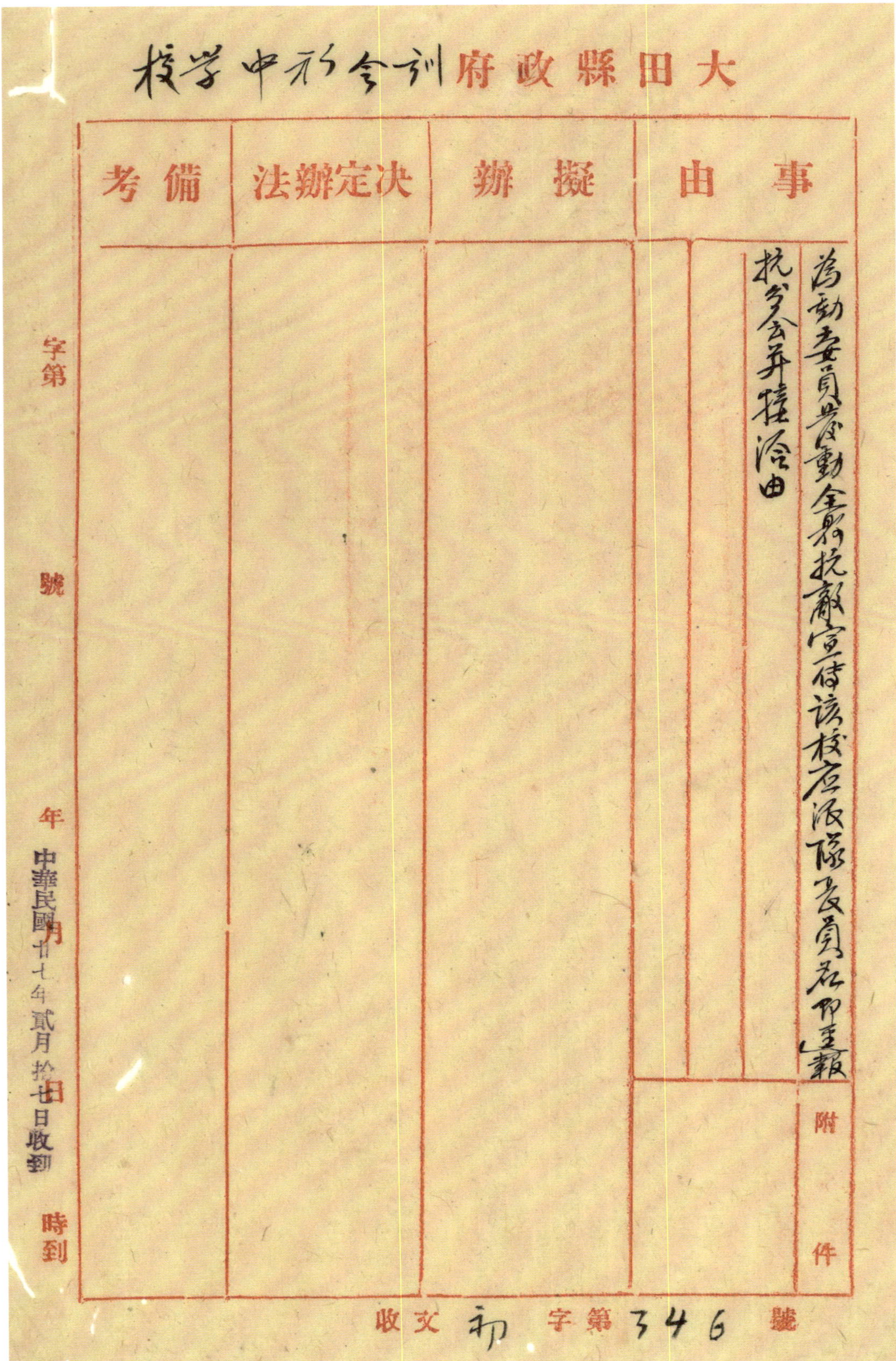
大田縣政府訓令初中學校

事由：為動委員發動全縣抗敵宣傳該校應派隊長員二名即呈報抗分會并接洽由

附件

擬辦

決定辦法

備考

收文初字第346號

中華民國廿七年貳月拾七日收到

大田縣政府訓令　民甲三字第　號　1558

令私中學校

本縣動員委員會發動全縣抗敵宣傳一案，業經本府特發會議錄令仰遵照在卷。查議決案第一案第三項決議該校應派二員（文武）宣傳隊，並歸後援分會指揮，仰即如數選派，仍將委派員名單報核，分会並接洽爲要！

此令

大田县抗敌后援分会关于工作人员应以出力不受酬为原则并查明有无增收经费情事据实具复致各区抗敌后援队的训令（一九三八年三月二十六日）

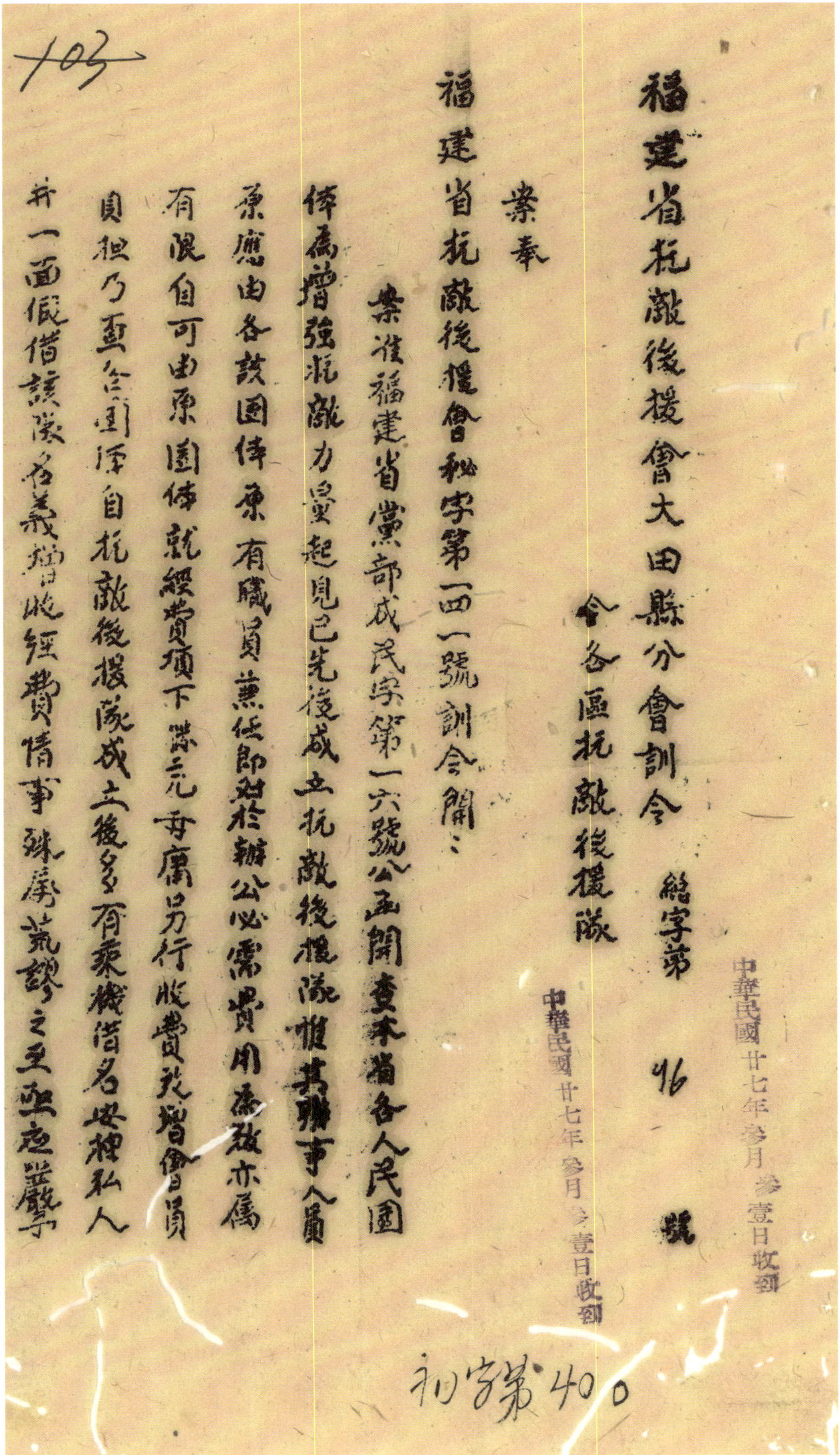

103

福建省抗敵後援會大田縣分會訓令　總字第46號

令各區抗敵後援隊

案奉

福建省抗敵後援會秘字第一四一號訓令開：

案准福建省黨部戍民字第一六號公函開：查本省各人民團體爲增強抗敵力量起見，已先後成立抗敵後援隊，推其辦事人員原應由各該團體原有職員兼任，即對於辦公必需費用，爲數亦屬有限，自可由原團體就經費項下撙節，毋庸另行收費或增會員負担。乃查各團体自抗敵後援隊成立後，多有乘機借名安插私人，并一面假借該隊名義增收經費情事，殊屬荒謬之至，亟應嚴予

中華民國廿七年參月參壹日收到

中華民國廿七年參月參壹日收到

初字第400

制止并對已經成立團体徹底清查以往流弊而假會風相尚亟請查
照飭屬遵行等由准此查參加地方抗敵後援工作人員應以出力不
受酬為原則業經本會飭遵在案並准前由除函復并分令外
合行令仰該分會轉飭所屬各抗敵後援隊切實遵照辦理一面
查明有無增收經費情事據實具復以憑核辦此令
等因奉此除分令外合行令仰該隊遵照辦理為要
此令

中華民國二十七年三月廿六日

主任委員 鄭佐國
副主任委員 邱刻鎔

大田县抗敌后援分会关于查「七七」周年纪念日将届是日举行扩大纪念会并发动公务人员收一日所得捐款慰劳将士致全县各级学校的公函（一九三八年六月二十八日）

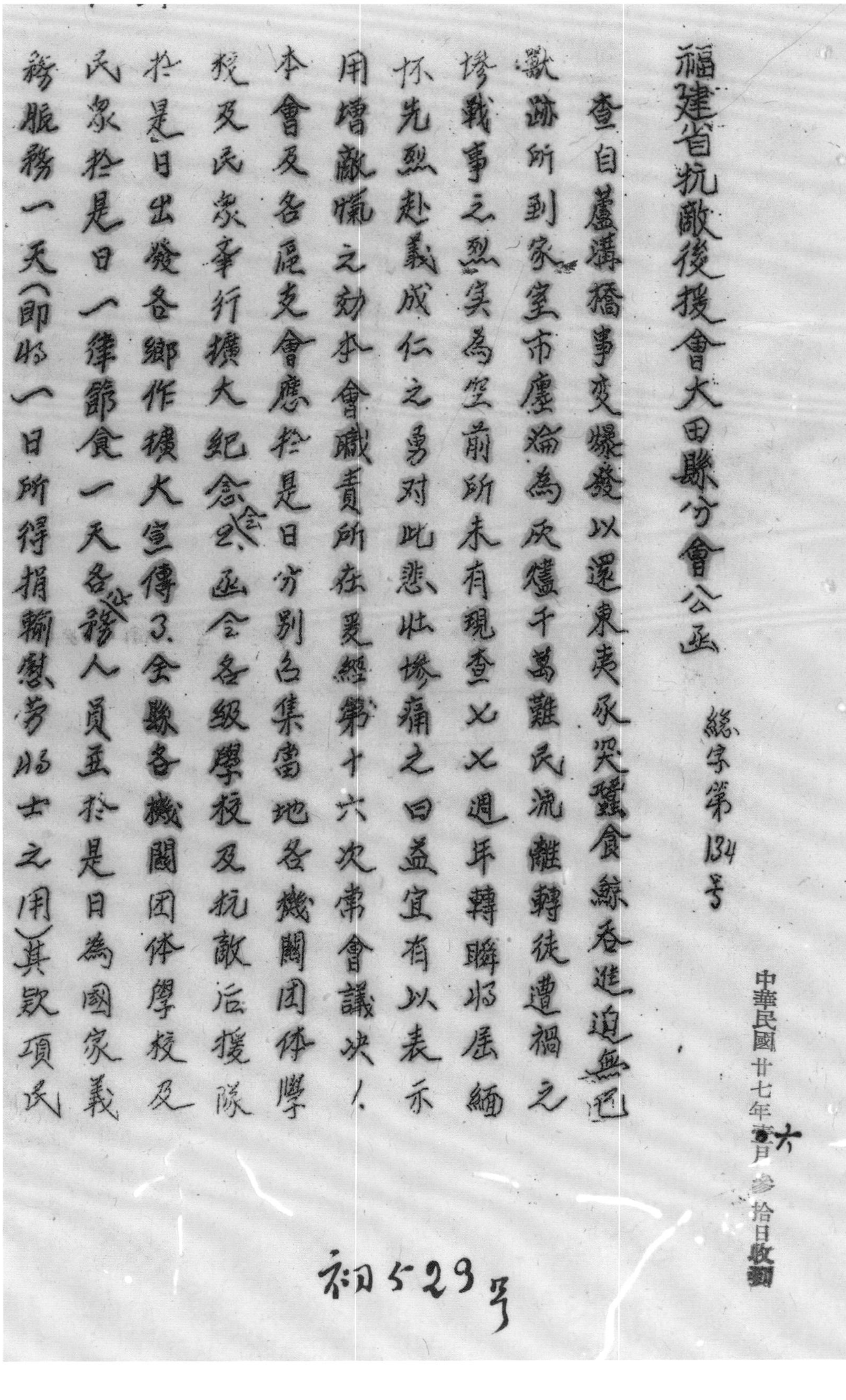

福建省抗敵後援會大田縣分會公函

總字第134号

查自蘆溝橋事变爆發以還東夷承哭蠶食鯨吞進迫無已獸跡所到家室市廛焚為灰燼千萬難民流離轉徙遭禍之慘戰事之烈实為空前所未有現查七七週年轉瞬將届緬怀先烈赴義成仁之勇对此悲壮慘痛之曰益宜有以表示用增敵愾之効本會職責所在爰經第十六次常會議决人本會及各區支會應於是日分別召集當地各機關团体學校及民衆舉行擴大紀念會並函令各級學校及抗敵后援隊於是日出發各鄉作擴大宣傳3.全縣各機關团体學校及民衆於是日一律節食一天各公務人員並於是日為國家義務服務一天（即將一日所得捐輸慰劳將士之用）其款項民

中華民國廿七年六月参拾日收到

初529号

衆方面可邀緻本會或各區支會公務員方面由各主管人員負責扣繳以全縣於是日一律停止娛樂一天各等詞紀錄在卷業関激勵民氣而慰勞前方兵民增強抗戰力量除分别函全外相應檢同一日所得清單一份錄案函請查照辦理並希節食及一日所得款項彙送到会以憑轉進為荷此致

全縣各級學校

附一日所得清單一份

中華民國二十七年六月廿八日

主任委員鄭佐國

副主任委員邱刻銘

大田县政府关于准抗敌会函请饬各区署各学校征集寒衣寄赠前线战士致县立初级中学的训令

（一九三八年十月二十八日收）

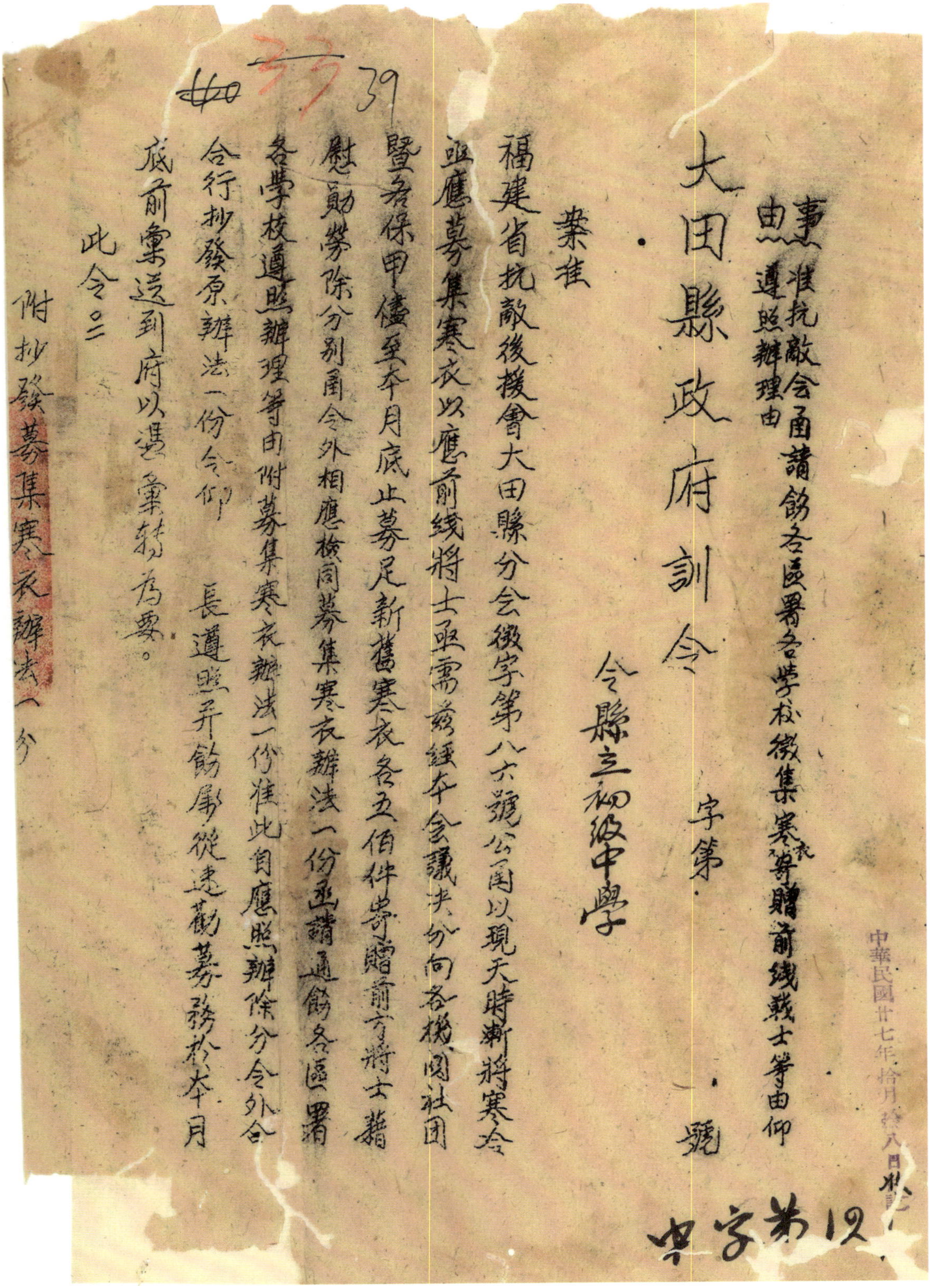

事由：准抗敌会函请饬各区署各学校征集寒衣寄赠前线战士等由仰遵照办理由

大田縣政府訓令　字第　號

令縣立初級中學

案准

福建省抗敵後援會大田縣分會繳字第八六號公函以現天時漸將寒冷，亟應募集寒衣以應前綫將士亟需，茲經本會議決分向各機關社團暨各保甲儘至本月底止募足新舊寒衣各五佰件寄贈前方將士，藉慰勛勞，除分別函令外，相應檢同募集寒衣辦法一份，函請通飭各區署各學校遵照辦理等由，附募集寒衣辦法一份，准此，自應照辦。除分令外，合行抄發原辦法一份，令仰該校長遵照并飭屬從速勸募，務於本月底前彙送到府，以憑彙轉為要。

此令。

附抄發募集寒衣辦法一份

中華民國廿七年拾月貳八日收

中字第19

39

40

中華民國二十七年十月　日

縣長董戴泰

附：募集寒衣办法

附募集寒衣辦法

(一)本會此次徵募寒衣總数定為乚千件——新的五百件，舊的五百件

(二)第一區轄四七保應募新舊寒衣各一百四十八件，第二區轄五一保應募新舊寒衣各一百五十三件，第三區轄三十一保應募新舊寒衣各九十三件，各機關團体應募新舊寒衣各一百二十件

(三)徵募寒衣照省定代價新的每件收法幣乚元，舊的每件收法幣三角

(四)由各聯保會同該聯保内學校共同負責向該保内殷實民户勸募(在區支会所在地由區支会協同辦理)

(五)每保最低應募新舊寒衣各三件(不准攤派)

(六)經募人收到代價應填給本会製發之收据并簽名蓋章

(七)經募人所收之代價若干限於本月底列表連同代價及收据存根一并繳会以憑彙轉并公佈

大田县抗敌后援分会关于应在规定期限内劝募寒衣并汇送数据致县立初级中学的公函
（一九三八年十月二十八日）

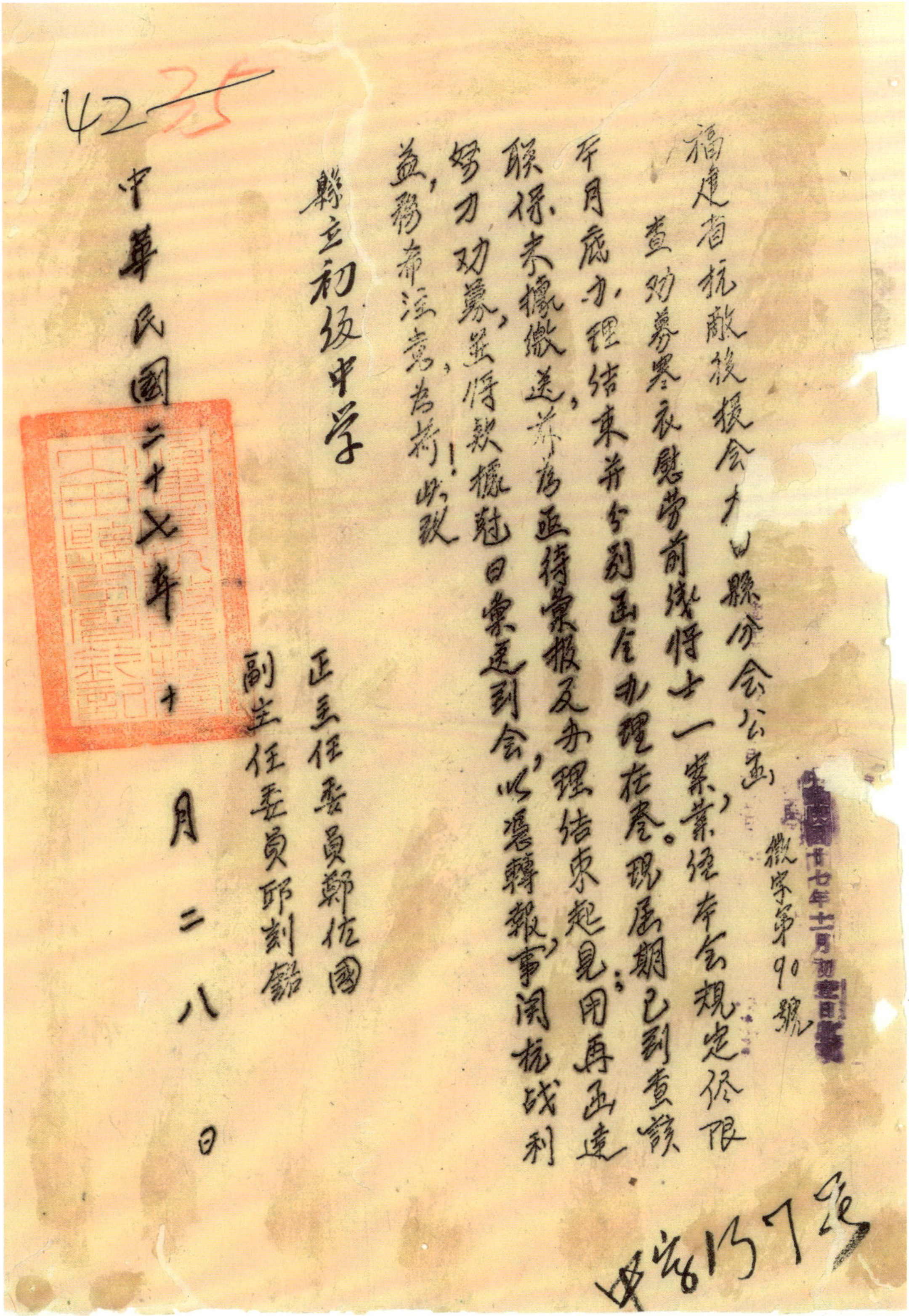
福建省抗敌後援会大田縣分会公函

微字第90號

查劝募寒衣慰劳前线将士一案，業经本会规定限本月底办理结束并分别函令办理在卷。现届期已到，查该联保未据缴送，殊为亟待汇报及办理结束起见，用再函达努力劝募，并将款据赶日汇送到会，以凭转报，事关抗战利益，務希注意为荷！此致

縣立初级中学

正主任委員鄭佐國

副主任委員邱剡銘

中華民國二十七年十月二十八日

大田县抗敌后援分会关于检送捐赠寒衣清单一份致县立初级中学的公函（一九三八年十一月五日）

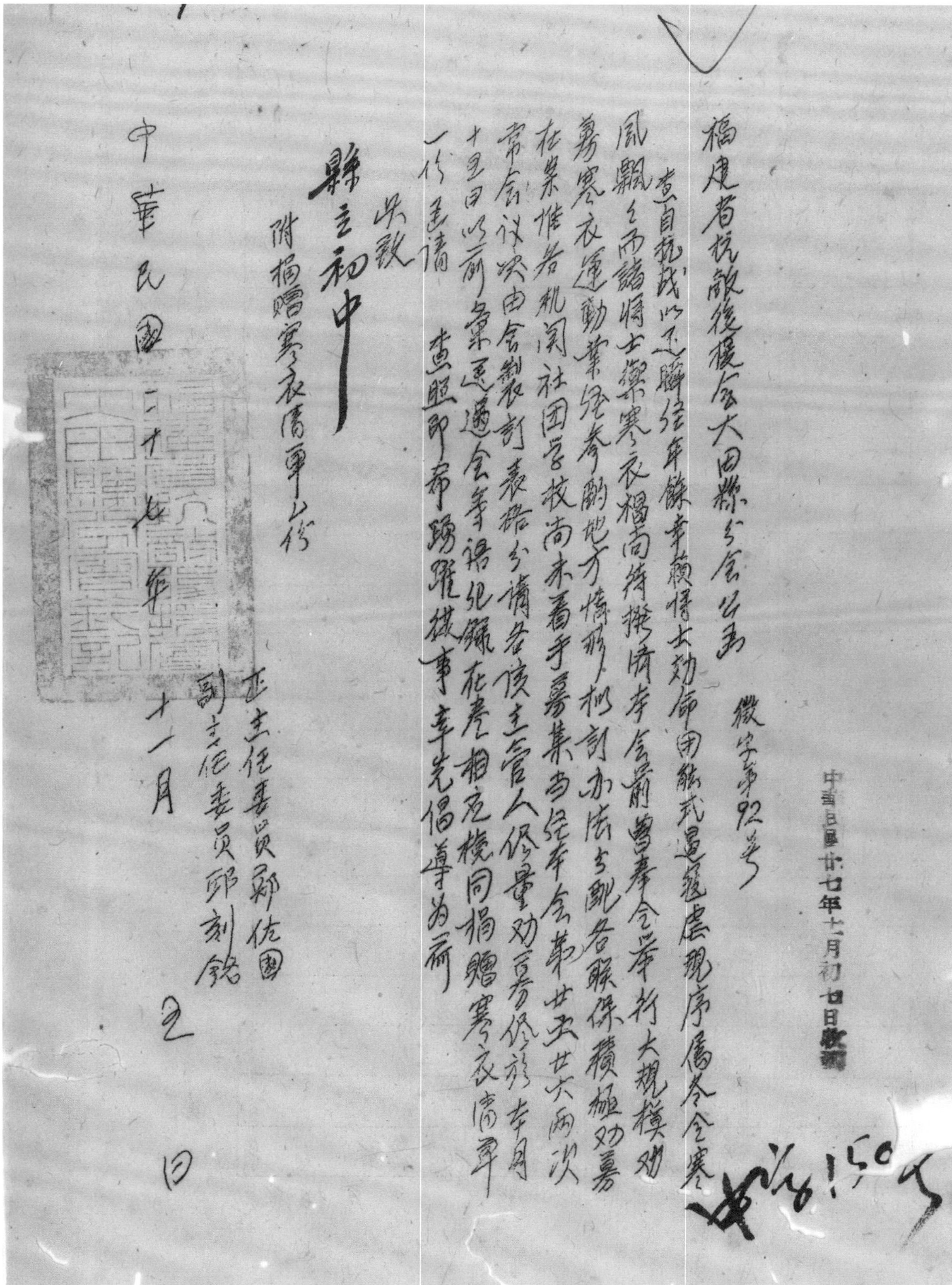

中华民国廿七年十一月初七日收到

福建省抗敌后援会大田县分会公函　征字第92号

查自抗战以还，瞬经年余，幸赖将士効命，用能式遏凶虐。现序属冬令，寒风飘飘，而诸将士御寒衣物尚待接济。本会前曾奉令举行大规模劝募寒衣运动，業经参酌地方情形，拟订办法，分配各联保积极劝募在案。惟各机关社团学校尚未着手募集，当经本会第廿五、廿六两次常会议决，由会制表，函请各该主管人员尽量劝募，限于本月十五日以前汇送过会，等语纪录在卷。相应检同捐赠寒衣清单一份送请查照，即希踊跃捐事，率先倡导为荷。

此致

县立初中

附捐赠寒衣清单乙份

正主任委员　郑佑国

副主任委员　邓刻铭

中华民国二十七年十一月　五日

109

大田縣

各機關公務員捐贈寒衣清單

姓名	新衣件數	舊衣件數	計洋若干
總計　人	總計　件	總計　件	總計　元　角

大田縣　　　　年　月　日填送

大田县抗敌后援分会关于转发福建省抗敌后援会慰劳捐款办法致县立初级中学的公函
（一九三八年十二月二十九日）

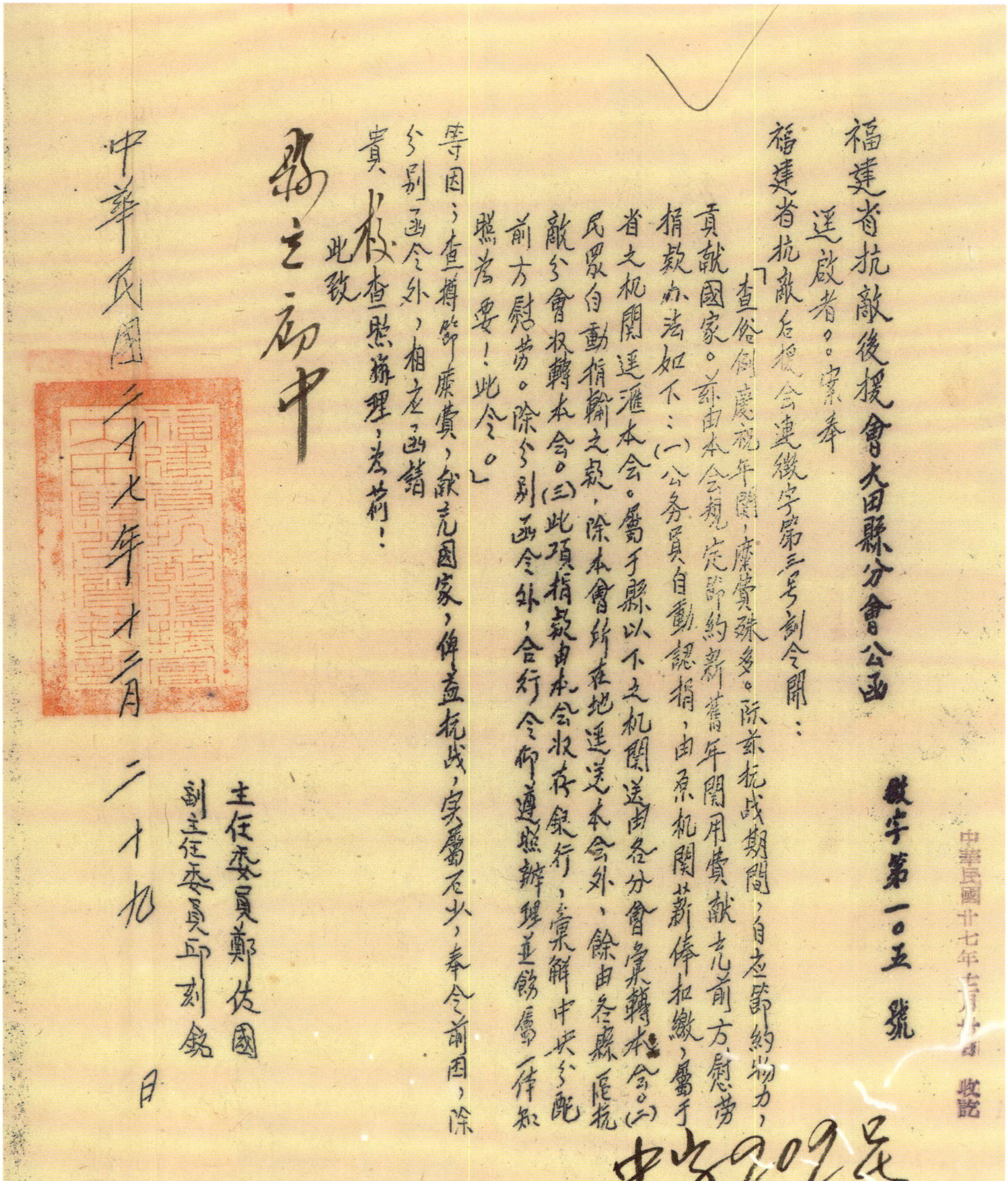
福建省抗敵後援會大田縣分會公函　敵字第一〇五號

中華民國廿七年十二月廿日收訖

逕啟者：案奉

福建省抗敵后援会連徵字第三号訓令開：

「查俗例慶祝年間，糜費殊多。際茲抗战期間，自應節約物力，貢献國家。茲由本会規定節約新舊年間用費，献充前方，慰劳捐款办法如下：（一）公务員自動認捐，由原机関薪俸扣繳，屬于省之机関逕滙本会。屬于縣以下之机関送由各分會彙轉本会。（二）民眾自動捐輸之款，除本會所在地逕送本会外，餘由各縣區抗敵分會收轉本会。（三）此項捐款由本会收存銀行，彙解中央分配前方慰劳。除分別函令外，合行令仰遵照辦理並飭屬一体知照為要！此令。」

等因；查樽節糜費，献充國家，俾益抗战，実屬不少，奉令前因，除分别函令外，相應函請

貴校查照辦理，為荷！

此致

縣立初中

主任委員鄭佐國

副主任委員邱刻銘

中華民國二十七年十二月二十九日

中字202号

福建省教育厅关于各机关团体发动募集戎衣代价制发以示优待出征军人致大田县立初级中学的训令
（一九三九年四月二十三日）

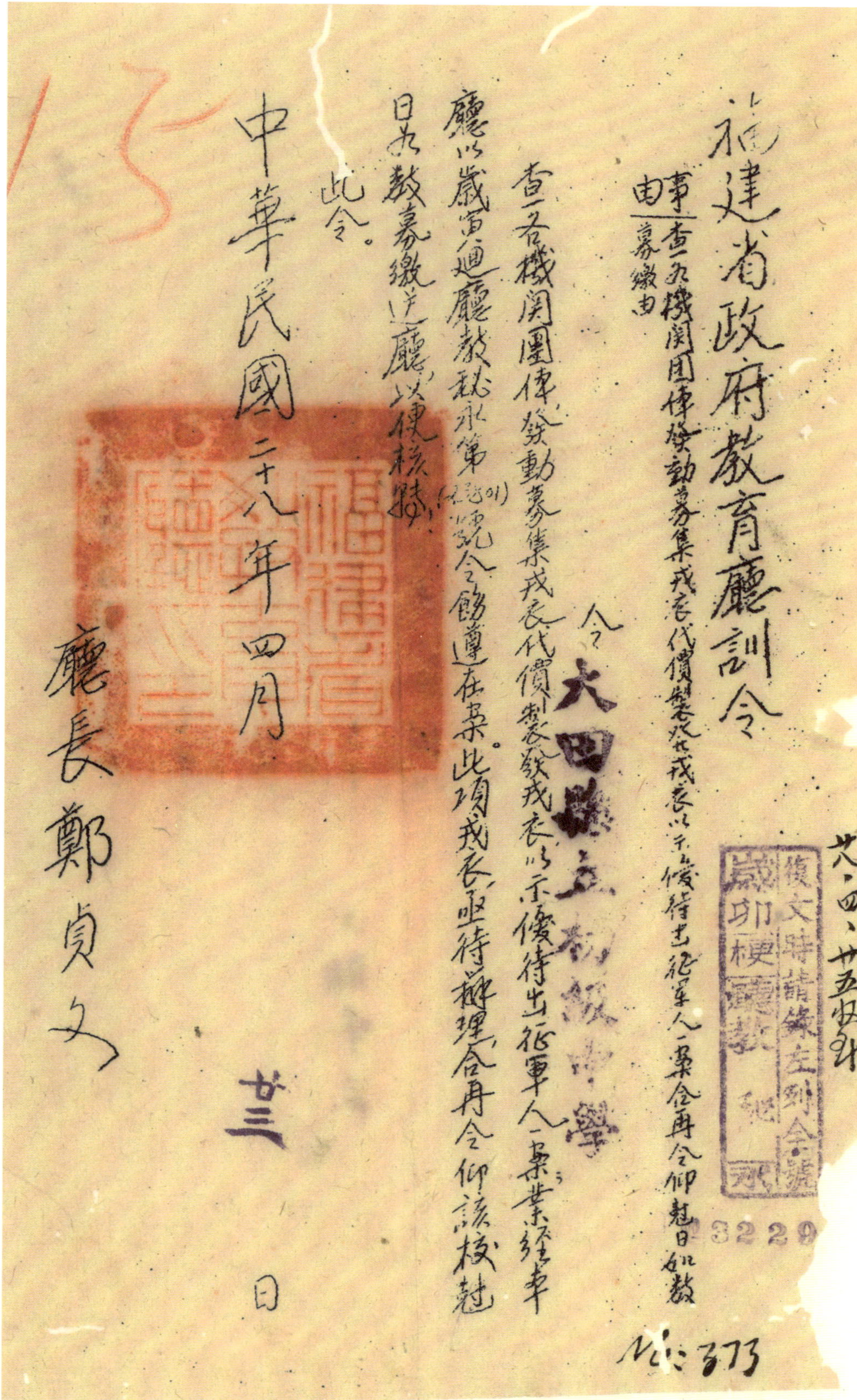
福建省政府教育廳訓令

事由：查各機關團體發動募集戎衣代價製發戎衣以示優待出征軍人一案合再令仰剋日如數募繳由

令大田縣立初級中學

查各機關團體發動募集戎衣代價製發戎衣以示優待出征軍人一案，業經本廳以歲寅迴廳教秘永第[illegible]號令飭遵在案。此項戎衣亟待辦理，合再令仰該校剋日如數募繳送廳，以便核轉。

此令。

中華民國二十八年四月廿三日

廳長 鄭貞文

大田抗敌后援分会关于令速募集棉背心致县立初级中学的代电（一九三九年十月十五日）

快郵代電

縣立初級中學：鑒本年度本縣應募棉背心一仟件，經由本會檢同徵募辦法及收據等函請查照辦理，並希依照規定期限送會彙解在案。現第（一）三期限期已過，而清繳之期亦迫在眉睫。際此隆冬，寒風凜冽，前方將士及被難同胞需用棉衣至鉅，務希赶速募集，儘先解送，以便彙轉而重時効，並盼電覆為荷。福建省抗敵後援會大田縣分會刪

通告学生限本月二十日以前
照繳以憑報解
十、十七

国民党大田县执委会关于奉令推行献债捐款运动致县立初级中学的公函（一九四〇年一月十八日）

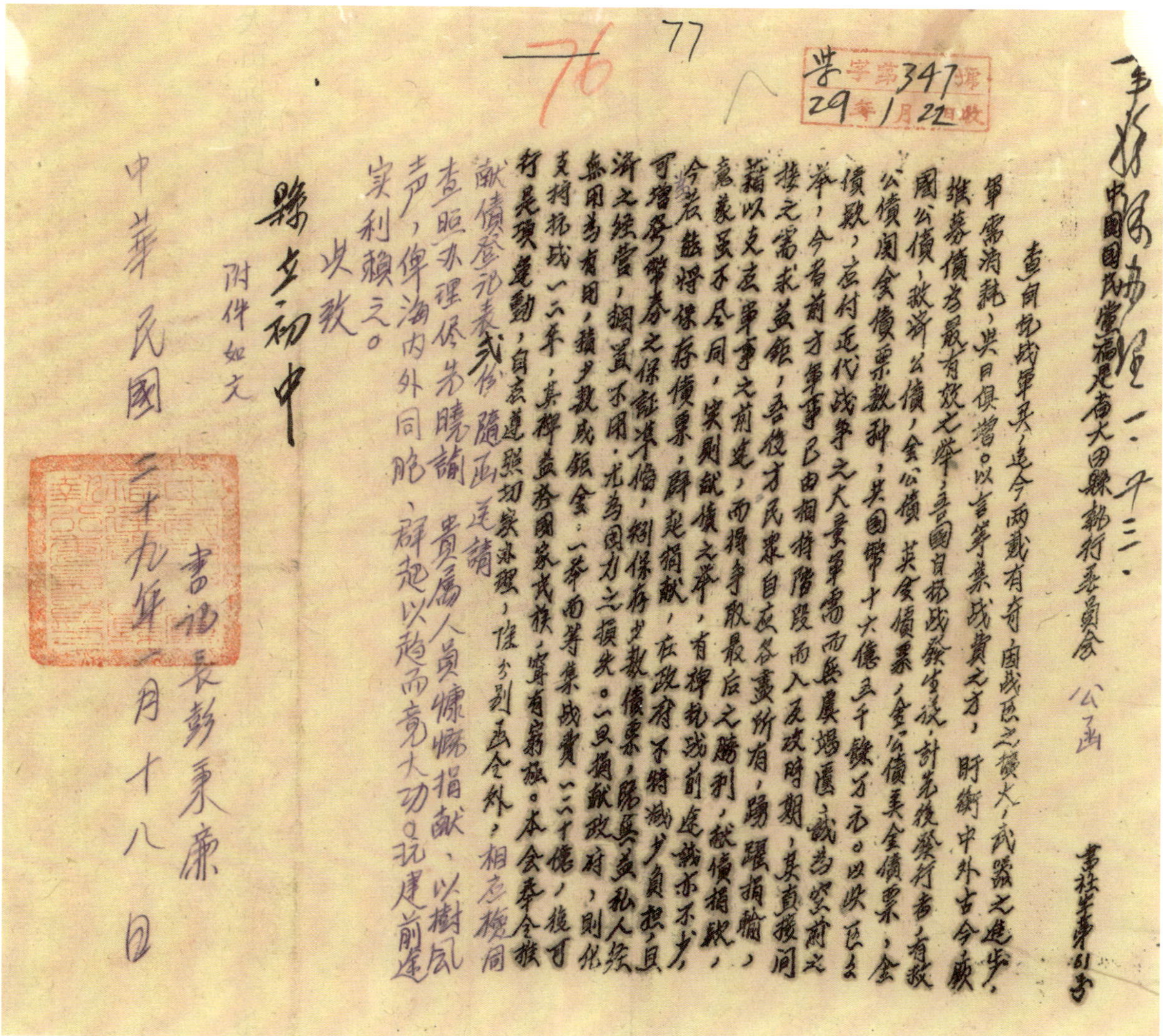
收字第347號
29年1月22日
中國國民黨福建省大田縣執行委員會 公函
書社字第61號

查自抗戰軍興，迄今兩載有奇，因戰區之擴大，武器之進步，軍需消耗，與日俱增。以言籌集戰費之方，盱衡中外古今，厥惟募債為最有效之舉。吾國自抗戰發生後，計先後發行者，有救國公債、救濟公債、金公債、英金債票、金公債美金債票，金公債關金債票數種，共國幣十六億五千餘万元。以收巨大之債款，應付近代戰爭之大量軍需而無虞竭蹶，誠為空前之舉。今者前方軍事已由相持階段而入反攻時期，其直接間接之需求益殷，吾後方民眾自應各盡所有，踴躍捐輸，藉以支應軍事之前進，而得爭取最後之勝利。獻債捐款，意義雖不盡同，實則獻債之舉，有裨抗戰前途亦不少。今後能將保存債票，群起捐獻，在政府不特減少負擔，且可增加幣券之保證準備，將保存少數債票，除供私人經濟之經營，擱置不用，尤為國力之損失。一旦捐獻政府，則化無用為有用，積少數成鉅金，一舉而籌集戰費一二十億，能可支持抗戰一二年，其裨益於國家民族，實有窮極。本會奉令推行是項運動，自應遵照切實辦理。除分別函令外，相應檢同獻債登記表式一份，隨函送請查照辦理，俾先曉諭貴屬人員慷慨捐獻，以樹風聲，俾海內外同胞，群起以趨，而竟大功，抗建前途實利賴之。

此致

縣立初中

附件如文

書記長 彭秉康

中華民國二十九年一月十八日

大田县政府、大田县抗敌后援分会关于举行春礼劳军运动暨出征家属恳亲周游艺会致县立初级中学的公函（一九四〇年二月十六日）

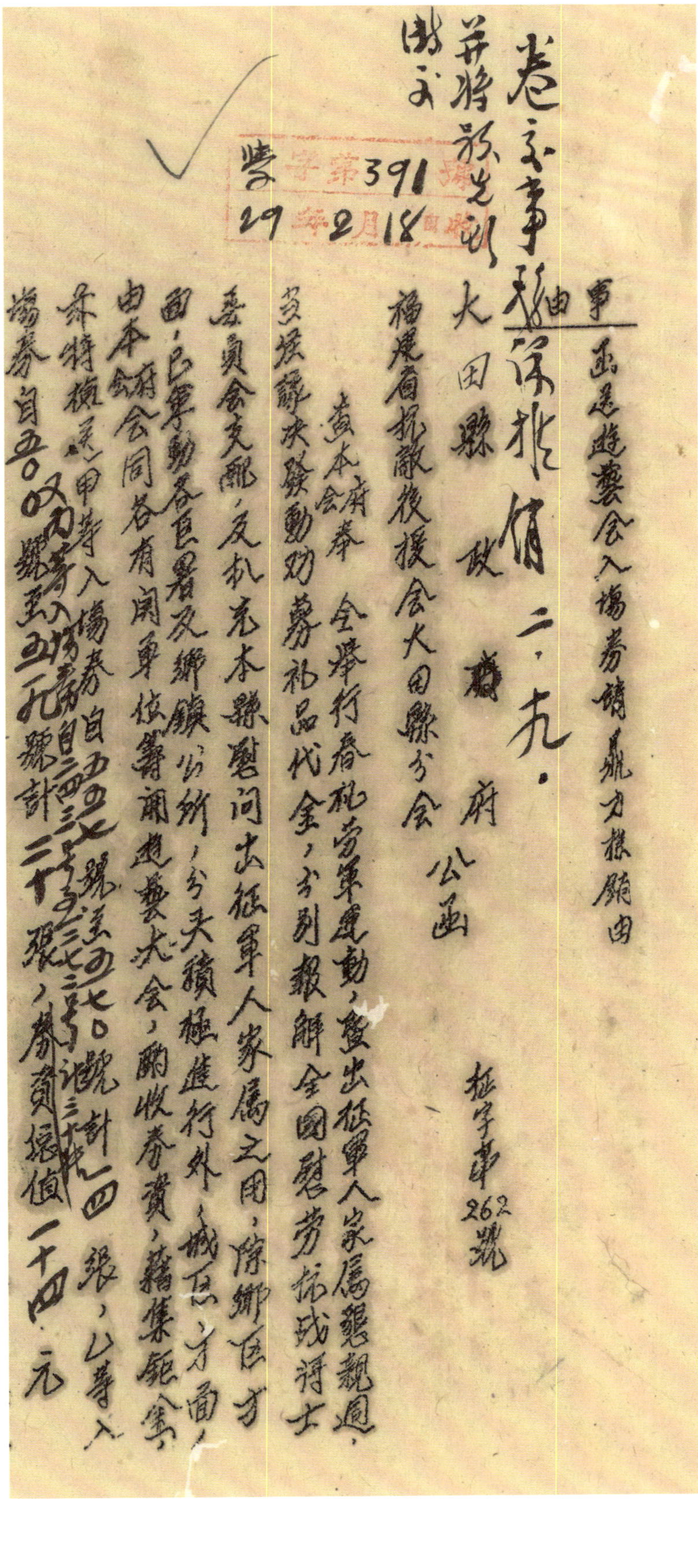
事由：函送游艺会入场券请尽力推销由

卷交事务课并将销完此

大田县政府 公函

福建省抗敌后援会大田县分会

征字第262号

查本府会奉

省援议决发动劝募礼品代金，分别报解全国慰劳抗战将士委员会支配，及扎充本县慰问出征军人家属之用。除乡区方面，已专勖各区署及乡镇公所，分头积极进行外，城区方面，由本府会同各有关单位筹开游艺大会，酌收券资，藉集钜款，并特检送甲等入场券自[illegible]号至[illegible]号计[illegible]张、乙等入场券自[illegible]号至[illegible]号计[illegible]张，券资总值一千[illegible]元

貴區鄉鎮長，即希鼎力推銷，儘於本月二十二日以前如數繳交縣抗敵分會，事関抗建要務，諒當樂予贊助也，相應函請

查照辦理。爲荷！！

此致

新立初級中學

附入場券計六百張

縣長 俞鳴鶴

主任委員 彭秉康

中華民國二十九年二月十六日

附：春礼劳军运动暨征人家属恳亲周联合游艺会券数分配表

春礼劳军运动暨征人家属恳亲周联合游艺会券数分配表

机关团体名称	配销券额 甲等	配销券额 乙等	配销券额 丙等	券面号数 甲等	券面号数 乙等	券面号数 丙等	总值
大田县党部	三	二	六	1—3	1—2	1—6	2.5
大田县政府	二九	七	六	4—32	3—9	7—12	16.5
国民兵团	一〇	五		33—42	10—14		6.0
县警察局	四	五		43—46	15—19		3.0
县司法处	二			47—48			1.0
县卫生院	六			49—54			3.0
第一区署	五	五		55—59	20—24		3.5
土地陈报办事处	三二	二〇		60—91	25—44		20.0
县金库	五			92—96			2.5
县经征处	一二			97—108			6.0
县财委会	三			109—111			1.5
县监狱署	二			112—113			1.0
第五区无线电台	四			114—117			2.0
防空监视哨	二			118—119			1.0
县保安第八中队	三			120—122			1.5
县保安第二中队	三			123—125			1.5

第八區中山鎮公所	一〇〇	四〇〇	二〇〇	126 | 225	45 | 444	13 | 212	150.0
永安救工程處	一〇			226 | 235			5.0
縣婦女隊		五〇	二〇		445 | 444	213 | 242	12.0
縣合作指導員办事处	二			236 | 237			1.0
縣商會	三〇〇			238 | 537			150.0
郵電局	六			538 | 543			3.0
大田汽車站	一〇	五		544 | 553	495 | 499		6.0
茶源稅稽征局	三			554 | 556			7.5
縣立初級中學	一四	二〇	三〇	557 | 570	500 | 519	243 | 272	14.0
私立集美職校	六〇	六〇	六〇	571 | 620	520 | 579	273 | 332	48.0
縣立中山中心小学	八		四〇	621 | 628		333 | 372	8.0
私立育智小学	四		二〇	629 | 632		373 | 392	4.0
縣立鎮東國民学校	二	五	一〇	633 | 634	580 | 584	393 | 402	3.0
縣督學局	一五			635 | 649			7.5
稅務征收員	一五			650 | 664			7.5
縣[illegible]民[illegible]事務所	二			665 | 665			0.5
大田立商店	五			666 | 670			2.5

中国童子军总会关于将各单位征募金数目登报公告的电报（一九四〇年五月四日）

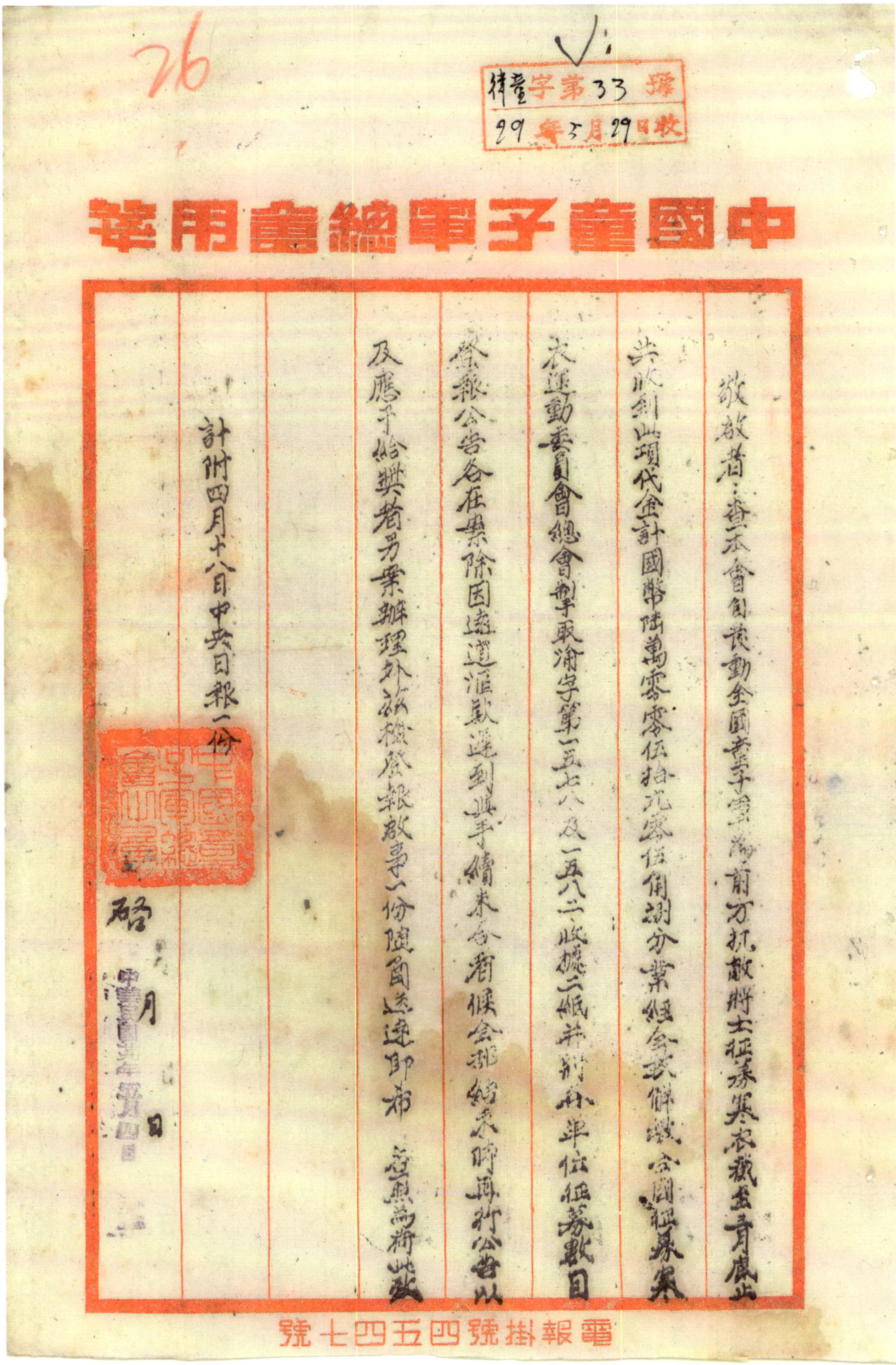

待查字第33號
29年5月29日收

中國童子軍總會用箋

敬啟者：查本會自發動全國童子軍為前方抗敵將士征募寒衣截至十月底止共收到此項代金計國幣陆萬零零伍拾元零伍角捌分業經全數解繳全國征募寒衣運動委員會總會掣取渝字第一五七八及一五八二收據二紙并將各單位征募數目登報公告各在案除函送匯款逕到與手續未合者候分配給各時再行公告以及應予給獎者另案辦理外茲檢登報啟事一份隨函送達即希查照為荷此致

計附四月十八日中央日報一份

中國童子軍總會 啓

中華民國廿九年五月四日

電報掛號四五四七號

大田县国民兵团政宣室关于抄送本县筹募中国「剧人号」飞机基金筹备会记录致县立初级中学的函
（一九四〇年十二月二十四日）

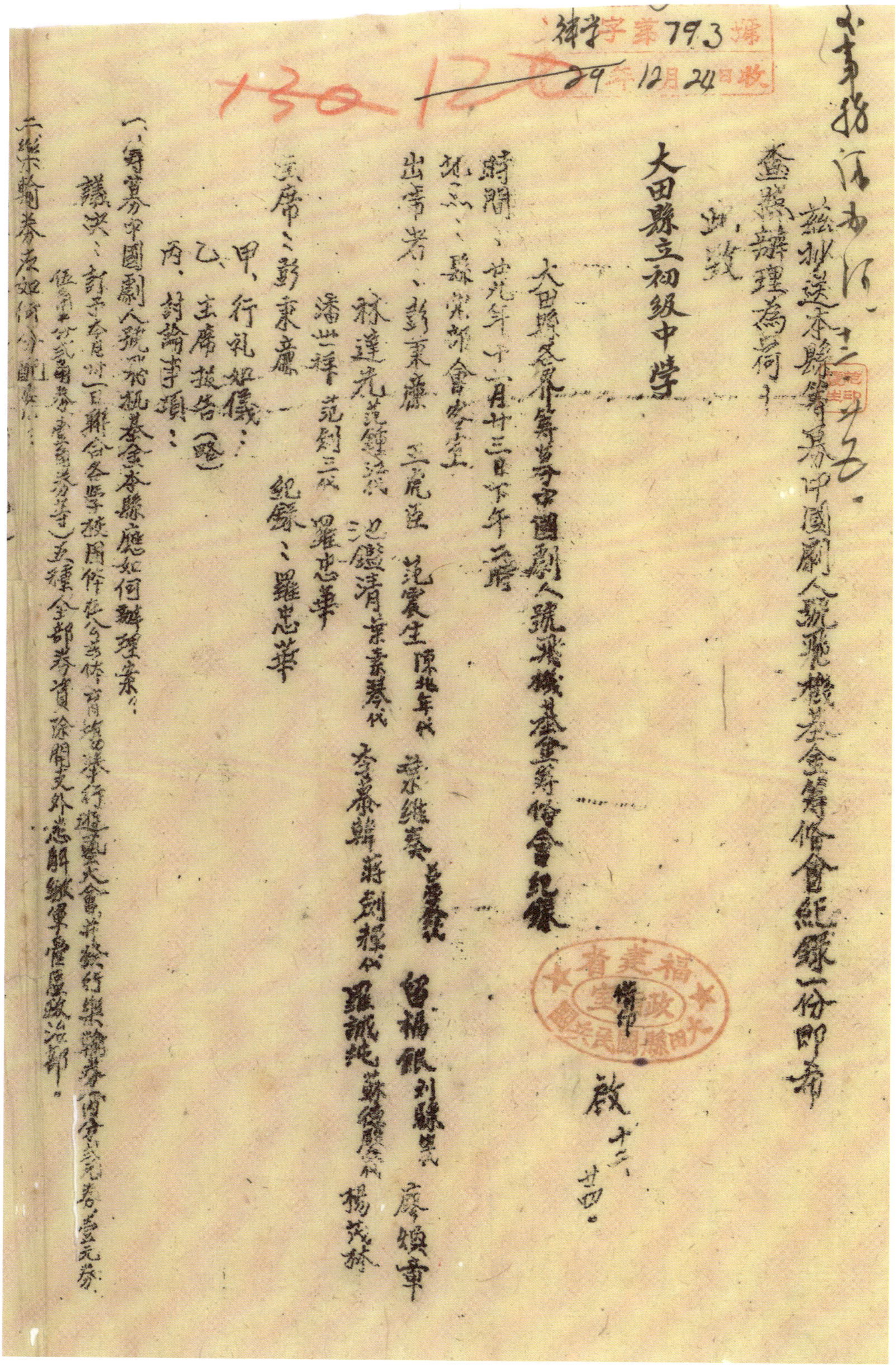

议決：依照表所列數目分配之。

機關名称	樂輸額數				
	弍元券	一元券	五角券	弍角券	一角券
縣党部	一	一	一	一	
縣政府	一三	一〇	三〇	一〇	
國民兵團	一	七	八		一六三
縣警察局	一	一	一		三
縣司法處	一	一			
縣經征處	一		五		
縣衛生院	一		四		
縣保安中隊	一		四		
省銀行大田分理處	一	四			
永安區工程处	二	一			
縣監獄署		一			
第一區署	一	二	三		
均溪鎮公所	二二	三三	一一〇	一一〇	五五
大德春號	二	四	二		
合作辦事處	一				

機關名称	樂輸額數				
	弍元券	一元券	五角券	弍角券	一角券
大田車站	一		二		
[illegible]戲院		一	一		
農民銀行		一			
[illegible]	二	一	五		
縣商會	二〇	三〇	三〇		
縣圖書館			二		
無線電台	一	一			
集美職校	一〇	三〇	一〇〇	二〇〇	
縣立初中	一	七	三〇	一〇〇	五〇
均溪鎮中心小學校		一	七		一〇〇
育智小學			五		四〇
永德大段	一	一			
郵政局	一				
電報局	一				

三、樂輸券資清繳期限及收款機關應如何規定案。

議決：統限十二月廿日以前由國民兵團政治指導員匯齊解繳。

散會 十四時半

福建省教育厅关于案奉教育部训令据呈请通令全国中等以上学校响应捐献青年号飞机运动订定捐献办法致大田县立初级中学的训令（一九四〇年十二月三十一日）

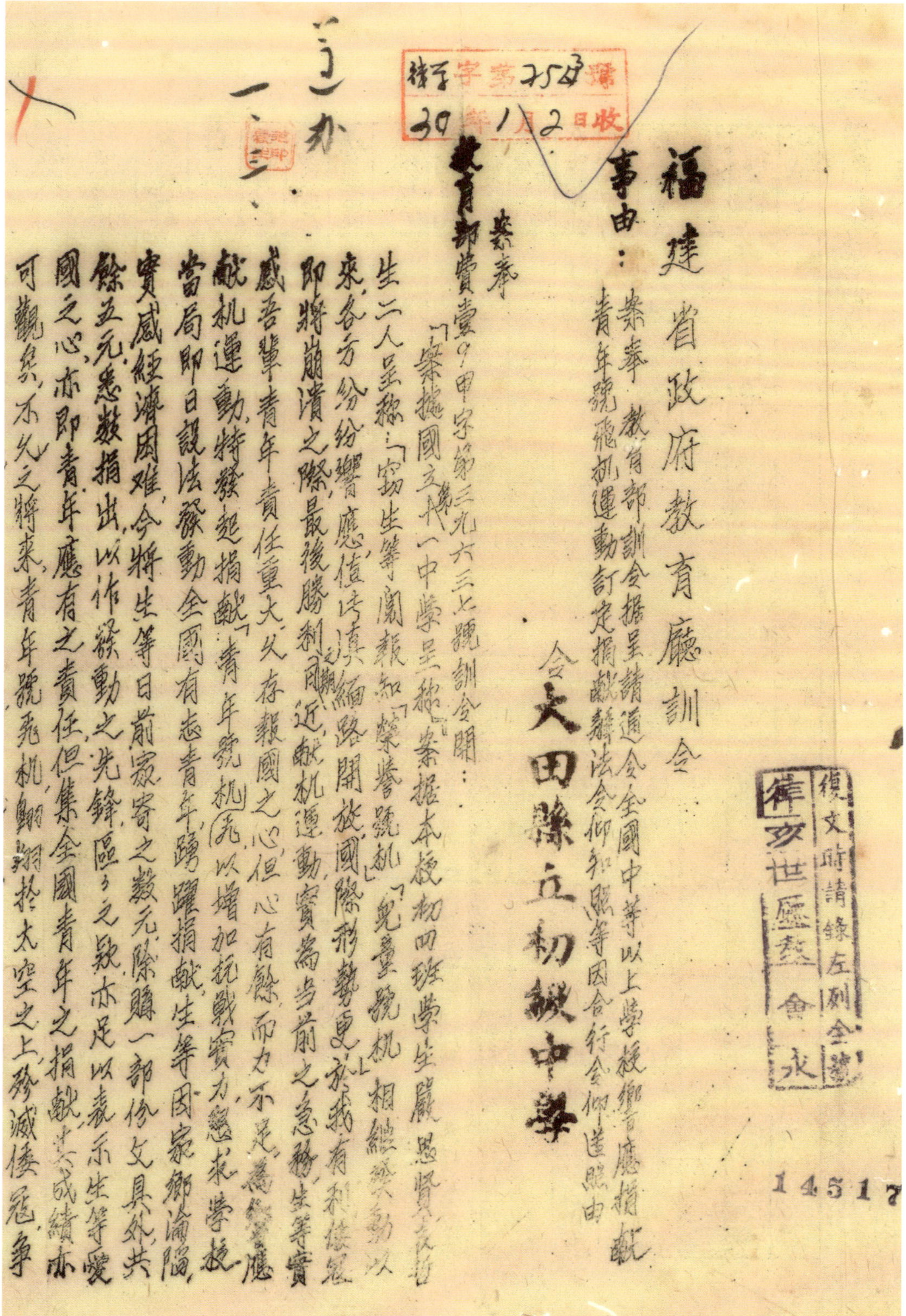
福建省政府教育廳訓令
事由：案奉教育部訓令據呈請通令全國中等以上學校響應捐獻青年號飛機運動訂定捐獻辦法令仰知照等因合行令仰遵照由
令大田縣立初級中學
案奉
教育部賞壹9甲字第三九六三七號訓令開：
「案據國立第一中學呈稱：『案據本校初四班學生嚴恩賢、戈哲生二人呈稱：「窃生等閱報知『榮譽號機』、『兒童號機』相繼發動以來，各方紛紛響應，值此滇緬路開放，國際形勢更於我有利，倭寇即將崩潰之際，最後勝利日近，獻机運動實爲當前之急務。生等實感吾輩青年責任重大，久存報國之心，但心有餘而力不足。爲響應獻机運動，特發起捐獻「青年號机」，以增加抗戰實力，懇求學校當局即日設法發動全國有志青年踴躍捐獻。生等因家鄉淪陷，實感經濟困難，今將生等日前家寄之數元，除購一部份文具外，共餘五元，悉數捐出，以作發動之先鋒，區區之款，亦足以表示生等愛國之心，亦即青年應有之責任，但集全國青年之捐獻，其成績亦可觀矣。不久之將來，青年號飛機，翱翔於太空之上，殲滅倭寇，爭取最後勝利，生等之願望也」等情，據此，查該生等志切救國，節款獻机，所貢雖微，影響實大，惟茲事体大，決非一地一校所能倡行，應懇飭部通令全國中等以上學校一致響應，成此壯舉，是否可行，敬乞核示祇遵」等情，查日寇自恃暴強，妄圖囊括，傾師犯我疆宇，所至肆其荼毒，三年以來，賴我 最高統帥指揮若定，全國將士奮勇用命，遏止兇鋒，勝利可期，而日寇未知悔禍，仍圖作垂死之掙扎，方今我國最後勝利之爭取已至事勢緊切之階段，而國際局勢之動盪，尤予我以驅除寇虜之良机，群策群力，再接再厲，協助政府完成抗戰建國之大業，皆當為我全國青年一致具有之熱忱，該生等鑒於榮譽號机兒童号机捐獻之熱烈，率先倡導，不甘後人，請求發起青年号飛机捐獻運動，志切救國，殊堪嘉許，事屬可行，茲由本部訂定全國青年號机捐獻辦法於下：(一)以校內自由捐獻為原則，不向外界勸募；(二)一切捐獻事宜由各校當局指導各級系學生自動進行，但收入款項應隨時繳由學校彙齊行保管，彙齊送部轉繳；(三)學校於彙齊此項捐款後應造具表冊四份，載列捐獻者姓名、金額，一份公佈，一份存校，兩份呈部，以備存轉；(四)此項運動得列為校內級(或院)際競賽，成績最優者，由校給予名譽獎狀；(五)此項捐獻各校應分別於文到兩月後辦理結束。除指令並分行外，合行令仰知照，並轉飭所屬一体知照，此令。」

等因；除分別函令外，合行令仰遵照，此令。

中華民國二十九年十二月　日

廳長 鄭貞文

大田县立初级中学关于报送一九四一年征募寒衣代金名册并国币二百三十六点五二元请核示致中国童子军总会的呈（一九四一年一月十三日）

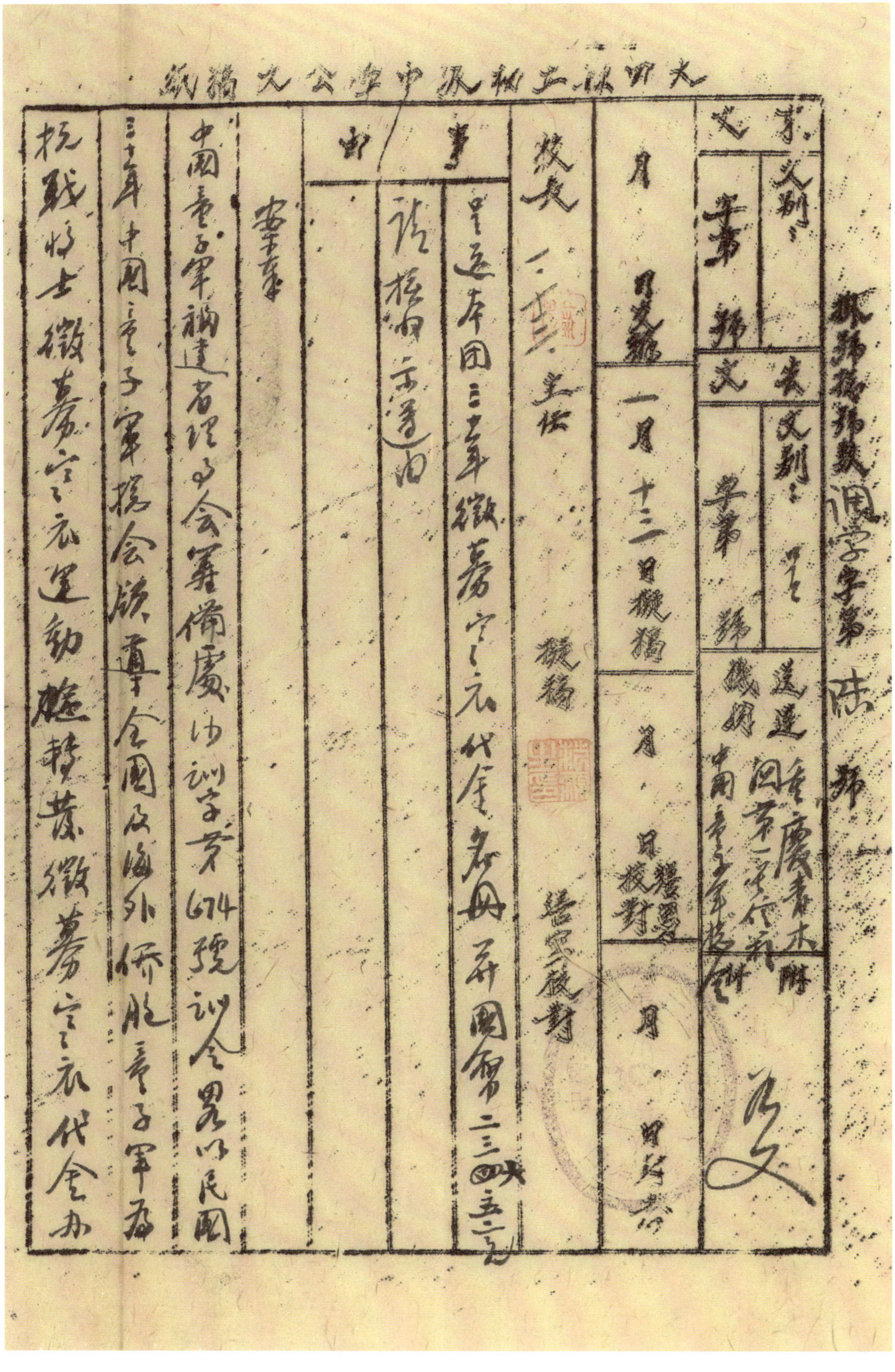

兹仰遵县辑并同附发原承请一份（已呈送）乃向本团
员劝募计募到代金国币二三〇六五二元除呈准公布理
合造具本团征募寒衣代金名册一份（代金全数已由
福建省银行大田分理处汇呈）随文呈请
核收明示
谨呈
中国童子军总会
附呈：本团三十年征募寒衣代金名册一份（代金由福
建省银行大田分理处汇呈）
中国童子军第三一七九团团长范〇〇

福建省童子军筹备处关于转告三十万寒衣代金运动展至一九四一年四月底结束致中国童子军第三一七九团的训令（一九四一年三月五日）

學字第50號
三十年3月8日收

中國童子軍福建省理事會籌備處訓令　沙訓字第579號

事由：為中國童子軍三十萬寒衣代金運動展至民國三十年四月底結束轉令知照由

中華民國三十年三月五日發出

令中國童子軍第三一七九團

案奉

中國童子軍總會三十年二月五日蜀青字第一九七〇號訓令開：

「查本會發動之中國童子軍三十萬寒衣代金徵募運動截至目前止為數雖未達半，然呈繳寒衣代金者仍絡繹不絕，足証我童子軍以往服務之熱忱及在社會上建樹之榮譽，三十萬之數不難如數募足。頃准各邊遠省市紛紛呈請以鄉遠不便發動，要請求延期。本會以所呈尚屬實情，着將徵募時期延至三十年四月底截止。合亟令仰通飭所屬繼續努力征募，務期於三十年四月底以前如期結束，以符功令。為要。此令。」

等因，奉此，除分令各童子軍團外，合行令仰知照。

此令。

中華民國三十年三月　日

常務委員　鄭貞文

陳肇英

楊華

大田抗敌剧团关于大田县立初中捐献设备费的收据（一九四一年五月十三日）

還我河山 岳飛

第　頁

茲收到

縣立中學捐來本團設備費國幣

壹拾柒元壹角正　此據

大田抗敵劇團會計（林達春印）

中華民國三十年五月十三日

A4(210x297公釐)

工業標準

附：出钱劳军、新兵入伍礼品代价、抗敌剧团设备费收支

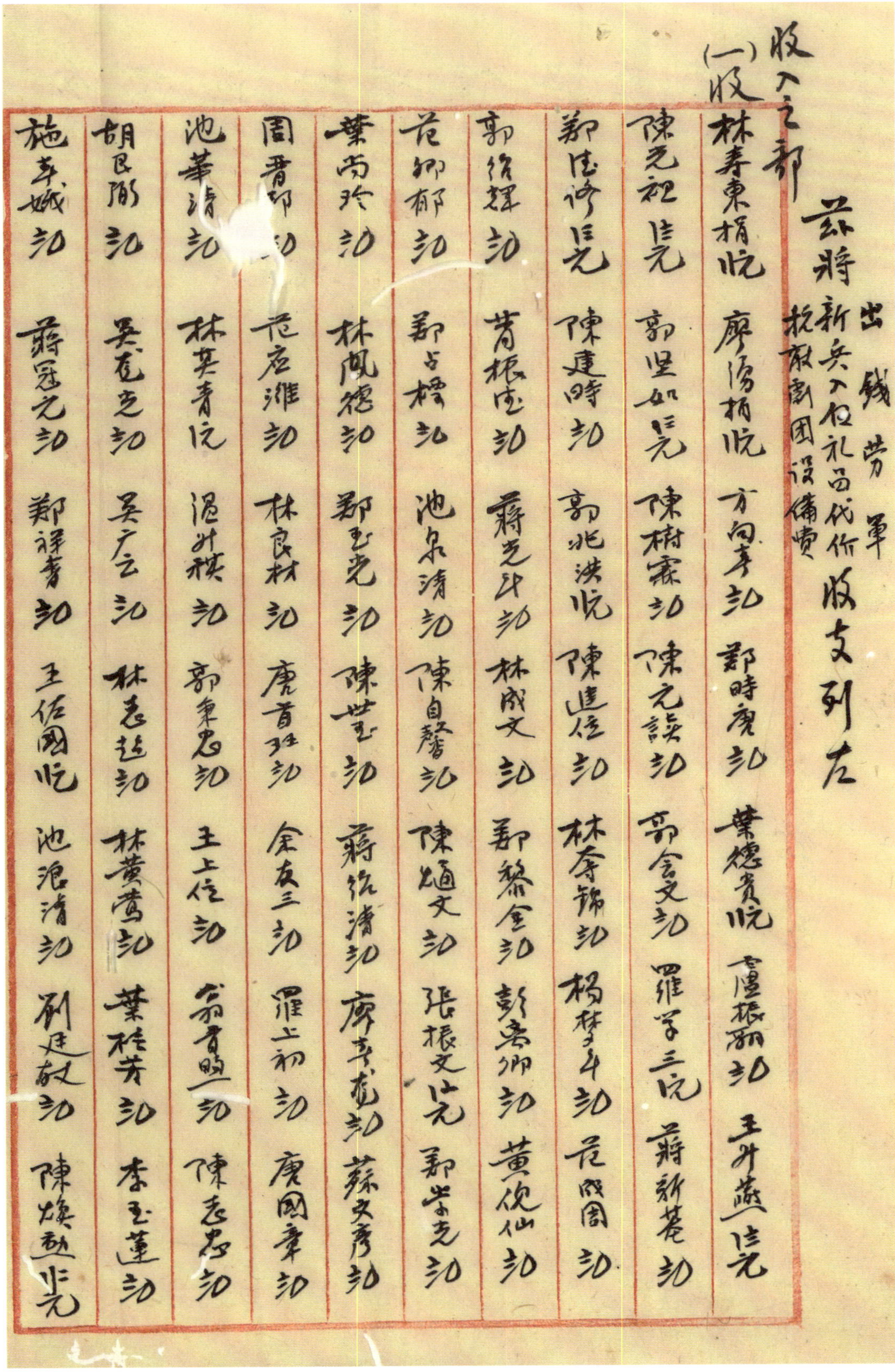
茲將出錢勞軍、新兵入伍禮品代价、抗敵劇团設備费收支列左

(一)收入之部

余育[illegible]記　陳子祐記　連英啟訖　鄭学惠訖　許文教記　梁松訖　蘇永來記

黄名式記　刘伟武記　林鍾陵記　趙天賚記　羅青近記　高見大記　鄭陈良記

冯竹俚記　陳冠玉記　陳宗理記　周芳青訖　陳祥云記　林溪卿記　陳橋生記

杜清意記　柯金鐘記　林青魁記　張振民記　鄭文華記　陳國生記　陳來桜訖

葉潮鼓記　盧永載記　吕上灿記　林永大記　高吉元訖　葉騰芳訖　鄭尚旋訖

陳育德記　林祥云記　陳冠辟記　詹山慶訖　李德裕訖　陳文彦記　蘇孔文記

吴有用訖　蘇英渊記　陳冠英記　葉尚优訖　葉尚標訖　陳冠材記　盧煥棠訖

蘇文富訖　蘇仰南記　唐君詩記　林啟明記　陳輝青記　吕雄[illegible]記　涂天送訖

林芳亭記　葉延盛記　張素青記　盧月華記　刘淑瑛記　潘素云記　吴精沅記

田景賢記　林錦芳訖　陳向慧記　陳玉英記　林桂香記　潘秀璇記　黄淑美記

温華精記　以上百四十二人计收國幣[illegible]訖

(二)收春正节约献金 本校师生计〣〨元 此条细目经已公布过

以上两条总计收国币〦〤〡元

支出之部

1.出钱劳军献金国币〣〨元 收据附后

2.付大田抗敌剧团设备费国币〢〤元 收据附后

3.付新兵入伍礼品代金国币〢〡元 收据二纸附后

以上三条总计支国币〦〣元

除除尚馀国币壹元陆角 此款因学生迟交故未转送

又收陈文生二角 陈子廷二角

总计存国币叁元弍角 此款及未捐款额，留交下次救国捐款

经手人 陈兆年（印） 五月十四日

附未捐者姓名于后

黄鸣仪 黄鸣声 陈廼森 庚朝文 吴奂廉 林冠华

中国童子军总会关于为据呈送征募寒衣捐款及清册除先传令嘉奖并颁发收据给中国童子军第三一七九团的指令
（一九四一年五月二十二日）

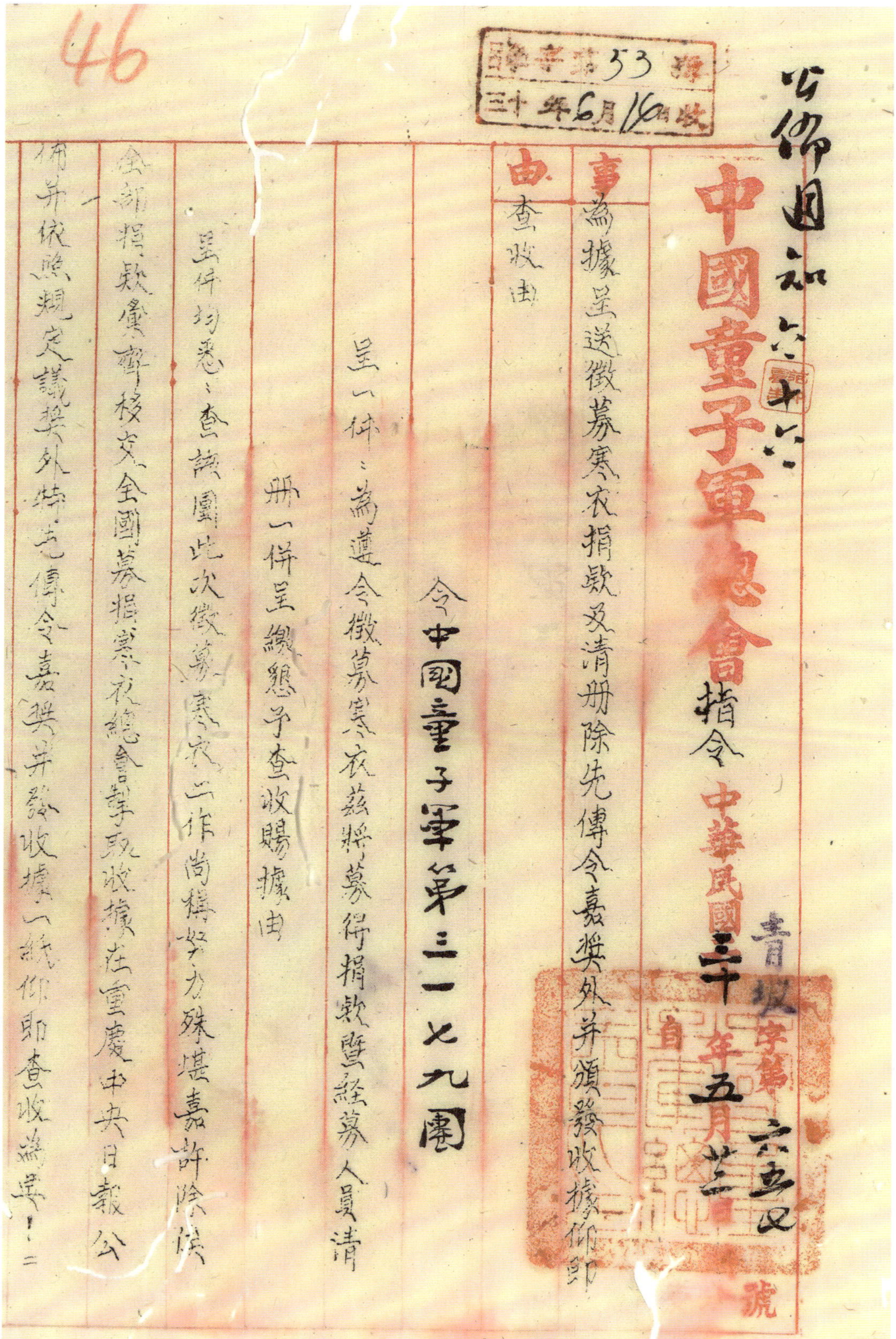
聯辛字第53號
三十年6月16日收

公佈週知 六、十六

中國童子軍總會指令 中華民國三十年五月廿二日 青坂字第六五〇號

事由：為據呈送徵募寒衣捐款及清册除先傳令嘉奬外并頒發收據仰即查收由

令中國童子軍第三一七九團

呈一件：為遵令徵募寒衣茲將募得捐款暨經募人員清册一併呈繳懇予查收賜據由

呈件均悉。查該團此次徵募寒衣工作尚稱努力，殊堪嘉許，除俟全部捐款彙齊核交全國募捐寒衣總會專取收據在重慶中央日報公佈并依照規定議奬外，特先傳令嘉奬，并發收據一紙，仰即查收為要！ 二此令。

附发249号收据一纸。

会长 蒋中正

副会长 戴传贤

何应钦

理事长 陈立夫

校对 吴仪凤

监印 陈立峯

福建省童子军筹备处关于截止四月底共收一万零七百七十四元七角八分寒衣代金并依定分别给奖致中国童子军第三一七九团的训令（一九四一年五月二十三日收）

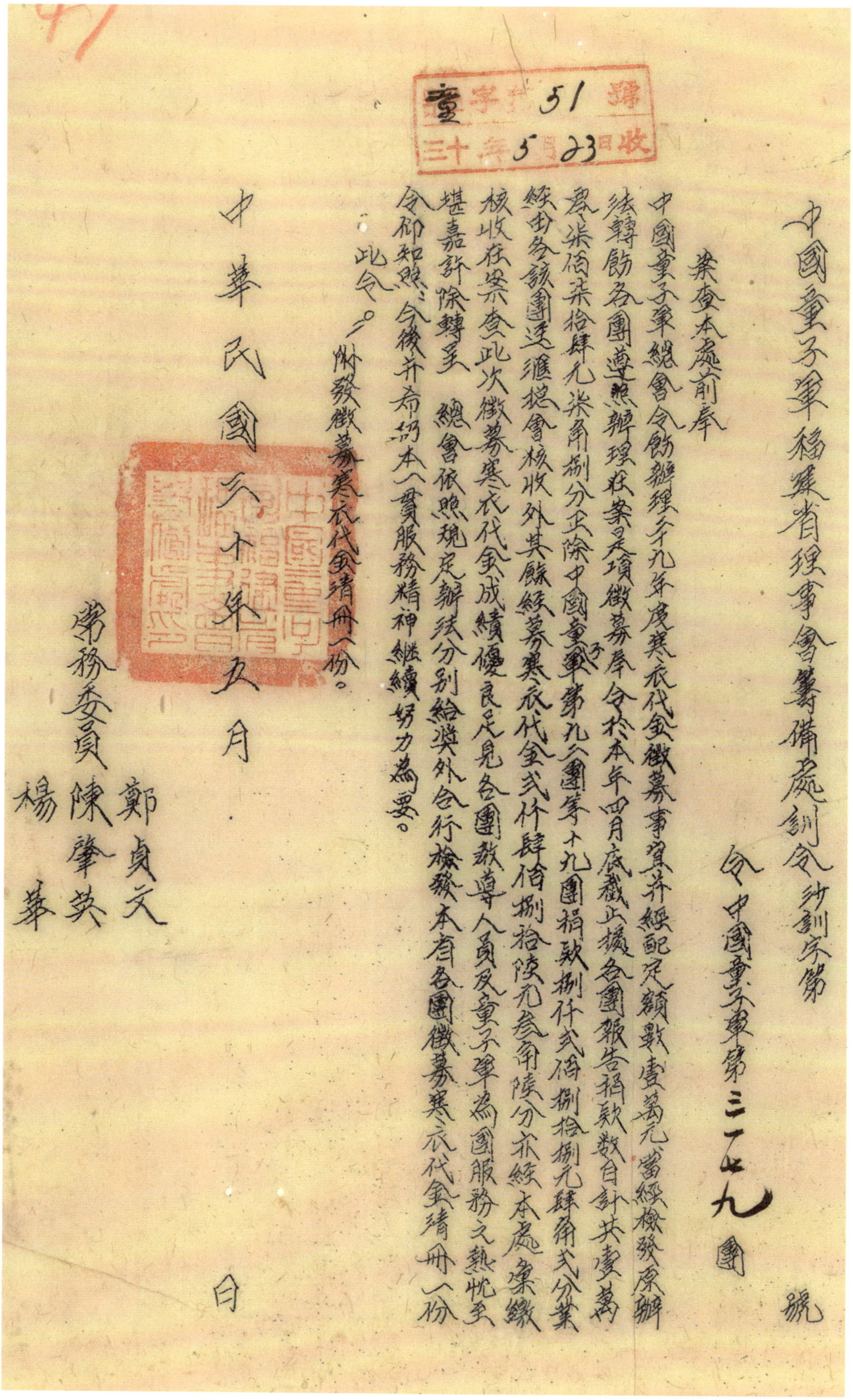

中國童子軍福建省理事會籌備處訓令 抄訓字第 號

令中國童子軍第三一七九團

案查本處前奉

中國童子軍總會令飭辦理二十九年度寒衣代金徵募事宜，并經配定額數壹萬元，當經檢發原辦法，轉飭各團遵照辦理在案。是項徵募奉令於本年四月底截止，據各團報告捐款數目，計共壹萬零柒佰柒拾肆元柒角捌分。除中國童子軍第九八團等十九團捐款捌仟貳佰捌拾捌元肆角貳分，業經由各該團逕滙總會核收外，其餘經募寒衣代金貳仟肆佰捌拾陸元叁角陸分，亦經本處彙繳核收在案。查此次徵募寒衣代金成績優良，足見各團教導人員及童子軍為國服務之熱忱，至堪嘉許。除轉呈總會依照規定辦法分別給獎外，合行檢發本省各團徵募寒衣代金清冊一份，令仰知照，今後并希秉本服務精神繼續努力為要。

此令。附發徵募寒衣代金清冊一份。

中華民國三十年五月 日

常務委員 鄭貞文 陳肇英 楊華

附：中国童子军福建省各团征募寒衣清册

中國童子軍福建省各團徵募寒衣清冊

團次	校名	征募數額		備考
三七〇四	安溪初級中學	二〇〇〇	三〇	
五六七	永春初級中學	一四〇二	九八	
一二〇九	私立三山中學	一〇〇〇	〇〇	
九二	私立集美中學	六二三	〇〇	
六二三	泉州晦鳴中學	五〇〇	〇〇	
三七三二	華安尋源中學	三七〇	〇〇	
七三一	詔安初級中學	三三九	五〇	
三七〇五	龍岩初級中學	三一五	〇〇	
三七〇一	仙遊縣立竹莊小學	三一二	〇〇	
三四六九	私立永春鵬翔學校	三〇〇	〇〇	
三一六四	永春崇賢小學	二四〇	〇〇	
一八九四	龍岩振桂小學	一八〇	〇〇	
六六 三〇 五四	毓真毓英進德聯合女中	一五一	〇〇	
三一七九	大田初級中學	一二〇	〇〇	
三七三〇	永定初級中學	一一九	五〇	
三四五三	永春養正小學	一〇六	一四	

六八七四	仙遊慕範中學	一〇〇	〇〇	
一二三五	建甌初級中學	七二	〇〇	
一八四六	安海西埔小學	三七	〇〇	以上共計捌仟弍佰捌拾捌元肆角弍分均已由各團逕匯總會
一一九八	省立莆田初級中學	六九〇	四九	
三七〇三	漳浦純美中學	五〇〇	〇〇	
一八二三	省立邵武初級中學	三六〇	〇〇	
二四六〇	私立勤大工業職校	一四〇	一〇	
三七三一	永安初級中學	一三〇	〇〇	
一八九三	浦城縣立中學	一二五	〇〇	
一八二六	仙遊簡易師範	二〇〇	〇〇	
六三二	省立三都初級中學	八〇	六〇	
一三七五	私立雙十初級中學	六〇	〇〇	
五〇八	永安實驗中心學校	五七	四八	
二四一	省立福州初級中學	五四	三九	另捐募銀杯一只因郵寄困難暫由本處代為保管
二三九八	南平劍津中學	三六	〇〇	
三四五八	尤溪初級中學	三八	五〇	
一九七四	省立長汀中學	二〇	八〇	以上共計弍仟肆佰捌拾陸元叁角陸分現由本處彙送
	合計	一〇七七四	七八	

福建省教育厅关于检送征募寒衣工作总报告致大田县立初级中学的函（一九四一年九月二十五日）

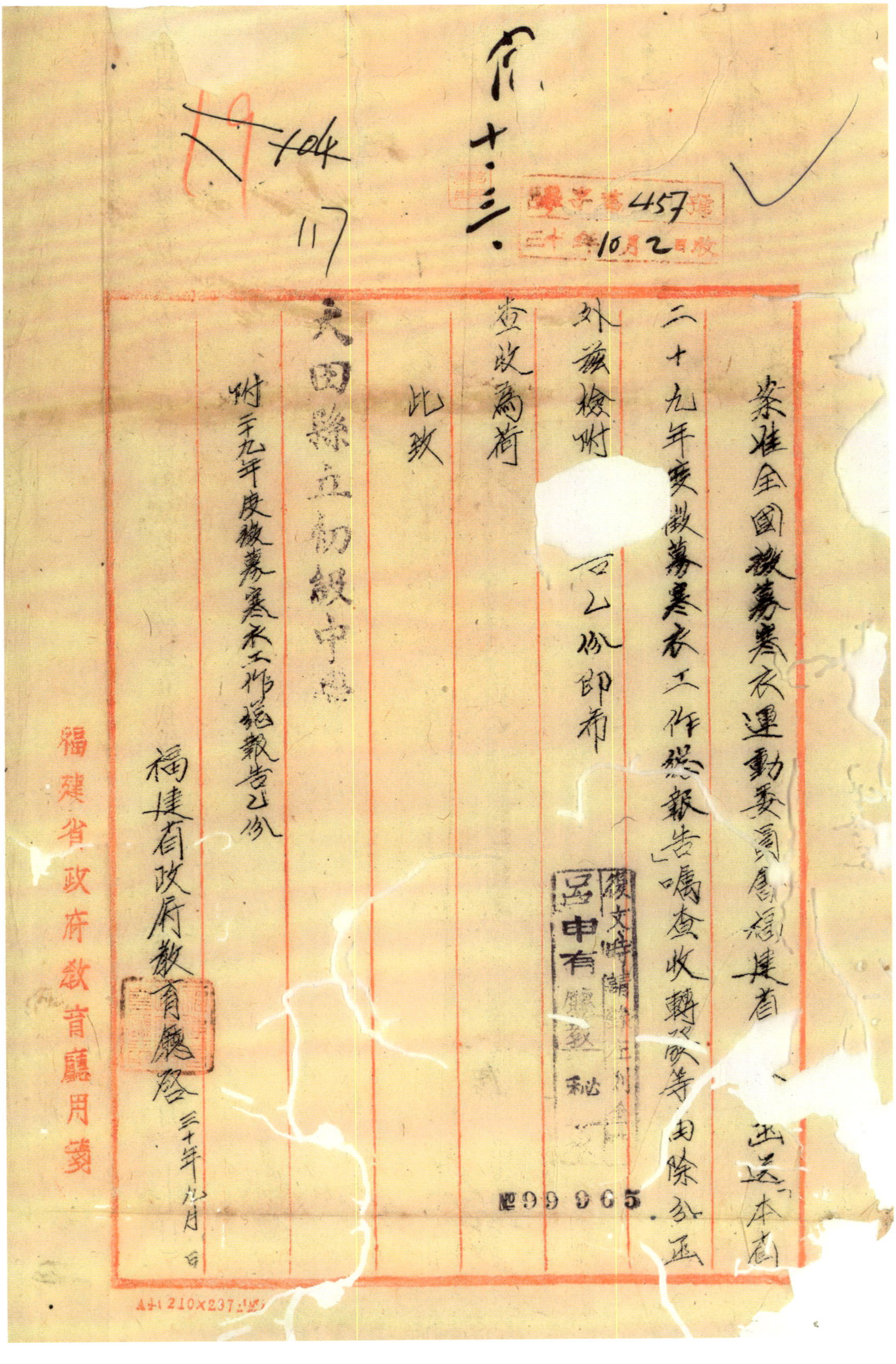

案准全國徵募寒衣運動委員會福建省分會函送本省二十九年度徵募寒衣工作總報告，囑查收轉發等由，除分函外，茲檢附一份，即希查收爲荷。

此致

大田縣立初級中學

附二十九年度徵募寒衣工作總報告一份

福建省政府教育廳啓

三十年九月　日

大田县献机劝募委员会关于一元献机捐款收据事致县立初级中学的代电（一九四一年十月二十七日）

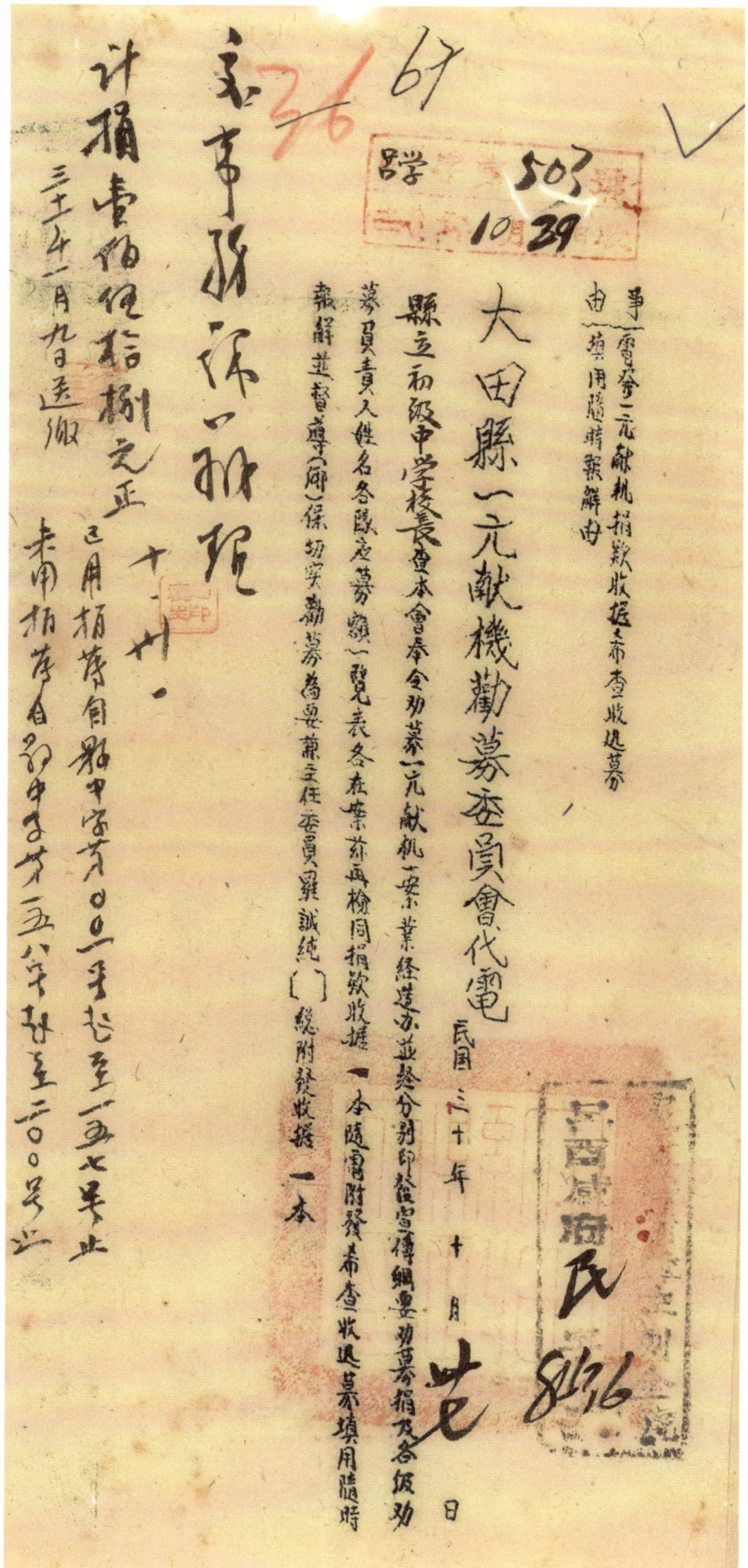

事由：電奉一元献机捐款收据一本，希查收，迅募填用，随时報解由

大田縣一元献機勸募委員會代電

縣立初級中學校長：查本會奉令劝募一元献机一案，業经遵办，並经分别印發宣傳綱要、劝募捐及各级劝募員責人姓名各隊應募額一覽表各在案，茲再檢同捐款收據一本，随電附發，希查收，迅募填用，随時報解，並督導（鄉）保切實勸募為要。兼主任委員羅誠純〔〕。總附發收據一本

民國三十年十月 日

大田县立初级中学关于本校一元献机捐款国币一百五十八元整未用收据计一本电请核收致县一元献机劝募委员会的呈（一九四一年十二月十三日）

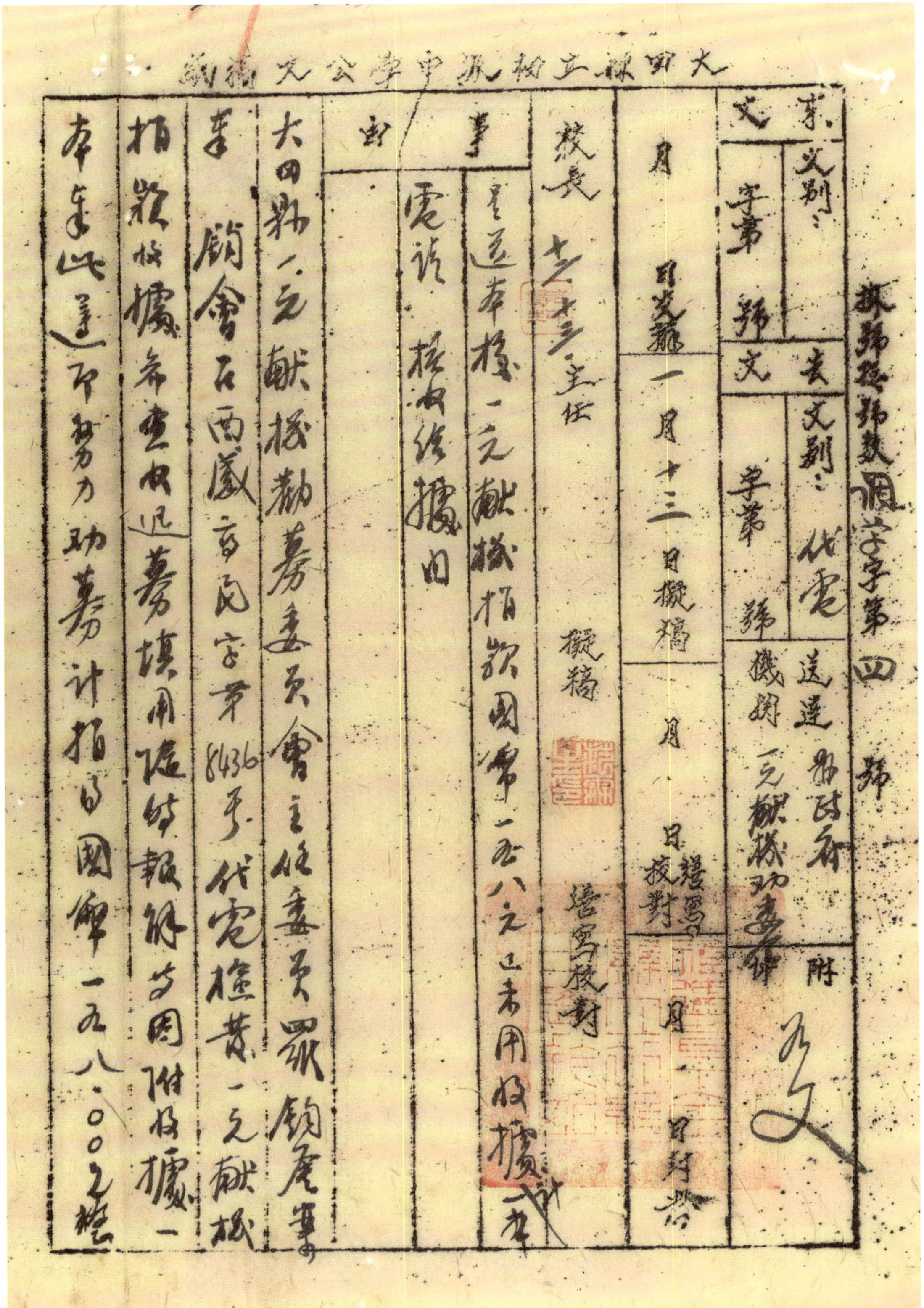

大田縣立初級中學公文稿紙

事由：電請核收由

呈送本校一元獻機捐款國幣一五八元正未用收據一本

送達：縣政府一元獻機勸募委員會

附：

校長　十二月十三日　主任　擬稿

大田縣一元獻機勸募委員會主任委員鈞鑒：案奉鈞會百西歲字第8436號代電，檢發一元獻機捐款收據一本，飭即查收，迅募填用，依限報解，等因，附收據一本。奉此，遵即努力勸募，計捐國幣一五八·〇〇元整……

理合將該捐款共數併繳，連同已未用收據，隨電匯請
核收給據，俾候公佈。附呈本校一元獻機捐款一五八元收
收據存根001/157號（已用）收據158/200號（未用）共四冊並請給予
核存。謹呈　雲生　叩）

福建省童子军筹备处关于建议捐献中国童子军号飞机并转呈总会通饬全国一致响应努力筹募致各童子军团的训令

（一九四一年十二月二十一日）

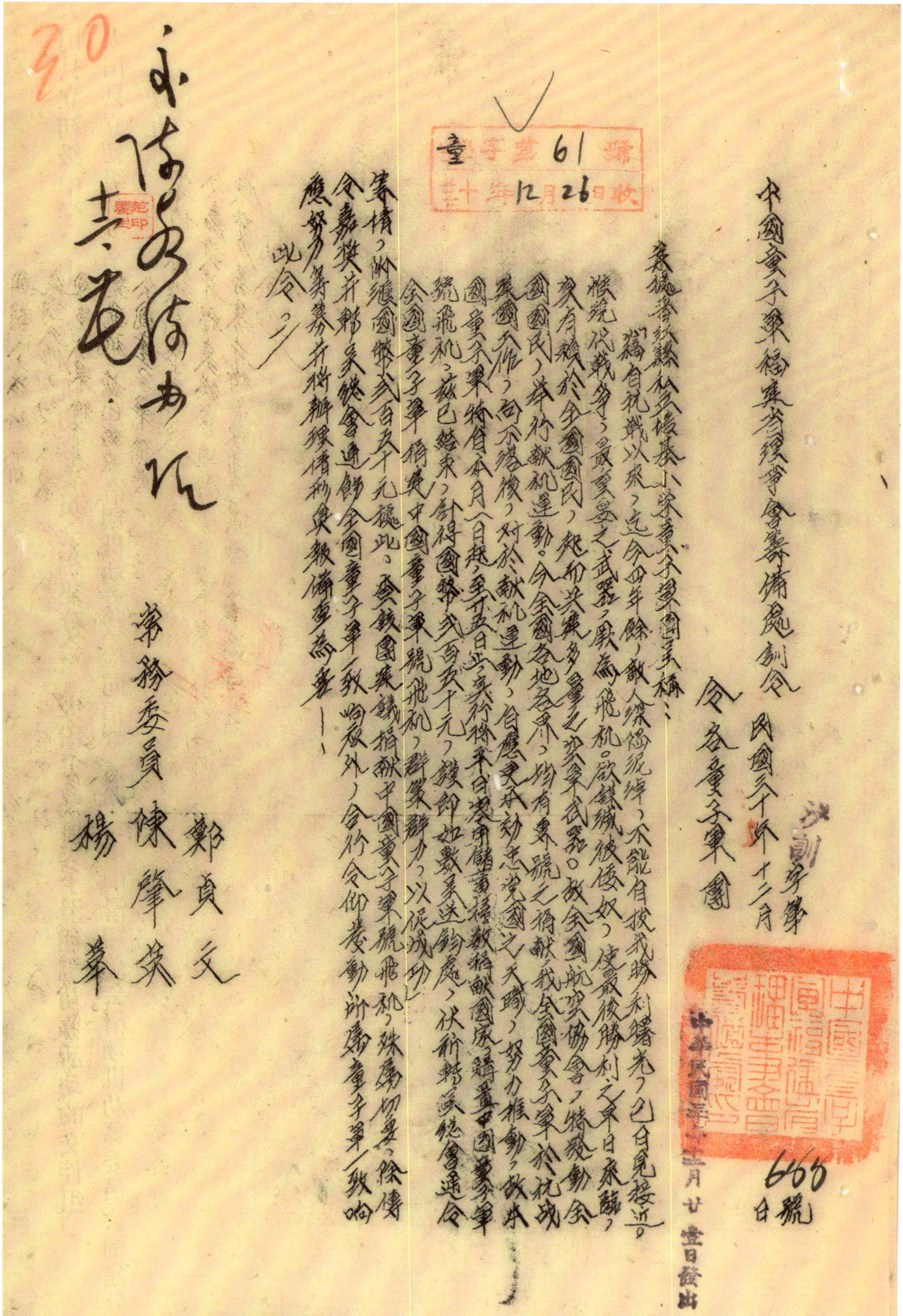

大田县立初级中学、中国滑翔机劝募委员会福建分会、大田县政府关于滑翔机劝募活动的文件组

大田县立初级中学关于请求办理结束滑翔机劝募款检同捐款清册致中国滑翔总会滑翔机劝募委员会福建分会的函

（一九四二年一月四日）

00052

大田縣立初級中學公文稿紙

來文	文別： 字第 號	一月二日交辦
去文	文別：公函 字第 號	一月四日擬稿
掛號總號數	陽學字第二號	
送達機關	滑翔機勸募福建分會	月 日繕寫 日校對
附件	文	月 日封發

校長　主任　擬稿　繕寫校對

事由：准函辦理結束滑翔機募款檢同捐款清冊函請 查照由

案准

貴會滑字第一二二號代電略開：「為辦理結束各地募款務於[illegible]前解會希查照」[illegible]

等由准此查本校勸募滑翔機捐款共得六百元正經于去年[illegible]有省行[illegible]

已蒙制给翔字第○○一○號正式收据在案，准電前因，相应检同本校学生劝募滑翔机捐款清册一份，送请查照为荷。

谨致

中国滑翔总会滑翔机劝募委员会福建分会

附本校学生劝募滑翔机捐款清册一份

大田县立初级中学校长 范○○

中国滑翔机劝募会福建分会关于宣传及劝募滑翔机的宣文（一九四二年八月十四日）

附（一）无空防 无国防

無空防，無國防

蔣中正

恭錄會長本會成立日訓電文

立國於今日之世界，無空防卽無國防，證諸我國四年來抗戰之經驗，以及此次歐戰之事實，無一不以空軍强弱爲戰爭利鈍之因素。而强大空軍構成之先決條件，一方固在科學的製造技術之提高，一方尤在英勇的戰鬬技術人員之培養。必使舉國青年人人皆有飛翔之興趣，時時皆有學習之機會，童而習之，壯而化之，卽於平時體育鍛鍊之中，獲得雲漢扶搖搏擊之術，迨至應徵入伍，祇須略受空軍正式訓練，便能迅速精嫺，控縱自如，成爲空中戰士，以爲國家效命，此卽本滑翔總會應運而生之目的，亦卽世界列强培養空軍人才必由之途徑也。夫我國青年，自抗戰以來，血誠愛國，志氣勃發，其投身行伍，參加作戰，或究心理工致力國防事業者，踵趾相接，風氣不變；而不憚險難獻身空軍者，則更踴躍熱烈，得未曾有。此種高尚精神，果能因勢利導，鼓之以滑翔運動，而慰其仰望之情，風行九天，鷹揚人表，開拓襟胸，激昂志氣，則風會所趨，德智並進，又何難與歐美青年並駕齊驅，以奠我未來空防偉大之基礎哉。故今後滑翔運動不僅應爲學校體育之中心，且應在社會運動中謀積極之推動，而機件之製造，與師資之造就，則全賴各界賢明人士協力贊助，共同倡導，以程衆擎易舉之功，而致一日千里之效，是不能不望於今日與會群賢努力以進其前路矣。

附（二）提倡滑翔运动的理由和希望

提倡滑翔運動的理由和希望

張治中

蔣會長最近說[illegible]人不能戰鬥，就一定滅亡；沒有國防，就沒有國家——我們一切[illegible]都要以國防爲中心……」「以使全國成爲一個統一强固的戰鬥體[illegible]長在本會成立之時，又訓勉我們說：「立國於今日之世界，無防空即無國防；證諸我國四年來抗戰之經驗，以及此次歐戰之事實，無一不以空軍强弱爲戰爭利鈍之因素」。

因此，我們深感爲保證國家的獨立與生存，必須先求國防達到絕對安全的境地。國防的部門固然很多，空軍却佔着非常重要的地位，「無防空，即無國防」就是這個意思。而防空又將如何建立呢？我以爲當自提倡滑翔始。運動開何以呢？

（一）要防空絕對安全，必須備有大批空軍的幹部，而這，必先從提高國民普遍的航空興趣，和訓練大批靑年的航空員着手，證諸蘇德各國防空的史實，滑翔運動實爲達到這個目標的一條必經的道路。

（二）在這次歐戰中，德國閃擊荷比，所組成的降空部隊，已開始利用滑翔機部送，以載重一千五百公斤，十個士兵座位的大滑翔機，輸送士兵至敵後作戰，由此可見滑翔運動不僅是訓練和培植空軍的必經之途，且已進一步成爲空防的一部份，而直接參加戰鬥的序列。

（三）滑翔的製造，較爲簡單，無須馬達和汽油，一切所須的材料，我們國內自已都有，因此，在舶來物資供應較爲困難的今日，滑翔運動的提倡，在我國的國防建設上，將具有特殊的意義與貢獻。

所以我們在明白了必須提倡滑翔運動的幾個理由之後，我特以全國青年實際負責者的地位，向全國青年同志們作下述的希望。

我們抗戰，已到第五個年頭，國際局勢已急劇地轉變，以致日形於我有利，而敵人謀我之野心，亦同時加重。祇有現在，才眞是千載一時復興民族的緊要關頭；也祇有現在，才眞正是我優秀青年鍛鍊自已，捨身報國的寶貴時機，因此，我熱忱的迫切希望；千百萬青年同志們趕快奮起，參加這民族自衛的戰鬥，特別需要參加空軍戰鬥；首先就要從踴躍參加滑翔運動做起。

這樣，我們才會有安全的國防，才能有獨立自主的國家，也祇有這樣，我們才不愧爲中華民國的國民。

附（三）滑翔之父——奥托·李林塔尔

滑翔之父 奧託·李林塔爾

(Otto Lilienthal)

奧托·李林塔爾，德意志帕米拉尼省人，生於公曆一八四八年五月三日，在他廿歲時開始構造第一架搏翼式機，但是沒有成功，以後他收集許多飛鳥來觀察研究，出版了一冊叫「鳥的飛行是飛行技術的基本原理」的書，到了現在這本書還是奉爲滑翔的經典，他出版此書後放棄搏翼式機的構作，於一八九一年造了一架滑翔機已能躍空平直的滑了幾十步，以後他逐漸改良，於一八九五年已能滑翔七千公尺的距離，一八九六年八月九日他試驗頭部操縱的新駕駛法，不幸氣流驟變太大，飛到八十呎高空時，入不可挽回的氣凹內，以致不救，德國爲紀念他，在萊茵山上築一紀念碑，碑上刻着達文西預言的詩句「他在最初飛行之時，榮耀與害怕塡滿了胸襟，人們歡迎着那岡巒上的怪鳥，哦！他新生的地上，有着永久的光耀！」是的！這短短數語，實是做了李林塔爾的生平寫照了。

紀念中國滑翔第一人

韋超先生

附（四）滑翔机的种类

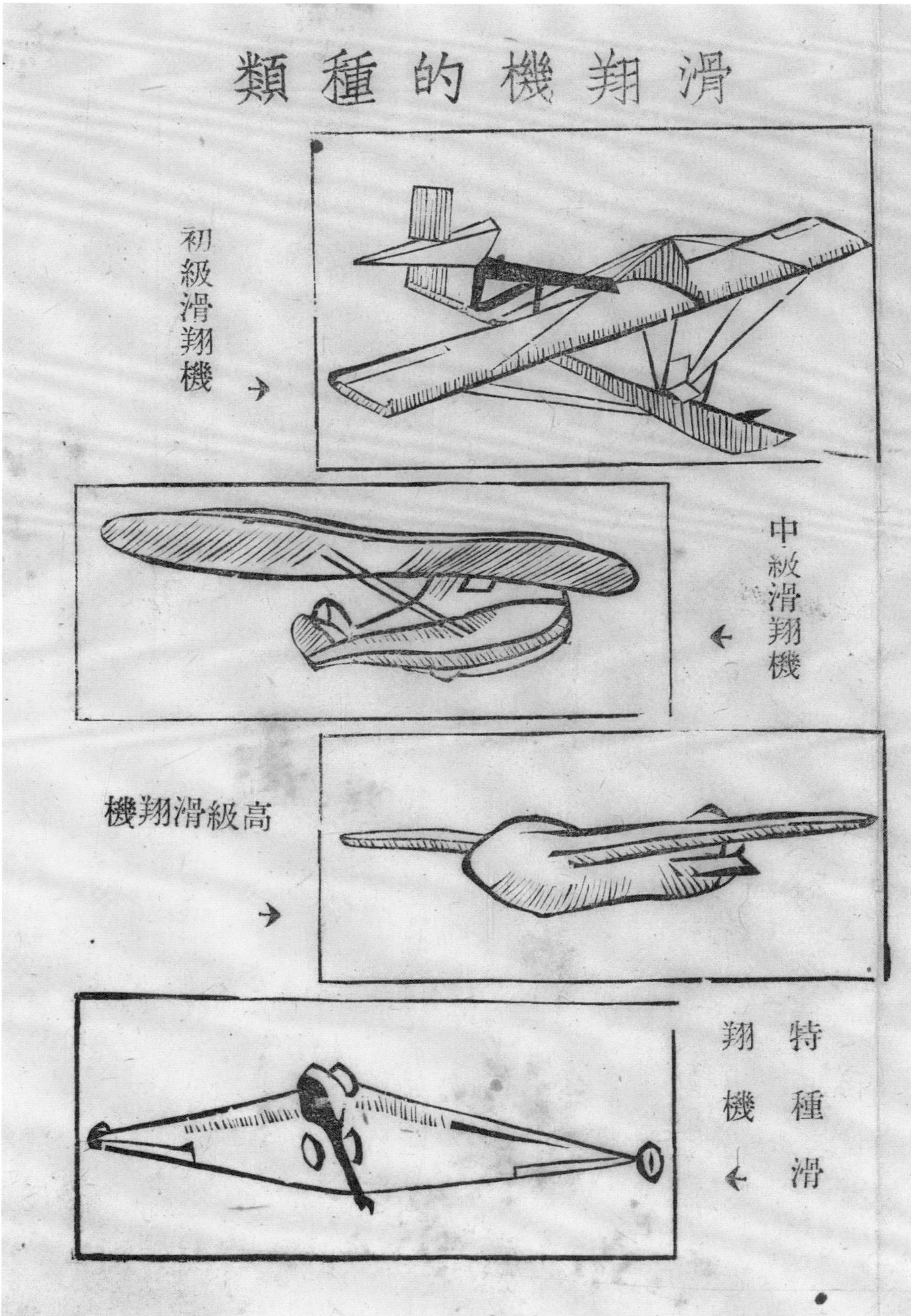

附（五）纪念空军节与提倡滑翔运动

紀念空軍節與提倡滑翔運動

——福建省勸募分會主任幹事在擴大宣傳大會報告詞——

鄭貞文

「八一四」是中國空軍第一次在京滬杭一帶抵抗日寇木更津航空隊獲得勝利的紀念日，自此以後，中國的空軍更以它嶄新的陣容，迎擊日寇其他的空軍部隊，屢獲勝利，直到現在仍爲同盟國家所稱羡。建設空軍需要健全的幹部，同完善的器材，我國人口衆多，不乏堪爲空軍幹部的人才，但因航空器材缺乏，需要外國輸入，欲籌補救之法，須提倡滑翔運動，因爲滑翔機具有飛機同樣的性能，製造滑翔機的材料本國皆有，所以從事滑翔事業，是最好的訓練空軍幹部方法。

滑翔機係德國李林塔爾（Lilienthod）所發明，距今五十六年以前（一八八六年）已滑翔於世上，嗣以飛機昌明，遂不大爲人注意，迨第一次大戰後，德國受凡爾賽和約限制，不能設置空軍，才利用滑翔機來培養空軍幹部。繼之有蘇聯、美國等。這一次大戰，德國曾使用滑翔機，打了勝仗。

滑翔機的構造與飛機略同，不過沒有發動機，製造原料不用輕金屬，普通主翼的各部分都是用木料，翼面加上蒙布，機身也用木材，機身的表面則用層板，有高中初三級型，種類有練習機，教練機，改良機，比賽機等。速度每小時六七·一二公里，機頭裝有拖曳索扣取部分，主翼兩旁有減速板，襟翼，施氣瓶，另有着陸機輪，昇降舵，方向舵等，一架可坐武裝兵十名至二十名，還能用飛機同時拖曳九架而成爲空中列車。

滑翔機的滑翔原理，就是發明鳥類具有的翼型，利用包圍地球的大氣，學習鳥類淩空的方法，御風飛旋，更設計幾個操縱面（如昇降舵，方向舵、活翼）來昇降，轉彎，盤旋，滾轉。可以使用包圍地球表面不盡的上昇氣流，到處飛翔，它具有飛機的功用，且在場地，時間，製造，經費，飛行阻力各方面，都較飛機經濟安全。並不用汽油，在戰時更見適用。

滑翔機的功用，不但在軍事上國防上具有偉大價值，並且可作空中運輸工具，平時亦可以藉此訓練國民航空教育。

我國滑翔機事業，始於民國二十年，當時天津河北汽車學校主持人隋世新朱晨二人會試製滑翔機一架，但因製造簡單又沒有駕駛經驗，故試飛無效果。二十三年廣西航空學校亦製造滑翔機一架，供學生練習駕駛，二十四年夏，杭州中央航空學校的附設工廠，製造中級滑翔機一架，曾在筧橋飛行場用汽車拖曳滑翔多次。惟中央航校與廣西航校均以訓練飛機飛行爲主，對滑翔訓練並不負直接提倡的責任。二十四年冬中國航空建設協會成立，該會宣傳組卽有籌設滑翔俱樂部的計劃，但因缺少滑翔幹部指導人才，未能如期實現。二十五年五月歐亞航空公司經理李景樅先生在滬計劃組織滑翔飛行社，並監造滑翔練習機二架，曾由德國顧問駕駛滑翔，嗣值抗戰軍興，滑翔飛行社全部計劃亦因之停頓。

又民國二十四年大公報社曾自德國訂購價值三千馬克的高級滑翔機一架，並託在德專習滑翔之韋超先生護運回國，日夜在桂練習表演。二十八年六月韋超赴渝謁中央當局，成立滑翔訓練班，是時「大公報號」滑翔機適運抵成都，呈獻政府，十月在成都全市運動會中由韋超先生作第一次滑翔公開表演。二十九年三月十二日韋超在渝表演，不幸牽繩脫鈎成仁，繼起者有李大經韋鼎烈等，於二十九年九月開辦滑翔訓練班，同時教育部，航空委員會，中國航空建設協會，三民主義青年團等竭力提倡，遂於三十年四月四日奉總裁批准，在重慶成立中國滑翔總會，先後在成都蘭州桂林昆明成立分會，今後我國滑翔運動正突飛猛進中。

本省地處國防前線，提倡滑翔運動，自不容或緩，且本省出產木材質韌耐用，適於製造滑翔機，本年五月省當局得中國滑翔總會滑翔機勸募委員會函囑設立本省分支會，並聘　劉主席兼本省分會主任委員，附各項章則以資依據籌備，當奉　劉主席批交省動員委員會辦理，嗣因動員委員會奉令機構變更，復奉劉主席諭移敎育廳辦理，當由廳擬定中國滑翔總會滑翔機勸募委員會福建分會組織規程，提經本年八月五日省政府委員會第二九一次會議議決修正通過，同月八日召開第一次分會全體委員會議，決定自本年八月十四日起發動全省勸募滑翔機工作，勸募數額暫定爲五十架，每架以三萬元計，連同建築滑翔場用費合約二百萬元，定於本年十二月十五日以前募足，一面通飭各縣市區於文到一星期內成立勸募支會，分頭進行。

現在本省滑翔運動正由提倡而普遍推行，我們盼望從勸募滑翔機進至製造滑翔機，再進而訓練滑翔幹部，從事滑翔機飛行。今於三十一年空軍節日，尤不勝致其殷切希望！

中國滑翔總會滑翔機勸募委員會　福建分會印

中国滑翔机劝募会福建分会关于延长滑翔机劝募活动至十二月十日致大田县立初级中学的代电（一九四二年九月三日）

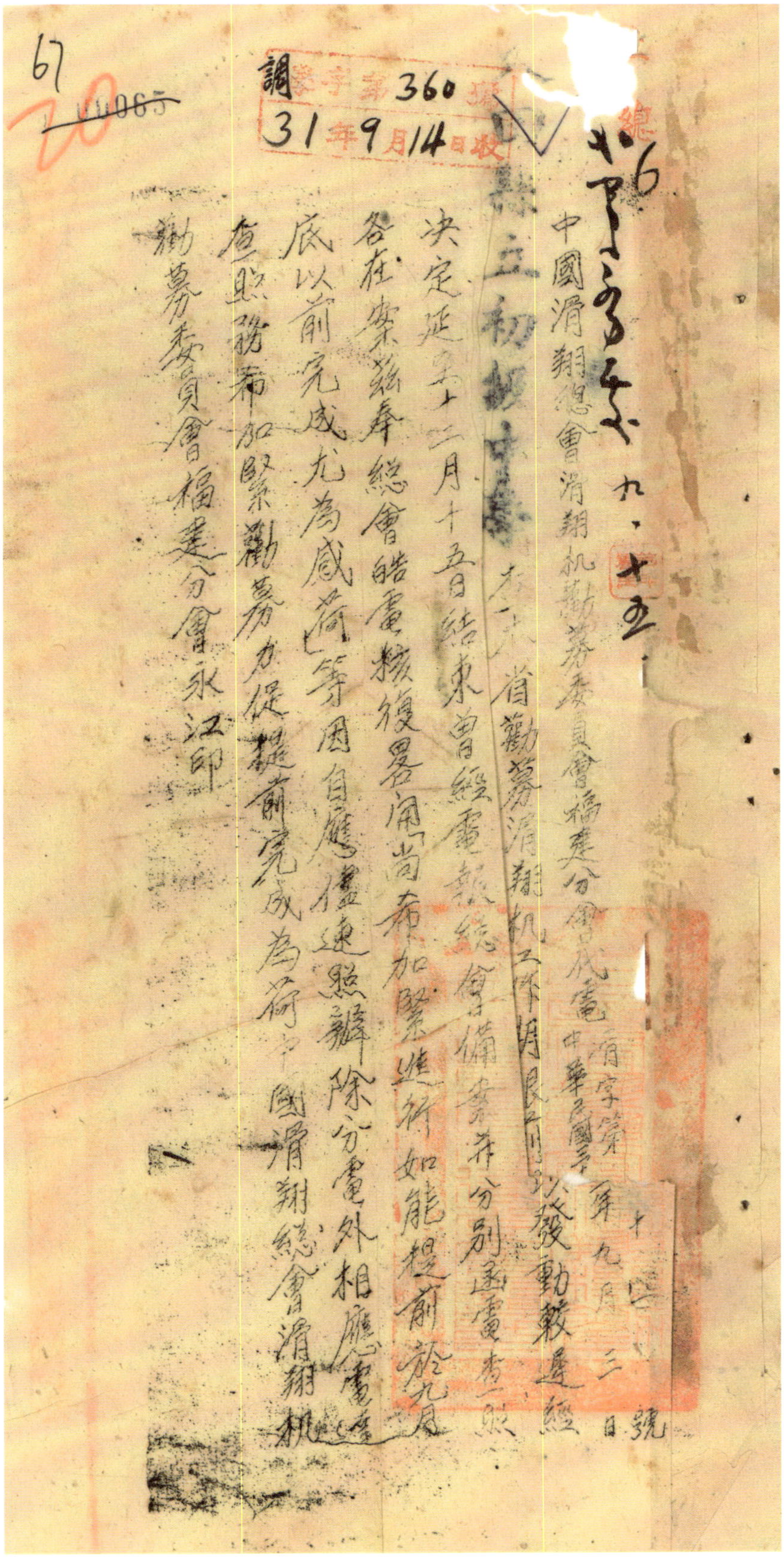

中國滑翔總會滑翔机勸募委員會福建分會代電 滑字第 號 中華民國三十一年九月三日

大田縣立初級中學：本省勸募滑翔机工作開展以來發動較遲，經決定延至十二月十五日結束，曾經電報總會備案，并分別函電查照各在案。茲奉總會皓電核復略開：「尚希加緊進行，如能提前於九月底以前完成，尤為感荷」等因，自應儘速照辦。除分電外，相應電達查照，務希加緊勸募，力促提前完成為荷。中國滑翔總會滑翔机勸募委員會福建分會永江印

中国滑翔机劝募会福建分会关于电送劝募滑翔机竞赛办法致大田县立初级中学的代电
（一九四二年九月十九日）

滑字第31號

事由：電送勸募滑翔機競賽辦法希查照辦理由

中國滑翔總會滑翔機勸募委員會福建分會代電

大田縣立初級中學：本會為加緊推行滑翔機捐款成績，以期早日完成勸募工作起見，特訂定福建省勸募滑翔機競賽辦法，以資激勵。除分電外，相應檢同前項辦法一份，電希查照辦理見復為荷。中國滑翔總會滑翔機勸募委員會福建分會皓印

附福建省勸募滑翔機競賽辦法一份

中華民國三十一年九月　日

主任委員　劉建緒

附：福建省劝募滑翔机竞赛办法

福建省勸募滑翔機競賽辦法

一、中國滑翔總會滑翔機勸募委員會福建分會（以下簡稱本會）為加緊推行滑翔機捐獻成績完成勸募工作起見特訂定本辦法

二、本省各機關團体學校及各縣市區鄉鎮保甲均應參

情形舉行勸募競賽各機關團体學校人員並應踴躍參

三、競賽標準規定如左：

一、各機關以達到平均每人十元以上為標準

二、專科以上學校以達到平均每生五元以上為標準

三、中等學校以達到平均每生二元以上為標準

四、小學以達到平均每生五角以上為標準

五、人民團体會員以達到平均每一會員十元以上為標準

其以法人為會員者以達到平均每一會員五百元
六、各縣市照經區鄉鎮保甲以達到預定分配募額為標準
上述標準
四、競賽成績依左列各款評定之：
一、凡在三十一年十月十五日以前完成捐獻工作並達到前條規定標準者為最優
二、凡在三十一年十一月十五以前完成捐獻工作並達到前條規定標準者為優等
三、凡依限在三十一年十二月十五日以前結束並達到前條規定標準者為完成工作
五、參加競賽捐款成績優良者除分別依照中國滑翔總會滑翔機勸募辦法及福建省勸募滑翔機實施辦法之規定給獎外並得由各主持競賽機關自行酌定名譽獎勵以昭激勵
六、本辦法經本會議決通過施行

大田县政府关于奉电加紧劝募滑翔机款提前完成致县立初级中学的代电（一九四二年十月九日）

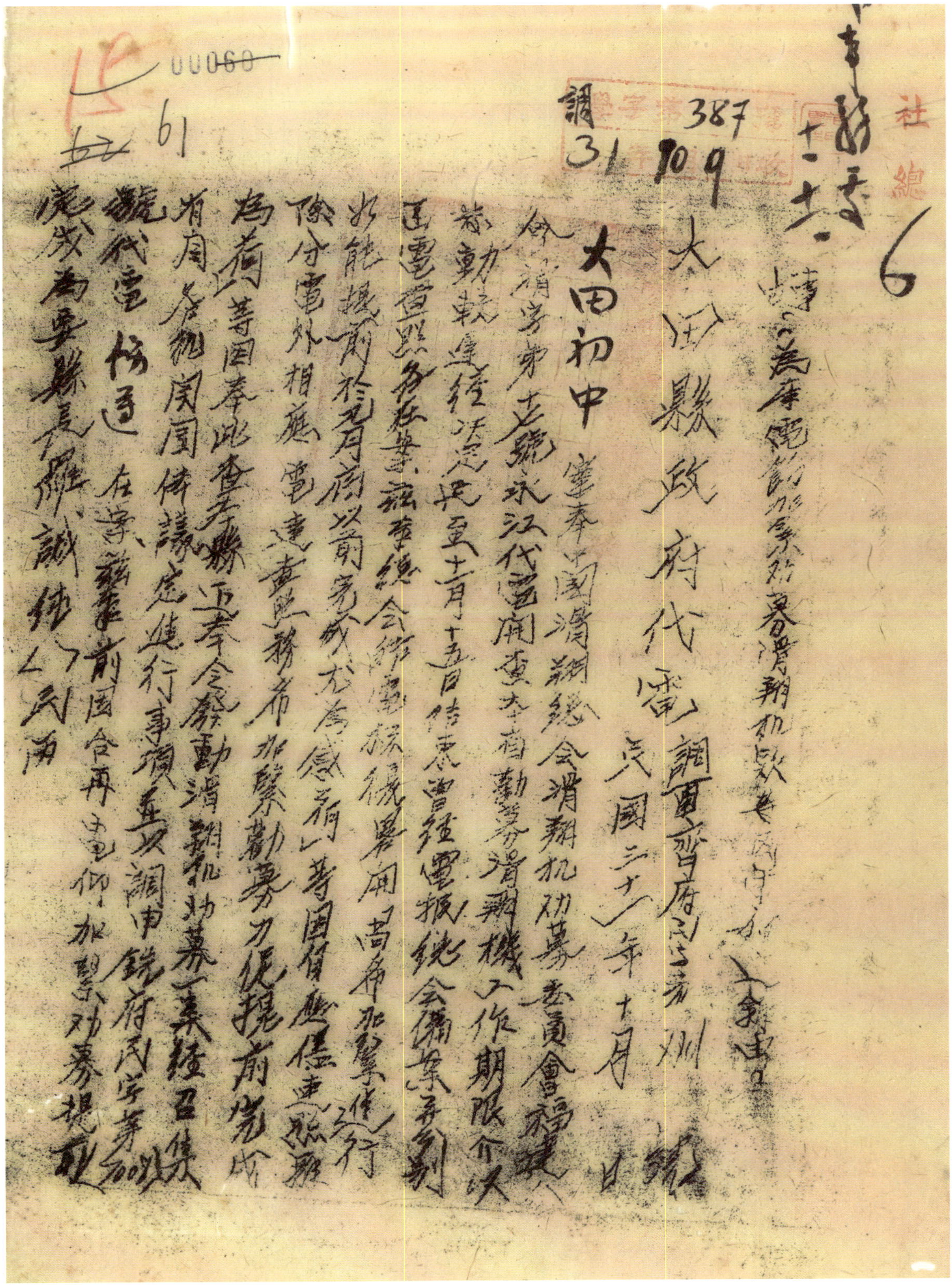

大田县立初级中学关于劝募滑翔机捐款国币六百元直接汇寄福建支会请核备致县政府的呈
（一九四二年十月十四日）

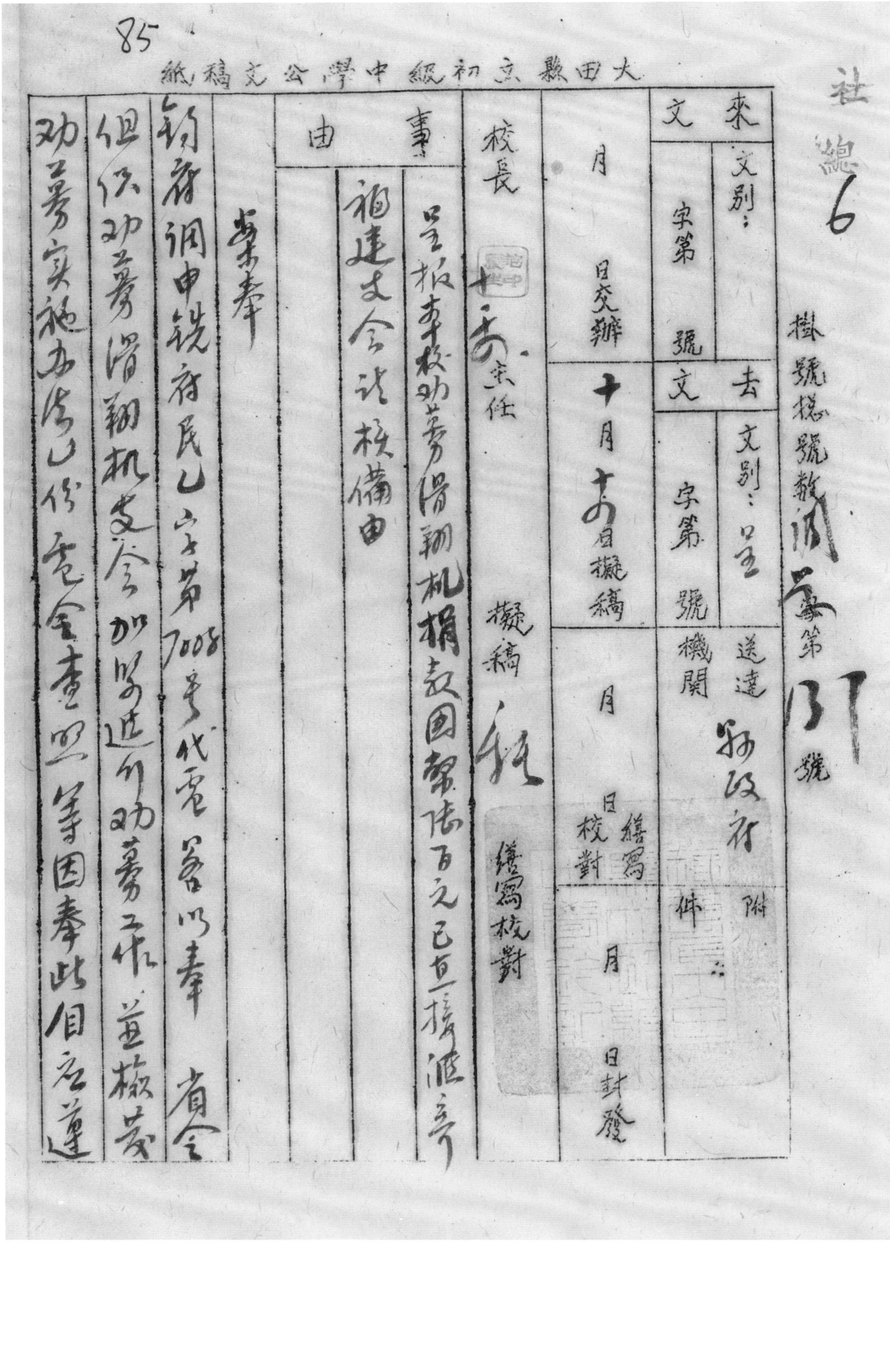

办副据

中国滑翔总会滑翔机劝募委员会福建分会滑字第十一年及滑字第廿一年两代电附发捐献滑翔机各项办法，嘱即照办具报等由，准此。查本县校已于本年七月二日完成捐献工作，共募得国币陆百元，除捐款六百元已由本月十四日省银行直接汇寄滑翔机劝募委员会福建支会外，理合具文报请

鉴予核备。谨呈

大田县县长 范

全衔 名

大田县立初级中学关于滑翔机捐款正式收据（一九四二年十月二十八日）

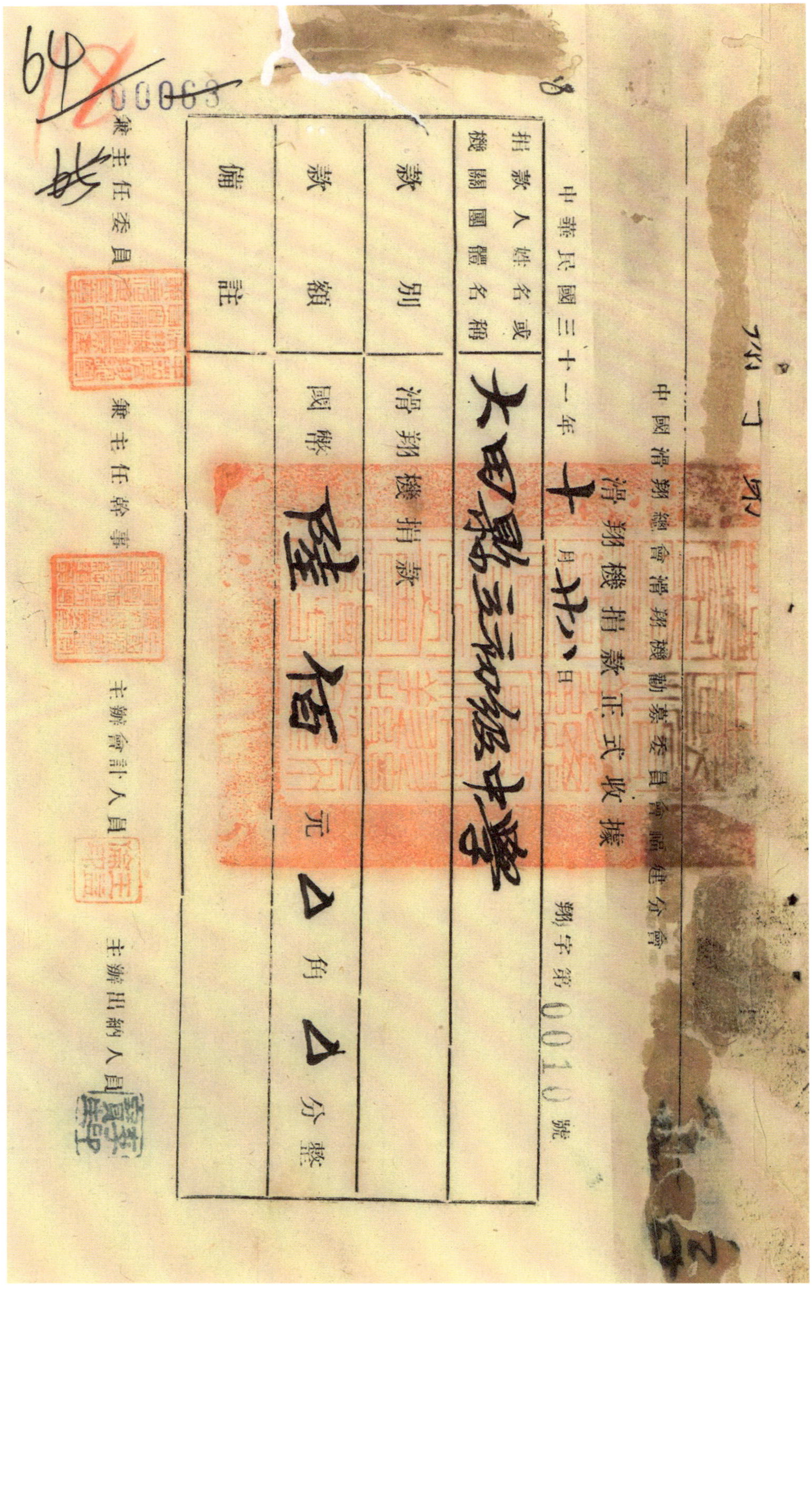

中國滑翔總會滑翔機勸募委員會福建分會

滑翔機捐款正式收據

翔字第0010號

中華民國三十一年十月廿八日

捐款人姓名或機關團體名稱	大田縣立初級中學
款別	滑翔機捐款
款額	國幣陸佰元△角△分整
備註	

兼主任委員　兼主任幹事　主辦會計人員　主辦出納人員

大田县立初级中学学生劝募滑翔机捐款清册（一九四二年十二月二十五日）

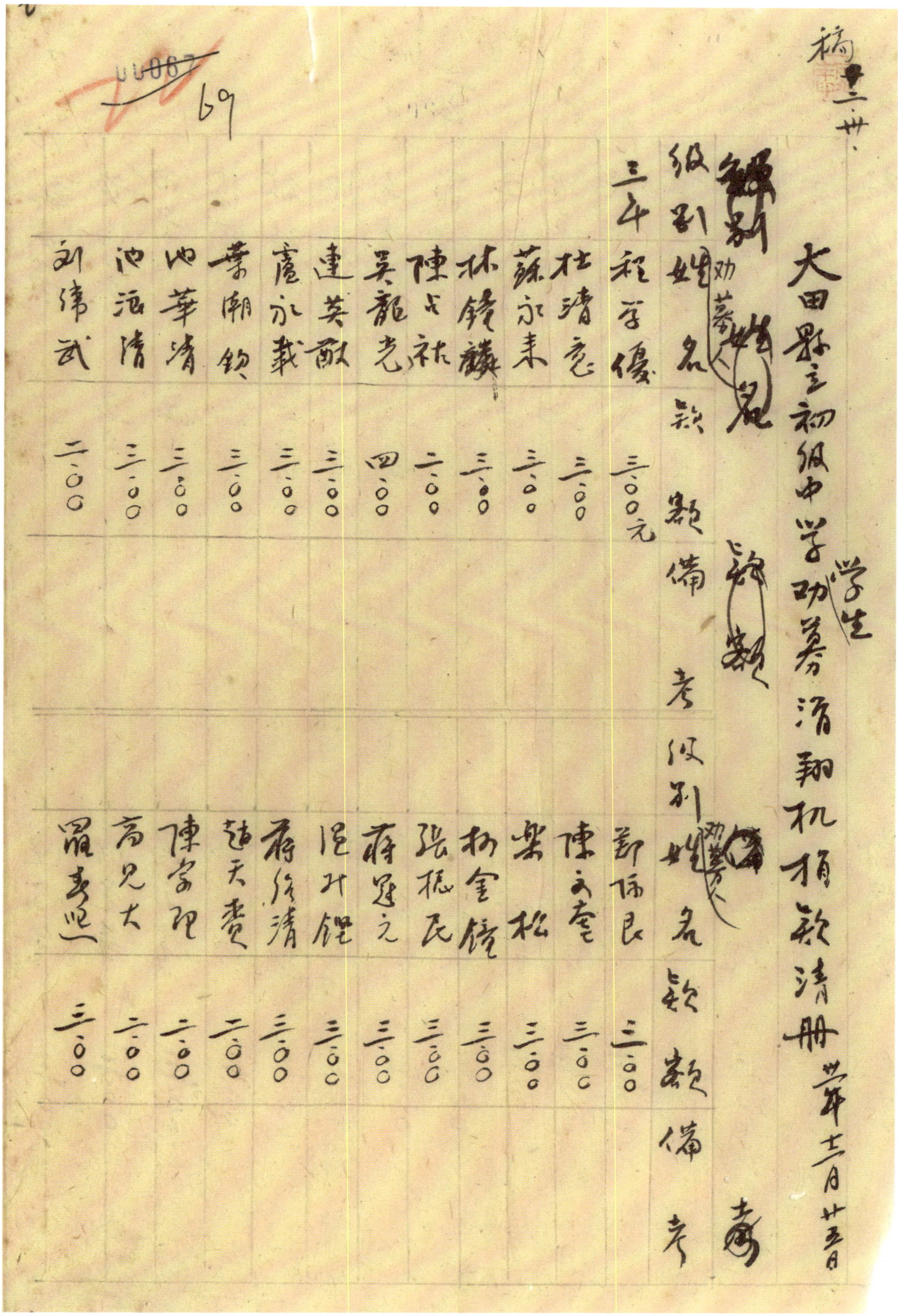

稿 卅三·卅

大田县立初级中学学生劝募滑翔机捐款清册 卅一年十二月廿五日

级别	劝募人姓名	款额	备考	级别	劝募人姓名	款额	备考
三年	程学优	三〇〇元			郑佑良	三〇〇	
	杜清意	三〇〇			陈天奎	三〇〇	
	苏永来	三〇〇			吴松	三〇〇	
	林锺麟	三〇〇			林金镜	三〇〇	
	陈长祐	二〇〇			张振民	三〇〇	
	吴龙光	四〇〇			薛廷之	三〇〇	
	连英猷	三〇〇			陈升[illegible]	三〇〇	
	卢永载	三〇〇			蒋绪清	三〇〇	
	叶潮钦	三〇〇			赵天贵	二〇〇	
	池华清	三〇〇			陈家[illegible]	二〇〇	
	池滔清	三〇〇			高兄大	二〇〇	
	刘伟武	二〇〇			罗[illegible]迎	三〇〇	

70

二十

鄭文華　三〇〇
黄淑英　五〇〇
田昇賢　五〇〇
陳同慧　三〇〇
林桂香　三〇〇
潘素琴　四〇〇
吴清滿　五〇〇
羅旋旋　五〇〇
王佑國　五〇〇
观慶蓉　三〇〇
花維梳　三〇〇
林七蓮　三〇〇
陳育總　三〇〇
刘之武　二〇〇
林長鏗　二〇〇

連俊生　三〇〇
唐光華　二〇〇
高主生　三〇〇
林承大　三〇〇
陳煥勳　三〇〇
林育才　三〇〇
俞莉知　三〇〇
王蕙英　三〇〇
高啓啟　三〇〇
高加淑　五〇〇
林小晴　三〇〇
陳式達　二〇〇
池匯煥　二〇〇
高超志　三〇〇
薛蘭華　三〇〇

71

收到劝募人姓名	款数	备考
何良日	二〇〇	
郑祥书	五〇〇元	
罗鼎楼	五〇〇	
连杞代	三〇〇	
薛鼎迎	三〇〇	
曾山望	三〇〇	
卢焕荣	三〇〇	
黄廷丝	四〇〇	
连守玉	三〇〇	
郭绍仁	三〇〇	
何荣电	三〇〇	
姜蒋詹	三〇〇	
许文教	三〇〇	
曹江池	三〇〇	

收到劝募人姓名	款数	备考
朱大锡	三〇〇	
林有竹	二〇〇	
田常平	三〇〇	
张迎翔	三〇〇	
张登潮	三〇〇	
郑文光	三〇〇	
周亭之	三〇〇	
肖启球	三〇〇	
翁时城	三〇〇	
郑炳志	三〇〇	
乐光增	三〇〇	
赖春毅	三〇〇	
刘世秀	三〇〇	
罗鼎妹	五〇〇	

72

姓名	金额
陶毓芬	五·〇〇
刘淑梅	三·〇〇
潘素璇	三·〇〇
叶菊芳	三·〇〇
刘思化	三·〇〇
何炳风	三·〇〇
何逢文	三·〇〇
吴修君	二·〇〇
倪广载	二·〇〇
何宗惠	三·〇〇
赖宝成	三·〇〇
林生阳	三·〇〇
蒋兆雄	三·〇〇
唐有团	三·〇〇
林树栎	三·〇〇
范志远	三·〇〇
高加本	三·〇〇
张君儒	三·〇〇
邹和忠	三·〇〇
陈志禄	三·〇〇
蒋兆汉	五·〇〇
曾志和	三·〇〇
庄应顺	三·〇〇
黄远青	三·〇〇
郭材达	三·〇〇
卢焕光	二·〇〇
唐仁	三·〇〇
黄振锐	三·〇〇
郑树青	三·〇〇
许永娟	三·〇〇

73

级别	姓名（劝募人）	款额	备考
	叶武仲	三·〇〇	
	卢占星	三·〇〇	
	詹成秋	三·〇〇	
	余扬仁	二·〇〇	
	陈志青	三·〇〇	
	蒋伦滨	三·〇〇	
	王昌津	三·〇〇	
	尤叩贤	三·〇〇	
	吴天意	三·〇〇	
	朱庆和	四·〇〇	
	罗朕添	三·〇〇	
	叶茂钱	三·〇〇	
	蔡锡德	二·〇〇	
	叶尚娃	三·〇〇	

级别	姓名（劝募人）	款额	备考
	苏開鎣	三·〇〇	
	詹出际	三·〇〇	
	林大嘉	三·〇〇	
	叶良树	五·〇〇元	
	叶廷锭	三·〇〇	
	刘汐娥	五·〇〇	
	高娇娥	五·〇〇	
	高老華	三·〇〇	
	罗雪娥	三·〇〇	
	张金莲	三·〇〇	
	吴瑞鸾	三·〇〇	
	陶毓芳	三·〇〇	
	许秀霞	三·〇〇	
	田尘玉	三·〇〇	

74

陈星光　三.〇〇
林志哲　三.〇〇
林廷辉　三.〇〇
池延德　三.〇〇
吴儒之　三.〇〇
卯石埼　三.〇〇
叶尚秀　三.〇〇
叶冠轩　三.〇〇
郑为堂　三.〇〇
康建才　三.〇〇
吴荣光　三.〇〇
黄尚文　三.〇〇
孙飞觉　三.〇〇
田君钵　三.〇〇
郭西成　三.〇〇

陈炳雁　三.〇〇
康岩才　三.〇〇
张君球　三.〇〇
刘重修　三.〇〇
陈德华　三.〇〇
陈世书　三.〇〇
刘生乐　三.〇〇
徐怀德　三.〇〇
黄振光　三.〇〇
梁康佑　三.〇〇
林成之　三.〇〇
周宜年　[illegible].〇〇
连升辰　三.〇〇
陈锦炽　三.〇〇
郑宗風　三.〇〇

級別	姓名（勸募人）	款額	備考
	高上達	三〇〇	
	肖德銘	二〇〇	
	鄭鍾德	三〇〇	
	羅賢仁	三〇〇	
	鄭善寵	三〇〇	
	賴鳳元	三〇〇	
	陳乃文	三〇〇	
	池永偉	三〇〇	
	林華月	二〇〇	
	肖維文	三〇〇	
	黄德海	三〇〇	
	盧永貴	三〇〇	
	葉本道	三〇〇	
	盧成穗	二〇〇	

級別	姓名（勸募人）	款額	備考
	蘇一宗	三〇〇	
	吳光功	三〇〇	
	肖花金	三〇〇	
	葉式川	三〇〇	
	潘天輔	三〇〇	
	連良民	三〇〇	
	李德瑞	三〇〇	
	盧章垣	三〇〇	
	葉騰利	三〇〇	
	陳光勲	三〇〇	
	葉愛收	四〇〇	

計一九五名共捐（募）六〇〇元

福建省童子军筹备处关于为林郎遗属发起捐助并将捐献情形具复致中国童子军第三一七九团的代电
（一九四二年一月二十九日）

中國童子軍福建省理事會籌備處代電　沙秘 696

中華民國卅一年一月廿九日發出

中國童子軍第[illegible]亮閱：查本處籌備委員前兼秘書林朗同志對本省童子軍事業頗多建樹，去年九月九日敵機狂炸永安時，林同志不幸殉難，聞訊之餘，同深哀悼，而身後蕭條，所遺一妻兩子生活無着，各費均待維持。茲者其生前友好發起捐集賻儀，藉充子女教育基金，深望本省童子軍及服務員體日行一善及助人為快樂之本之旨，踴躍捐助，襄善舉。所得捐款希逕匯沙縣編練處楊榮收轉，並將捐助情形具復為要。中國童子軍福建省理事會籌備處子艷沙秘

福建省教育厅关于抄发统一捐款献金收支处理办法致大田县立初级中学的训令（一九四二年四月二十六日）

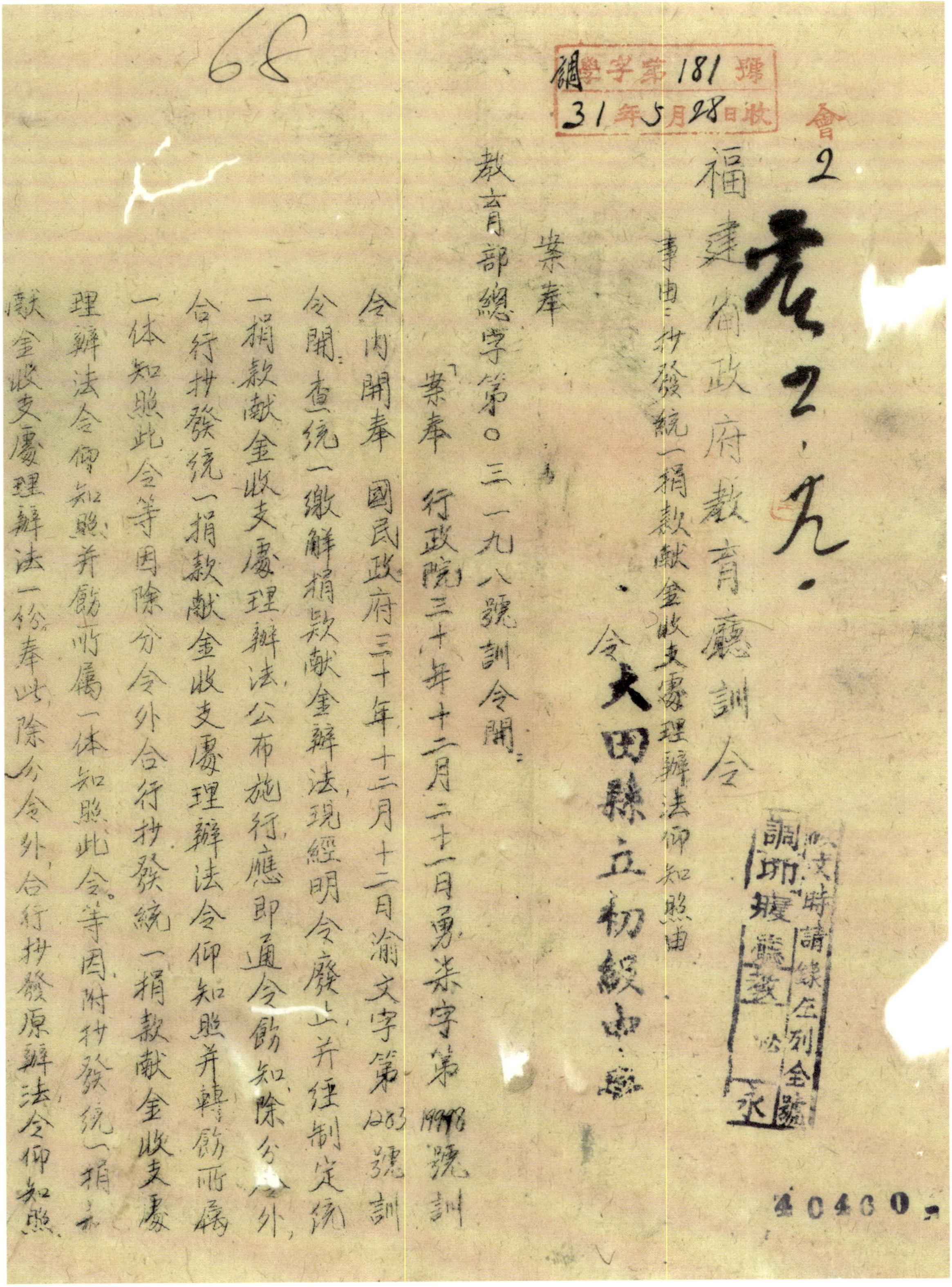

再查本部據呈發動之「全國青年號」飛機捐款，現已積得拾玖萬餘元，業由本部訂於本年五月四日舉行命名典禮，呈獻政府，至教師號飛機捐款，現僅收到四萬餘元，仍仰在校廣為宣傳，繼續捐輸，以期早日完成盛舉。所有上列兩項飛機捐款，嗣後應照部院頒辦法繳解，仍行報部備查，并仰知照，并轉飭所屬一体知照」等因，附抄發統一捐款獻金收支處理辦法一份。除分别函令外，合行抄發原附件，令仰知照。

此令。

附抄發統一捐款獻金收支處理辦法一份

中華民國三十一年四月　日

廳長 鄭貞文

附：统一捐献金收支处理办法

抄统一捐款献金收支处理办法 三十年十二月十二日公佈

一、凡國内外各項捐款（如救國捐、月捐、慈善捐、慰勞捐、寒衣捐、雨衣捐、航建會飛機捐、一元遂債、義賣獻金等）或獻債、獻息以及捐獻金銀器具、首飾、房屋、器具、有價証券等，可以隨時变現者，均適用本辦法之規定。

二、凡國内外各項捐獻，均繳解財政部，统一經收彙解國庫，分别收存撥用。

三、各項捐獻款统由財政部委託中央、中國、交通、農民四銀行及其轉為委託之銀行經收之，其繳解手續列後：

甲、國外捐獻款部份，由僑團或僑胞開列捐獻團体名稱或捐獻人姓名及地址暨數額，统滙香港中國銀行列收財政部各該捐獻總户帳，或按月分别解交國庫收入總存款或各特種基金存款户帳，并由香港中國銀行於收款時依照委託經辦辦法立即分别名目出具收据寄交各捐獻人或捐獻團体。

乙、國内捐獻款部份，由各捐獻團体或捐獻人開列捐款團体名稱或捐

献人姓名及地址暨捐献数额缴解當地中中交農四銀行之任何一

行核收轉滙重慶各該總行列收財政部各該捐献總户帳按旬分

别解交國庫收入總存款或各特種基金存款户帳并由各該行於

收款時依照委託經辦辦法立即分别名目出具收据寄交各捐献人

或捐献團体

丙、經收銀行所收各項捐献款應分户列帳并按照委託經辦辦法分别填

送報告单及旬報表

丁、凡經財政部统收之國内外各項捐献款均由行政院令由財政部彙编

征信録刊行

上項委託經辦辦法由財政部與銀行商討後呈行政院核准備案

四、各機関或團体非經行政院核准不得向國内外募集捐款或蒇動献金

但僅向國内局部地域不具普遍性質得由主管部會或地方政府核准并

轉行政院備案

前項募集捐獻款之機關團体須注意下列各點
(一)應注重捐募現款
(二)應廣為宣傳
(三)應採取简便有效方式不得沿街攔途强募
五、凡以捐獻款舉辦慈善振濟救護慰勞寒衣雨衣难童購機或其他事
項由行政院核定主管機關或團体專責辦理
六、凡舉辦前條各事項應由各該主管機關或團体開明事業計劃及估
計分配數目事前報告財政部轉請行政院核定隨時存國庫覆收各
該捐獻款數額内支用并由各該機關團体依照法定程序隨時編造支
出概算提請核定但经收捐獻款項係经捐獻人指明用途且具有緊急
情質者得就所收數額範圍拟具計劃逕呈行政院核定撥用仍補具
法案

七、凡國内外各項捐獻款如有由捐獻團体或捐獻人直接匯交各機関及各公私團体者應由收款機関或團体依照本辦法第二條規定隨時繳解國庫再照本辦法第六條規定申請支用

二

前項捐獻款繳解國庫時應將捐獻團体名稱或捐獻人姓名及地址暨捐獻數額開單報告財政部以便統計并彙編征信錄

八、凡以各項捐獻款舉辦各種事業其帳目及經辦情形由行政院隨時派員查核

九、在本辦法公佈以前所有已經核准各機関團体征募捐款或献金之剩餘均應於本辦法公布後三個月内繳解國庫核收

十、本辦法自公布日施行。

福建省教育厅关于抄发征募改造担架运动办法致大田县立初级中学的训令（一九四二年六月五日收）

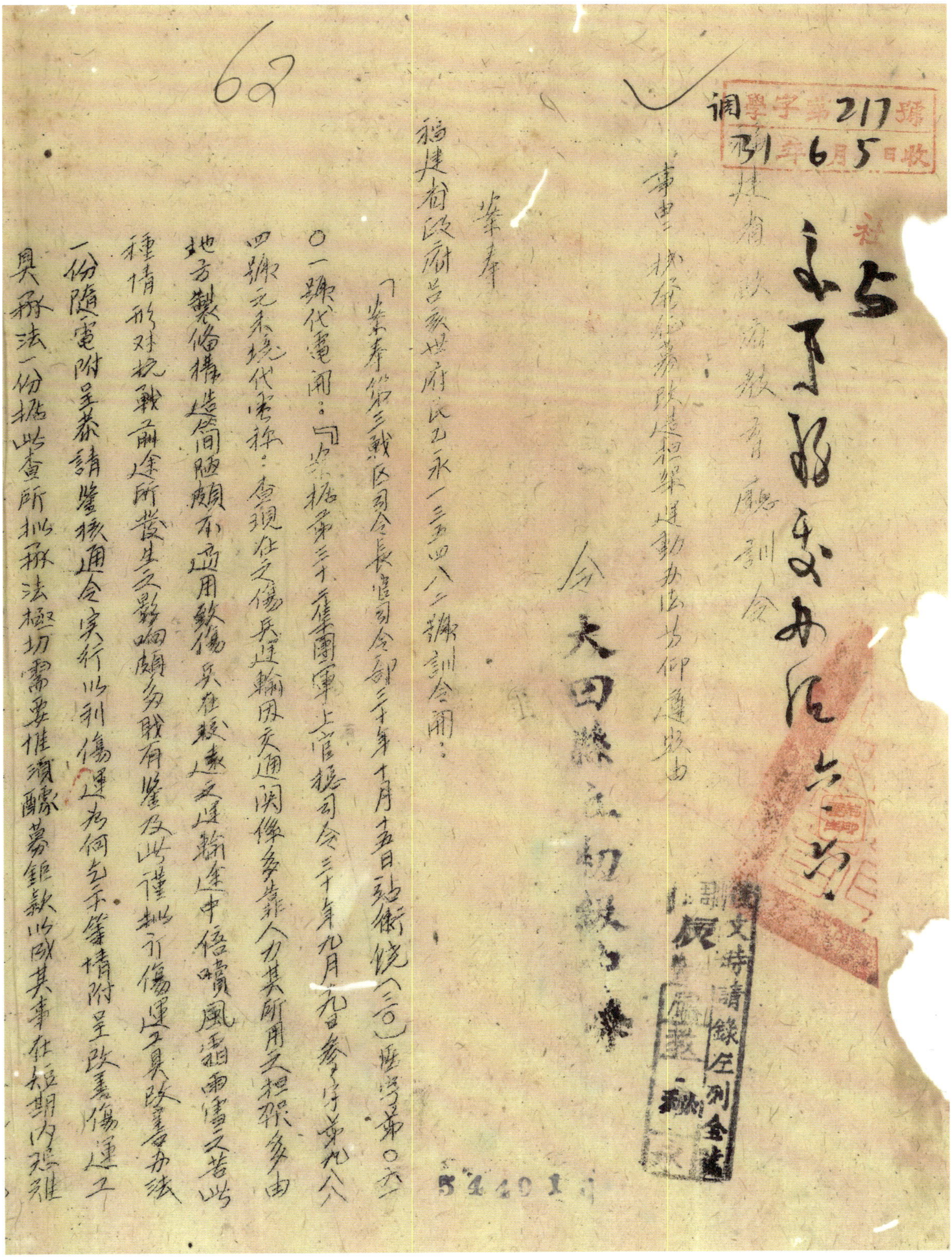
调 學字第217號 31年6月5日收

福建省政府教育厅训令

事由：抄发征募改造担架运动办法仰遵照由

令大田县立初级中学

案奉

福建省政府吕秘世府民九永一三五四八二号训令开：

「案奉第三战区司令长官司令部三十年十一月十五日站卫统（三〇）历字第〇六〇一号代电开：『案据第三十集团军上官总司令三十年九月廿四日参字第九八四号元未统代电称：查现在之伤兵运输因交通关系多靠人力，其所用之担架多由地方制备，构造简陋，颇不适用，致伤兵在极远之运输途中倍尝风霜雨雪之苦，此种情形对抗战前途所发生之影响颇多，职有鉴及此，谨拟订伤运工具改善办法一份随电附呈，恭请鉴核通令实行，以利伤运，为何之处，等情；附呈改善伤运工具办法一份。据此，查所拟办法极切需要，惟须酿募钜款，以成其事，在短期内殊难

畢集該決定由各省縣發動勸募凡在本戰区患病担運經路之縣境每縣
先期募製改造担架三百付配置各主要傷運线之鄉鎮城市備供應用以為一
二八淞沪抗戰十周年之紀念并於是日由本戰区及東南各省出版之報紙出專
刊舉行擴大宣傳以資倡導除分電本戰区政治部傷兵之友社總社兵站總監
部轉飭所屬協同辦理外特隨電檢送修正徵募改造担架辦法一份即希查照
并轉飭所屬共襄盛舉以惠榮胞」等因附發征募改造担架運動辦法一份
奉此查先实各縣民衆輸送傷兵隊一案前奉　軍事委員会政臣（三三）
寅稍第四〇〇四〇〇號代電當經以呂農馬府民乙未字第五二六七一號通令
遵辦在案茲奉前因自應遵辦除依照奉頒辦法第五條規定〔擬定〕福建省改造
担架經費征募辦法呈由第三戰区司令長官司令部備案并函中國國民黨
福建省執行委員会暨分令各廳處局會各区行政督察專員公署各縣政
府省銀行總管理處運輸貿易企業等公司外合行印發征募改造担架運動
辦法及福建省改造担架經費征募辦法各一份令仰遵照并轉飭所屬一体遵照」

等因，附發徵募改造橋樑運動辦法及福建省改造橋樑經費徵募辦法各一份，除分別函令外，合行抄發原附件，令仰遵照，此令。

附抄發徵募改造橋樑運動辦法及福建省改造橋樑經費徵募辦法各一份

中華民國三十一年五月　日

鄉長　鄭貞文

第三戰區徵募改造担架運動辦法

第一條　查各省縣民眾傷兵運輸隊均已先後組織完成，所用担架構製簡陋，頗不適用，致傷病在運輸途中櫛風沐雨，披霜沾雪，不但灰沮士氣，抑且影响役政甚鉅，特就地方現用担架加以改良，俾切需要，爰特發起「第三戰區徵募改造担架運動」，以為一二八淞沪抗戰十週年紀念，由東南各省黨政機関及戰区傷兵之友社、總社、戰区政治部、戰区兵站總監部等機関共同負責推行，并訂本辦法，以資遵守。

第二條　為節省地方財力起見，指就浙閩皖贛四省患者担運經路之縣份，儘先配置，其縣名指定如左：

甲、浙江省　孝豐　於潛　昌化　分水　桐廬　新登
浦江　諸暨　義烏　東陽　上虞　嵊縣　新昌　天台
永嘉　麗水　黃岩　紹興　奉化　金華

乙、福建省　閩侯　建甌　永泰　羅源　寧德　古田
閩清　永春　德化　平和　南靖　華安　龍岩
南平

丙、江西省　鄱陽　浮梁　樂平　餘干　婺源　進賢
臨川　餘江　金谿　東鄉　貴谿　南城

丁、安徽省　宣城　郎溪　廣德　寧國　涇縣　青陽
太平　石埭　東流　至德　祁門　績溪　歙縣

第三條　各縣現有之担架應一律按附圖式樣改造之，未備者應一律按圖製備應用。
第四條　各縣應改造之担架數目按照軍委會頒發各縣民眾傷兵運輸隊辦法規定應備担架六百具，茲為節省地方財力計，每縣限募改造担架三百具，配置於前線上各鄉鎮城市以備應用，但財力充裕之縣份得陸續添換，以能募集六百具之數為止。
第五條　此項改造担架所需經費由各省黨政機關另行徵募辦法施行之，應以全省力量普遍勸募，平均分配各縣為原則，但經指定應配置担架之縣份，須由各該縣黨政機關負責勸募二百具，并由各地政工機關、傷兵之友社、支社及各機關、法團、學校一致協同辦理。
第六條　此項改造担架應自三十一年一月二十八日開始征募，并於是日由本戰區前線日報及各省出版之報紙舉行擴大宣傳週，并刊行以資倡導，以為一·二八淞滬抗戰十週年紀念，限期於三十一年二月底止募齊，各經募機關於各大日報公布經收徵信名錄，以昭信實。
第七條　此項担架構製完成後，其配置地點及數目應由各省黨政機關彙轉戰區長官司令部及就近集團軍總司令部備查，以便派員查驗。
第八條　此項担架使用時應確實珍惜，每運送終止，須立即撤回原傷兵運輸隊保管。
第九條　凡徵僱民眾担架之傷運費由派駐各地衛生機關確實遵照軍委會三十年四月篠政医字第四〇〇四〇號代電之規定給資僱用，但地方對於此項傷運費不得移作別用，以惜民力。
第十條　本辦法自公布日起實行。

第三戰區司令長官司令部結衛體（三○）恆字第[illegible]601號酉刪抄件代電附送第三戰區徵募改進担架運動辦法第三條附圖式樣。

（其一）

（時棚裝木）

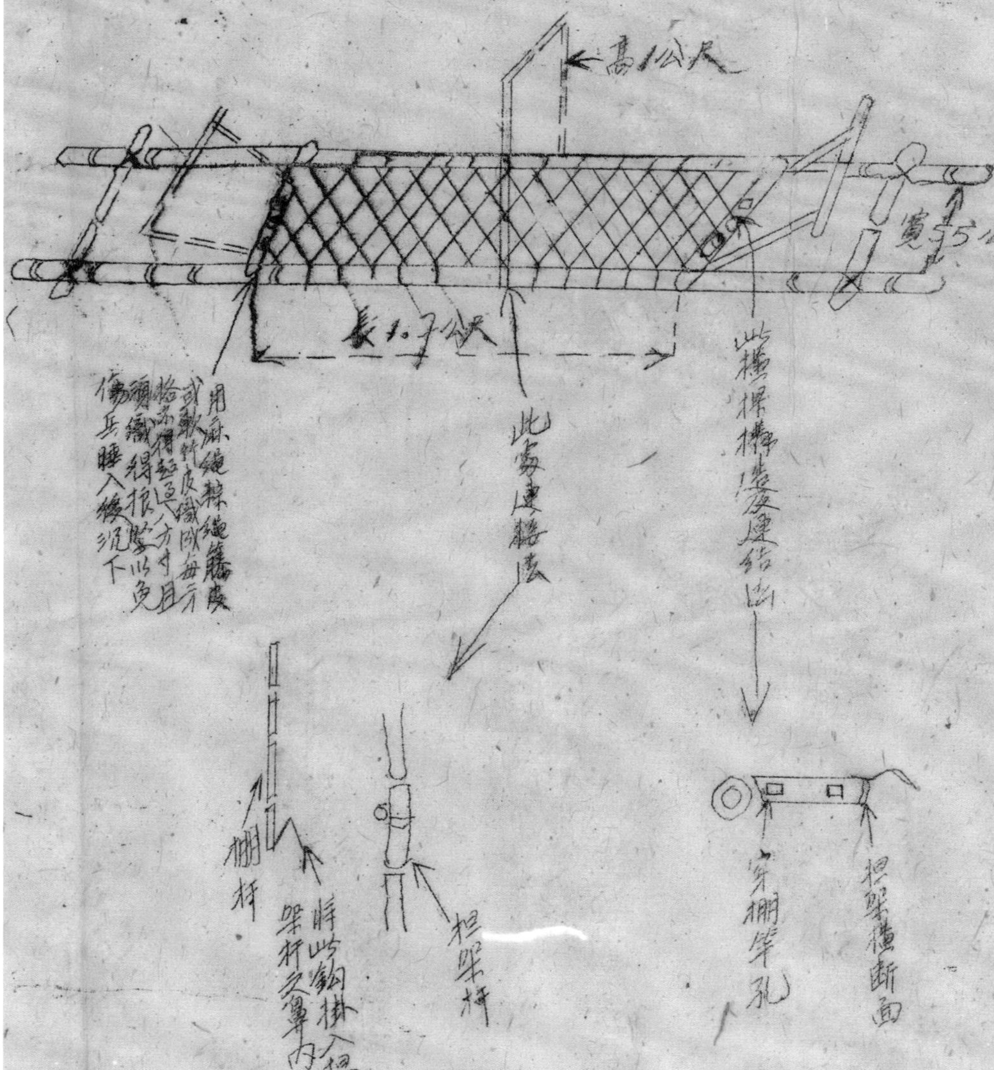

其二

（臨時棚布上裝）

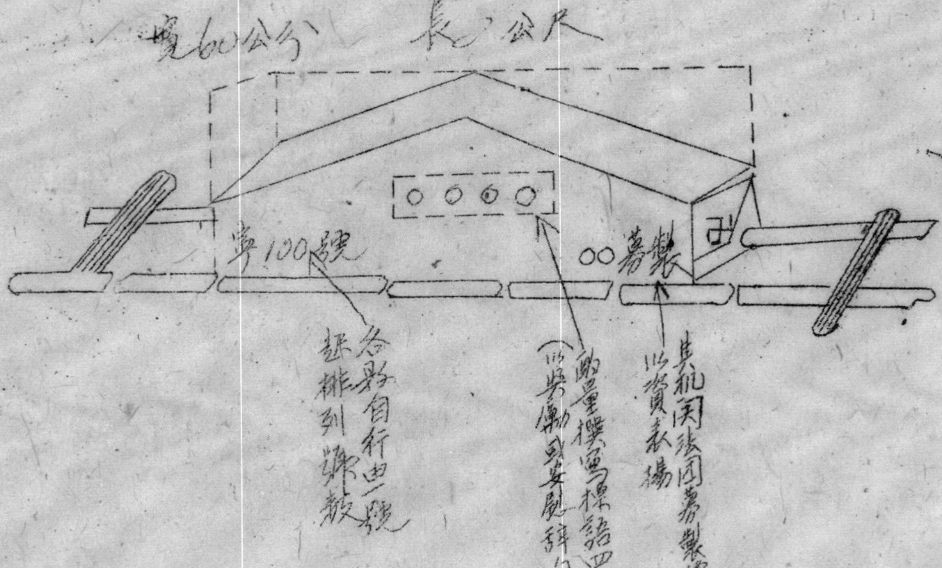

改造棚架所需材料：

1. 長竹杆二（做架杆）、[illegible]竹杆二（做固定杆）
2. 細竹杆（做棚架）
3. 蘇繩[illegible]棕繩或竹皮若干（做架底）
4. 鐵絲（捆紮用）
5. 粗白布（做架桐）
6. 桐油（做布棚）

福建省改造担架經費征募辦法

一、本辦法依照第三戰區征募改造担架運動辦法第五條之規定訂定之。

二、征募改造担架經費事宜，本府所屬各機關均應切實負責推行。

三、各縣應征募改造担架數目，除被指定之縣份依照第三戰區征募改造担架運動辦法第四條第五條之規定募集外，其餘各縣亦應依照規定同時舉行。其所募款項并得酌量提取一部補充被指定各縣份之不足數額。

四、征募改造担架經費應參照本府民財丁永字第八八七五五號訓令所訂劃一勸募中山紀念室等經費辦法第一、二、三各項規定，以募捐、游藝會及義賣等方式籌募之。

五、開始征募前各縣黨政機關以及傷兵之友社、動員委員會等機關應查酌地方實際情形，會商征募辦法，以便實施；其征募工作進行時（如組織募捐隊舉行游藝會義賣等）并應互取聯繫，以期推行之利。

六、募得款項應隨收隨繳存入公庫，開立專戶定名為「改造担架捐款戶」。

七、經費募集後各縣應即趕製改造担架依限完成。

八、各縣人民捐輸努力者得依人民捐輸救國金獎勵辦法呈請獎勵之。

九、本辦法自呈准之日施行。

福建省教育厅关于奉令转发统一募捐运动办法致大田县立初级中学的训令（一九四二年七月三十一日）

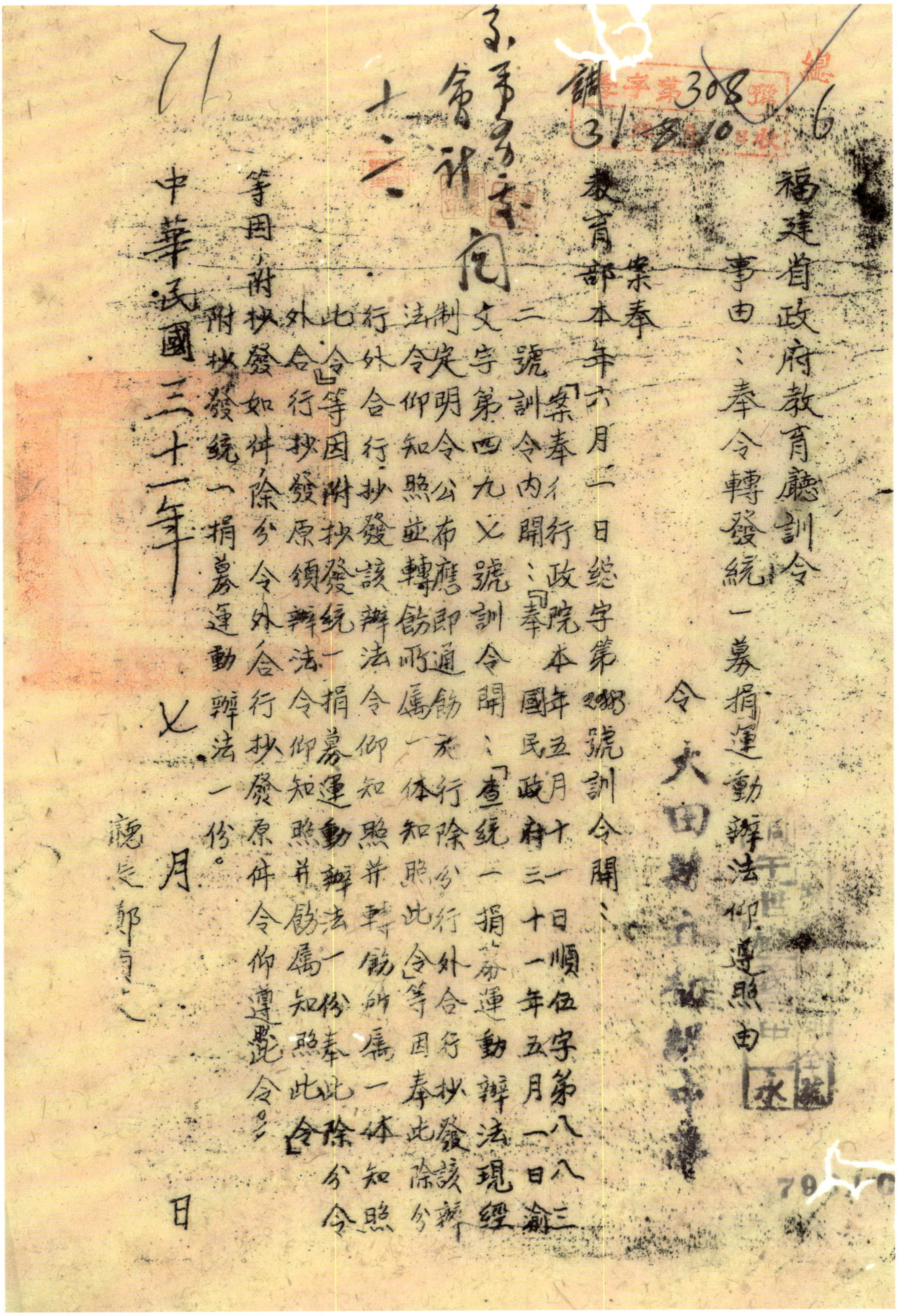

福建省政府教育廳訓令

事由：奉令轉發統一募捐運動辦法仰遵照由

令大田縣立初級中學

案奉

教育部本年六月二日總字第30883號訓令開：「案奉行政院本年五月十一日順伍字第八八三二號訓令內開：『奉國民政府三十一年五月一日渝文字第四九七號訓令開：「查統一捐募運動辦法現經制定明令公布，應即通飭施行，除分行外，合行抄發該辦法，令仰知照，並轉飭所屬一体知照，此令。」等因，奉此，除分行外，合行抄發該辦法，令仰知照，並轉飭所屬一体知照，此令。』等因，附抄發統一捐募運動辦法一份，奉此，除分令外，合行抄發原頒辦法，令仰知照，並飭屬知照，此令。」等因，附抄發如件，除分令外，合行抄發原件，令仰遵照！此令。

附抄發統一捐募運動辦法一份。

中華民國三十一年七月　日

廳長鄭貞文

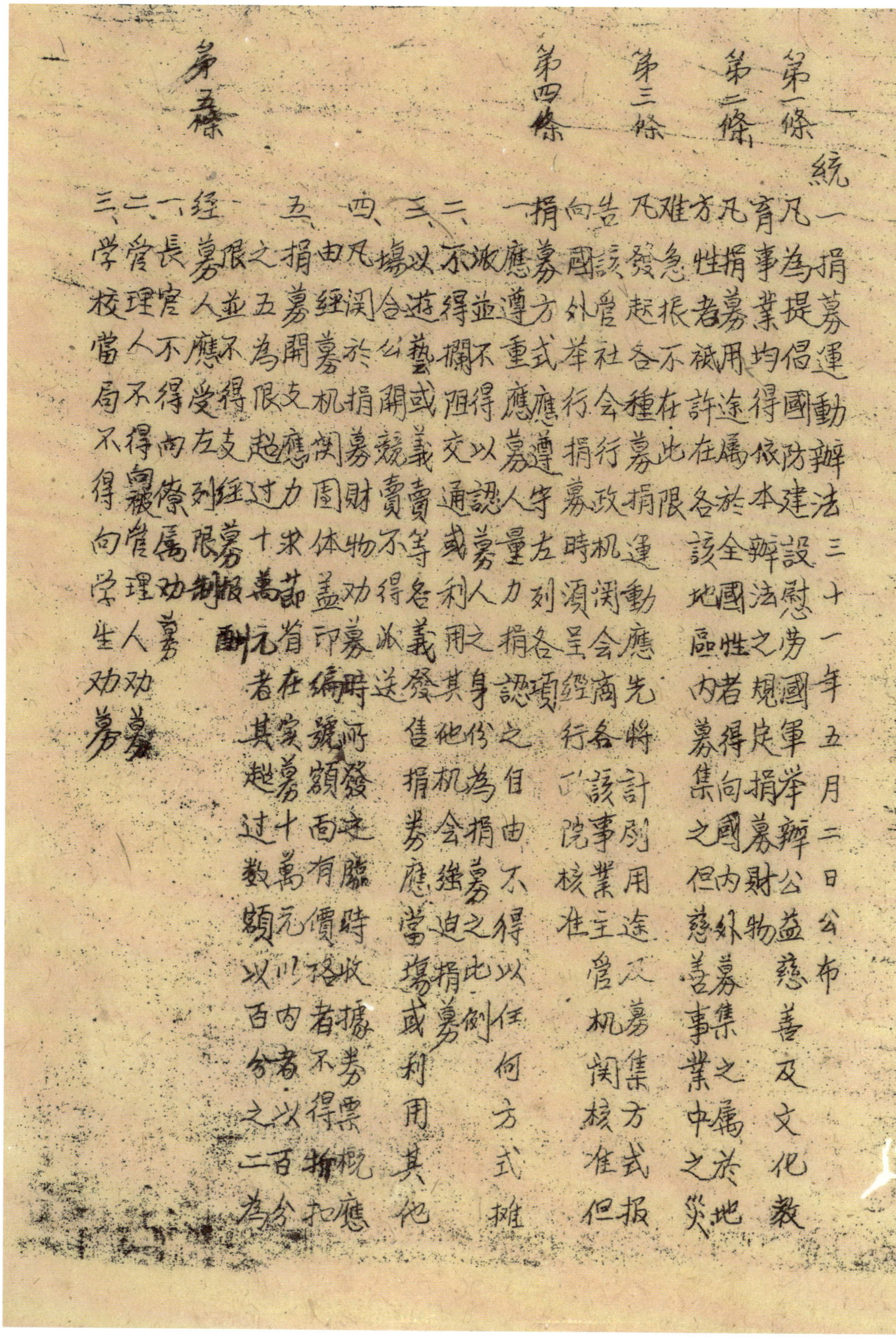

統一捐募運動辦法

三十一年五月二日公布

第一條　凡為提倡國防建設慰勞國軍舉辦公益慈善及文化教育事業均得依本辦法規定捐募財物

第二條　凡捐募用途屬於全國性者得向國內外募集之屬於地方性者祇許在各該地區內募集之但慈善事業中之災難急振不在此限

第三條　凡發起各種募捐運動應先將計劃用途及募集方式報告該管社会行政机閱会商各該事業主管机閱核准但向國外举行捐募時須呈經行政院核准

第四條　捐募方式應遵守左列各項

一、應遵重應募人量力捐認之自由不得以任何方式攤派並不得以認募人之身份為捐募之比例

二、不得攔阻交通或利用其他机会繼迫捐募

三、以遊藝或義賣等名義發售捐券應當場或利用其他場合公開競賣不得派送

四、凡閱於捐募財物劝募時所發之臨時收據募票概應由經募机閱圍体盖印編號額面有價格者不得折扣

五、捐募開支應力求節省在实募十萬元以內者以百分之五為限超过十萬元者其超过數額以百分之二為限並不得支經募報酬

第五條　經募人應受左列限制

一、長官不得向僚屬劝募

二、管理人不得向被管理人劝募

三、学校當局不得向学生劝募

第六條 捐募人除民意事業經理人外概不得以非個人所有之財物認捐

第七條 凡捐募財物有由公庫負担一部份以資提倡者應由各級政府以命令一次捐助之各機關概不得以機關名義認捐

第八條 各種捐募運動之實施及其收據券票辦理情形該管社會行政機關得隨時派員考查如有違背法令行為應糾正之

第九條 捐募之財物收支應依公庫法及統一捐款獻金收支處理辦法之規定辦理其屬於地方性者應以各級政府主管公庫機關与各該事業主管機關商定之

第十條 本辦法自公布之日施行

大田县政府关于送捐款买机竞赛奖励办法等致县立初级中学的代电（一九四三年九月五日）

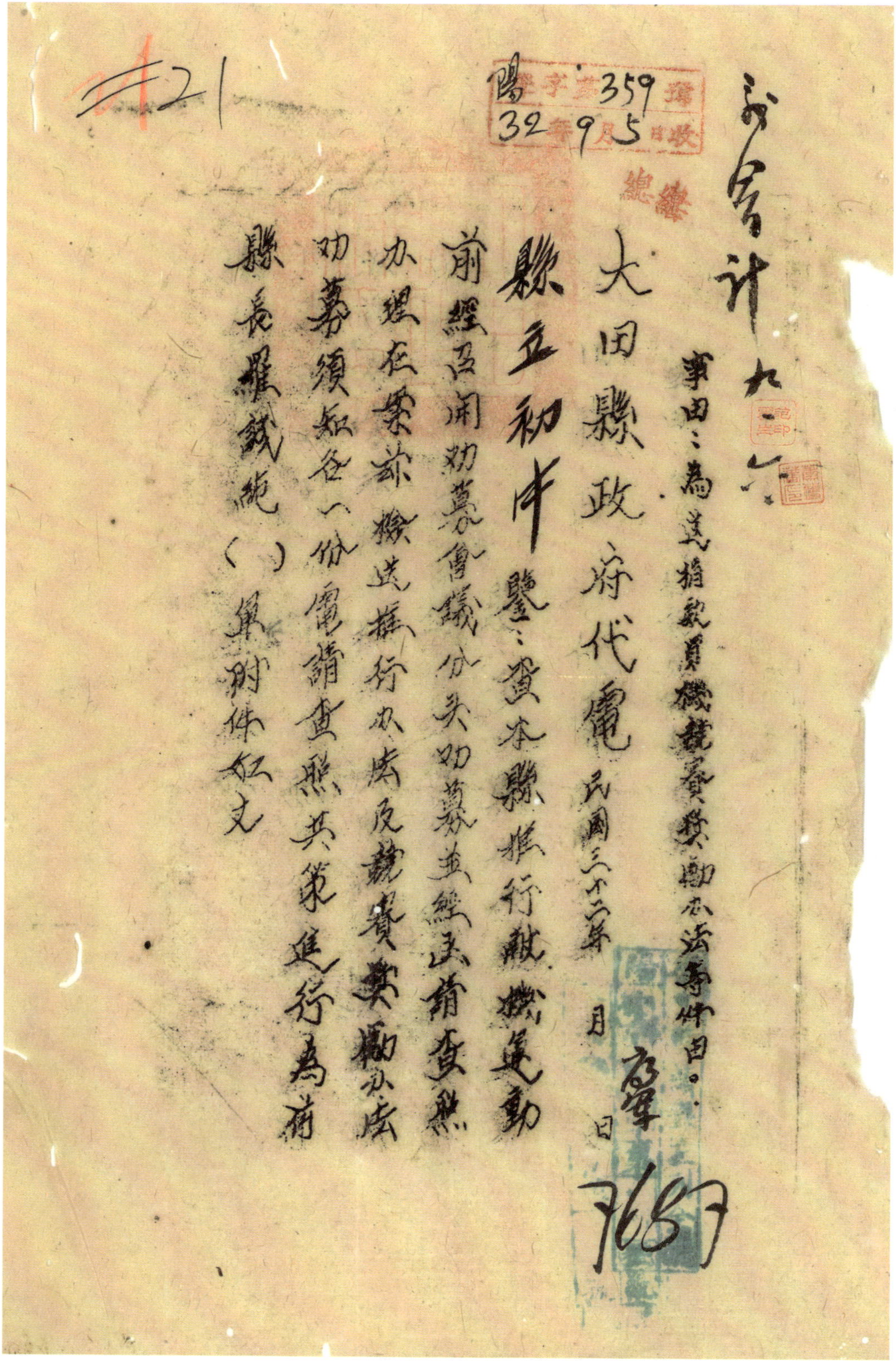

附：大田县一县一机运动推行办法、捐款须知

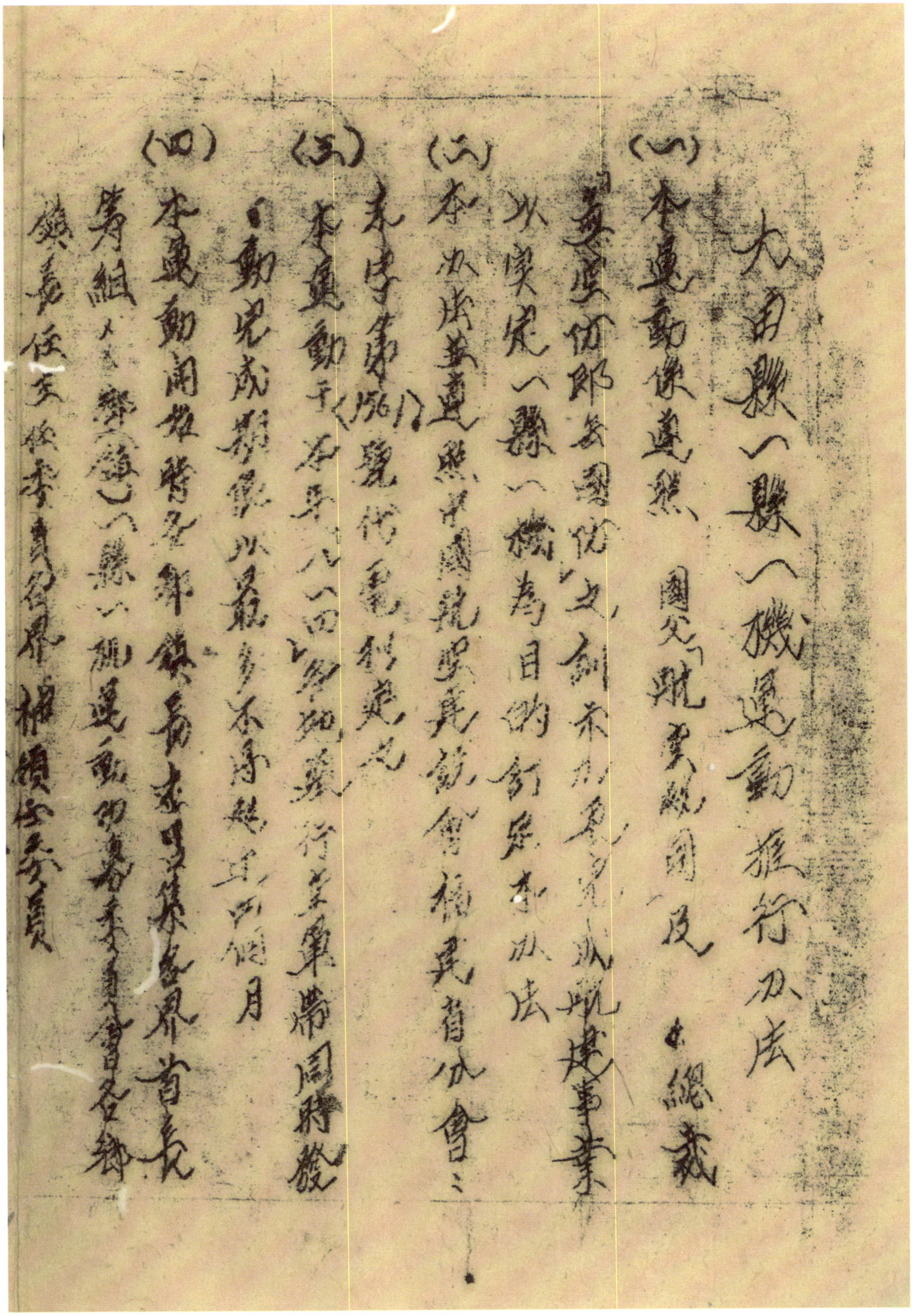

大田縣一縣一機運動推行辦法

（一）本運動係遵照 國父「[illegible]實業計劃」及 總裁[illegible]抗戰建國事業，以實現一縣一機為目的，訂定本辦法。

（二）本辦法並遵照[illegible]會本省第1561號代電制定之。

（三）本運動于本年八月四日[illegible]同時發動，完成[illegible]以四個月。

（四）本運動[illegible]各鄉鎮長[illegible]首長等組織「一縣一機運動[illegible]委員會」[illegible]

（五）縣鎮功募會應設宣傳功募財務各部門各負
人由委任委員推委員中指定之
（六）各部門工作人員可就當地機關團體學校中調用但
須徵機關同意常以不妨
（七）功募隊之組織縣以縣長為總隊長以區長為大隊
長鄉長為中隊長保長為分隊長各功募分隊
長甲長為功募員總約各機關團體學校
學校首長為各該處功募隊長
（八）各單位功募工作應與宣傳工作人員會同辦
本運動意在功募方式精義予以
勵辦法分別擬為宣傳兼推銷
（九）捐款收據應由縣功募會統一規定格式編印號
蓋縣印發交各鄉鎮應用（如附表一二）

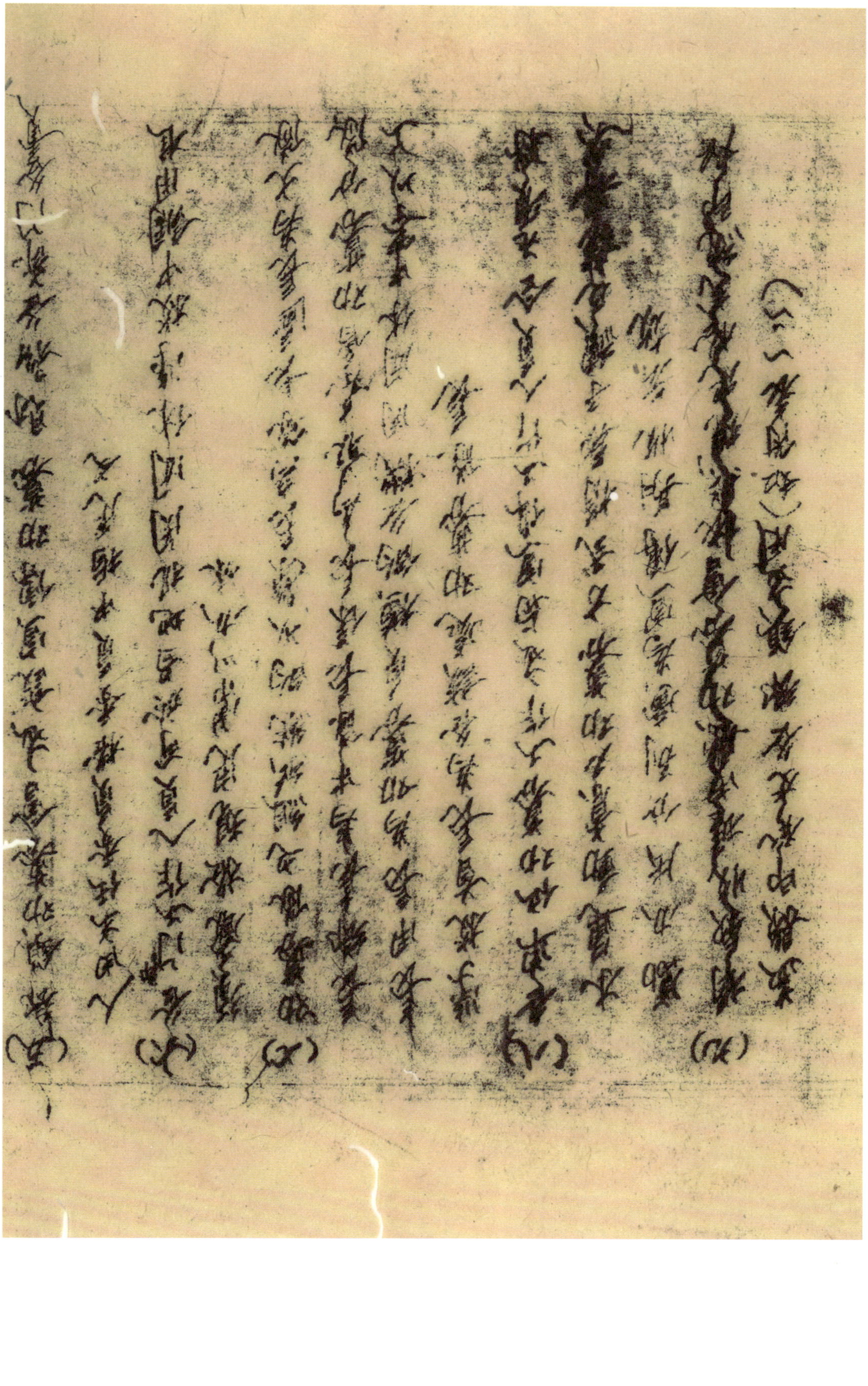

（十）繳解捐額以勸募員一日一解，次為三日一解，再次五日一解，大概十日一解，不得延誤，勸募人負責應將總捐人姓名數目逐日公佈。

（十一）各鄉鎮勸募會所收捐款應依照逐一捐款現金收支處理辦法之規定繳縣庫核收。

（十二）各鄉鎮勸募定額完成後，應將捐募人姓名數目造冊三份，連收據存根送縣府審核。

（十三）各機關團體學校員生不限數目，但最少限度每人須在一元以上，多則益善。

24

（十四）各鄉鎮如有虧短或實字如限募足鄉鎮者根
其情形輕重分別懲處
（十五）經募人員如有挪用捐款者從重懲處
一、領取捐冊手續：勸募員在分隊長處領取，分
隊長在中隊長處領取，中隊長在大隊長處
領取，大隊長向總隊長處領取，直屬（鄉鎮）
中隊向總隊長處領取
二、募收捐款：捐款不拘數額，各地民眾均應
盡量捐輸，多多益善
三、繳發收據：勸募員收到捐款後，即將收據
收據交捐款人收存（收據存根）均應
項填寫由經手人簽名蓋章）

四、缴款手续：劝募队对於捐款应在按本县动员委员会
行政法第十八、十九、廿条之规定，将捐款连同
存根送会核解。

五、捐款公布：每月由捐款之人名及金额应由劝募
队於次月公布之。

一縣一抗戰動員捐款收據

第　號

今收到

鄉鎮　保　甲

先生捐國幣　元正

户

此據

經收人　簽章

中華民國三十二年　月　日

存根

鄉鎮　保　甲　户

先生捐國幣　元正

此據

第　號

中華民國卅二年　月　日

（一）本……辦法依據現頒縣各級運動推行及
……上兩條規定訂定之
（二）獻……以全縣爲競賽區，全縣各鄉爲競賽單位
（三）競賽分爲勸募與獻納兩部，勸募以鄉鎮保
甲爲競賽單位，至特別獻金個人競賽
（四）各鄉鎮勸募競賽應參照其人口多寡
多分爲甲乙丙丁等級，前項於保甲等級應
按鄉鎮保甲原則配募數多寡核備
（五）競賽部門：甲、勸募競賽

1.個人勸募競賽以能募足國幣十萬元以上者為參加競賽資格（以能募足國幣三千以上者有參加縣競賽資格）

2.鄉鎮勸募競賽以能勸募成績總額較總數可能之五千以上者為參加競賽之資格。

3.各機關團体學校以每人二元為最低額平均数超過每人各元以上者為參加競賽資格

乙 捐獻競賽

1.個人捐獻競賽以捐獻國幣五千元者為參加競賽資格（捐獻五百元以上者為參加縣競賽資格）

2.機關學校團体捐獻國幣一萬元以上者為參加競賽資格（捐獻國幣二千元以上者為參加

审

县献机征费捐）

3、乡镇保甲须捐献飞机超过配额总数百分之三十以上者为参加献费超额资捐

（六）奖励锦标之给予

甲个人锦标：

1、全县捐款最多之个人呈请中央总会给予锦旗一面

2、全县劝募捐献最多之个人呈请中央总会给予锦旗一面

3、全乡捐款最多之个人呈省分会给予锦旗一面

4、全乡劝募最多之个人呈省分会给予锦旗一面

乙、國旗錦標

1. 全縣捐款最多之團体，呈請中央總會贈予錦旗一面

2. 全縣助募捐款最多之團体，呈請中央總會贈予錦旗一面

3. 本部捐款最多之個人，由本府贈予錦旗一面或獎狀一紙

4. 全部助募捐款最多之個人，由本府贈予錦旗一面或獎狀一紙

（六）前項規定競賽獎予之錦旗獎狀，凡未真參加競賽、超過資格規定者不給

（七）各種錦旗獎狀由本縣分會[illegible]會議決定於[illegible]動[illegible]時頒發之

福建省政府关于转发音乐戏剧活动筹款募捐应事前呈请主管机关核准办理致大田县立初级中学的训令（一九四三年十一月二十二日）

福建省政府訓令

令大田縣立初級中學

事由：為知音樂戲劇活動籌款募捐應事前呈請主管機關核准辦理令仰遵照由

教育廳案呈奉

教育部三十二年八月二十八日社字第四一六九四號訓令開：「查各級學校暨社會教育機關舉行音樂戲劇活動，應以公開演奏為原則，如為公益募捐或為本身業務擴展籌集經費，事前應擬具計劃並編造收支概算，報請主管機關核准辦理，否則其籌辦費用不得在各該學校機關經費內開支，並以違背功令議處。除分行外，合行令仰該廳轉飭遵照。」等因，奉此，除分令外，合行令仰遵照。此令。

中華民國三十二年十一月　日

主席　劉建緒

大田县智识青年志愿从军征集委员会关于慰问知识青年报名参加从军致县农业推广所的公函
（一九四四年十一月十七日）

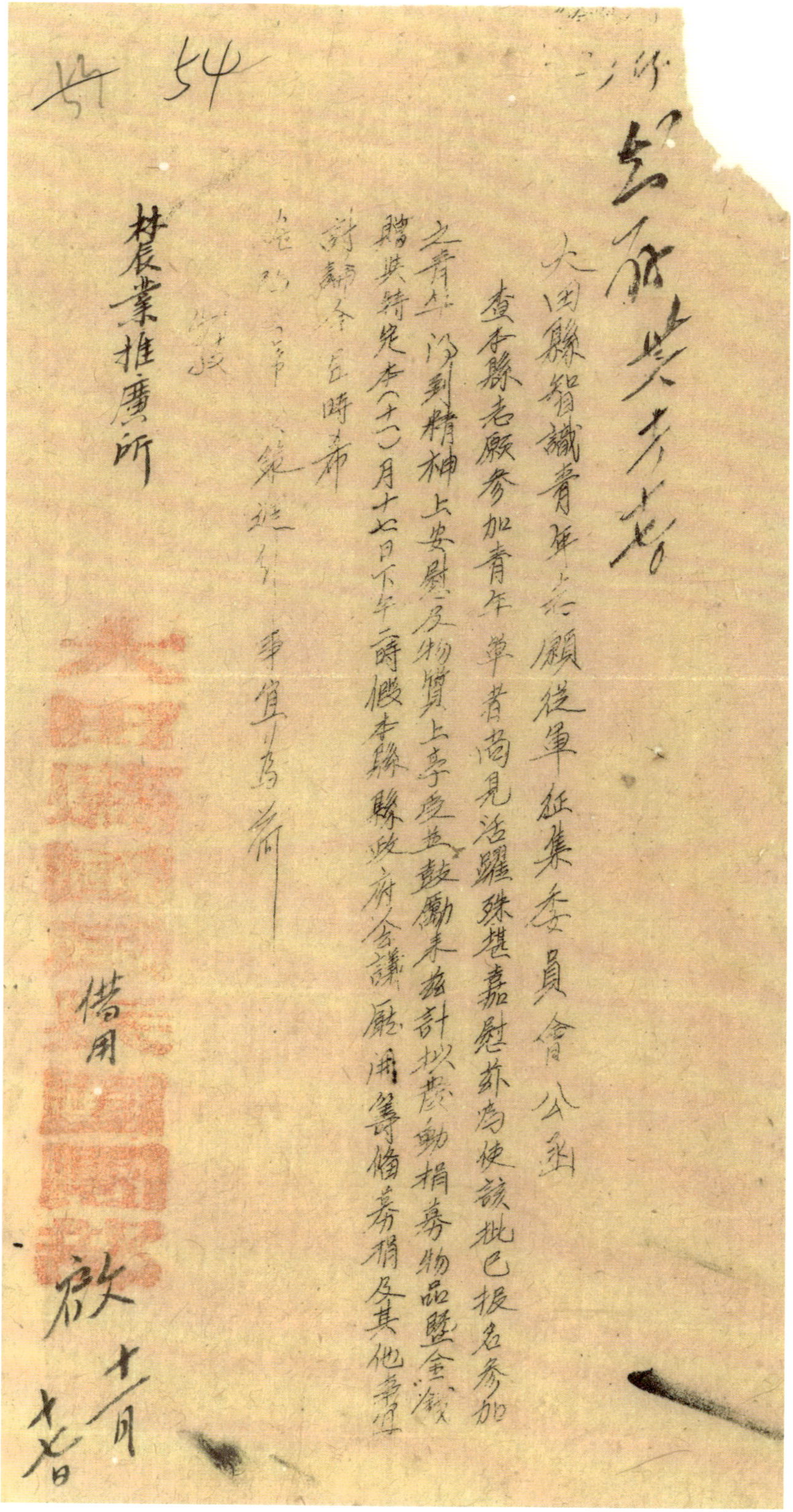

大田縣智識青年志願從軍征集委員會公函

查本縣志願參加青年軍者尚見活躍，殊堪嘉慰，茲為使該批已報名參加之青年得到精神上安慰及物質上享受，並鼓勵未來計，擬發動捐募物品暨金錢贈與，特定本（十一）月十七日下午二時假本縣縣政府會議廳開籌備募捐及其他事宜，

[illegible]屆時蒞[illegible]事宜為荷

此致

村長業推廣所

借用

十一月十七日

福建省教育厅关于电发改善士兵待遇献粮献金办法致大田县立简易师范学校的代电（一九四五年九月十日）

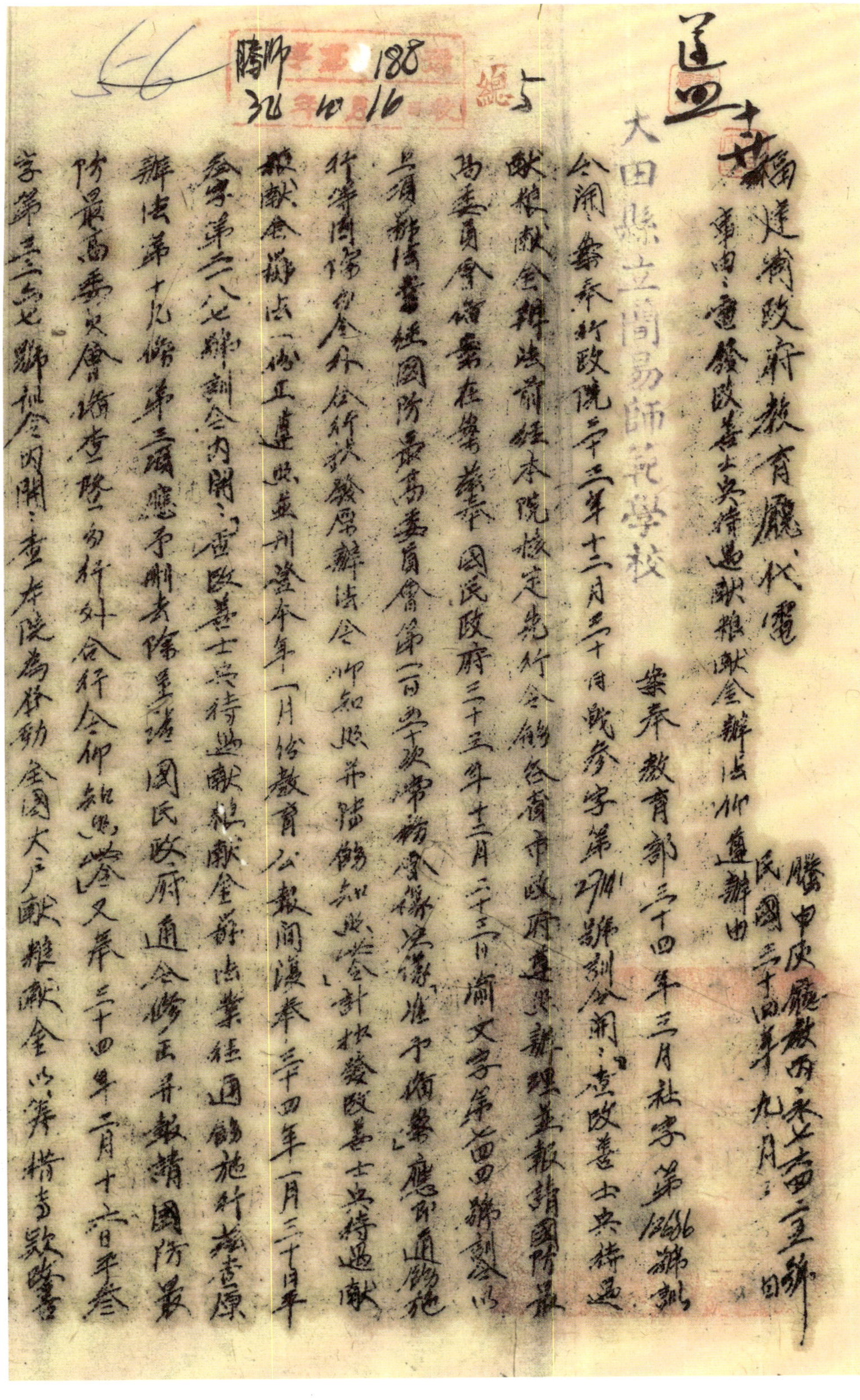

福建省政府教育厅代电

事由：电发改善士兵待遇献粮献金办法仰遵办由

胜中庆厅教丙字第一一五二〇号

民国三十四年九月 日

大田县立简易师范学校

案奉教育部三十四年三月社字第13696号训令开：「案奉行政院三十三年十二月二十日战参字第27141号训令开：查改善士兵待遇献粮献金办法前经本院核定先行令饬各省市政府遵照办理并报请国防最高委员会备案在案。兹奉国民政府三十三年十二月二十三日渝文字第1644号训令以：准国防最高委员会第一百五十次常务会议决议：准予备案，应即通饬施行等因，附发原办法，令仰知照并饬知照等因，计抄发改善士兵待遇献粮献金办法一份，正遵照并刊登本年一月份教育公报，兹复奉三十四年一月三十日平叁字第二八〇号训令内开：查改善士兵待遇献粮献金办法业经通饬施行，兹查原办法第十九条第三项应予删去，除呈请国民政府通令修正并报请国防最高委员会备查暨分行外，合行令仰知照等因。又奉三十四年二月十六日平叁字第三一六七号训令内开：查本院为发动全国大户献粮献金，以筹措士兵给养士兵待遇增強抗戰力量起見經訂定改善士兵待遇獻糧獻金辦法呈奉國民政府通飭施行並經本院通飭各省市政府切實遵照辦理暨海外僑胞之獻金，復經令飭適用該項辦法中關於獻金之規定在案併大限期又通飭糧食方案策羣力一致推動方能發收實效除飭各省市政府加緊辦理並分行黨政軍各機關一致協助外合行令仰遵照努力宣導協助進行并飭所屬一體遵照為要此令。各等因奉此，查此項獻糧獻金收入為改善士兵待遇專經費主要來源為數雖大需要迫切委座期望甚殷為求順利收集端賴積極宣傳俾一般民眾激發同仇敵愾精神、國難之忠心，並效法先民毀家紓難之美德視捐獻為報效國家爭取勝利之最良機會踴躍輸將共襄義舉據除遵照並分令外合行抄發原辦法令仰該廳遵照并轉飭所屬遵照切實協助進行，來為要。等因抄發改善士兵待遇獻糧獻金辦法乙份奉此除分令外合行抄發前項獻糧獻金辦法電仰遵辦。教育廳承

長（　）印

計抄發改善士兵待遇獻糧獻金辦法一份

附：改善士兵待遇献粮献金办法

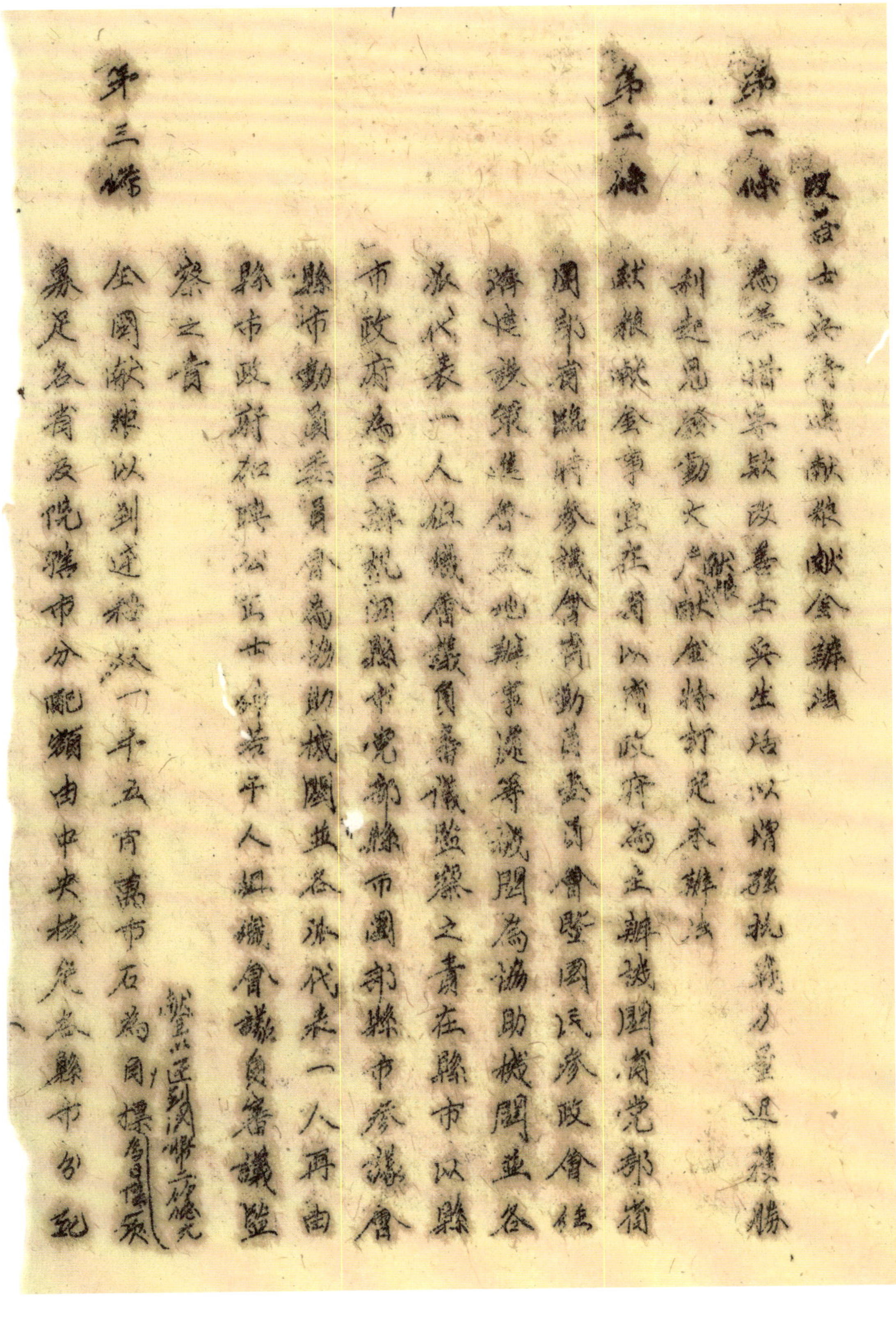

改善士兵待遇献粮献金辦法

第一條 為籌措專款改善士兵生活以增强抗戰力量迅獲勝利起見發動大量献糧献金特訂定本辦法

第二條 献粮献金事宜在省以省政府為主辦機關省黨部省團部省臨時參議會省動員委員會暨國民參政會經濟建設策進會各地辦事處等機關為協助機關並各派代表一人組織會議負審議監察之責在縣市以縣市政府為主辦機關縣市黨部縣市團部縣市參議會縣市動員委員會為協助機關並各派代表一人再由縣市政府加聘公正士紳若干人組織會議負審議監察之責

第三條 全國献粮以到達穀米一千五百萬市石為目標（献金以達到法幣六萬萬元為目標）募足各省及院轄市分配額由中央核定各縣市分配

額由省核定

第四條　前項縣市分配額之核定須經省參議機關之審議

獻糧以稻谷為計算標準其不產稻谷者以他種糧食按田賦折徵率折算之

獻金以國幣為計算標準其以有價證券外國貨幣捐獻者以其時值折算之

第五條　獻糧以地主為對象各地糧戶應本有糧出糧之旨除自動捐獻外由縣市政府依照左列標準指名勸獻之

一、地主收益在一萬市石以上者捐獻以收益額百分之四十

二、地主收益在五千市石以上不滿一萬市石者捐獻其收益額百分之三十五

三、地主收益在三千市石以上不滿五千市石者捐獻其收益額百分之三十

4.地主收益在一千市石以上不滿三千市石者捐獻其收益額
百分之二十五
5.地主收益在五百市石以上不滿一千市石者捐獻其收益額
百分之二十
6.地主收益在三百市石以上不滿五百市石者捐獻其收益額
百分之十五
7.地主收益在一百市石以上不滿三百市石者捐獻其收益額
百分之十

第六條 前項獻糧得依捐獻者之志願折繳代金
田地之收益額應按實際情形查定之其無法查定者
推定每畝之收益額為一石
地主收益不滿一百市石者不予捐獻
獻金以之商業及其他收益者為對象各地酌量應本

有錢出錢之旨除自動捐獻外由縣市政府鄉公所照左列
規定捐各捐獻之
甲、三百戶以上之城市鄉鎮房主捐獻租金額兩個月
其自用之房屋亦應估定租額捐獻兩個月
乙、各地工商業各捐獻其一個月營業額百分之五
丙、其他收益（薪額工資除外）者按左列標準捐各捐獻之
人、全年收益在二千萬元以上者捐獻其收益百分之四十
又、全年收益在一千萬元以上不滿二千萬元者捐獻其收益額
百分之三十五
三、全年收益在六百萬元以上不滿一千萬元者捐獻其收益額
百分之三十
4、全年收益在三百萬元以上不滿六百萬元者捐獻其收益
額百分之二十五

5、全年收益在一百万元以上不满三百万元者捐献其收益额百分之二十

6、全年收益在六十万元以上不满一百万元者捐献其收益额百分之十五

7、全年收益在二十万元以上不满六十万元者捐献其收益额百分之十

前项所称之收益包括动产（个人及家属生活用品除外）不动产（已献粮之田地及已献租之房屋除外）有价证券或其他财产权利所得之利润及薪俸工资以外职业上所得之报酬其收益额如掺有隐瞒情形者依查定之

全年收益不满二十万元者不予指名捐献

第七条

第五条及第六条两款捐献标准各省市县政府得经省市县参议机关之同意参照当地情形酌为变通之

各省市縣籌議機關依據有糧出糧有錢出錢之原則得另行擬訂有效辦法呈經上級機關核准施行在辦法公布以後執行以前如有將其田地或資產所有權分給子女或贈與及轉讓他人者仍按其原有總額計算收益

第八條　各縣市指名捐獻之户經縣市籌議機關審查後由縣市政府將姓名或公司行號及其獻糧獻金額分別列表公佈並以通知書分別送達捐獻者另以名冊一份報省政府備查。

第九條　人民對於前項公佈之名冊認為某户有隱匿收益低估富力時有權報縣市政府或縣市審議機關調查屬實後依前項程序重新核定其捐獻額但指名捐獻之户認為其捐獻額超過其富力時得於收受通知後五

日内申請縣市審議機關調查復核縣市審議機關復
核之結果仍由縣市政府分别公布週知並呈報省政府備查
對於複核之結果不得再請復核

第十條 經指名捐獻之户應於接到通知後一個月内繳納但係
請准分期繳納者不在此限

第十一條 獻糧獻金之調查徵集勸導事宜由各級主辦機關會
同協助機關辦理其獻糧之收儲事務由當地田賦糧食机
関辦理獻金之收納業務由當地之國庫分支庫辦理無國
庫分支庫地方由代理國庫之銀行委託中國銀行交通
銀行中國農民銀行中央信託局或郵政儲金匯業局辦理
之。

第十二條 獻糧由糧户繳交審議機關所指定之倉庫但為糧户事實
上之便利亦得向本縣市境内鄉鎮倉庫繳納

田粮機關倉庫對於獻穀驗收手續應儘量簡便迅速隨到隨收並即製給收據省縣市各級監察機關得派員常駐或巡迴監察

前項收據分為四聯第一聯收據交糧戶收執第二聯通知送縣市政府登記第三聯報告送縣市田粮管理機關查核第四聯存根由收粮機關存查

第十三條

粮金由縣市政府填發四聯繳款書交由獻金人持向國庫或受其委託之行局繳納國庫或受其委託之行局於點收後應即於繳款書加蓋印信以一聯交獻金人收執一聯送縣市政府登記兩聯存查並送報國庫主管機關

第十四條

獻粮應一次繳足其願折繳代金者得向縣市田粮機關報明折繳代金其折價標準由縣市政府擬縣市參議機關參酌當地當時市價分區議定呈報省政府核准先期

公告之
獻糧人申請折繳代金者其代金直接繳入國庫或委
託之行局由縣市田糧機關填發四聯繳款書註明獻糧代
金比照前條之手續辦理但通知聯送田糧機關再由田糧機
關彙送縣市政府登記

第十五條 獻金以用現款一次繳足為原則但數額過鉅確難一次繳納者
經申請縣市政府核准得分兩期繳納每次繳納二分之一其
分期之間隔不得逾六十日

第十六條 各縣市收到獻糧之實物由縣市政府會同當地糧食機關就地變
賣所得價款即時解繳當地國庫或受其委託之行局列
收庫賬

第十七條 各鄉鎮田糧機關倉庫每日應將收到獻糧各户姓名糧食種
類數量收據聯數列表在當地公布並分呈該管縣市政府及

71

縣市田粮機關查核

第十八條　各縣市政府應於每月終彙集各戶獻粮獻金情形列表公布並呈報省政府查核關於獻粮及獻粮代金部份並應會同縣市田粮機關呈報省田粮管理機關備查

各縣市獻粮獻金事務於民國三十三年內準備完成三十四年一月開始徵集至三月底結束隨即造具清冊呈報省政府轉報財政粮食兩部備案

第十九條　獻粮獻金照左列規定獎勵之

一、獻粮在一十市石以上三十市石未滿或獻金在二萬元以上六萬元未滿者由縣市政府頒給獎狀

二、獻粮在三十市石以上五十市石未滿或獻金在六萬元以上十萬元未滿者由縣市政府頒給匾額

三、獻粮在五十市石以上一百市石未滿或獻金在十萬元以

上二十萬元未滿者由省政府頒給獎狀

4、獻糧在一百市石以上三百市石未滿或獻金在二十萬元以

上六十萬元未滿者由省政府頒給匾額

5、獻糧在三百市石以上五百市石未滿或獻金在六十萬元以

上一百萬元未滿者由國民政府頒給獎狀

6、獻糧在五百市石以上一千市石未滿或獻金在一百萬元以

上三百萬元未滿者由國民政府頒給榮譽獎章

7、獻糧在一千市石以上二千市石未滿或獻金在三百萬元以

上六百萬元未滿者由國民政府頒給榮譽獎章及匾額

8、獻糧在二千市石以上五千市石未滿或獻金在六百萬元以上一

千萬元未滿者由國民政府依勳章條例之規定授予勳章

9、獻糧在五千市石以上或獻金在一千萬元以上者由國民政府

頒給匾額並依勳章條例之規定授予勳章

凡獻糧不滿一千市石或獻金不滿二萬元者均由縣市政府彙
案傳令嘉獎之
依第八條第二項之規定獻糧獻金並行者應就其捐獻總
額合併計算依第一項之標準獎勵之

第二十條 辦理獻糧獻金出力人員由縣市政府轉報財政糧食兩部
分別請獎其辦理不力者由各該上級機關分別查核議處其
有違法舞弊情事者依法從嚴懲處

第二十一條 中央對於各地獻糧獻金事宜派大員分區宣導並考查其進
度與成績其辦法另訂之

第二十二條 各省縣市辦理獻糧獻金所需一切經費由省政府酌擬數額由
財政糧食兩部會同擬轉行政院核定後撥發

第二十三條 本辦法實施細則由各省政府訂定公布報由財政糧食兩部轉報行政
院備案

第二十四條 本辦法自公布之日施行